금융론

이상호 저

publishing and culture
피앤씨미디어

머리말

1990년대 이후 우리나라는 금융자유화 및 개방화로 대표되는 금융제도개선을 의욕적으로 추진하였지만 그 성과를 보지 못하고 1997년 말 금융·외환위기를 겪게 되었다. 이러한 금융위기는 국내 금융산업이 적절한 경쟁력을 갖추기 전에 성급하게 금융자유화와 개방화를 추진함으로써 금융기관 사이의 과당경쟁이 무분별한 자본유입과 과다여신으로 연결되었고 그 결과 금융기관의 경영이 부실해졌기 때문이다.

이에 따라 정부는 금융기관의 생존 가능성을 기준으로 퇴출 또는 인수·합병 등의 방법으로 부실금융기관을 정리하기 시작하였고 그 결과 1997년 말 33개에 달했던 은행이 2005년 말에는 19개로 줄어들었고, 최근에는 상호저축은행 등 많은 서민금융기관도 경영부실로 시장에서 퇴출되었다. 그리고 금융개방과 관련하여 1997년 관리변동환율제도에서 자유변동환율제도로 이행하고 대외송금 자유화 등의 외환자유화조치를 실시하였다. 또한 금융기관의 경쟁력 강화와 다양한 금융서비스를 제공하기 위하여 금융기관의 업무영역에 대한 규제를 대폭 완화하고 2000년에는 금융지주회사법을 제정하여 금융지주회사 설립의 근거를 마련하였다.

이처럼 우리나라 금융시장은 1997년의 외환위기를 전화위복의 계기로 삼아 어느 정도 체질개선이 이루어졌지만 2008년 미국의 서브프라임모기지 사태로 촉발된 글로벌 금융위기, 2010년 PIGS로 대변되는 유럽 국가들의 재정위기, 2012년 미국의 재정절벽(fiscal cliff) 등 최근 의 글로벌 경제위기는 우리나라 금융시장에 아직도 엄청난 불안과 충격을 주고 있다.

본서는 현재 대학에서 경영학이나 이와 관련된 전공을 선택한 학생들이 기초적인 금융이론과 함께 우리나라 금융제도를 쉽게 이해할 수 있도록 서술하였다. 특히 화폐나 금융에 관한 기초지식이 없거나 부족한 학생들도 금융시장의 구조와 역할을 이해하고, 금융기관의 경영의 특성을 파악할 수 있도록 노력하였다. 또한 최근 급속하게 개편되고 있는 우리나라 금융제도를 반영하여 우리나라 금융기관의 종류와 역할을 자세하게 소개하였다.

본서는 모두 5편 15장으로 구성되어 있다. 제1편은 화폐와 금융에 관한 이론으로서 제1장에서는 금융시장의 기능과 금융제도의 유형을 소개하였다. 제2장에서는 화폐의 정의, 기능 및 화폐의 본위제도에 대해 설명하였다. 제3장에서는 이자율의 의의 및 이자율결정이론에 대해 살펴보았다.

제2편은 금융시장에서 금융자산의 가격이 어떻게 결정되는지 살펴보았다. 제4장에서는 금융투자의 기초이론으로서 포트폴리오이론을 설명하고 금융자산의 가격결정모형을 제시하였다. 제5장에서는 증권분석의 방법에 대해 설명하고, 아울러 자본시장의 효율성과 증권시장에서의 이상현상에 대해 다루었다.

제3편은 금융기관이론을 소개하고 있다. 제6장에서는 금융기관의 형태와 역할 및 그 행태에 대해 살펴보았다. 제7장에서는 금융기관 경영의 특성과 관리기법을 소개하였다. 그리고 제8장에서는 금융산업에 대한 규제의 이론적 배경과 우리나라의 각종 규제 및 감독제도를 자세히 소개하였다.

제4편은 우리나라 금융제도에 대해 소개하였다. 우리나라 금융제도에 대한 설명은 한국은행의 설명을 참조하였다. 제9장에서는 우리나라 은행, 제10장에서는 비은행예금취급기관을 소개하였다. 제11장에서는 최근에 제정된 자본시장법에 의거한 금융투자업자에 대해 소개하였다. 제12장에서는 우리나라 보험회사를 소개하였으며, 제13장에서는 기타 금융기관에 대해 설명을 하고 있다. 마지막으로 제14장에서는 우리나라 금융보조기관에 대해 설명하였다.

제5편은 우리나라 금융시장의 현황을 살펴보았다. 제15장에서는 우리나라 금융시장을 크게 자금시장, 자본시장, 외환시장, 파생금융상품시장으로 나누어 살펴보았다.

이 책이 나오기까지 많은 도움과 격려를 주신 교수님과 나의 가족에게 감사의 뜻을 전한다. 그리고 본서를 집필하는 도중에 유명을 달리 하신 도서출판 대명의 최창언 전사장님께 삼가 조의를 표한다. 마지막으로 본서의 출판을 흔쾌히 맡아주신 피앤씨미디어의 박노일 대표님과 직원들에게 진심으로 감사를 드린다.

2013년 3월

저자 씀

목 차

1 PART 화폐와 금융의 이해

제 1 장 금융시장과 금융제도 ······ 13

제 1 절 금융시장의 의의 ······ 14
제 2 절 금융시장의 유형 ······ 16
제 3 절 금융시장의 기능 ······ 20
제 4 절 금융제도의 유형 ······ 32

제 2 장 화폐의 의의와 역할 ······ 41

제 1 절 화폐의 의의 ······ 42
제 2 절 화폐의 기능과 속성 ······ 48
제 3 절 화폐의 본위제도 ······ 52

제 3 장 이자율의 결정 ······ 57

제 1 절 이자율의 의의 ······ 58
제 2 절 이자율결정이론 ······ 59
제 3 절 채권수익률의 기간구조 ······ 72
제 4 절 채권수익률의 위험구조 ······ 79

2 PART 금융자산의 가격결정

제 4 장 포트폴리오이론 ······ 87

제 1 절 포트폴리오의 개념 ······ 88
제 2 절 포트폴리오의 기대수익률과 위험 ······ 88
제 3 절 포트폴리오의 위험분산효과 ······ 91
제 4 절 마코위츠의 포트폴리오이론 ······ 92
제 5 절 자본배분과 최적포트폴리오 ······ 98
제 6 절 금융자산의 가격결정모형 ······ 106

제 5 장 증권분석 ······ 115

제 1 절 증권분석의 개요 ······ 116
제 2 절 기본적 분석 ······ 118
제 3 절 기술적 분석 ······ 127
제 4 절 자본시장의 효율성 ······ 144
제 5 절 증권시장의 이상현상 ······ 148

3 PART 금융기관의 이해

제 6 장 금융기관의 개요 ······ 155

제 1 절 금융기관의 의의 ······ 155
제 2 절 금융기관의 형태 ······ 157
제 3 절 금융기관의 기능 ······ 160
제 4 절 금융기관의 행태 ······ 167

제 7 장 금융기관의 경영 ······175

제 1 절 개요 ······175
제 2 절 유동성관리 ······182
제 3 절 투자관리 ······192
제 4 절 대출관리 ······209
제 5 절 자산·부채종합관리 ······227

제 8 장 금융산업의 규제와 감독 ······237

제 1 절 이론적 배경 ······237
제 2 절 금융규제제도 ······243
제 3 절 금융감독제도 ······252
제 4 절 예금보험제도 ······257

4 PART 금융제도의 이해

제 9 장 은 행 ······263

제 1 절 중앙은행 ······263
제 2 절 일반은행 ······274
제 3 절 특수은행 ······287

제 10 장 비은행예금취급기관 ······303

제 1 절 개요 ······303
제 2 절 상호저축은행 ······305
제 3 절 신용협동기구 ······309
제 4 절 우체국예금 ······313
제 5 절 종합금융회사 ······315

제 11 장 금융투자업자 ······ 317

제 1 절 개요 ······ 317
제 2 절 투자매매·중개업자 ······ 320
제 3 절 집합투자업자 ······ 325

제 12 장 보험회사 ······ 331

제 1 절 개요 ······ 331
제 2 절 생명보험회사 ······ 332
제 3 절 손해보험회사 ······ 337
제 4 절 우체국보험 ······ 339
제 5 절 공제기관 ······ 342

제 13 장 기타 금융기관 ······ 345

제 1 절 금융지주회사 ······ 345
제 2 절 기타 민간금융기관 ······ 347
제 3 절 공적 금융기관 ······ 358

제 14 장 금융보조기관 ······ 365

제 1 절 예금보험공사 ······ 365
제 2 절 한국거래소 ······ 369
제 3 절 기타 금융보조기관 ······ 372

5 PART 금융시장의 이해

제 15 장 금융시장 ······ 383

제 1 절 개요 ······ 383
제 2 절 자금시장 ······ 384
제 3 절 자본시장 ······ 390
제 4 절 외환시장 ······ 405
제 5 절 파생금융상품시장 ······ 407

찾아보기 _ 417

제 1 편

화폐와 금융의 이해

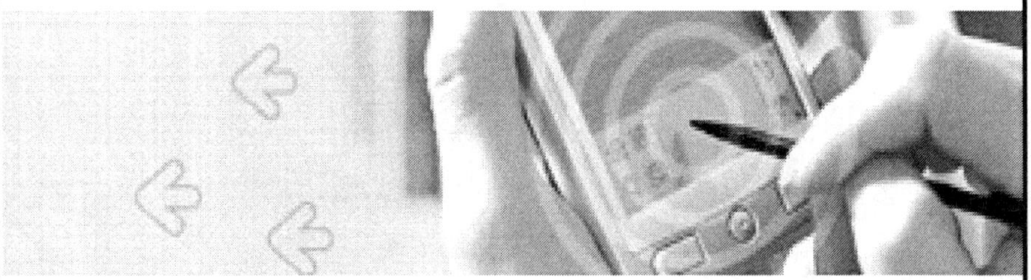

제 1 장 _ 금융시장과 금융제도

제 2 장 _ 화폐의 의의와 역할

제 3 장 _ 이자율의 결정

제 1 장

금융시장과 금융제도

일반적으로 금융(finance)이란 다양한 경제주체 사이에 이루어지는 자금의 융통을 말하며, 이러한 금융이 이루어지는 장소를 금융시장이라고 한다. 여기에서 장소라 함은 특정한 지역(예를 들어 동대문시장이나 가락농수산물시장)이나 건물(백화점이나 할인점) 등과 같은 구체적 공간뿐 아니라 각종 재화나 서비스의 수요와 공급이 유기적으로 연결되는 추상적인 공간(예를 들어 전화나 인터넷)도 포함이 된다. 금융시장을 포함하는 금융제도(financial system)는 금융시장, 금융기관 및 금융수단을 포괄하는 총체적 조직을 의미하는 개념으로서 시장경제체제를 구성하는 핵심적 요소이다.

본 장에서는 시장경제제도 하에서 경제활동의 연결고리 역할을 하는 금융시장(financial market)의 의의 및 유형, 그리고 금융시장의 역할에 대해 살펴본다.

제1절 금융시장의 의의

시장경제제도에서 경제활동을 하는 다양한 경제주체(예를 들면 가계나 기업, 정부) 사이의 거래는 크게 실물거래와 금융거래로 구분할 수 있다. 실물거래(real transaction)는 실물자산 또는 서비스의 매매행위를 말하고, 금융거래(financial transaction)는 금융자산[1] 또는 금융상품의 매매행위를 말한다. 그리고 시장경제제도에서 실물거래에 따르는 자금의 흐름을 자금의 산업적 순환(industrial circulation)이라 하고, 금융거래에 따르는 자금의 흐름을 금융적 순환(financial circulation)이라고 한다.

이와 같은 경제제도 안의 두 가지 형태의 자금흐름은 상호 밀접한 관련을 갖고 이루어지게 된다. 다시 말하면 자금의 산업적 순환(산업자본)의 활성화가 자금의 금융적 순환(금융자본)을 촉진하기도 하고, 반대로 자금의 금융적 순환의 활성화가 자금의 산업적 순환을 촉진하기도 한다. 예를 들면 은행이나 증권회사와 같은 금융산업이 발달하여 가계의 저축이나 증권투자가 늘어나게 되면 이것이 기업의 실물투자를 증가시키게 되고, 이는 생산과 고용의 확대를 가져오게 된다. 또한 생산과 고용의 증가에 따른 경제성장은 가계의 소득을 늘리게 되고 소득의 증가는 저축과 투자의 확대로 이어지게 된다.

한편, 시장경제는 [그림 1-1]에서 보는 것처럼 세 가지 유형의 시장으로 이루어져 있다. 먼저 생산요소시장(factor market)에서는 소비활동의 주체인 개인(또는 가계)가 자신이 보유하고 있는 생산요소(노동이나 자본 등)를 제공하는 대가로 임금이나 이자와 같은 소득을 얻게 된다. 그리고 가계는 이 소득을 이용하여 상품이나 서비스를 구매하여 소비를 함으로써 궁극적으로 자신의 효용을 극대화하고자 한다.

1) 금융자산(financial asset)이란 실물자산(real asset)에 대비되는 개념으로서 화폐와 화폐적 청구권을 의미한다. 금융자산의 종류 및 특성에 대해서는 다음 장에서 자세하게 설명한다.

그림 1-1 시장경제와 자금흐름

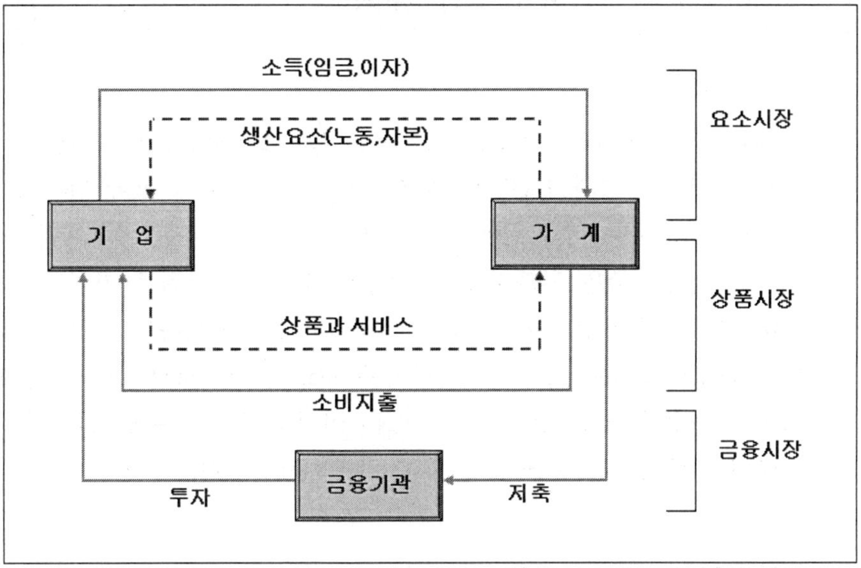

상품시장(product market)에서는 생산활동의 주체인 기업이 가계로부터 구입한 생산요소를 이용하여 소비자 또는 다른 기업이 필요로 하는 재화나 서비스를 생산하여 판매함으로써 이윤을 극대화하고자 한다. 상품시장에서 기업이 생산하여 판매하는 상품 또는 서비스는 가계의 소비활동에 사용되는 소비재와 기업의 생산활동에 사용되는 생산재로 구분될 수 있다.

다음으로 금융시장(financial market)에서는 다양한 금융기관을 통하여 가계나 기업이 소비나 투자에 지출하고 남은 여유자금이 반대로 소비자금이나 투자자금이 부족한 가계나 기업에 이전되게 된다. 이 과정에서 금융시장은 금융자산의 가격을 결정하고 자금의 흐름을 결정하는 중요한 역할을 수행하게 된다.

제2절 금융시장의 유형

금융시장(financial market)은 소득이 소비보다 많아 여유자금을 갖고 있는 사람, 즉 흑자지출단위로부터 소비가 소득보다 많아 자금이 부족한 사람, 즉 적자지출단위에게로 자금을 이전시켜 주는 시장이다[2]. 다시 말하면 금융시장은 흑자지출단위로부터 적자지출단위로 자금의 이전이 이루어지는 시장이며 이 과정에서 금융거래를 매개하는 도구를 금융수단(financial instrument) 또는 금융상품(financial commodity)이라 한다. 여기서 금융수단(금융상품)은 현재 또는 미래의 현금흐름에 대한 청구권을 나타내는 증서로서 예금증서, 채권, 주식 등이 있다.

1. 직접금융시장과 간접금융시장

금융시장은 자금의 이동 형태에 따라 직접금융시장과 간접금융시장으로 구분되고, 금융상품의 만기에 따라 단기금융시장과 자본시장으로 구분되며, 금융상품의 발행 및 유통단계에 따라 발행시장과 유통시장으로 구분된다.

직접금융시장은 적자지출단위, 즉 자금의 수요자가 발행한 금융상품(예를 들면 채권, 주식 등)을 흑자지출단위, 즉 자금의 공급자에게 매각함으로써 자금의 공급자로부터 직접 자금을 조달하는 시장을 말한다. 이러한 직접금융시장에서 발행되는 증권(security)을 매입하여 보유하는 경우 그것은 금융자산이 되지만 그것을 발행한 개인이나 기업에게는 금융부채가 된다. 직접금융시장(direct financial market)의 대표적인 형태로는 채권(bond)이나 주식(stock)과 같은 유가증권이 발행되고 유통되는 증권시장(security market)을 들 수 있다.

2) 우리나라의 경제주체별 자금과부족 현황을 살펴보면 주로 개인부문이 자금잉여를 나타내고 기업부문이 자금부족을 나타내고 있어 개인이 자금의 공급자, 기업이 자금의 수요자 역할을 하고 있다. 한편 정부는 재정수지가 적자일 경우 자금의 수요자 역할을 하고 재정수지가 흑자일 경우 자금의 공급자 역할을 한다.

그림 1-2 직접금융시장과 간접금융시장

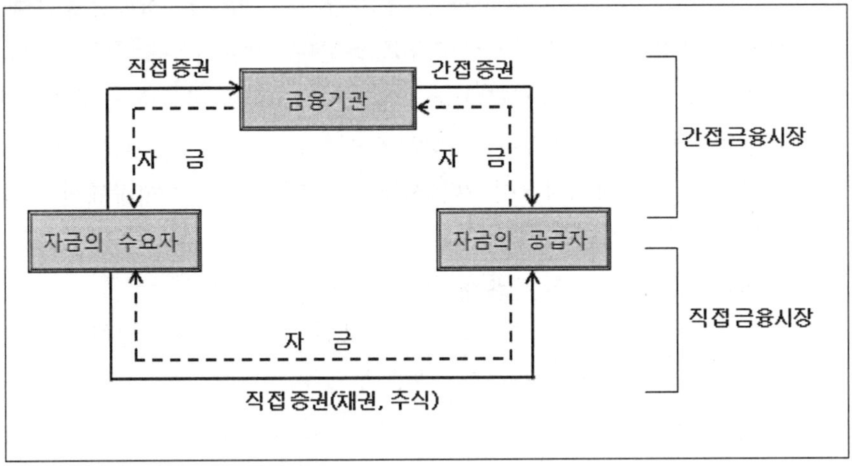

간접금융시장은 은행 등과 같은 금융기관이 자금의 공급자로부터 자금을 예치하고 이 자금을 다시 자금의 최종수요자에게 공급함으로써 수요자와 공급자가 간접적으로 연결되는 시장을 말하며 금융중개시장이라고도 한다. 간접금융시장은 일반국민들로부터 여유자금을 조달하여 기업이 필요로 하는 산업자본을 제공함으로써 경제발전의 핵심적 역할을 수행한다.

2. 단기금융시장과 장기금융시장

금융시장은 금융시장에서 거래되는 금융상품의 만기에 따라 단기금융시장과 자본시장으로 구분된다. 단기금융시장(money market)이란 보통 만기가 1년 이하인 금융상품이 거래되는 시장을 말하며, 자금시장이라고도 한다. 일반적으로 단기금융시장은 개인, 기업, 금융기관 등이 일시적인 자금수급의 불균형을 조절하기 위한 목적으로 활용되고 있다. 우리나라의 경우 콜시장, 기업어음시장, 양도성예금증서시장, 환매채시장, 표지어음시장, 통화안정증권시장 등이 단기금융시장에 포함된다. 단기금융시장에서 거래되는 금융상품의 특징은 만기(maturity)가 짧고, 채무불이행위험(default risk)이 낮으며, 유동성(liquidity)이 높다는 점이다.

장기금융시장(capital market)은 만기가 1년 이상인 장기금융상품이 거래되는 시장으로서 자본시장이라고도 한다. 자본시장은 주로 기업, 금융기관, 정부 등에서 장기자금을 조달하기 위하여 활용하게 되며, 자금의 공급방식에 따라 장기대출시장과 증권시장으로 구분된다. 주식시장과 국공채시장, 회사채시장이 자본시장에 포함된다. 자본시장에서 거래되는 금융상품의 특징은 단기금융상품에 비해 만기가 길고, 상대적으로 채무불이행위험이 높으며, 유동성 또한 낮다는 점이다.

한편, 단기금융시장과 자본시장은 모두 정부의 통화정책의 창구로서의 역할을 수행하지만 통화정책효과가 파급되는 시간은 서로 다르다. 즉, 중앙은행의 통화정책은 먼저 단기금융시장의 금리에 영향을 미치고, 이어서 장기금융시장의 금리 및 주가에 파급되며 최종적으로 기업 투자 및 가계 소비에 영향을 미친다.

3. 발행시장과 유통시장

발행시장(primary market)은 새로운 금융상품이 발행되어 발행자로부터 투자자에게 이전이 되는 과정을 의미한다. 즉, 발행시장은 기업이나 정부 등의 발행주체가 신규로 금융상품을 발행하거나 이미 발행된 금융상품을 매각하는 경우에 성립되는 추상적 시장이다. 발행시장은 새로운 금융상품을 발행하여 자금을 조달하려는 발행자(자금의 수요자)와 금융상품을 매입하려고 하는 투자자(자금의 공급자), 그리고 발행자와 투자자 사이에서 금융 중개 역할을 하는 발행기관으로 구성된다.

발행시장은 기업이나 국가 등의 자금의 수요자에게 다수의 투자자들로부터 필요한 자금을 조달할 수 있는 역할을 수행하는 동시에 자금의 공급자인 투자자에게 새로운 금융상품을 공급함으로써 다양한 투자수단을 제공하는 역할을 수행한다.

그림 1-3 발행시장의 구조

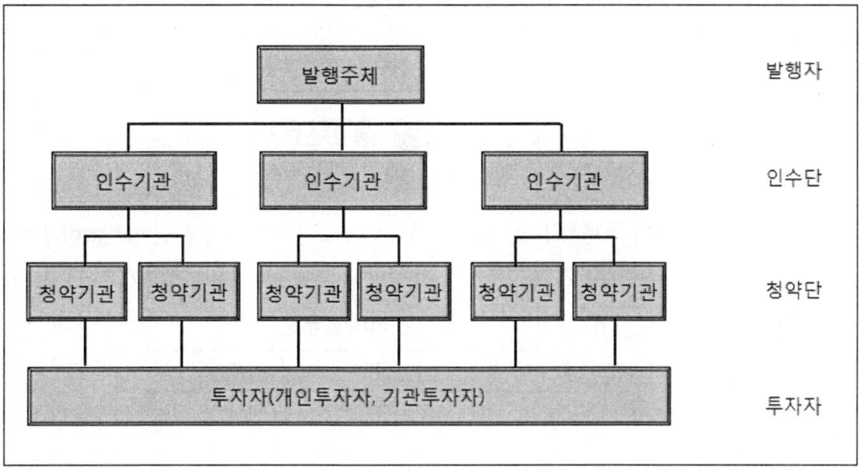

유통시장(secondary market)은 이미 발행된 금융상품이 투자자들 사이에서 거래되는 시장을 의미한다. 이러한 유통시장은 투자자가 보유하고 있는 금융상품을 쉽게 현금화할 수 있게 함으로써 금융상품의 유동성(liquidity)을 높여 준다. 아울러 발행시장에서 신규 금융상품의 발행가격 결정에 영향을 미쳐 자금의 수요자의 자본비용에도 영향을 미치게 된다. 예를 들면 어떤 회사의 주식이 유통시장에서 높은 가격에 거래되는 경우 이 회사에서 신주를 발행할 때 발행가격도 높아져 이 회사는 낮은 비용으로 신규자금을 조달할 수 있게 된다.

유통시장은 거래소시장과 장외시장으로 구분된다. 거래소시장(exchange)은 일정한 장소와 시설을 갖추고 금융상품을 계속적이고 조직적으로 거래하는 시장을 의미하고, 장외시장이란 거래소시장 밖에서 금융상품의 매매거래가 이루어지는 비조직적인 시장을 의미한다. 그러나 최근에는 정보통신기술의 발달로 장외시장도 거래소시장과 같이 조직화되거나 사이버시장의 형태로 크게 변모하고 있다.

제3절 금융시장의 기능

일반적으로 자연에서 물은 높은 곳에서 낮은 곳으로 흐르지만 경제에서 자금은 수익이 낮은 곳으로부터 수익이 높은 곳으로 흐른다. 즉, 금융시장은 높은 곳의 물을 낮은 곳으로 흐르게 하는 강이나 하천과 같이 수익성이 낮은 곳의 자금이 수익성이 보다 더 높은 곳으로 흘러가게 하는 통로 역할을 한다.

금융시장의 역할을 예를 들어 살펴보자. 사업가 A가 자동차 연비를 크게 향상시킬 수 있는 혁신적인 연료저감장치를 발명하였다고 하자. 그러나 A는 이 장치를 상용화하는데 소요되는 자본이 없는 반면에 B는 부모로부터 물려받은 많은 유산이 있다고 한다. 이 때 A와 B가 서로 연결이 되어 A가 B의 여유자금을 사용할 수 있다면 하면 A는 자신의 발명품을 상용화하여 많은 수익을 얻을 수 있게 되고, B도 A의 사업으로부터 발생하는 수익으로부터 일정한 이자나 사업성과에 따르는 배당소득을 얻을 수 있다. 뿐만 아니라 이 장치를 사용하는 소비자는 연료비절감에 따른 경제적 혜택을 누릴 수 있게 될 것이다. 그러나 만약 A가 금융시장을 이용하여 B의 자금을 이용할 수 없었다면 A는 이 사업을 포기할 수밖에 없고 따라서 모든 사람이 이러한 혜택을 누릴 수 없었을 것이다.

이와 같이 금융시장은 자금의 공급자로부터 자금의 수요자에게로 자금을 이전시켜 경제의 효율성을 높이는 역할을 수행한다. 여기서는 금융시장의 기능을 금융시장이 존재하는 경우와 존재하지 않는 경우를 비교하여 보다 구체적으로 살펴본다.

1. 부의 가치와 시장기회선

1-1. 부의 가치

일반적으로 개인의 부(wealth)의 가치나 기업의 가치는 그 소득흐름의 현재가치로 나타내게 된다. 예를 들어 A와 B 두 사람이 다음과 같은 소득흐름을 갖는다고 하자.

시 점	$t=0$	$t=1$
A의 소득	1,000	1,000
B의 소득	500	1,700

이 경우 A와 B 중에서 누가 더 부자일까? 다시 말하면 A와 B 중에서 누가 더 많은 부를 가지고 있을까? 먼저 A와 B의 소득흐름을 비교하면 현재시점(t=0)에서는 A의 소득이 많고, 반대로 미래시점(t=1)에서는 B의 소득이 많다. 따라서 모든 시점의 소득을 고려한다면 누가 더 많은 부를 가지고 있는지 판단하기 어렵다. 이 경우 모든 소득흐름의 총현재가치가 일반적인 부의 비교기준으로 사용된다.

먼저 현재 시장이자율이 10%라고 가정하고 A의 소득흐름(Y^A)과 B의 소득흐름(Y^B)의 현재가치(W_0)를 비교하면 다음과 같다.

$$W_0^A = Y_0^A + \frac{Y_1^A}{1+r} = 1,000 + \frac{1,000}{1+0.1} = 1,909.09$$

$$W_0^B = Y_0^B + \frac{Y_1^B}{1+r} = 500 + \frac{1,700}{1+0.1} = 2,045.45$$

시장이자율이 10%일 경우에 B의 부의 가치가 A의 그것보다 더 크다는 것을 알 수 있다.

한편, 현재 시장이자율이 50%라고 가정하고 A의 소득흐름과 B의 소득흐름의 현재가치를 비교하면 다음과 같다.

$$W_0^A = Y_0^A + \frac{Y_1^A}{1+r} = 1,000 + \frac{1,000}{1+0.5} = 1,666.67$$

$$W_0^B = Y_0^B + \frac{Y_1^B}{1+r} = 500 + \frac{1,700}{1+0.5} = 1,633.33$$

시장이자율이 50%일 경우에 오히려 A의 부의 가치가 B의 그것보다 더 크다는 것을 알 수 있다.

이와 같이 부의 가치는 시장이자율에 따라 달라진다. 즉 시장이자율이 올라가게 되면 부의 현재가치는 줄어들고, 반대로 시장이자율이 내려가게 되면 부의 현재가치는 늘어난다. 그리고 미래소득흐름이 많은 사람일수록 시장이자율이 올라가게 되면 부의 가치가 더 많이 줄어든다.

그림 1-4 소득흐름과 시장기회선

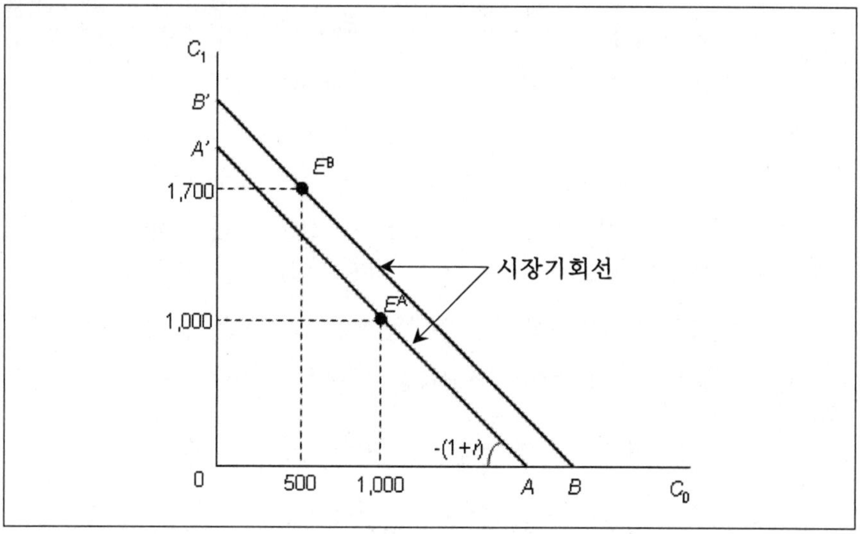

1-2. 시장기회선

금융시장이 존재하는 경우 우리는 소득의 현재가치를 부의 척도로 사용할 수 있다는 사실을 살펴보았다. 한편, 이러한 개인이나 기업의 부의 가치는 아래 그림에서 보는 것처럼 개인의 소비가능선(consumption possibility line)과 매우 밀접한 관련을 갖고 있다.

[그림 1-4]에서 수평축은 현재시점에서의 현금흐름을 나타내고, 수직축은 미래시점에서의 현금흐름을 나타낸다. 이 경우 A의 소득흐름은 E^A점으로, 그리고 B의 소득흐름은 E^B점으로 표시할 수 있다. 한편 A와 B가 주어진 소득흐름을 가지고 금융시장을 이용하여 저축을 하거나 차입을 함으로써 현재와 미래에 소비가능한 점들을 모두 그려보면 [그림

1-4]와 같이 우하향하는 직선으로 나타난다. 즉 A는 주어진 소득(E^A)을 갖고 직선 AA' 위의 한 점(C^A)에서 소비를 할 수 있으며, B는 주어진 소득(E^B)을 갖고 직선 BB' 위의 한 점(C^B)에서 소비를 결정할 수 있다.

이처럼 주어진 소득 하에 금융시장을 이용하여 소비가능한 점들의 집합을 시장기회선(market opportunity line) 또는 금융시장선이라고 한다. 현재 시장이자율이 r이라고 하면 시장기회선은 다음과 같이 표시된다.

$$C_0 + \frac{C_1}{1+r} = Y_0 + \frac{Y_1}{1+r}$$

위의 식은 개인의 소비흐름의 현재가치의 합은 소득흐름의 현재가치의 합과 같다는 것을 의미한다. 여기서 시장이자율이 10%일 경우 A와 B의 시장기회선을 각각 구하면 다음과 같다.

$$C_0^A + \frac{C_1^A}{1+0.1} = 1,000 + \frac{1,000}{1+0.1} = 1,909.09$$

$$C_0^B + \frac{C_1^B}{1+0.1} = 500 + \frac{1,700}{1+0.1} = 2,045.45$$

위의 두 식에서 A와 B의 소비흐름의 현재가치의 합은 각각의 부의 현재가치와 일치한다는 것을 알 수 있다.

2. 소비와 저축, 투자의 결정

2-1. 소비 및 저축의 결정

우리는 개인이나 기업의 소득흐름을 이용하여 부의 가치를 평가하고, 주어진 소득흐름 하에 소비가능한 점들의 집합을 찾아보았다. 여기서는 일정한 소득흐름을 가지고 있는 개인 또는 기업이 금융시장에서 차입(또는 대출)을 하거나 실물시장에 투자를 하는 경우에 최적소비 및 저축(투자)결정이 어떻게 이루어지는지 살펴보기로 한다.

먼저 소비자에게 실물투자의 기회가 주어지지 않고 금융시장만을 이용하는 경우에 합리적인 소비 및 저축의 결정이 어떻게 이루어지는지 살펴보자. 앞서 설명한 것처럼 소비자가 금융시장을 통하여 대출을 하거나 차입을 할 수 있는 경우에는 그 소비자의 현재 및 미래의 소비가 반드시 그 소비자의 현재소득 및 미래소득과 항상 일치할 필요가 없다. 즉, 소비자는 대출 또는 차입을 통하여 시장기회선상의 한 점을 선택하여 소비를 할 수 있다. 한편 경제학이론에 의하면 소비자의 효용(utility)을 극대화하는 최적소비점은 무차별곡선과 시장기회선이 접하는 점에서 이루어지게 된다.

여기서 소비자의 무차별곡선(indifference curve)은 동일한 수준의 효용을 얻을 수 있는 현재소비(C_0)와 미래소비(C_1)의 조합의 집합을 의미한다. 이러한 소비자의 무차별곡선의 형태는 [그림 1-5]에서와 같이 한계효용체감의 법칙에 따라 원점에 대하여 볼록한 형태를 갖는다. 한편 무차별곡선상의 한 점에서의 접선의 기울기를 한계대체율이라고 하는데 이는 소비자의 미래소비에 대한 현재소비의 상대적 선호도를 나타낸다. 미래소비에 비해 현재소비에 대한 선호도가 높으면 무차별곡선의 접선의 기울기는 가파르게 되고, 미래소비에 비해 현재소비에 대한 선호도가 낮으면 접선의 기울기는 완만하게 된다.

그림 1-5 소비자의 무차별곡선

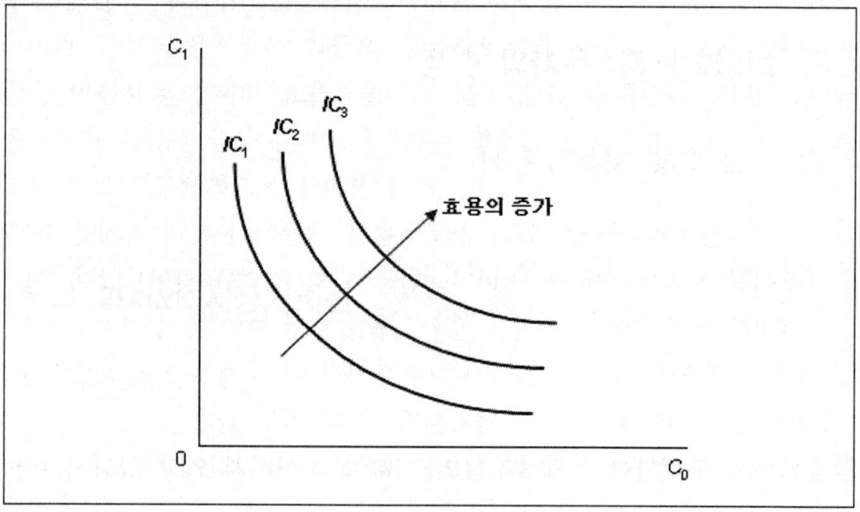

한편 [그림 1-6]은 시장이자율이 10%일 때 현재소득과 미래소득이 각각 1,000원인 소비자의 시장기회선을 표시하고 있다. 시장기회선은 주어진 소득으로부터 금융시장에서 시장이자율로 차입이나 대출을 함으로써 소비가 가능한 현재 및 미래소비의 조합을 나타내는 점들이다. 따라서 [그림 1-6]의 시장기회선 위의 점 C^A와 C^B는 주어진 소득 E^A로부터 대출 또는 차입을 통하여 창출된 소비점들이다.

먼저 C^A는 현재소비가 500원, 미래소비가 1550원인 점으로, 현재소득 1,000원 중에서 500원을 현재에 소비하고 나머지 500원을 금융시장을 이용하여 대출을 함으로써 미래에 소득 1,000원과 대출에 따른 원리금 550원을 합쳐 1,550원을 소비하고자 하는 점이다.

다음 C^B는 현재소비가 1,500원, 미래소비가 450원인 점으로, 금융시장을 이용하여 500원을 차입한 후 현재소득 1,000원과 차입금 500원을 합쳐 1500원을 현재에 소비하고, 미래에는 소득 1,000원 중에서 원리금 550원을 상환하고 나머지 450원을 소비하고자 하는 점이다.

그림 1-6 시장기회선과 소비결정

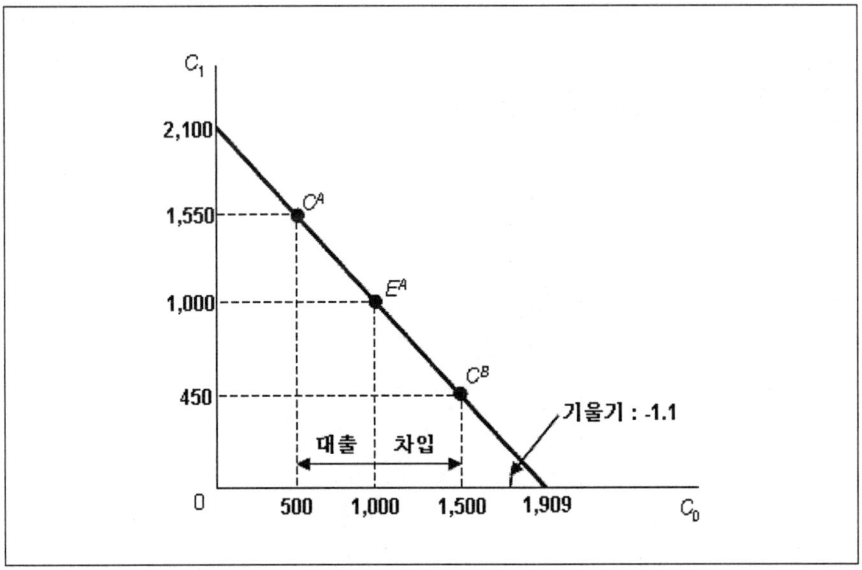

소비점 C^A

현재소비금액=500

대출금액=1,000−500=500

미래원리금=500×1.1=550

미래소비금액=1,000+550=1,550

소비점 C^B

현재소비금액=1,500

차입금액=1,500−1,000=500

미래상환액=500×1.1=550

미래소비금액=1,000−550=450

한편 소비자가 금융시장을 이용하는 경우 최적소비는 [그림 1-7]에서와 같이 그 소비자의 무차별곡선과 시장기회선이 접하는 점에서 이루어진다. [그림 1-7]에서 소비자는 동일한 시장기회선 위에 있는 A점이나 또는 B점을 선택하여 소비를 하는 것보다 C^*점을 선택하여 현재에 C_0^*을 소비하고 미래에 C_1^*을 소비함으로써 주어진 소득으로 가장 높은 효용을 얻을 수 있다.

그림 1-7 최적소비 및 저축의 결정

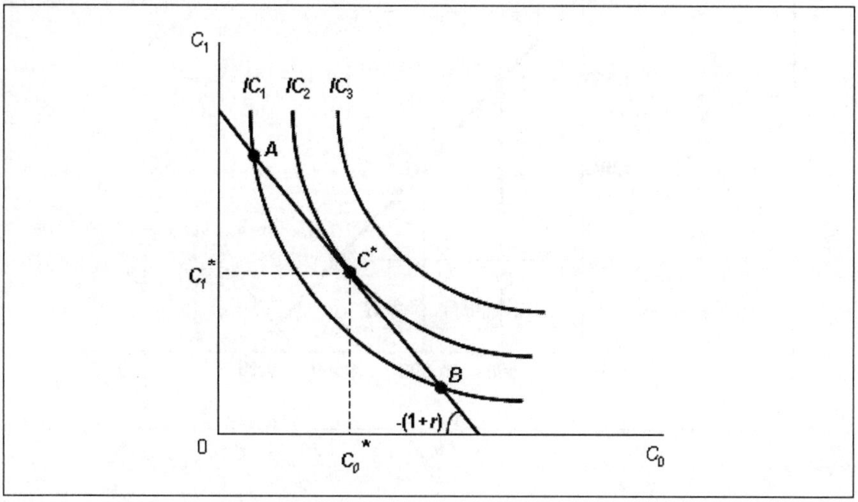

2-2. 소비와 생산의 결정

소비자가 금융시장을 이용하여 차입 또는 대출을 하는 것과 마찬가지로 소비자가 생산활동에 투자를 하는 경우에도 소비자의 현재 및 미래의 소비조합은 주어진 소득흐름과 달라진다. 즉, 소비자가 생산기회를 이용함으로써 소득흐름에 따라 소비를 할 때보다 높은 효용을 얻을 수 있다.

먼저 [그림 1-8]은 주어진 소득 E^A로부터 생산의 기회를 이용함으로서 소비 가능한 현재 및 미래소비의 조합을 나타내는 점들의 집합으로 이를 우리는 생산가능곡선(production possibility curve) 또는 투자기회곡선이라고 한다. [그림 1-8]에서 생산가능곡선이 원점에 대하여 오목한 것은 한계생산물체감의 법칙을 반영한 것이다. 다시 말하면 실물자산에 투자를 하는 경우 투자액의 증가에 따라 투자수익은 지속적으로 증가하지만 그 투자수익의 증가율은 감소한다는 것으로 이는 생산가능곡선의 접선의 기울기, 즉 한계변형률(marginal rate of transformation)의 감소로 나타나게 된다.

[그림 1-8]의 투자기회곡선 상의 한 점 P는 현재소비가 500원, 미래소비가 1,600원인 소비가능점으로서, 현재소득 1,000원 중에서 500원을 현재에 소비하고 나머지 500원을 생산활동에 투자를 함으로써 미래소득 1,000원과 투자수익 600원을 합쳐 1,600원을 미래에 소비하고자 하는 점이다.

이와 같이 투자기회가 주어질 경우 소비자의 최적소비 및 투자는 [그림1-9]에서와 같이 그 소비자의 무차별곡선과 생산가능곡선이 접하는 점에서 이루어진다. [그림1-9]에서 소비자는 주어진 소득대로 소비를 하는 경우의 효용(무차별곡선 IC_1로 표시)보다 무차별곡선과 생산기회곡선이 접하는 P^*점을 선택하여 현재시점에 P_0을 소비하고 나머지 $(Y_0 - P_0)$를 투자를 하여 미래시점에 미래소득 Y_1과 투자수익 $(P_1 - Y_1)$을 합쳐 P_1을 소비함으로써 주어진 소득대로 소비를 하는 것보다 높은 효용(무차별곡선 IC_2로 표시)을 얻을 수 있다.

그림 1-8 생산가능곡선(투자기회곡선)

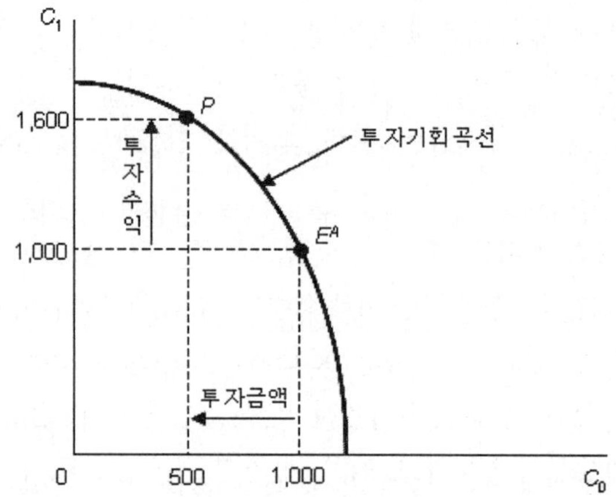

그림 1-9 최적소비 및 생산의 결정

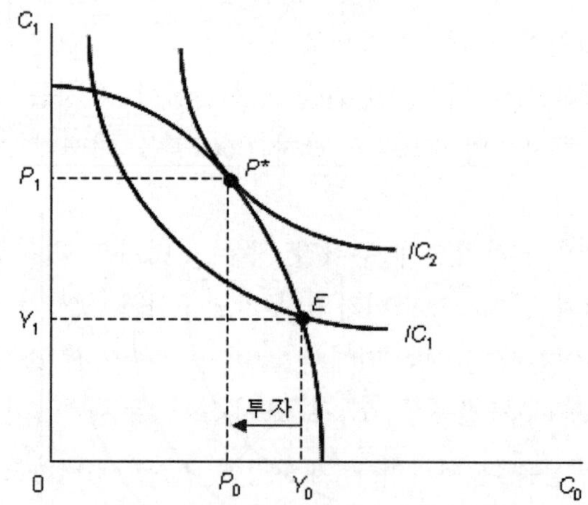

3. 최적소비 및 투자결정과 Fisher의 분리정리

3-1. 최적소비와 투자의 결정

앞에서 우리는 금융시장을 이용하여 저축을 하는 경우(이를 금융투자라고 함)와 생산활동에 투자(이를 실물투자라고 함)를 하는 경우의 최적소비와 저축 및 생산결정에 대해 살펴보았다. 여기서는 금융투자와 실물투자의 기회를 모두 이용하는 경우 소비자의 최적소비 및 투자결정에 대해 살펴보자.

소비자가 실물투자의 기회와 함께 금융시장을 통한 대출 또는 차입의 기회를 모두 갖게 될 경우 이 소비자는 투자의 한계수익률이 금융시장의 이자율과 일치할 때까지 실물자산에 투자를 하고, 투자의 한계수익률과 시장이자율이 일치하는 P^*점([그림 1-10])에서 다시 금융시장을 이용하여 대출 또는 차입을 함으로써 얻게 되는 새로운 시장기회선과 이 소비자의 무차별곡선이 접하는 C^*점([그림 1-10])에서 소비를 함으로써 가장 높은 효용을 얻을 수 있게 된다.

[그림 1-10]에서 만약 어떤 소비자가 금융시장을 이용할 수 없는 경우에는 투자기회곡선과 무차별곡선이 접하는 점 P에서 소비를 함으로써 일정한 수준의 효용(IC_1로 표시)을 얻을 수 있다. 그러나 이 소비자가 금융시장을 이용할 수 있는 경우에는 투자의 한계수익률이 시장의 이자율과 일치하는 P^*점까지 투자($Y_0 - P_0^*$)를 한 후 다시 금융시장을 이용하여 대출($P_0^* - C_0^*$)을 하여 C^*점에서 현재소비(C_0^*) 및 미래소비(C1*)를 함으로써 가장 높은 수준의 효용(IC_2로 표시)을 얻을 수 있게 된다.

최적소비와 최적투자 :

$$최적투자금액 = Y_0 - P_0^*$$

$$최적대출금액 = P_0^* - C_0^*$$

$$최적현재소비 = C_0^* \{= Y_0 - (Y_0 - P_0^*) - (P_0^* - C_0^*)\}$$

$$최적미래소비 = C_1^* \{= Y_1 + (P_1^* - Y_1) + (C_1^* - P_1^*)\}$$

그림 1-10 최적소비 및 최적투자의 결정

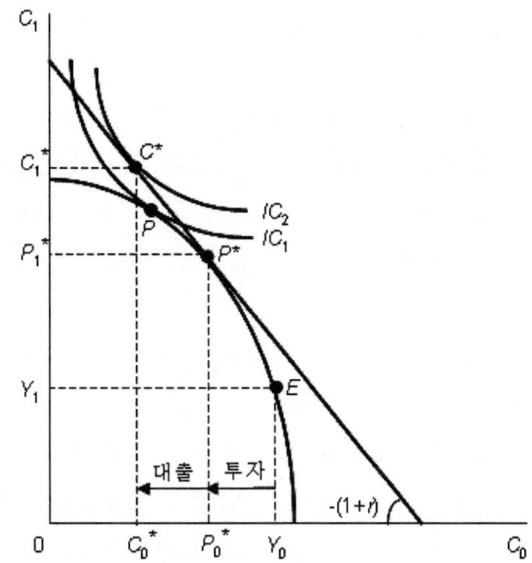

3-2. Fisher의 분리정리

피셔의 분리정리(Fisher's separation theorem)란 금융시장이 완전할 경우에 최적투자결정은 개인의 주관적인 시간선호와 관계없이 객관적인 시장 이자율에 의해 결정된다는 이론이다. 다시 말하면 피셔의 분리정리란 소비자들의 투자결정 및 소비결정은 서로 독립적으로 이루어진다는 것을 의미한다.

[그림 1-11]에서 소비자의 최적투자결정은 개인의 주관적인 시간선호와 관계없이 실물투자의 한계수익률이 금융시장에서 결정되는 시장이자율과 일치하는 P^*점에서 이루어진다는 것을 알 수 있다. 그리고 소비자의 최적소비결정은 현재소비와 미래소비에 대한 소비자의 시간선호에 따라 무차별곡선이 금융시장의 시장기회선과 접하는 C^A점 또는 C^B점에서 이루어지게 된다. 즉, 최적투자결정은 소비자 A 또는 B의 주관적 시간선호와 무관하게 금융시장에서 결정되는 이자율에 의해 이루어지게 된다.

그림 1-11′ Fisher의 분리정리

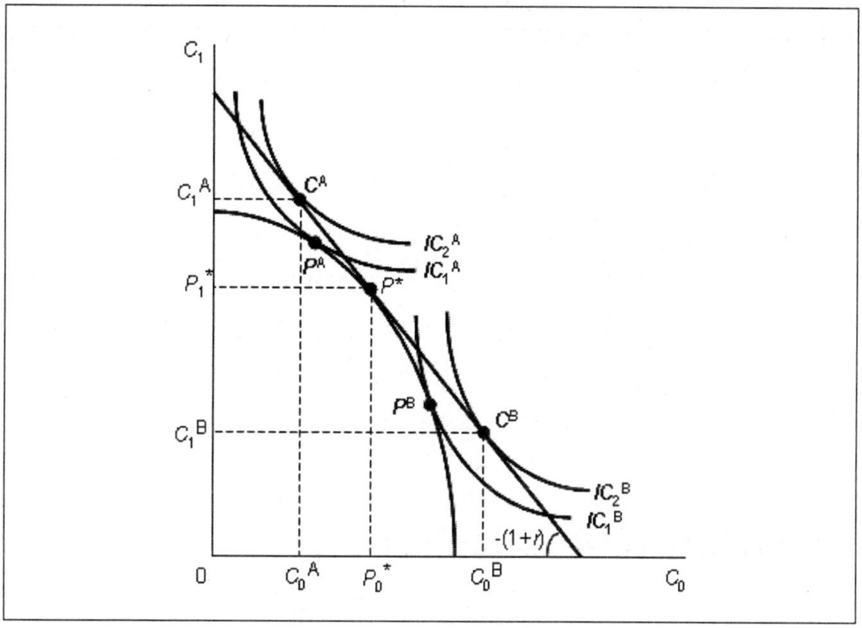

이와 같이 최적투자결정과 최적소비결정이 독립적으로 이루어지기 위해서는 금융시장이 존재하고 또한 그 시장이 완전 경쟁적이어야 한다. 만약 금융시장이 존재하지 않을 경우 최적투자결정은 개인의 시간선호에 따라 달라진다. 즉, [그림 1-10]에서 금융시장이 존재하지 않을 경우 현재소비보다 미래소비를 상대적으로 선호하는 소비자 A는 P^A점까지 투자를 하고자 하고, 미래소비보다 현재소비를 상대적으로 선호하는 소비자 B는 P^B점까지 투자를 하고자 할 것이다. 한편 금융시장이 불완전할 경우에도 최적생산결정은 소비자의 선호에 영향을 받게 되어 분리정리가 성립되지 않게 된다.

이러한 Fisher의 분리정리는 오늘날 기업의 소유와 경영의 분리현상을 뒷받침하는 논리적 근거가 된다. 즉 많은 기업의 주주들이 소비에 대해서 서로 다른 시간선호를 가지고 있지만 기업의 투자결정은 이와 관계없이 시장이자율에 의해 이루어질 수 있기 때문에 기업의 소유와 경영이 분리될 수 있다는 것이다.

제4절 금융제도의 유형

금융제도란 금융시장을 구성하는 프레임워크로서 협의로는 금융거래에 관련된 조직을 의미하나, 광의로는 금융중개기관 및 금융시장의 기구 이외에 금융거래에 관한 규제·관행과 같은 조직운영의 규율(rule)도 포함한다. 금융제도는 각국의 환경에 적응하여 자생적으로 발전하는 경향이 있기 때문에 그 나라의 정치·경제·문화 및 사회적 특성에 따라 상이한 모습을 보이게 된다. 본 절에서는 금융중개기관 및 중개방법의 특성을 중심으로 각국의 금융제도를 살펴보기로 한다.

1. 겸업은행제도와 전업은행제도

1-1. 겸업제도와 전업제도

금융제도는 금융기관의 업무영역 및 운영방식을 중심으로 크게 전업주의제도(sound banking system)와 겸업주의제도(universal banking system)로 구분할 수 있다. 과거에는 금융기관이 본연의 업무(예를 들어 일반은행의 경우 예금 및 대출업무) 이외에 주변업무를 겸업하는 경우 이를 겸업주의제도라고 하고, 금융기관이 경쟁상의 비교우위에 있거나 특수목적에 따라 특정 업무에만 전업하는 경우 전업주의제도라고 구분하였다.

그러나 최근에 들어 어떤 특정 금융기관의 고유업무라고 볼 수 없는 공통영역(grey zone)이 확대되고, 대부분의 금융기관이 핵심업무 이외에 타금융기관의 금융업무를 취급하고 있기 때문에 이와 같은 기준에 따라 겸업주의와 전업주의를 구분하는 것이 모호해졌다. 최근에는 금융업무를 은행업무와 증권업무로 구분하여 은행업무와 증권업무의 취급정도에 따라 전업주의제도와 겸업주의제도를 구분하고 있다. 즉 은행업무와 증권업무가 분리되어 각각의 분야에 전업하는 금융기관에 의해 금융제도가 구성되어 있을 경우에는 전업주의제도라고 하고, 은행 등이 증권업에 진입하거나 증권회사 등의 비은행금융기관이 은행업에 진입하는 등 타업종을 겸업할 수 있을 경우에는 겸업주의제도라고 한다.

전통적으로 독일, 프랑스, 이탈리아와 같은 유럽 국가들은 겸업주의제도를 채택하여 왔다. 특히 독일의 경우 은행본체에서 투자은행(investment bank)업무는 물론, 비은행금융기관의 주식소유 및 판매, 경영참가까지 광범위한 업무를 취급하고 있다.

영국, 미국, 일본, 우리나라 등은 전통적으로 전업주의제도를 채택해 왔으나 최근 들어 겸업주의제도로 이행되고 있다. 영국은 1986년에 영국 증권거래소의 대개혁(big bang)을 단행하여 상업은행이 자회사를 통해 증권업과 보험업에 진출하게 되었으며, 이에 따라 겸업주의제도로 이행하게 되었다. 미국의 경우에는 1920년대의 경제대공황 이후 "글래스-스티갈법(The Glass-Steagall Act)"에 의해 은행업과 증권업의 업무영역이 명확히 구분되는 전업주의제도가 채택되었다. 그러나 1999년 "금융개혁법(Financial Service Modernization Act of 1999)"을 통과시킴으로써 본격적인 겸업화를 추진하게 되었다. 즉 이 법의 통과를 계기로 은행, 증권, 보험업 간의 업무장벽이 철폐되어 금융지주회사의 자회사를 통하여 겸업화를 추진할 수 있게 되었다. 우리나라의 경우 기본적으로는 전업주의제도를 채택하고 있으나 점진적으로 겸업화를 확대할 예정이다.

1-2. 겸업제도의 장단점

(1) 겸업제도의 장점

겸업주의의 장점은 곧 전업주의의 단점이 될 수 있다. 겸업주의의 장점을 살펴보면 다음과 같다.

첫째, 겸업주의제도는 범위의 경제(economies of scope)가 존재한다. 금융산업에 있어서 범위의 경제란 하나의 금융기관이 두 종류 이상의 금융서비스를 생산함으로써 각 금융기관이 개별적으로 금융서비스를 생산할 때보다 저렴한 비용으로 운영이 가능하여 생산성이 향상되는 효과를 의미한다. 예를 들면 은행이 보유하고 있는 생산요소 중에는 증권업에서도 이용가능한 공통의 생산요소, 예를 들면 고객에 관한 정보, 금융시장에 관한 정보, 정보처리시스템 등이 있기 때문에 증권업을 겸영함으로써 저렴한 비용으로 고객의 편익을 증진시킬 수 있다.

둘째, 겸업화를 통하여 금융기관 간의 경쟁을 촉진시킴으로써 자원배분의 효율성을 높이고, 예금자나 투자자들의 금융중개비용을 최소화시킴으로써 금융시장의 운영효율성을 증대시킬 수 있다.

셋째, 겸업주의 하에서는 금융기관이 다양한 업무를 취급함으로써 업무다각화에 의한 영업위험의 절감효과 및 경영의 안정성 제고효과를 기대할 수 있다.

넷째, 겸업주의는 금융상품의 다양화를 통해 고객의 선택의 폭을 넓히고, 고객으로 하여금 한 장소에서 여러 가지 업무를 동시에 수행할 수 있도록 한다.

(2) 겸업제도의 단점

겸업주의의 장점은 바로 전업주의의 장점이 될 수 있다. 겸업주의의 장점을 살펴보면 다음과 같다.

첫째, 은행이 증권업무를 수행할 경우에 은행 고유의 신용위험(credit risk)에 증권의 시장위험(market risk)까지 추가되어 은행경영의 위험이 크게 증대될 수 있다. 예컨대 증권시장이 침체될 경우 은행의 파산은 물론 지급결제제도의 안정성이 위태로워질 수 있다.

둘째, 은행이 증권업무를 겸영할 경우 규모나 거래관계에서 우위에 있는 은행에 의해 다른 산업이나 금융시장에 대한 지배가 이루어질 수 있다.

셋째, 겸업주의는 전업주의가 갖는 전문화의 이점을 상실할 우려가 있다. 전문화의 이점은[3] 생산요소를 특정 부문에 집중함으로써 비용을 절감할 수 있고, 특화된 서비스를 제공함으로써 서비스의 질적 수준을 제고시키며, 습득효과(learning by doing)를 통하여 기술축적 및 기술혁신을 촉진하고, 고객의 선호에 신속하게 대응함으로써 고객의 만족도를 높일 수 있다는 것이다.

마지막으로 금융기관의 겸업에 의해 금융거래주체 상호간의 이해상충

---

3) 강병호, 「금융기관론」, 박영사, 2008년.

(conflict of interest)으로부터 도덕적 해이(moral hazard)가 발생할 수 있다. 예를 들면 은행이 위험이 높은 증권업무를 적극적으로 수행함으로써 발생하는 투기적 이익의 대부분은 은행의 주주가 향유하는 반면 손실이 발생할 경우 손실의 대부분은 예금자에게 전가될 수 있다. 그리고 은행이 대출을 미끼로 고객에게 불리한 상품을 끼워 팔거나 은행이 특정기업에 대한 대출심사과정에서 얻는 기업에 관한 사적 정보를 자신이나 다른 고객을 위한 투자정보로 이용할 수 있다.

2. 단점은행제도와 지점은행제도

2-1. 단점은행과 지점은행

단점은행제도(unit banking system)는 지점이 전혀 없거나 또는 지점이 있어도 그 설치가 지역적으로 엄격하게 제한되어 운영되는 제도로서 과거 미국에서 채택하여 왔다. 그러나 미국도 1994년에 "Interest Banking and Branching Efficient Act(Riegle-Neal법)"의 제정을 통해 주간 영업을 허용함으로써 단점은행제도는 사실상 폐지되었다. 지점은행제도(branch banking system)는 전국에 걸쳐서 지점망을 갖는 은행제도로서 우리나라를 비롯한 대부분의 국가에서 채택하고 있다. 단점은행과 지점은행을 비교할 경우 단점은행의 규모가 지점은행의 규모보다 작은 것이 일반적이다.

2-2. 지점은행의 장단점

일반적으로 전국적인 지점망을 갖는 지점은행제도가 단점은행제도와 비교하여 갖는 장점은 다음과 같다.

첫째, 전국의 지점망을 통하여 거액의 자금을 조달하고, 대출을 전국에 걸쳐 분산함으로써 대출의 위험을 줄일 수 있다.

둘째, 지역에 있는 각 지점들은 본점으로부터 다양하고 전문화된 금융서비스를 제공받을 수 있을 뿐 아니라 조직, 인사, 기타의 운영 면에서 규모의 경제(economy)를 실현할 수 있다.

셋째, 자금의 수요가 적은 지역으로부터 자금의 수요가 많은 지역으로 자금의 이동을 용이하게 할 수 있어 자원의 효율적 배분을 달성할 수 있다.

넷째, 단점은행을 설립하기에는 너무 작은 규모의 도시나 지역에도 지점을 설치할 수 있기 때문에 모든 지역에 금융서비스를 제공할 수 있다.

다섯째, 한 지역 안에 여러 은행의 지점들이 위치함으로써 경쟁을 촉진하여 서비스의 질을 높일 수 있다.

반면 지점은행제도의 단점은 다음과 같다.

첫째, 소수의 대규모 은행이 금융시장을 지배하여 독점 내지 과점의 이익을 추구할 가능성이 있다. 자금이 소수의 은행에 집중이 될 경우 은행은 금융산업뿐만 아니라 다른 산업까지도 지배할 수 있게 된다.

둘째, 지점은행의 경우 한 지역에서 예치된 자금을 그 지역사회의 발전을 위하여 대출하기보다는 본점의 지시에 따라 다른 지역으로 이전함으로써 지역 간 경제력 격차를 확대시킬 수 있다.

셋째, 지점은행의 경우 많은 수의 지점을 관리·유지해야 하므로 단점은행에 비해 운영비용이 늘어날 수 있다.

넷째, 지점은행제도는 단점은행제도에 비해 지역사회의 특수한 여건에 적합한 금융서비스를 제공하기 어렵고 지점 간 순환근무로 고객과 긴밀한 관계를 유지하기 어렵다.

3. 도매은행제도와 소매은행제도

3-1. 도매은행

금융기관은 거래하는 고객의 성격과 금융중개의 형태 등에 따라 도매은행과 소매은행으로 구분할 수 있다. 먼저 도매은행(wholesale bank)의 경우 거래고객은 거액의 예금 또는 대출거래를 할 수 있는 기업이나 정부 및 정부기관들로 한정되어 있고, 영업구역도 이러한 고객이 있는 대도시에 국한되어 있다. 또한 도매은행이 제공하는 금융서비스는 수익성을 위주로 주로 예금과 대출, 그리고 신탁업무 등이 주종을 이루고 있는데 이와 같은 도매은행들에 의해 영업이 이루어지는 은행제도를 도매은행제도(whole banking system)라고 한다. 도매은행은 상대적으로 관리비용이 많이 드는 소매금융을 취급하지 않는 대신 부유한 고객층을 대상으로 한 재산관리 등이 중요한 업무가 된다.

도매은행의 장점으로는 고객의 수가 적고 거래단위가 거액이기 때문에 필요한 직원의 수가 많지 않고, 지점망이 대도시에 국한되어 있으므로 점포를 유지하는데 드는 비용을 절감할 수 있으며, 고객에게 개별적으로 전문적인 서비스를 제공할 수 있다는 점이다.

반면 도매은행의 단점으로는 거래하는 금액이 거액이기 때문에 위험부담이 대단히 크다는 것과 고객이 다양하지 않고 특정 산업에 편중될 가능성이 많아 특정 산업의 경제상황에 따라 영향을 크게 받을 수 있다는 점이다.

현재 도매은행들이 취급하는 주요업무는 주로 기업을 대상으로 하는 예대업무 및 증권관련업무, 리스·M&A·벤처캐피털·프로젝트 파이낸싱 등의 종합금융업무, 선물·옵션·스왑 등의 파생금융업무, 부유고객을 대상으로 하는 재산관리업무 등이 있다.

3-2. 소매은행

제2차 세계대전 이후 직접금융시장의 발전으로 대기업의 은행 이용이 줄어들고 은행고객들이 수익성이 보다 높은 비은행금융기관의 상품을 선호하게 되자 종래의 도매은행들은 전략을 바꾸어 가계 또는 소규모 고객을 대상으로 금융거래를 하는 소위 소매은행(retail bank) 영업을 취급하기 시작했다. 특히 최근에는 정보통신기술(IT)의 발달로 전자은행제도(electronic banking)와 전자자금이체제도(electronic fund transfer system)를 통해 각양각색의 소비자들이 요구하는 다양한 서비스수요를 저렴한 비용으로 충족시킬 수 있게 됨에 따라 소매은행이 급속히 확대되어 이른바 소매금융혁명(retail banking revolution)시대를 맞이하고 있다.

소매은행의 장점은 다수의 고객을 대상으로 소액의 거래를 하므로 위험의 부담이 줄어들어 은행의 안정성이 확보될 수 있다는 것이다. 반면에 소매은행의 단점은 다수의 고객들을 상대해야 하므로 상대적으로 관리비용이 많이 든다는 것이다.

4. 기타의 은행제도

4-1. 코레스은행

코레스은행(correspondent bank)은 한 은행이 자기의 지점이 없는 지역에 소재하는 다른 은행과 코레스계약(correspondent arrangement)을 체결하고 서로 상대방을 대신하여 금융서비스를 제공하는 은행제도로서 국제간 은행들의 코레스계약이 대표적인 예이다. 코레스은행은 격지간의 환거래업무를 대행하는 것 이외에도 상대은행에 대하여 전문적인 서비스를 제공하기도 한다. 예를 들어 미국의 경우 지방은행이 대도시에 소재한 대규모 은행과 코레스계약을 맺게 되면 대도시 소재 은행이 결제, 외환, 리스, 신탁, 투자대행, 협조대출, 컴퓨터서비스 등을 지방은행에 제공해 주는 대신 지방은행은 대도시 소재 코레스은행에 보상예금(compensating balance)을 예치한다. 그러나 최근에는 코레스은행이 제공하는 개별 서비스에 대해 상대은행이 수수료를 지급하고 대신 코레스은행에 예치한 예금에 대해서는 명시적인 이자를 지급하는 방식이 늘어나고 있다.

4-2. 은행지주회사

은행지주회사(bank holding company)란 1개 이상의 은행을 직접 소유하고 있거나 경영권을 관장하고 있는 주주회사를 말한다. 1개 은행만을 지배하는 지주회사를 단일은행지수회사(one-bank holding company: OBHC), 2개 이상의 은행을 지배하는 지주회사를 복수은행지배회사(multi-bank holding company)라고 한다. 미국에서는 은행지주회사가 은행의 대표적인 지배구조의 형태로 발전되어 왔는데, 이는 주로 지점설치에 대한 규제회피의 목적과 법적으로 겸영이 금지되어 있는 비은행금융업에 진출하기 위한 목적이 있다. 그러나 최근에 들어 은행의 지점설치나 업무영역에 대한 규제가 완화 내지 철폐되고 금융기관들의 대규모 합병이 진행됨에 따라 이와 같은 구분은 점차 퇴색하고 있다.

우리나라의 경우 금융지주회사의 설립을 촉진하고 금융지주회사와 그 자회사의 건전한 경영을 도모함으로써 금융산업의 경쟁력을 높이고 국민경제의 건전한 발전을 위하여 2000년 10월에 "금융지주회사법"이 제정되었고, 현재 KB금융지주, 신한금융지주, 우리금융지주, 하나금융지주회사가 자회사로 분류되는 국민은행, 신한은행, 우리은행, 하나은행을 지배하고 있다.

제2장

화폐의 의의와 역할

조선 후기에 일어났던 전황(錢荒)이란 시중에서 유통되는 화폐량이 만성적으로 부족한 현상을 말한다. 이러한 현상은 당시 화폐로서 중요한 기능을 하던 은의 수량이 감소되어 동전의 수요는 확대되었지만 관청이나 거상들이 고리대업을 목적으로 다량의 동전을 유통하지 않고 묻어둠으로써 발생하였다. 이러한 통화량의 부족현상은 조선 후기 화폐경제의 원활한 발전을 저해하고 전통사회의 해체를 가속화시키는 원인으로 작용하였다. 전황은 일본이 식민지 지배체제를 구축하기 위하여 이전에 사용하던 화폐를 정리하고 새 화폐를 공급하는 과정에서 발생하기도 하였다.

이와 같이 화폐는 경제를 유지하고 움직이게 하는 가장 중요한 자산이다. 본장에서는 화폐란 무엇인가 그 개념을 정의하고 오늘날 교환경제에서 화폐가 어떤 역할을 하는지 설명하고자 한다.

제1절 화폐의 의의

화폐가 우리의 일상생활에서 가장 소중한 자산이라고 하는데 이의를 제기할 사람은 아무도 없을 것이다. 그러나 화폐의 소중함만 알고 이를 올바르게 운용할 줄 모른다면 앞서 설명한 것처럼 경제에 많은 폐해를 가져오게 된다. 마치 고인 물은 썩게 되듯이 화폐 또한 유통되지 않고 정체되어 있으면 한 나라의 경제를 병들게 할 수 있다.

오늘날 화폐는 단순한 지불수단으로서의 기능만 아니라 여러 가지 다양한 기능을 수행하고 있고, 화폐의 보유동기 또한 사람마다 다를 수 있기 때문에 화폐를 한 마디로 명확하게 정의하기는 어렵다. 더구나 정보통신기술의 발달과 함께 화폐와 유사한 기능을 하는 전자화폐의 출현으로 화폐에 대한 통일된 정의는 현실적으로 거의 불가능하다고 할 수 있다. 본 절에서는 화폐에 대한 여러 가지 정의 가운데 ① 화폐의 기능을 중시하는 전통적 정의, ② 화폐의 현실적 유용성을 근거로 하는 실증적 정의, ③ 그리고 유동성을 기준으로 하는 유동성 정의에 대해 살펴보기로 한다.

1. 화폐의 정의

1-1. 전통적 정의

화폐에 관한 전통적 정의는 화폐의 기능을 기준으로 화폐를 규정하고 있다. 즉 화폐는 화폐의 기본적 기능인 계산단위로서의 기능, 지불수단으로서의 기능, 가치저장수단으로서의 기능, 그리고 이연지불수단으로서의 기능을 동시에 만족시키는 자산 또는 자산들의 집합을 화폐로 정의한다. 이 기준에 따를 경우 화폐는 두 가지 종류의 자산으로 구성되게 된다. 즉 중앙은행이 발행하는 현금통화와 일반은행에 예치된 요구불예금이 화폐로 간주된다.

그러나 최근 이루어지고 있는 금융환경의 변화와 전자자금이체제도의 발전에 따라 화폐에 포함되는 자산의 범위가 더욱 넓어지는 경향이 있다.

1-2. 실증적 정의

프리드만(Friedman)과 슈바쯔(Schwartz)[1]는 현실적 유용성을 기준으로 화폐를 정의했다. 이들은 화폐를 판매행위와 구매행위를 분리시킬 수 있는 구매력의 일시적 보유수단으로 정의하고, 상관분석 등을 이용하여 특정한 경제활동과 밀접한 관련이 있는 자산의 집단을 화폐로 정의하였다. 다시 말하면 여러 자산집단들의 변동과 특정 경제활동(GDP, 인플레이션, 실업 등)의 변동과의 상관관계를 분석함으로써 특정 경제활동과 가장 밀접한 상관관계를 유지하는 자산, 즉 특정 경제변수를 가장 잘 예측하고 통제할 수 있는 자산의 집합을 화폐로 정의하는 것이다.

그러나 이러한 화폐의 실증적 정의는 적용되는 국가나 그 시기에 따라 달라질 수 있으며, 자산의 범위가 제한되어 있을 경우에는 서로 다른 화폐의 정의가 동일한 자산의 집합에 대해 적용될 수도 있다. 따라서 각각의 통화지표가 서로 다르게 움직일 수 있기 때문에 통화지표로 하나의 지표를 사용할 경우에는 상당한 주의가 요구된다. 예컨대 화폐를 지불수단으로 보는 전통적 정의에 따를 경우 협의통화(M1)가 적절한 화폐의 구성이라고 볼 수 있지만 경제활동과의 상관관계를 중시하는 실증적 정의에 따를 경우 협의통화(M1)보다는 광의통화(M2) 또는 광의 유동성(L)이 적절한 화폐의 구성이라고 볼 수 있다.

우리나라에서는 1951년부터 통화지표를 공식적으로 작성하기 시작하였으며 2002년부터는 변경된 IMF의 통화금융통계매뉴얼 권고에 따라 금융기관의 제도적 형태보다 금융기관이 취급하는 금융상품의 유동성 정도를 기준으로 그 포괄상품을 구성한 협의통화(M1) 및 광의통화(M2)를 공표하고 있다. 한편, 한국은행은 통화지표들 가운데 중심지표를 따로 선정하여 1957년부터 2002년까지 통화정책의 중간목표 등으로 활용하여 왔다. 그러나 2003년부터 금리중시통화정책의 운영체제가 정착됨에 따

1) M. Friedman and A. Schwartz(1970), *The Monetary Statistics of the United States: Estimates, Sources, Methods,* New York, Colombia University Press for the NBER.

라 M1, M2 등의 각종 통화지표는 모두 정책운용의 정보변수로 활용되고 있다.

표 2-1 우리나라 통화 및 유동성의 구성

	구 분	구 성 범 위
통화지표	M1(협의통화)	현금통화+요구불예금+수시입출금식예금
	M2(광의통화)	M1+정기예금+시장형금융상품+실적배당형금융상품+기타 예금·금융채
유동성지표	Lf(금융기관유동성)	M2+2년 이상 장기금융상품 등+생명보험계약준비금 및 증권금융예수금
	L(광의유동성)	Lf+기타금융기관상품+국채 및 지방채+회사채 및 CP

자료 : 한국은행, 「알기 쉬운 경제지표해설」, 2010년.

1-3. 유동성 정의

유동성 정의는 유동성(liquidity)을 화폐로 정의하기 때문에 가장 광범위한 개념의 화폐라고 할 수 있다. 화폐에 대한 정의로서 유동성의 개념을 처음 제시한 사람은 걸리(Gurley)[2]인데, 그는 현금과 요구불예금을 가장 기본적인 유동성수단으로 보았다. 여기서 유동성은 어떤 자산을 현금화하는데 걸리는 시간과 비용에 의해 측정된다. 유동성이 높다는 것은 이러한 시간과 비용이 적게 든다는 것을 나타낸다.

어떤 자산의 유동성은 그 자산이 지불수단으로 쉽게 전환될 수 있는 정도에 의해 측정될 수 있다. 이러한 유동성은 두 가지 요인에 의하여 결정되는데, 첫째는 그 자산이 얼마만큼 빨리 지불수단으로 전환될 수 있는가 하는 점이고, 둘째는 지불수단으로 전환이 얼마만큼 그 자산의 적정 가격으로 이루어지는가 하는 점이다.

한편 화폐를 유동성으로 정의할 때 화폐의 양은 전통적 정의나 실증적 정의보다 그 규모가 훨씬 크기 때문에 통화량의 효율적 조정을 위해서는 통화당국의 광범위한 통제가 필요하다.

---

2) J.G. Gurley and E.S. Shaw(1960), *Money in a Theory of Finance*, The Brookings Institution.

표 2-2 우리나라 주요 통화 및 유동성지표

(단위: 조원)

		2000	2005	2010	2011
통화지표	M1	183.3	332.9	427.8	442.1
	M2	691.4	994.0	1,660.5	1,751.5
유동성지표	Lf	882.8	1,348.8	2,137.2	2,277.7
	L	1,043.9	1,653.2	2,719.6	2,973.3

자료 : 한국은행, 「경제통계시스템」

2. 화폐의 변천

2-1. 상품화폐

인류의 경제활동의 역사를 살펴보면 처음 인류는 자급자족생활을 영위하였지만 생산이 늘어나면서 부족 사이에 물물교환이 이루어지게 되었고 이 과정에서 오늘날의 화폐와 같은 기능을 하는 물품이 사용되기 시작했다. 화폐교환경제에서 가장 먼저 화폐로 사용된 물품은 물물교환 과정에서 흔히 사용되었던 조개, 곡물, 연장, 무기, 가축 등이었다. 상품화폐(commodity)의 특징은 오늘날 정부에 의해 독점적으로 발행되는 법화와 달리 그 사회의 구성원 모두가 공급에 참여할 수 있었다는 점이다.

그러나 상품화폐는 화폐로서의 기능을 원활하게 수행하기 위해 갖추어야 할 속성들 가운데 몇 가지 속성이 결여되어 있었다. 예를 들면 소나 말과 같은 가축을 교환수단으로 사용하는 경우 가분성과 동질성에 문제가 있고, 나이가 들어감에 따라 그 품질이 변하므로 내구성에도 문제가 있었다. 이에 따라 상품화폐는 금화 또는 은화와 같은 금속화폐로 대체되게 되었다.

2-2. 금속화폐

금속화폐(metal money)는 상품화폐와 비교할 때 어느 정도 세분이 가능하고, 주조기술의 발달로 동질성을 유지할 수 있으며, 마모가 적어서 내구성이 있고, 상품화폐보다 휴대가 간편하다는 특성이 있다.

그러나 금화나 은화와 같은 금속화폐를 주조하는 데는 금이나 은과 같은 재료가 필요하므로 화폐의 실제 공급량은 금이나 은의 채광량이나 제련기술에 의해 제한을 받을 수밖에 없었고, 또한 상품화폐와 마찬가지로 금이나 은을 화폐로 사용하는데 따르는 기회비용(opportunity cost)이 발생하게 된다. 따라서 금속화폐보다 사회적 비용이 적게 드는 화폐를 찾게 되었고, 제지기술의 발달과 함께 종이화폐가 사용되게 되었다.

2-3. 명목화폐

금속화폐의 발달로 격지간의 상거래가 확대되면서 금장업자 또는 금보관업자 등이 발행하는 금보관증서(gold certificate)가 격지간의 자금결제에서 금화의 대용물로 이용되기 시작하여 오늘날의 명목화폐로 발전하게 되었다. 명목화폐(nominal money)란 상품화폐나 금속화폐와 달리 화폐의 소재가치가 액면가치보다 낮은 화폐를 말하는데 그 대표적인 예가 은행권(지폐)이다.

지폐발행 초기에는 금화주조에 많은 비용이 들고, 유통과정에서 금화가 마손되거나 무거워 휴대하기가 불편하였기 때문에 금화를 주조하지 않고 금을 매입하여 지금으로 보관하는 대신 언제든지 금으로 교환할 수 있는 지폐를 발행하였는데 이를 태환지폐(convertible paper money)라고 한다.

그러나 정부가 공신력을 유지하는 한 보관된 금보유량을 초과하는 지폐발행이 가능하다는 사실을 인식하고 지폐발행액의 일정비율에 해당하는 지금만 보유하여 오다가 오늘날에는 지급준비금이 없이 오로지 정부의 공신력으로 화폐의 유통이 보장되는 지폐를 발행하게 되었는데 이를 불환지폐(fiat money)라고 한다. 이처럼 국가가 통용력을 법적으로 보장한 화폐(지폐 및 주화)를 법화(legal tender)라고 한다. 따라서 법화는 국가의 주권이 미치는 영토 내에서 효력을 갖게 된다.

2-4. 예금화폐

지폐는 화폐로서 많은 장점을 갖고 있으나 화폐로서의 내구성이나 가분성, 휴대의 편리성 면에서 완전하지 않을 뿐만 아니라 도난의 가능성도 존재한다. 이러한 문제에 대처하기 위해 수표(check) 위에 표시금액을 자유로이 기재하여 사용할 수 있는 예금화폐(deposit money)가 출현하였다. 그러나 예금화폐는 법화와 구별되어 강제 통용력이 없기 때문에 상거래를 할 때 이를 거절할 수 있다.

예금화폐의 사용은 지급결제제도와 관련된 거래비용을 감소시키고 경제적 효율성을 높인다. 그리고 거액의 거래를 훨씬 더 용이하게 하고 도난위험을 크게 줄이는 효과가 있다. 그러나 수표는 법화가 아니기 때문에 강제 통용력이 없어서 광범위하게 통용되기 어렵고 수표를 처리하는데 상당한 비용이 발생하게 된다.

2-5. 전자화폐

전자화폐(electronic money)란 은행 등 발행자가 카드 내에 저장된 집적회로 칩에 일정한 화폐가치를 전자기호로 저장하고 그 지급을 보장하는 것으로서 통신회선을 통해 지급결제가 이루어지는 화폐이다. 전자화폐는 IC카드형 전자화폐와 네트워크형 전자화폐가 있다.

IC카드형 전자화폐는 상품을 구매할 때 전자화폐 보유자의 IC칩 속에 있는 화폐가치를 상품판매자에게로 이전하게 된다. 즉 상품구매자는 현금 지급 대신에 IC카드상의 자금을 판매자의 은행계정으로 직접 이전하게 된다. IC카드형 전자화폐는 IC칩을 사용하므로 상대적으로 위조와 변조가 어렵고 중앙연산장치를 내장하여 연산도 실시할 수 있다는 장점이 있다.

네트워크형 전자화폐는 인터넷 등 컴퓨터 통신망에서 주로 사용되는 전자화폐로서 전자화폐 사용자는 컴퓨터 통신망을 통해 거래은행에서 자금을 인출하고 상품 구입 후에 컴퓨터 파일 형태로 구매대금을 지급한다. 따라서 네트워크형 전자화폐는 최근 늘어나고 있는 전자상거래에서 많이 사용되고 있다.

제2절 화폐의 기능과 속성

화폐의 기능을 살펴보기에 앞서 만약 우리가 화폐를 사용할 수 없게 된다면 어떻게 될까? 아마도 우리의 경제활동은 과거의 물물교환경제(barter economy)로 되돌아가야 할 것이다. 물물교환경제에서는 상품과 상품을 직접 교환을 하기 때문에 상품의 가격이 일치하지 않거나 상품의 분할이 불가능한 경우 거래를 하는데 많은 불편이 따르게 될 것이다. 따라서 거래는 줄어들고 경제활동은 크게 위축되어 막대한 사회적 손실이 야기될 것이다. 이러한 점에 비춰볼 때 화폐경제의 이점은 거래에 따르는 제반 비용을 절감하여 경제활동을 보다 촉진시키는 것이라고 할 수 있다. 우리가 경제활동을 하는 과정에서 화폐의 역할과 그 속성을 정리하면 다음과 같다.

1. 화폐의 기능

1-1. 지불수단

화폐의 가장 중요한 기능은 교환을 원활하게 하는 것이다. 사람들은 시장에서 각종 재화나 서비스를 제공하는 대가로 화폐를 받고, 또 그들이 필요한 재화나 서비스를 얻기 위하여 화폐를 지불한다. 다시 말하면 화폐는 재화나 서비스를 교환하는 과정에서 지불수단(means of payments)으로 사용된다. 역사적으로 보면 이러한 지불수단은 곡물, 가축, 금속, 지폐, 신용에 이르기까지 다양하지만 일단 교환의 목적으로 사용되었다면 어떤 물건이던 화폐로 간주될 수 있다. 여기서 화폐가 교환의 매개수단으로서의 기능을 하기 위해서는 일반적인 수용가능성이 있어야 한다. 즉 실질적으로 모든 사람이 재화나 서비스를 거래할 때 그것을 기꺼이 받아들이고자 하여야 한다. 이러한 의미에서 화폐를 '일반화된 구매력'(generalized purchasing power)이라고 일컫기도 한다.

한편 화폐는 지불수단이자 보다 넓은 의미에서 교환의 수단(medium of exchange)이라고 정의할 수도 있다. 교환의 수단으로는 신용카드, 수표 등과 같은 신용이 사용될 수 있겠지만 교환에 대한 최종결제는 화폐로 이루어져야 한다. 즉 화폐만이 최종적 결제수단으로서 보편적 수용력(general acceptability)을 갖는다.

화폐가 교환의 기능을 제대로 수행하기 위해서는 안정적인 구매력이 전제되어야 한다. 만약 인플레이션 등으로 구매력이 크게 변하게 되면 교환질서의 혼란과 교환의 불공정성이 발생할 수 있다.

1-2. 회계단위

모든 재화와 서비스의 가치는 화폐단위로 측정되고 화폐단위로 표현된다. 다시 말하면 화폐는 가치의 척도(standard of value)이자 회계단위(unit of account)로서 사용된다. 한 사회가 특정 화폐단위를 선택한 경우 모든 재화와 서비스의 가치(value)는 가격(price)으로 표현할 수 있게 되며, 이때 가격은 교환을 할 때 지불되는 화폐의 수량을 나타내게 된다.

회계단위로서의 화폐는 재화의 교환가치의 측정을 단순화시키고 거래과정을 간편하게 하여 경제적 효율성을 높이는 역할을 한다. 예를 들면 화폐를 사용하지 않는 경우 n개 재화의 교환이 이루어지기 위해서는 모두 $n(n-1)/2$번의 거래가 필요하지만 화폐를 사용하는 경우에 n번의 거래로 가능하기 때문에 거래비용이 크게 줄어들게 된다. 이는 모든 재화와 서비스의 가치를 화폐라고 하는 단일 회계단위로 표시할 수 있기 때문에 가능한 것이다. 이와 같이 화폐가 회계단위의 기능을 하게 되면 모든 종류의 자산, 부채, 수익, 비용을 공통의 화폐단위로 측정이 되므로 화폐는 가치의 척도로서의 역할도 수행하게 된다.

그러나 화폐가 회계단위 혹은 가치의 척도로서의 기능을 제대로 수행하기 위해서는 화폐의 구매력(purchasing power)이 안정되어 있어야 한다. 예를 들어 물가가 크게 오를 경우 금융 자산의 실질구매력은 떨어지게 되고 이 경우 화폐의 가치의 척도로서의 기능은 약화될 수밖에 없을 것이다.

1-3. 가치저장수단

화폐는 지불수단의 기능, 회계단위의 기능을 수행할 뿐만 아니라 가치저장의 수단(store of value)으로서의 기능을 한다. 이것은 기본적으로 화폐가 어떤 한 시점에서가 아니라 시간이 경과하더라도 교환의 매개기능을 계속 수행하기 때문이다. 즉 화폐의 보유자는 언제 어디서나 필요한 재화나 서비스를 구입할 수 있는 '일반적인 구매력'을 보유하게 되므로 화폐는 훌륭한 가치저장의 수단이 될 수 있다.

가치저장의 수단으로는 화폐 이외에도 국공채, 회사채, 주식 등의 유가증권이나 주택, 토지 등의 실물자산(real asset)도 있다. 이러한 자산들은 이자, 배당, 지대 등의 수익이나 가격의 상승에 따르는 자본이득(capital gain)을 제공한다. 그러나 이러한 자산들은 가치저장수단으로 화폐에 비해 몇 가지 단점이 있다. 즉 실물자산은 화폐에 비해 저장비용이 들고, 감가상각(depreciation)이 발생하며, 유동성(liquidity)이 떨어진다. 따라서 개인이나 기업이 가치저장을 목적으로 이들 자산을 보유할 때는 수익성이나 안정성, 그리고 유동성을 고려하여 금융자산과 실물자산의 비율을 적절하기 유지하여야 한다.

화폐가 만족할 만한 가치저장의 수단이 되기 위해서는 물가안정이 이루어져야 한다. 만약 인플레이션이 심해지면 화폐보유는 구매력손실을 가져오게 되고 따라서 가치저장수단으로서의 화폐의 기능은 상실될 것이다.

2. 화폐의 속성

특정한 재화가 화폐로서의 기능을 수행하기 위해서는 다음과 같은 몇 가지 기본적 속성이 요구된다.

첫째는 동질성(homogeneity)이다. 화폐의 가치가 표준화되기 위해서 화폐는 동질성을 유지하여야 한다. 만약 한 사회에 가치이 서로 다른 두 개의 화폐가 통용되고 있다면 가치가 낮은 화폐의 유통은 빨라지고 반면 가치가 높은 화폐는 시중에서 점차 자취를 감추는 현상이 일어나게 되는데, 이와 같이 '악화가 양화를 구축하는 현상'을 일컬어 그레샴의 법칙(Gresham's Law)이라고 한다. 따라서 한 사회에서 통용되는 교환의 수단은 그 종류나 단위에 관계없이 동질성을 지녀야 화폐로서의 기능을 수행할 수 있다.

둘째는 내구성(durability)이다. 화폐는 여러 번 반복해서 사용할 수 있어야 한다. 화폐의 내구성이 떨어질 경우 화폐를 제조하고 관리하는데 많은 비용이 발생하게 되고, 가치저장수단으로서의 화폐의 기능에도 영향을 미칠 수 있다. 이에 따라 세계 각국의 조폐기관은 은행권의 수명을 늘리기 위해 플라스틱 은행권을 도입하거나 코팅기술의 개발에 많은 노력을 기울이고 있다[3].

셋째는 가분성(divisibility)이다. 화폐가 그 종류와 규모가 다른 각종 거래의 결제수단으로 이용될 수 있기 위해서는 그 단위가 나누어질 수 있는 것이어야 한다. 과거에 화폐로 사용된 상품화폐(예를 들면 소나 돼지)는 가분성이 부족하였기 때문에 화폐의 기능을 하는데 한계가 있었다. 오늘날 다양한 종류의 지폐와 동전이 발행되는 이유도 여기에 있다.

넷째는 휴대의 편리성(portability)이다. 일반적으로 상거래는 지역에 관계없이 이루어지기 때문에 지불수단이 되는 화폐는 휴대가 편해야 한다. 따라서 선사시대부터 사용되었던 돌이나 가축은 휴대가 불편하여 화폐로서의 기능을 하는데 한계가 있을 수밖에 없었다.[4]

---

3) 한국은행 '2011년 연차보고서'에 따르면 우리나라 새 은행권의 유통수명은 구 은행권의 유통수명보다 늘어난 것으로 나타났다. 2006년 새로 발행된 5000원권 화폐의 수명은 5년 5개월, 다음 해에 발행된 1만원권은 8년 3개월 이상으로 추정했다. 새 은행권의 유통수명이 늘어난 것은 은행권 용지 품질이 향상되었고, 신용카드와 인터넷 뱅킹의 보급이 확대되면서 화폐 사용빈도가 낮아졌기 때문이다.

4) 말레이반도의 야프(Yap)섬에서는 최근까지 라이(Rai)라고 불리는 돌화폐가 사용되었는데 이 중에서 큰 것은 직경이 4~5m에 무게는 수 톤에 이른다고 한다. 화폐가치는 운반과 가공을 위하여 들인 노력에 비례하는데 직경 5m의 돌 하나로 여자, 가축, 카누 등을 살 수 있다. 그런데 이 돌화폐는 부동산과 마찬가지로 이동시키지 않고 소유권만 이전될 뿐이다.

제3절 화폐의 본위제도

화폐를 발행할 때 화폐가치의 기준이 되는 화폐를 본위화폐(standard money)라고 한다. 예를 들어 화폐의 1단위가 금속의 일정량과 등가관계를 유지하는 경우의 화폐제도를 금속본위제도라고 부르며 가장 대표적인 제도가 금본위제도이다. 역사적으로 보면 19세기부터 20세기 초까지 유럽의 대부분의 국가에서 금본위제도(gold standard system)를 채택하였다가 제1차 세계대전과 더불어 금본위제도를 포기하였고 1918년 이후 일부 국가에서 금본위제도로 복귀하였으나 1930년대의 대공황 이후 모든 국가에서 금본위제도가 붕괴하게 된다.

한편 각국의 중앙은행이 화폐의 발행을 독점하고 법화를 발행하게 되면서 금태환의 필요성이 사라지고, 또한 1930년대 이후 경제의 안정이 정부의 경제정책의 목표가 되면서 화폐의 발행도 정부에 의해 통제되는 관리통화제도(managed currency system)로 이행하게 되었다. 이와 같이 금본위제도가 사라지기는 하였으나 금은 아직도 가치저장의 수단이나 국제결제수단 또는 대외준비자산으로 사용되고 있다.

1. 금본위제도

역사적으로 금본위제도는 19세기에 영국을 중심으로 발전된 화폐제도로서 통화의 가치를 금의 가치에 연계시키는 제도이다. 금본위제도는 화폐와 금과의 등가관계를 유지시키는 방법에 따라 크게 두 가지 유형이 있다.

1-1. 금화본위제도

금화본위제도(gold coin standard)는 금화가 실제로 유통되는 것으로서 금화의 자유주조와 자유용해를 통하여 화폐단위와 금과의 등가관계가 유지된다. 제1차 세계대전 이전에 유럽에서 광범위하게 실시되었던 화폐제도이다.

그러나 금화본위제도는 다음과 같은 몇 가지 문제점을 갖고 있었다. 첫째는 금화의 소재가 되는 금의 공급량이 한정되어 있었기 때문에 경제규모의 확대에 따르는 통화 공급의 증대가 원활하게 이루어질 수 없었다. 둘째는 금화의 유통과정에서 마모와 고의적인 훼손 등으로 그 가치가 일정하게 유지되지 않았다는 점이다. 셋째는 통화로 사용되는 금의 수요와 여러 가지 비통화적인 목적으로 사용되는 금의 수요가 서로 경쟁관계에 놓일 수밖에 없었다는 점이다.

1-2. 금핵본위제도

금핵본위제도는 국내에서는 지폐 등 경제적이고 편리한 화폐를 유통시키고 금은 중앙은행에 집중 보유되어 대외지불을 위해서만 사용되는 제도이다. 금은 화폐제도의 핵심으로 화폐가치는 금과 연계되어 유지되지만 국내에서 유통되지는 않는다는 특징을 갖고 있다. 태환의 청구가 있을 경우 금괴로서 하는지 금으로 태환할 수 있는 외환으로 하는지에 따라 금괴본위제도와 금환본위제도로 분류된다.

금괴본위제도(gold bullion standard)는 금화의 유통은 허용되지 않지만 발권준비로서 금괴가 요구되며, 은행권은 금괴와의 태환이 가능하다. 금환본위제도(gold exchange standard)는 금본위제를 채택하고 있는 다른 나라의 통화를 태환준비로서 보유함으로써 자국 통화의 안정을 도모하는 화폐제도이다.

제2차 세계대전 이후 미국이 금괴본위제도를 채택한 반면 다른 국가들은 자국통화의 국제적 보장을 위해 미국달러화를 보유하는 달러환본위제도를 채택하였다. 따라서 미국은 달러화의 태환요구에 대비하여 적정량의 금을 보유하고 다른 국가들은 금 대신에 미국의 달러화를 보유함으로써 금으로 태환할 수 있는 근거를 마련하였다.

2. 관리통화제도

금환본위제도의 근본적 문제는 고정된 금의 양에 비해 통화의 공급이 상대적으로 크게 증가함으로써 태환의 가능성이 점차 감소하게 된다는 것이다. 이에 따라 1971년 8월 이후 미국이 달러와 금의 교환을 완전히 중단함으로써 금본위제도가 모두 붕괴되고 모든 국가가 관리통화제도 (managed currency system)로 이행하게 되었다.

관리통화제도는 금과 통화간의 연결을 완전히 단절하고 불환지폐(fiat money)를 발행하여 통용시키는 화폐제도이다. 다시 말하면 한 국가의 통화량을 금보유량의 증감과 관련이 없이 통화당국의 재량에 따라 조절하는 제도로서 1923년 케인스에 의해 제창된 이후 1930년대부터 많은 국가들에 의해 채택되었다.

그림 2-1 주요국의 평균 인플레이션율과 평균통화증가율(1997~2007년)

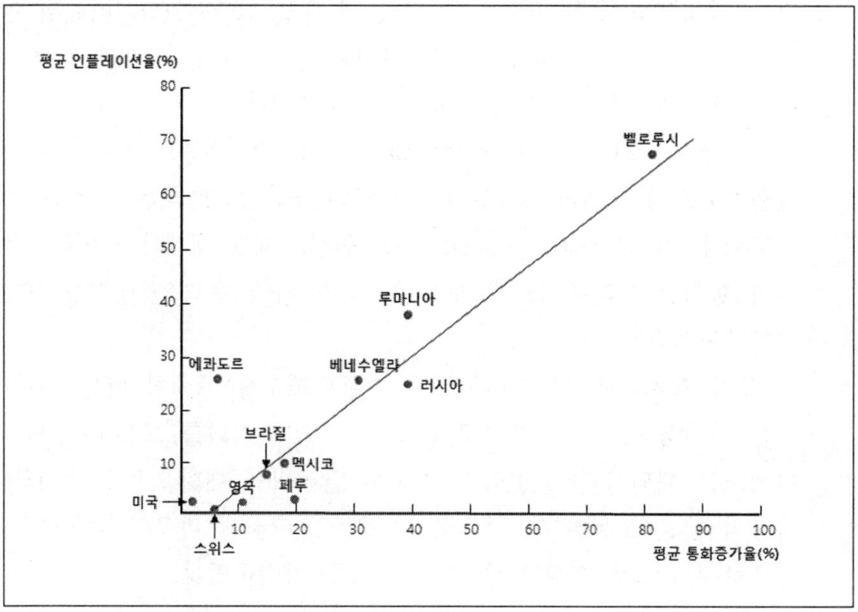

자료 : IMF, International Financial Statistics

정부나 통화당국의 재량에 따라 화폐공급량이 결정되는 관리통화제도 하에서는 정부나 통화당국이 정책적으로 통화량을 조절할 수 있으므로 정부가 금융정책을 수행하는데 있어서 재량의 폭이 그만큼 넓다. 예를 들어 정부의 내년도 경제성장률 목표를 달성하는데 필요한 통화량 증가율이 10%라고 하면 금본위제도 하에서는 화폐량이 금의 공급에 따라 결정되므로 정부가 임의로 통화량을 늘일 수 없지만 통화량을 통화당국이 조절할 수 있는 관리통화제도 하에서는 얼마든지 가능하다. 그러나 정부가 국민의 복지후생 증대 등의 정책수행에 필요한 재원조달을 세수 증대보다는 중앙은행으로부터의 차입, 즉 통화증대에 의존함으로써 인플레이션을 유발할 가능성이 증대되고 있다는 비판도 존재한다.

[illegible]

[illegible] monetary [illegible] standard money [illegible] 19세기부터 20세기 [illegible]

[illegible] 국가에서 관리통화제도가 채택되게 되었다.

한편 [illegible] 1930년 [illegible] 관리통화제도(managed currency system) [illegible]

[illegible]

1. 금본위제도

역사적으로 금본위제도는 19세기에 영국을 중심으로 발전된 [illegible]

(1) 금화본위제도

금화본위제도(gold coin standard)는 [illegible]

제3장

이자율의 결정

2008년 10월 미국에서 비롯된 서브프라임 금융위기는 미국의 금융기관이 보유한 주택저당증권(mortgage-backed securities: MBS)의 가치가 폭락하면서 시작되었다. 금융위기에 따른 '안전자산선호현상'(flight to quality)으로 인해 3개월 만기 미국 재무성증권(Treasury bill)의 이자율은 거의 0%의 수준으로 하락하였고 세계 각국의 주식시장도 일제히 폭락했다.

이와 같은 금융시장의 불안으로 인해 기업은 대출을 받기 어렵게 되고, 부동산시장에서는 집값이 떨어지고, 고용시장에서는 실업률이 치솟는 등 세계의 모든 국가에서 경제적으로 큰 피해를 입게 되었다. 본 장에서는 우리의 실생활과 경제 전반에 중대한 영향을 미치는 이자율이 어떻게 결정되는지 살펴보고자 한다.

제1절 이자율의 의의

이자율(interest rate)이란 화폐의 가격이라고 할 수 있다. 다시 말하면 이자율이란 화폐를 일정기간 동안 빌리는 대가로 지불해야 되는 가격이다. 상품시장에서 재화의 가격이 그 재화의 수요와 공급의 상호작용에 의해 결정되는 것과 같이 화폐의 가격인 이자율도 화폐에 대한 수요와 공급에 의해 결정된다. 즉, 화폐에 대한 수요가 공급에 비해 증가하면 이자율은 상승하게 되고, 반대로 화폐의 공급이 수요에 비해 증가하면 이자율은 하락하게 된다.

이와 같이 화폐의 수요와 공급에 따라 정해지는 이자율은 금융시장에서 거래되는 자금의 양을 결정한다. 예를 들어 시장이자율이 상승할 경우에는 개인이 현재 소비를 하는 것보다 이를 미래 소비를 위해 저축을 함으로써 받을 수 있는 대가, 즉 이자소득이 증가하므로 상대적으로 저축이 늘어나게 되고, 저축이 늘어나게 되면 기업의 투자도 늘어날 수 있다. 따라서 정부는 하나의 정책수단으로써 시장에서 결정되는 이자율을 조절함으로써 저축이나 투자를 촉진 또는 억제할 수 있다.

이자율은 금융시장에서 거래되는 자금의 총량을 결정할 뿐만 아니라 그 자금을 수요자에게 얼마만큼 제공할 것인지를 결정하는 조정자의 역할도 한다. 기업, 정부, 금융기관 등의 자금 수요자는 금융시장에서 회사채, 국공채, 예금증서 등과 같이 자신이 발행한 증권을 매각하여 자금을 조달하게 된다.[1] 이때 자금의 양이 제한되어 있을 경우 상대방보다 더 높은 이자율을 제시하는 수요자에게 우선적으로 자금을 배분하게 될 것이다. 그런데 기대수익률이 가장 높은 투자대상에 투자를 하려고 하는 자금수요자가 가장 높은 이자율을 제시할 수가 있으므로 제일 먼저 자금을 받게 되고 점차 잠재수익률의 크기 순서에 따라 해당사업에 자금이 배분되게 될 것이다. 결국 금융시장에서 자금의 배분은 주어진 자

1) 기업, 정부 등 자금의 최종수요자가 자금조달을 위해 발행하는 증권을 직접증권이라고 하고, 은행 등 금융기관이 자금중개를 위해 발행하는 증권을 간접증권이라고 한다.

금의 범위 내에서 높은 이자율을 제시한 수요자부터 순서대로 공급이 이루어지게 되며 이러한 자금배분은 경제 전체적인 측면에서 볼 때 최대의 효율성을 가져오게 된다. 즉, 이자율은 자금의 배분과정에서 조정자의 역할을 통해 국민경제 전체적으로 투자의 효과가 최대가 되도록 하는 것이다.[2)]

한편, 금융시장에서 이자율이 어떻게 결정되고 이러한 이자율의 변동이 개인의 부(wealth)또는 기업, 금융기관의 경영에 어떠한 영향을 미치는지 분석하는 것은 매우 중요하다. 특히 금융기관의 경영에서 이자율 분석이 매우 중요시되는데 그 이유는 금융기관이 보유하고 있는 대부분의 자산과 부채가 이자율의 변화에 그 가치가 민감하게 움직이는 금융자산(financial asset)이기 때문이다. 일반 기업에서 원자재와 제품가격의 변동이 그 기업의 경영성과에 큰 영향을 미치는 것과 마찬가지로 금융기관에서는 이자율의 수준과 그 변동이 금융기관의 영업성과에 큰 영향을 미친다. 예를 들어 금융시장에서 이자율이 하락하게 되면 금융기관이 보유하고 있는 유가증권의 가격이 상승하게 되고, 예금이자율이 낮아져서 예금자에 대한 이자지급부담은 줄어들게 되지만 금융기관의 주된 자산인 대출로부터 발생하는 이자수입도 대출이자율의 하락에 따라 줄어들게 되고[3)], 고객으로부터 들어오는 예금도 줄어들어 대출도 감소하게 될 것이다.

제2절 이자율결정이론

금융시장에서 결정되는 이자율은 동일한 시점에 있어서도 다양한 이자율이 존재하며, 또한 이 이자율은 시간이 지나면서 변동하게 된다. 예

2) 이자율을 통한 자금의 효율적 배분기능은 금융시장의 효율성과 밀접한 관련을 갖고 있다. 즉 한 국가의 경제발전을 위해서는 금융시장 및 금융기관의 발전이 필수적이다.
3) 금융기관의 고정금리대출은 대출시 정한 이자율을 만기까지 그대로 적용하지만 변동금리대출은 시중의 이자율에 변동에 따라 대출이자율도 변동한다.

를 들어 2000년 초기의 3년 만기 국고채의 수익률은 9% 이상이었지만 2008년에는 3% 수준으로 하락했다가 2010년도에 들어서는 다시 4% 수준으로 상승하였다. 또한 3개월 만기 양도성예금증서(CD)의 수익률은 2000년 초기에 7% 수준이었다가 2010년에 들어서는 3% 수준으로 하락하였다. 이와 같이 이자율은 동일한 시점에 있어서도 금융자산의 종류에 따라 서로 다른 수준을 나타내며, 또한 그 시점에 따라 달라지는 것이다.

그림 3-1 국내 주요 시장금리 추이

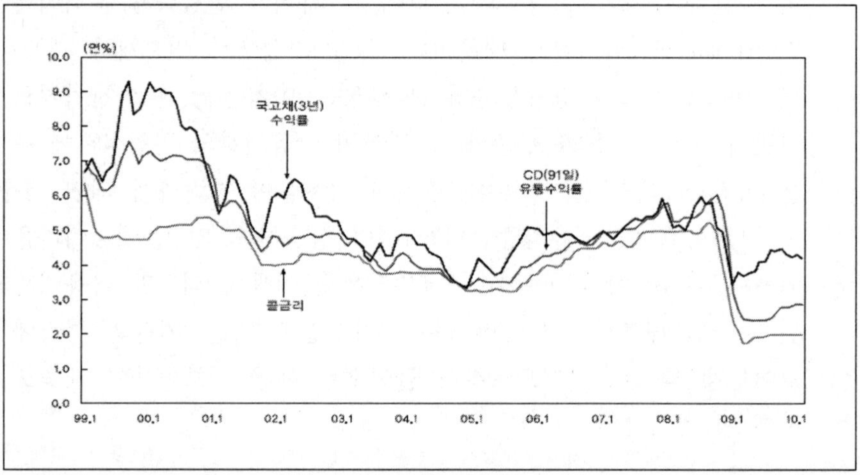

자료 : 한국은행, 알기 쉬운 경제지표 해설, 2010년

그렇다면 이처럼 이자율이 변동하는 이유는 무엇일까? 여기서는 이자율이 변동하는 이유를 알아보기 위해 몇 가지 이자율결정이론에 대해 살펴보기로 한다.

1. 대부자금이론

대부자금이론(loanable funds theory)이란 최적수준의 이자율이 대부자금(loanable funds)의 총수요와 총공급에 의해 결정된다고 보는 이론이다.

다시 말하면 대부자금이론은 이자율을 대부자금의 가격으로 보아 다른 재화의 가격결정과 같이 대부자금의 총수요와 총공급이 일치하는 수준에서 결정된다고 본다. 여기서는 자금의 차입과 대출을 채권(bond)의 발행 및 매입으로 보고 채권의 수요와 공급을 분석함으로써 채권의 가격, 즉 이자율이 어떻게 결정되는지 살펴보기로 한다.

1-1. 수요곡선

채권의 수요곡선(demand curve)을 도출하기 위하여 만기가 1년이고 액면금액이 100만원인 순수할인채권(pure discount bond)[4]이 있다고 가정하자. 어떤 투자자가 이 채권을 1년 동안 보유한다면 이 채권의 만기수익률(yield to maturity)[5]은 연간 이자율과 같아진다. 따라서 채권의 수익률은 다음과 같이 표시할 수 있다.

$$i = E(R) = \frac{F - P_0}{P_0}$$

단, i : 이자율(=만기수익률)
$E(R)$: 기대수익률
F : 액면가격
P_0 : 채권의 구입가격

위 식에서 이자율과 채권의 가격은 서로 반대 방향으로 움직인다는 것을 알 수 있다. 예를 들어 채권의 가격이 95만원이라고 하면 채권의 기대수익률, 즉 이자율은 5.3%가 된다.

$$\frac{100 - 95}{95} = 0.053 = 5.3\%$$

이 경우 채권의 수요량은 [그림 3-2]의 A점과 같이 100억원이라고 가

4) 순수할인채권(pure discount bond)이란 만기까지 이자지급이 전혀 없고 만기일에 액면금액에 해당하는 원금을 지급받는 채권을 의미한다.
5) 채권수익률이라고 하며, 채권을 만기까지 보유할 경우의 예상되는 연간 수익률의 개념이다.

정한다. 반면에 채권가격이 90만원이라고 한다면 채권의 기대수익률은 다음과 같이 11.1%가 된다.

$$\frac{100-90}{90}=0.111=11.1\%$$

그림 3-2 채권의 수요 및 공급곡선

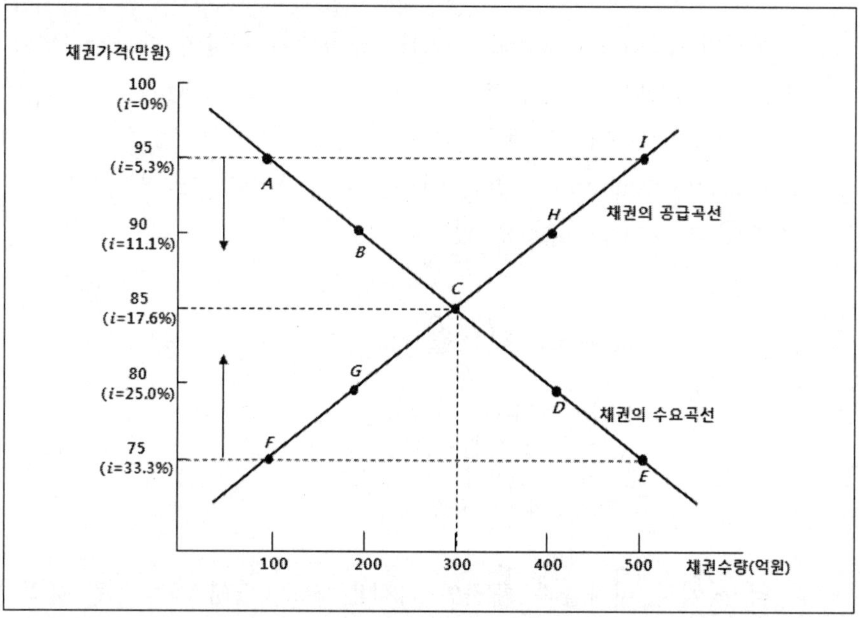

이때 소득이나 다른 경제변수가 모두 일정하다면 채권의 기대수익률이 더 높아졌기 때문에 이 채권의 수요량은 [그림 3-2]의 B점과 같이 증가하게 될 것이다. [그림 3-2]의 B점은 채권가격이 90만원일 때 채권의 수요량은 200억원으로 증가하게 됨을 나타낸다. 이와 같이 채권의 가격이 85만원, 80만원, 75만원으로 계속해서 하락할 경우 채권의 기대수익률은 17.6%, 25.0%, 33.3%로 상승하게 되고, 채권수익률이 상승하게 되면 채권의 수요는 계속 증가하게 된다. 따라서 채권의 수요곡선은 우하향하게 되는데, 이는 다른 조건이 일정할 경우 채권의 가격이 낮아질수록 채권에 대한 수요량은 증가함을 의미한다.

1-2. 공급곡선

채권을 발행하는 기업이나 정부의 입장에서 볼 때 채권의 가격이 하락하면 그만큼 채권발행을 통한 자금조달에 따르는 자본비용(cost of capital)[6]이 증가하므로 채권의 공급량을 줄이게 되고, 반대로 채권의 가격이 상승하면 자본비용은 감소하므로 채권의 공급량을 늘리게 된다. 따라서 채권의 공급곡선은 [그림 3-2]에서와 같이 우상향하게 된다.

예를 들어 채권의 가격이 75만 원일 때 자본비용, 즉 이자율은 33%가 되고, 이때 채권의 공급량은 [그림 3-2]의 100억원이라 가정하자(F점). 한편 채권의 가격이 80만원으로 상승하면 이자율은 25%로 하락하고 기업의 채권발행은 200억원으로 증가하게 된다(G점). 채권의 가격이 85만원, 90만원 95만원으로 계속 상승하면 채권의 공급량은 300억원(C점), 400억원(H점), 500억원(I점)으로 증가하게 되고, 이러한 점들을 연결하면 [그림 3-2]에서와 같은 우상향하는 공급곡선이 도출된다. 공급곡선이 우상향한다는 것은 다른 조건이 일정하다고 할 때 채권의 가격이 상승할수록 채권의 공급량이 증가한다는 것을 의미한다.

1-3. 시장균형

경제학에서 시장균형(market equilibrium)은 어떤 가격 수준에서 재화의 수요량과 공급량이 일치할 때 이루어진다. 채권시장에서의 균형도 채권에 대한 수요량과 공급량이 일치할 때 성립이 된다. 즉 [그림 3-2]에서 시장균형은 채권의 수요곡선과 공급곡선이 교차하는 C점에서 성립된다. 시장균형(C점) 하에서 채권의 가격은 85만원이고, 이자율은 17.6%이며, 이때 채권의 수요량 및 공급량은 모두 300억원이 된다. 이와 같이 수요량과 공급량이 일치하는 가격을 균형가격(equilibrium price), 그 이자율을 균형이자율(equilibrium)이라고 부른다.

한편 시장은 항상 균형을 향하여 움직이는 경향이 있기 때문에 균형

6) 자본비용은 기업이 자본을 사용하는 대가로 자본제공자에게 지급하는 비용을 말한다. 예를 들어 기업이 은행에서 자금을 차입한 경우에는 은행에 지급해야 하는 차입이자율이 기업의 자금조달에 따르는 자본비용이 된다.

가격 및 균형이자율은 매우 중요하다. 먼저 채권가격이 균형가격보다 높은 경우에 어떤 일이 발생하는지 살펴보자. 예를 들어 [그림 3-2]에서 채권가격이 95만원으로 균형가격보다 너무 높게 형성되면 채권의 공급량(I점)이 채권의 수요량(A점)보다 많아 초과공급(excess supply)이 발생한다. 이 경우에 채권의 공급량이 채권의 수요량보다 더 많기 때문에 채권가격은 하락하고, 이러한 채권가격 하락은 채권의 가격이 균형가격보다 높은 한 계속된다. 결국 채권의 가격이 균형가격인 85만원에 이르러 초과공급이 완전히 사라질 때에 가격하락은 비로소 멈추게 된다.

다음 채권가격이 균형가격보다 낮은 경우에 어떤 일이 발생하는지 살펴보자. 즉 [그림 3-2]에서 채권가격이 75만원으로 균형가격보다 너무 낮게 형성되면 채권의 수요량(E점)이 채권의 공급량(F점)보다 많아 초과수요(excess demand)가 발생한다. 이때는 채권의 수요량이 채권의 공급량보다 더 많기 때문에 채권가격은 상승하고, 이러한 채권가격의 상승은 채권의 가격이 균형가격보다 낮은 한 계속된다. 결국 채권의 가격이 균형가격인 85만원에 이르러 초과수요가 완전히 사라질 때에 가격상승이 멈추게 된다.

1-4. 균형이자율의 변동

균형이자율은 채권수요나 채권공급이 변화함에 따라 채권의 수요곡선이나 채권의 공급곡선이 이동함으로써 변동하게 된다. 먼저 채권수요에 영향을 미치는 요인으로는 개인이나 기업의 소득수준과 해당 채권의 수익률, 위험, 유동성 등이 있다. 예를 들어 개인의 소득이 늘어나면 채권에 대한 수요가 증가하여 수요곡선은 우측으로 이동하고, 소득이 줄어들면 채권에 대한 수요가 감소하여 수요곡선은 좌측으로 이동하게 된다. 그리고 채권수익률이 상승하거나 위험이 증가하면 수요곡선은 좌측으로 이동하고, 채권의 유동성이 증가하면 수요곡선은 우측으로 이동한다.

채권공급에 영향을 미치는 요인으로는 투자수익률, 기대인플레이션, 그리고 정부의 정책 등이 있다.[7] 예를 들어 보다 높은 수익을 창출할

7) Frederic S. Mishkin, "*The Economics of Money, Banking and Financial Markets*", Prentice Hall, 2010.

수 있는 투자기회가 있을 경우 기업은 투자를 늘리게 되고 채권공급은 증가하여 공급곡선은 우측으로 이동한다. 그리고 기대인플레이션이 상승하면 기업의 실질차입비용이 하락하게 되므로 채권의 공급량은 늘어나고 공급곡선은 우측으로 이동한다. 한편 정부의 재정적자가 늘어날수록 재정적자를 보전하기 위한 채권의 발행이 증가하게 되어 공급곡선은 우측으로 이동한다.

이와 같은 채권의 수요 및 공급곡선의 이동이 균형이자율에 어떻게 변동하는지 살펴보자. [그림 3-3]은 기대인플레이션의 상승이 균형이자율에 미치는 효과를 나타낸다. [그림 3-3]에서 수요곡선1과 공급곡선1은 인플레이션이 5%일 때의 채권의 수요곡선과 공급곡선을 나타낸다. 이때 시장균형은 E_1점에서 성립하고 채권의 균형가격은 P_1이 된다. 그런데 기대인플레이션이 5%에서 10%로 상승하게 되면 채권의 상대적인 수익률은 하락하고 그 결과 채권의 수요곡선은 좌측으로 이동한다. 반면 기대인플레이션의 상승은 기업의 실질적인 차입비용을 감소시켜 채권공급을 증가시키고 따라서 공급곡선은 우측으로 이동한다.

그림 3-3 기대인플레이션과 균형이자율

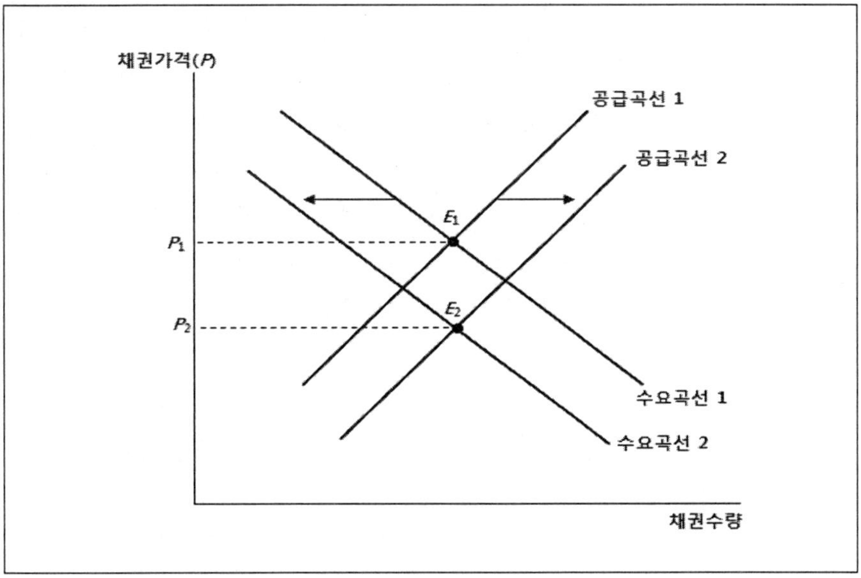

이와 같이 기대인플레이션의 상승에 따라 수요곡선과 공급곡선이 이동하게 되면 시장균형은 E_1점에서 E_2점으로 이동하고 채권의 균형가격은 P_1에서 P_2로 하락하게 된다. 한편 이자율은 채권가격과 부(−)의 상관관계를 갖기 때문에 채권의 균형가격이 하락하게 되면 균형이자율은 상승한다. 이와 같이 기대인플레이션의 상승은 균형이자율을 상승시키게 되는데 이러한 현상을 피셔효과(Fisher Effect)라고 한다.

균형이자율은 경기변동의 영향을 받는다. [그림 3-4]는 경기확장이 이자율에 미치는 효과를 나타낸다. 경기확장기에는 국내생산과 국민소득이 증가하면서 기업들은 수익성이 보다 높은 투자기회를 많이 갖기 때문에 채권공급이 증가하고 이에 따라 공급곡선은 [그림 3-4]와 같이 우측으로 이동한다. 경기확장은 또한 채권수요에도 영향을 미친다. 경기가 확장되면 개인의 소득이 증가하게 되고 소득이 증가하면 채권수요도 증가하여 수요곡선은 [그림 3-4]와 같이 우측으로 이동한다.

그림 3-4 경기변동과 균형이자율

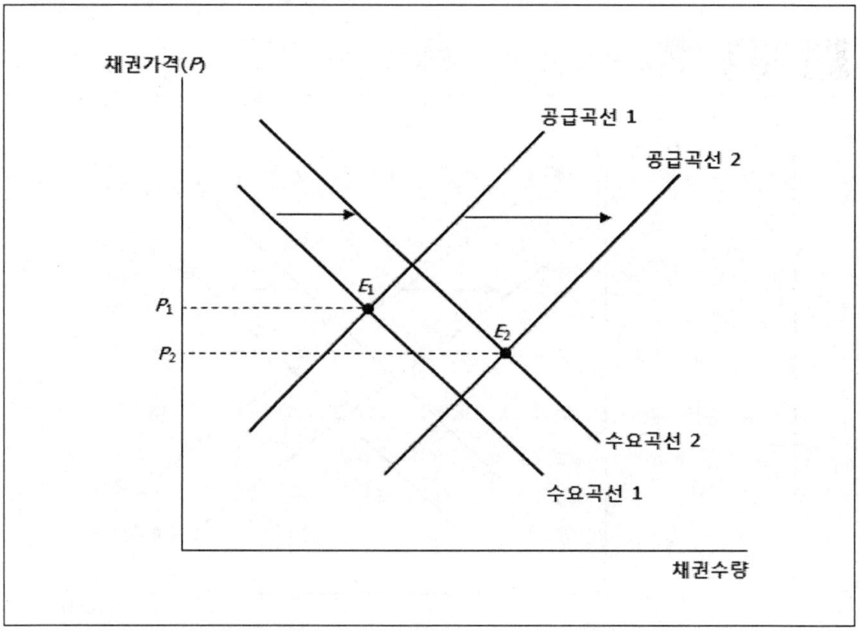

이와 같이 경기가 확장되면 수요곡선과 공급곡선은 모두 우측으로 이동하고 시장균형은 E1점에서 우측의 E2점으로 이동하게 된다. 이때 채권의 균형가격(또는 균형이자율)은 수요곡선과 공급곡선의 이동 추이에 따라 오를 수도 있고 내릴 수도 있는데, [그림 3-4]와 같이 공급곡선이 수요곡선보다 많이 이동하면 채권의 균형가격은 P1에서 P2로 하락하고 균형이자율은 상승하며, 반대로 수요곡선이 공급곡선보다 많이 이동하면 채권의 균형가격은 상승하고 균형이자율은 하락한다. 역사적으로 살펴보면 경기가 확장될 때는 이자율이 상승하고 반대로 경기가 수축될 때는 이자율이 하락하는 것이 일반적이다.

2. 유동성선호이론

2-1. 화폐의 보유동기

케인즈(Keynes)는 대부자금의 공급량과 대부자금의 수요량에 따라 이자율수준이 결정된다는 고전학파의 견해(대부자금설)에 대해 반론을 제시하고, 이자율이란 소득(또는 재산)을 화폐의 형태로 보유하지 않고 다른 금융자산의 형태로 보유함으로써 유동성(liquidity)을 희생하는 것에 대한 보상으로 보고, 이자율수준은 유동성에 대한 선호가 어느 정도 강한가에 따라 결정된다는 유동성선호이론(liquidity preference theory)을 제시하였다.

케인즈는 개인이 유동성[8]을 보유하는 데 세 가지 동기가 있는데 거래적 동기, 예비적 동기, 투기적 동기가 그것이다. 먼저 거래적 동기(transactions motive)는 사람들이 재화나 서비스를 구입하기 위해 화폐를 보유하고자 하는 것을 말하며, 예비적 동기(precautionary motive)는 예상하지 못한 지출(예를 들면 유리한 구매기회나 위급한 사태발생 등)에 대비하여 화폐를 보유하고자 하는 것을 의미한다. 마지막으로 투기적 동기(speculative motive)는 다른 자산(예를 들면 증권 등)의 가격변동에 따

8) 케인즈는 당시에 일반적으로 사용되던 '화폐에 대한 수요'라는 용어 대신에 '유동성선호'라는 표현을 사용하였다.

른 자본이득(capital gain)을 얻기 위한 목적으로 화폐를 보유하고자 하는 것이다.

케인즈는 화폐의 보유동기 중에서 투기적 동기에 의한 화폐수요를 중시하고 이를 간단하게 설명하기 위해 선택 가능한 자산을 화폐와 채권으로 국한하였다. 이 경우 현재 이자율이 하락할 것으로 예상되면 채권가격의 상승에 따른 자본이득을 얻기 위하여 채권보유를 늘리게 되고 따라서 투기적 동기에 의한 화폐수요는 감소하며, 이자율이 상승할 것으로 예상되면 채권가격하락에 따른 자본손실을 예방하기 위해 채권보유를 줄이게 되고 투기적 동기에 의한 화폐수요는 증가한다는 것이다.

2-2. 균형이자율의 결정

케인즈는 거래적 동기 및 예비적 동기에 의해 보유하고자 하는 유동성의 양은 소득수준과 비례관계에 있으며, 투기적 동기에 의해 보유하는 유동성의 양은 이자율과 반비례관계에 있다고 보았다. 즉 어떤 시점에 있어서 이자율이란 유동성을 포기한 것에 대한 보상이므로 이자율이 높은 경우, 즉 보상이 많을 경우에는 사람들이 보유하는 유동성의 양을 줄이고, 그 대신 보상이 많은 채권에 투자하는 경향이 커진다는 것이다. 반대로 이자율이 낮은 경우 유동성을 포기한 것에 대한 보상이 적으므로 현금을 더 많이 보유하고자 한다는 것이다. 따라서 이자율과 보유하고자 하는 유동성의 양은 반비례관계에 있다.

다시 말하면 유동성선호이론에 의할 경우 화폐수요는 다음과 같이 소득의 수준 및 이자율의 크기에 의해 좌우된다.

$$M = f(Y, i)$$

단, M : 화폐수요
Y : 소득수준
i : 이자율

위 식을 화폐수요함수 또는 유동성선호함수라고 부르는데, 이 식에서 소득수준 및 이자율과 화폐수요의 관계는 다음과 같다.

$$\frac{\partial M^d}{\partial Y} > 0$$

$$\frac{\partial M^d}{\partial i} < 0$$

[그림 3-5]는 유동성선호이론에서 균형이자율의 결정과정을 설명하는 그림으로 소득, 물가와 같은 다른 경제변수가 일정할 때, 각각의 이자율 수준에서 화폐에 대한 수요량을 나타내고 있다. [그림 3-5]에서 이자율이 25%일 때 화폐의 수요량은 100억원(A점)이고, 이자율이 20%일 때 화폐의 수요량은 200억원(B점), 이자율이 15%일 때 화폐의 수요량은 300억원(C점)이 된다. 따라서 이러한 점들을 연결시키면 기울기가 우하향하는 화폐의 수요곡선이 도출된다.

여기서 중앙은행의 화폐 공급량이 300억원으로 고정되어 있다고 가정하면 화폐의 공급곡선은 [그림 3-5]와 같이 수직선으로 표시된다. 그리고 화폐시장의 균형은 수요곡선과 공급곡선이 교차하는 C점에서 이루어지고, 균형이자율은 15%가 된다. 여기서 만약 이자율이 25%라면 화폐의 수요량은 100억원이지만 공급량은 300억원이므로 200억원 초과공급이 발생하고, 사람들은 채권을 매입하여 화폐의 초과보유를 해소하게 된다. 이에 따라 채권의 수요가 증가하여 채권가격은 상승하고 이자율은 하락하게 된다.

마찬가지로 만약 이자율이 5%라면 화폐의 수요량은 500억원이나 공급량은 300억원이므로 200억원 초과수요가 발생하고, 사람들은 화폐를 확보하기 위해 채권을 매각하게 되고, 이에 따라 채권의 공급이 증가하여 채권가격은 하락하고 이자율은 상승하게 된다. 이처럼 이자율이 균형이자율보다 높거나 낮으면 이자율은 균형이자율을 향하여 움직이게 되며, 이자율이 균형이자율수준에 도달하면 더 이상 움직이지 않게 된다.

그림 3-5 유동성선호이론과 균형이자율

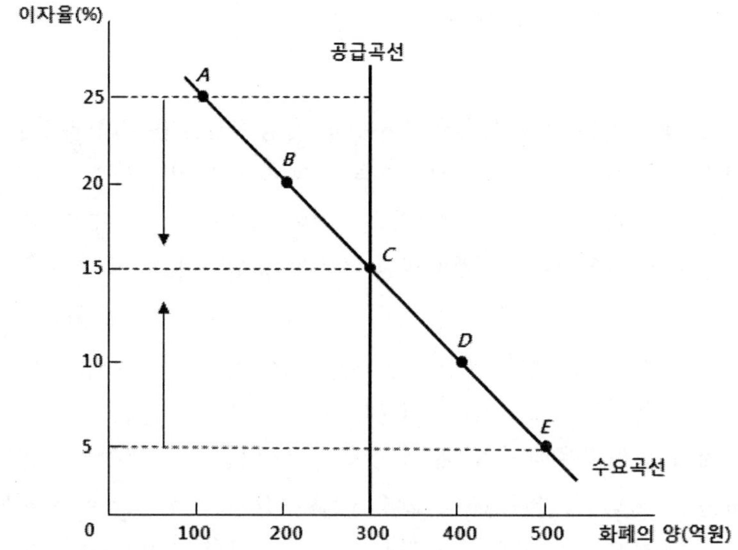

2-3. 균형이자율의 변동

케인즈의 유동성선호이론에서 화폐수요에 영향을 미치는 요인은 소득과 물가이다. 케인즈에 의하면 사람들은 소득이 증가하면 가치저장수단으로 화폐를 더 많이 보유하려고 하기 때문에 화폐의 수요가 증가하고 따라서 수요곡선은 우측으로 이동하는데, 이를 소득효과(income effect)라고 한다. 또한 케인즈는 사람들이 실질구매력을 기준으로 화폐보유량을 결정하는데, 물가가 상승하면 화폐의 실질구매력이 떨어지고, 그 전과 같은 금액의 화폐량으로는 동일한 양의 재화나 서비스를 구입할 수 없게 되어 화폐보유량을 늘리게 되고 수요곡선은 우측으로 이동하는데 이를 물가효과(price effect)라고 한다.

소득이 증가하거나 물가가 상승하여 화폐수요가 늘어나면 화폐에 대한 수요곡선은 [그림 3-6]과 같이 우측으로 이동하게 되고, 따라서 시장균형점은 C점에서 F점으로 이동하게 된다. 그리고 균형이자율은 15%(C

점)에서 20%(F점)로 상승하게 되는데, 이는 다른 조건이 일정한 상태에서 소득이 증가하거나 물가가 상승하면 이자율은 상승한다는 것을 의미한다.

한편 중앙은행이 화폐공급량을 늘리면 [그림 3-7]과 같이 화폐의 공급곡선은 우측으로 이동하고, 시장균형은 C점에서 D점으로 이동하게 된다. 이때 시장의 균형이자율은 15%(C점)에서 10%(D점)로 하락하는데, 이는 화폐공급이 증가하면 이자율은 하락한다는 것을 의미한다.

그림 3-6 화폐수요의 증가와 균형이자율

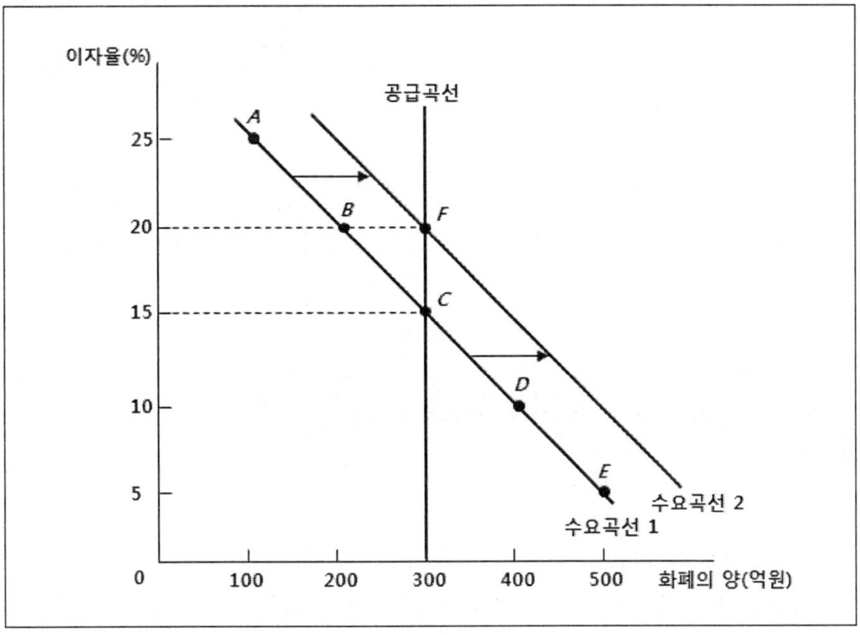

그림 3-7 화폐공급의 증가와 균형이자율

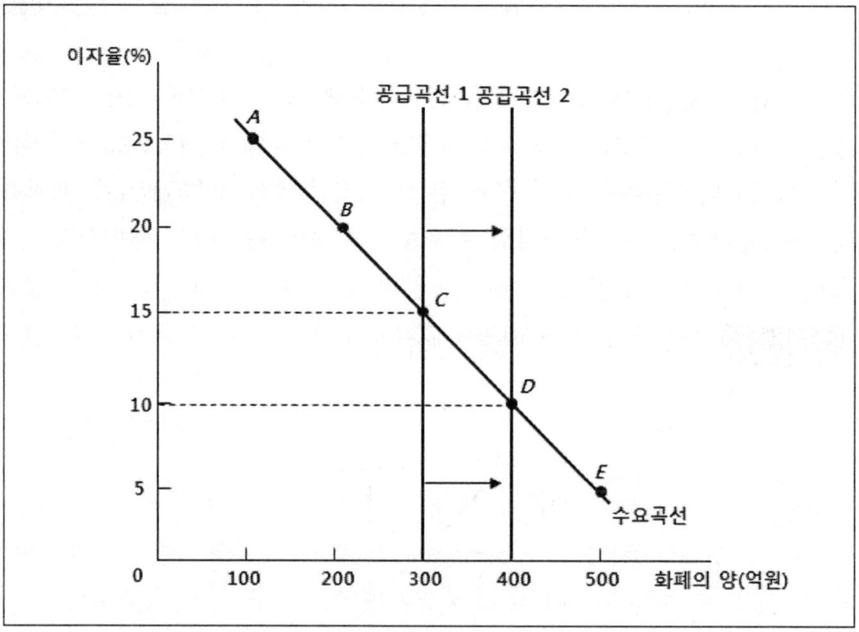

제3절 채권수익률의 기간구조

앞에서 살펴본 것처럼 이자율은 금융시장에서 자금의 수요와 공급에 의해 결정되고, 이렇게 형성된 이자율은 금융시장에서 거래되는 자금의 양을 결정하고, 자금의 배분과정에서 조정자의 역할을 통해 투자의 효과를 극대화한다. 그런데 금융시장에서는 여러 종류의 금융자산이 거래되고 있고, 각 금융자산은 그 특성에 따라 수익률이 서로 다르다. 또한 같은 금융자산이라고 하더라도 만기에 따라 이자율이 다른 것이 일반적이다. 따라서 개인투자자나 기업, 은행, 보험회사 등이 채권에 투자를 할 때 채권의 수익률이 어떤 요인에 의해 결정되는지를 알아야 어떤 채권을 사야 하는지 또는 어떤 채권을 팔아야 하는지 결정을 내릴 수 있을 것이다. 여기서는 채권의 가격, 또는 수익률에 영향을 미치는 요인 중에서 채권의 만기가 채권의 수익률에 어떠한 영향을 미치는지 살펴본다.

1. 수익률곡선

채권수익률은 채권의 여러 가지 특성을 반영하여 결정되기 때문에 채권들은 그 특성에 따라 서로 다른 수익률을 갖게 된다. 마찬가지로 어떤 일정 시점에서 다른 조건은 모두 동일하고 만기만 서로 다른 채권의 수익률 또한 서로 다른 값을 갖게 되는데, 이와 같은 채권의 만기와 채권수익률의 관계를 채권수익률의 기간구조(이자율의 기간구조)라고 한다. 그리고 채권수익률의 기간구조를 그림으로 나타낸 것이 수익률곡선(yield curve)이다.

그림 3-8 미국국채의 수익률곡선(2010년 8월)

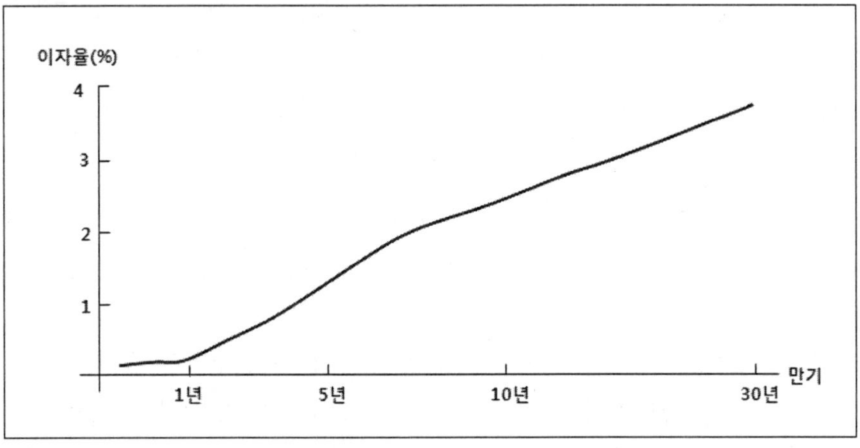

[그림 3-8]은 2010년 8월 18일 기준 미국국채의 수익률곡선을 나타낸 것이다. 미국국채의 만기별 수익률을 보면 1년 만기 국채보다 5년 만기 국채의 수익률이 높고, 5년 만기 국채보다는 10년 만기 국채의 수익률이 높으며, 10년 만기 국채보다는 30년 만기 국채의 수익률이 높다. 즉, 만기가 긴 채권의 수익률이 만기가 짧은 채권의 수익률보다 높게 나타나

고 있다. 그러나 수익률곡선의 형태가 언제나 동일한 것이 아니라 분석 시점에 따라 다른 형태를 가질 수 있다. [그림 3-9]는 금융시장에서 나타나는 다양한 형태의 수익률곡선을 보여주고 있다.

그림 3-9 수익률곡선의 형태

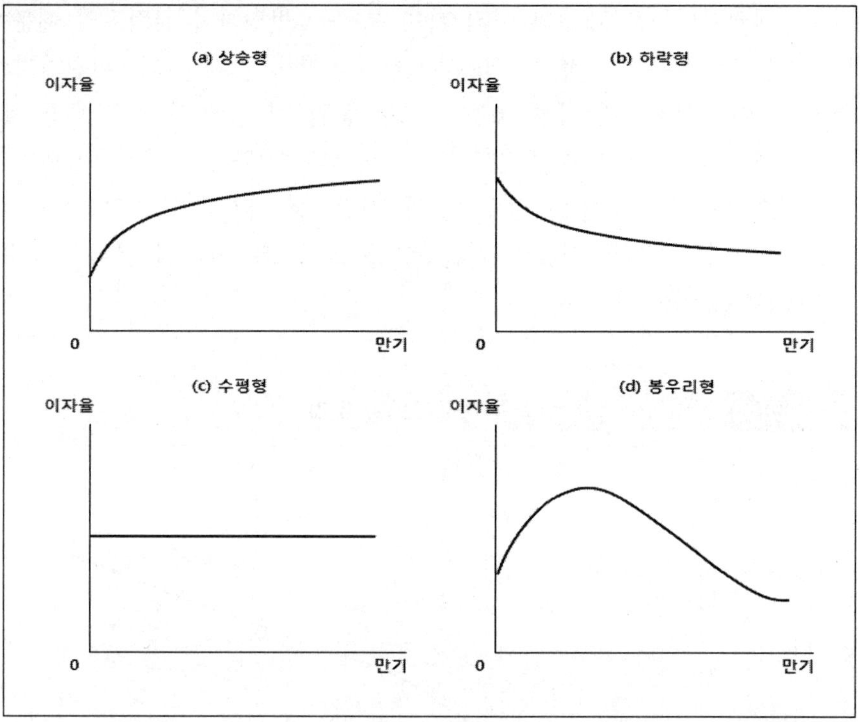

그렇다면 이처럼 만기가 달라짐에 따라 채권수익률이 달라지는 이유는 무엇일까? 만기의 차이에 따라 채권수익률의 차이가 발생하는 현상을 설명하는 이론으로서 불편기대이론, 유동성프리미엄이론, 시장분할이론, 그리고 선호영역이론 등이 있다.

2. 기간구조이론

2-1. 불편기대이론

채권수익률의 기간구조를 설명하는 이론 중 하나는 불편기대이론(unbiased expectations theory)이다. 불편기대이론은 장기채권의 수익률은 미래에 예상되는 단기이자율의 기하평균과 같다는 주장이다. 이를 수식으로 표시하면 다음과 같다.

$$(1+R_n)^n = [1+E(r_1)][1+E(r_2)]\cdots[1+E(r_n)]$$

단, R_n : n년 만기 채권의 만기수익률
$E(r_t)$: t기의 예상이자율

따라서 불편기대이론에 의하면 미래 이자율이 상승할 것으로 예상될 경우에 수익률곡선은 상승형, 미래 이자율이 하락할 것으로 예상될 경우에 수익률곡선은 하락형, 미래의 이자율이 일정하게 유지될 것으로 예상될 경우에 수평형을 나타내게 된다. 불편기대이론에 따르면 장기채권에 한 번 투자를 하는 경우나 단기채권에 연속해서 투자를 하는 경우나 수익률에는 차이가 없다.

그림 3-10 불편기대가설과 수익률곡선

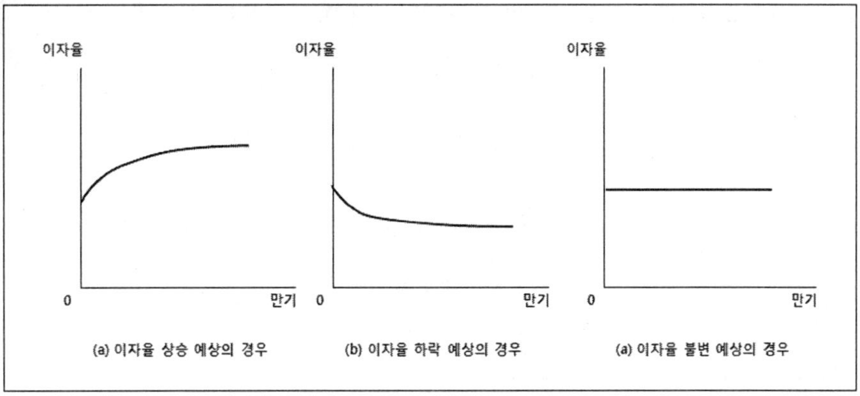

그러나 불편기대이론에는 다음과 같은 몇 가지 문제점이 있다. 첫째는 투자자의 서로 다른 기대이다. 사람들이 미래 이자율에 대해 서로 다른 예상을 하는 경우 어떤 합의된 기대이자율이 존재할 수 없다. 둘째는 거래비용의 존재이다. 채권을 매매하는 데는 보통 중개수수료와 같은 거래비용이 발생하므로 장기채권보다 단기채권을 매매할 때 거래비용이 많이 발생하게 된다. 셋째는 유동성선호(liquidity preference)이다. 투자자들은 채권에 투자를 할 때 유동성이 높은 채권을 선호한다. 따라서 투자자들이 장기채권에 투자를 하는 경우 유동성프리미엄을 요구하게 된다. 마지막으로 장기채권과 단기채권의 대체여부이다. 투자자들은 수익률 외에도 장기채권과 단기채권에 대해 특별한 선호를 가질 수 있다.

2-2. 유동성프리미엄이론

다른 모든 조건이 동일한 경우 만기가 긴 채권의 수익률이 만기가 짧은 채권의 수익률보다 높게 나타나는 것이 일반적 양상이다. 불편기대이론에 의하면 이러한 현상은 미래 이자율이 지속적으로 상승할 것으로 예상되는 경우로 해석할 수 있으나, 유동성프리미엄이론(liquidity premium theory)에 의하면 투자자들이 만기가 긴 채권에 투자를 하는 대가로 추가적인 프리미엄을 요구하기 때문이라고 한다. 힉스(J. Hicks)[9]는 장기채권에 투자하는 경우 단기채권에 비해 보다 큰 위험을 부담하기 때문에 합리적인 투자자들은 장기채권에 대해 이를 보전할 수 있는 프리미엄을 요구하게 된다. 따라서 장기채권의 수익률이 단기채권의 수익률에 비해 더 높게 된다는 것이다.

매기의 유동성 프리미엄을 L_1, L_2, $\cdots$, L_n이라고 하면 n년 만기 채권의 만기수익률은 다음과 같이 표시된다.

$$(1+R_n)^n = [1+E(r_1)+L_1][1+E(r_2)+L_2]\cdots[1+E(r_n)+L_n]$$

단, L_n : n기의 유동성프리미엄
$(L_1 < L_2 < \cdots < L_n)$

9) J.R. Hicks(1946), *Value and Capital*, 2nd ed. Oxford University, pp.146~147.

그림 3-11 유동성프리미엄과 수익률곡선

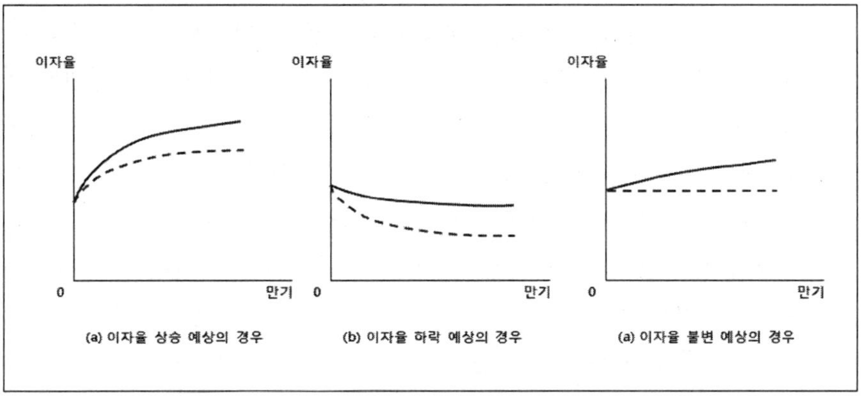

[그림 3-11]에서 점선으로 표시된 수익률곡선은 불편기대이론에 의한 수익률곡선이고, 실선으로 표시된 수익률곡선은 유동성프리미엄이론에 의한 수익률곡선이다. 한편 유동성프리미엄이론에 의하면 채권의 만기가 길어질수록 채권의 위험이 커지므로 유동성프리미엄 또한 증가하게 된다.

기업이 유동성프리미엄을 부담하면서 장기채권의 발행을 선호하는 이유는 다양하다. 첫째, 이자율위험(interest rate risk)이다. 예컨대 2년 만기 채권을 발행하지 않고 1년 만기 채권을 발행하였을 때 1년 후에 이자율이 현재 예상한 이자율보다 더 오를 경우에 2년 만기 채권을 발행하는 것보다 1년 만기 채권을 연속적으로 발행하는 것이 이자비용이 더 많이 든다. 둘째, 거래비용(transaction cost)이다. 즉, 2년 만기 채권을 한 번 발행하는 것이 1년 만기 채권을 두 번 연속적으로 발행하는 것보다 거래비용이 적게 든다. 셋째, 미래의 불확실성 때문이다. 1년 후에 기업의 신용도가 하락하여 채권발행이 어렵거나 지금보다 불리한 조건으로 채권을 발행해야 할지도 모른다. 이와 같이 여러 가지 비용과 위험 때문에 기업은 유동성프리미엄을 지불하더라도 장기채권을 발행하여 자금을 안정적으로 확보하는 것이 유리할 수 있다.

2-3. 시장분할이론

시장분할이론(market segmentation theory)은 채권시장이 구조적인 경직성으로 인하여 몇 개의 하위시장으로 분할되어 있으므로 채권의 만기와 수익률 사이에 어떤 체계적인 관련성이 없다는 이론이다. 다시 말하면 채권시장의 투자자들은 그들이 선호하는 채권의 만기가 있고, 따라서 비정상적인 수익이 주어진다고 하더라도 그들이 원하는 일정 범위의 만기에서 벗어나려고 하지 않기 때문에 채권의 수익률은 만기가 서로 다른 각 하위시장 내에서의 수요와 공급에 의하여 결정된다는 것이다. 예를 들면 단기여유자금을 운용하는 은행 및 손해보험회사는 만기가 긴 채권에 투자하지 않는 반면 생명보험회사나 연·기금 등 부채의 만기가 긴 투자자는 장기채권에 투자를 하여 부채와 자산의 만기를 일치시키려고 한다.

그림 3-12 시장분할이론과 수익률곡선

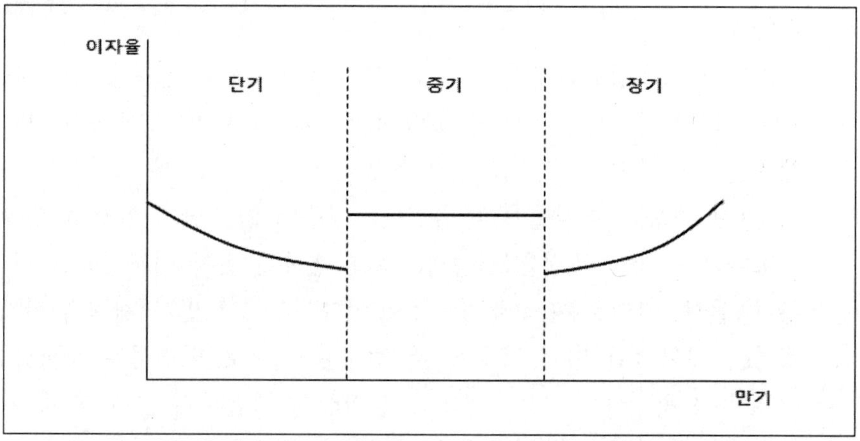

그러나 이 경우 투자자들은 위험이 같으나 수익률이 서로 다른 채권을 사거나 파는 차익거래(arbitrage transaction)를 통해서 비정상적인 수익을 얻을 수 있기 때문에 채권시장이 효율적일 경우 만기별로 독립적인 수익률곡선이 형성되기 어렵다.

2-4. 선호영역이론

선호영역이론(habitats theory)[10]은 각 투자자들이 선호하는 특정한 만기의 영역이 존재하나, 만일 다른 만기의 채권에 충분한 프리미엄이 존재한다면 자신들이 선호하지 않는 다른 만기의 채권에 투자할 수 있다는 이론이다. 그러나 투자자들은 그들이 선호하는 영역의 만기를 갖는 채권의 수익률보다 다른 채권의 수익률이 충분하게 크지 않을 때에는 그들이 선호하는 만기를 갖는 채권에만 투자하므로 시장은 부분적으로 분할되어 있게 된다. 이 때 투자자들이 선호하는 만기의 영역을 넘어 다른 만기를 가진 채권에 투자할 때 요구하는 추가적 수익률을 선호영역프리미엄(habitats premium)이라 한다.

제4절 채권수익률의 위험구조

채권(bond)은 이자와 원금상환액이 계약에 의해 정해져 있는 확정소득증권(fixed income security)이다. 그러나 최근 유럽의 재정위기 사태에서 보았듯이 채권을 발행한 국가나 기업의 사정에 따라 이자와 원금을 약속대로 지급하지 못할 수 있으며, 채권의 발행조건에 따라 미래 현금흐름의 불확실성이 존재하기도 한다. 이와 같이 채권의 발행주체 또는 발행조건이 가지고 있는 위험수준의 차이로 인해 나타나는 채권수익률의 차이를 채권수익률의 위험구조(risk structure)라고 한다.

4-1. 채권투자의 위험

증권시장에서 거래되고 있는 대부분의 채권들은 투자위험을 가지고 있다. 채권의 투자위험 중에서 가장 중요한 것은 채무불이행위험이고, 그 밖에 인플레이션위험, 수의상환위험, 이자율위험 등이 있다.

---

10) F. Modigliani and R. Sutch(1966), "Innovation in Interest Rate Policy", *American Economic Review* (May).

(1) 채무불이행위험

채무불이행위험(default risk)은 채권의 발행자가 약속대로 원금과 이자를 상환하지 못하게 될 가능성을 말한다. 채무불이행의 종류에는 일정기간 이후의 이자 및 원금을 전혀 지급하지 못하는 완전불이행과, 원리금의 일부를 지급하지 못하거나 지급을 연기하는 부분불이행이 있다. 만약 채무불이행이 이루어지게 되면 기업이 채권을 발행할 때에 투자자에게 약속한 약정수익률(promised yield)보다 실제로 실현될 수 있는 수익률의 기대값(기대수익률)은 낮아지게 된다.

(2) 인플레이션위험

인플레이션위험(inflation risk)은 인플레이션으로 인하여 채권의 실질수익률이 변동하게 될 가능성이다. 인플레이션위험 중에서 특히 중요한 것은 예상 못한 인플레이션이다. 피셔이론에 의하면 채권의 명목수익률은 투자자들의 기대인플레이션을 반영하여 결정되는데, 만약 예상 못한 인플레이션이 발생하게 되면 실질수익률이 변동하게 되는데 이를 인플레이션위험이라고 한다.

(3) 수의상환위험

채권의 발행조건 중에서 수의상환조항은 채권발행자가 만기 이전에 일정한 가격으로 채권을 재매입할 수 있는 권리를 규정한 것이다. 예를 들어 삼성전자에서 1년 전에 15%의 이자율로 3년 만기 수의상환채권(callable bond)을 발행하였다고 하자. 만약 현재 시장이자율이 10%로 하락하였다면 삼성전자에서는 이 채권을 미리 정한 상환가격(call price)에 매입하고 싼 이자로 새로운 채권을 발행할 수 있다.

이러한 채권의 수의상환조항은 투자자에게는 하나의 투자위험이 된다. 즉 이자율이 떨어지면 발행자가 채권을 미리 상환할 것이므로 수의상환채권에 투자한 투자자는 애초에 기대했던 현금흐름과는 다른 현금흐름을 갖게 될 위험이 있다. 그리고 시장이자율이 하락할 때 채권의 가격은 상승하지만 수의상환채권의 가격은 상환가격을 초과하지 못한다.

4-2. 수익률스프레드

수익률스프레드(yield spread)란 채무불이행의 위험이 존재하는 채권과 위험이 전혀 없는 채권의 수익률의 차이를 말한다. 예를 들면 채무불이행위험이 있는 회사채의 수익률과 위험이 전혀 없는 국공채의 수익률의 차이가 수익률스프레드이다.

$$\text{수익률스프레드} = \text{약정수익률} - \text{무위험수익률}$$

일반적으로 채권의 수익률은 채무불이행위험이 커짐에 따라 증가하기 때문에 [그림 3-13]과 같이 수익률스프레드 또한 커지게 된다.

그림 3-13 수익률스프레드

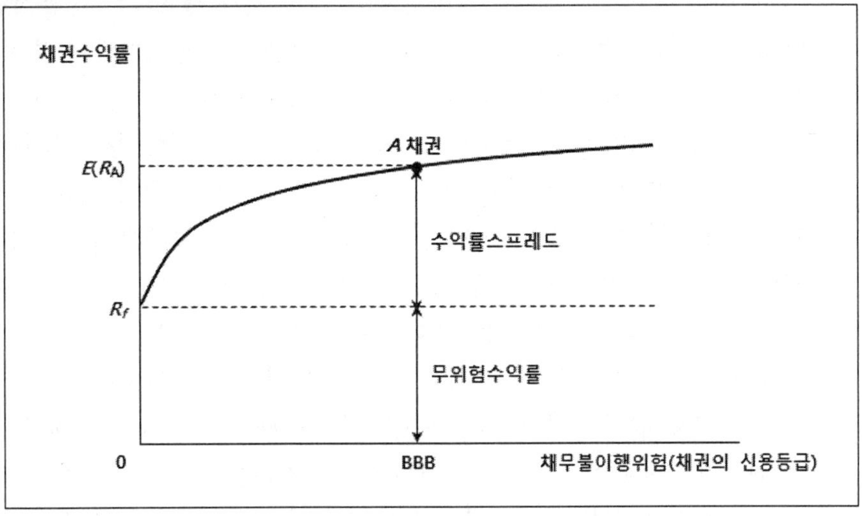

[그림 3-13]에서 신용등급이 BBB인 A채권의 수익률이 $E(R_A)$이고, 채무불이행위험이 전혀 없는 국채(신용등급 AAA)의 수익률이 R_f라고 가정하면 A채권의 수익률스프레드는 $[E(R_A) - R_f]$가 된다.

한편 수익률스프레드를 구성하는 위험프리미엄(risk premium)은 크게 두 가지로 구성된다. 즉 채무불이행가능성에 따른 위험프리미엄과 미래 불확실성에 따른 위험프리미엄을 합쳐져서 수익률스프레드가 된다.

예를 들어 어떤 채권의 약정수익률이 12%이지만 높은 채무불이행위험 때문에 실제로 실현할 수 있는 수익률의 기대값은 9%라고 하자. 한편 만기와 액면이자율이 동일한 무위험채권의 만기수익률이 8%라고 하면 채무불이행에 따른 프리미엄과 위험프리미엄은 그림과 같이 분석된다.

4-3. 채권등급평가

일반적으로 어떤 채권의 채무불이행위험이 높으면 높을수록 채권의 약정수익률은 상승하고, 채권의 시장가격은 하락하게 된다. 왜냐하면 채권의 약정수익률은 그 채권에 대한 할인율을 의미하고 할인율이 높을수록 미래현금흐름의 현재가치는 줄어들기 때문이다. 이러한 채권의 채무불이행위험에 대한 평가는 일반적으로 일반투자자들보다는 전문적인 신용평가기관에 의해 이루어지고 있으며, 이들 전문평가기관이 발표하는 채권등급은 채권가격결정에 직접적인 영향을 미친다.

채권등급평가(bond rating)는 채권등급평가기관이 특정 채권의 원금 및 이자가 약속대로 상환될 수 있는 정도를 판정하여 이를 등급을 매겨 투자자에게 전달하는 것을 말한다. 이러한 채권등급평가제도는 채권투자자에게 채권의 원리금상환과 관련된 위험에 관한 정보를 투자자에게 제공함으로써 선의의 투자자를 보호하는 데 그 목적이 있다.

한편 회사채나 기업어음(CP) 등에 대해 전문적인 신용평가을 담당하는 기관으로서 대표적인 회사는 무디스(Moody's Investors Service), 스탠더드-푸어스(Standard & Poor's), 피치(Fitch Ratings)가 있으며, 우리나라에서도 한국신용평가, 나이스신용평가정보, 한국기업평가 등이 신용평가기관으로 활동하고 있다.

표 3-1 회사채의 신용등급

신용평가기관		등급의 내용	약정수익률
S&P	Moody's		
AAA	**Aaa**	최고 안전성	가장 낮음
AA	**Aa**	높은 등급	
A	**A**	상위 중간 등급	
BBB	**Baa**	하위 중간 등급	
BB	**Ba**	비투자 등급	
B	**B**	투기 등급	
CCC	**Caa**	불량 등급	
CC	**Ca**	매우 투기적 등급	
C	**C**	채무불이행 가능성 등급	가장 높음
D	-	채무불이행	

채권의 등급은 채무불이행위험의 정도에 따라 여러 등급으로 구분된다. 예를 들어 S&P사는 장기채권을 대상으로 크게 AAA에서 D까지 10개의 등급으로 구분하고 있고, Moody's는 Aaa에서 C까지 9개의 등급으로 구분하고 있다.

한편 이러한 채권의 등급에 따라 채권의 투자위험도 달라지는데, 일반적으로 채권등급이 BBB(Baa) 이상인 채권들을 투자적격채권으로 판단하고 있으며, 채권등급이 BB(Ba) 이하인 채권들은 원리금 상환에 문제가 있는 투자부적격채권으로 분류된다. 그러나 이와 같은 BB(Ba) 등급 이하의 채권들은 높은 투자위험을 갖고 있는 반면에 그에 따른 높은 수익률을 기대할 수 있어 투기성 채권 또는 정크본드(junk bond)라고도 불린다.

정크본드는 채권의 발행시점부터 높은 채무불이행위험으로 인하여 투자부적격등급을 받은 채권도 있지만 채권발행시점에서는 좋은 등급을 받았으나 채권발행 후 기업의 재무상태가 악화되어 등급이 하락한 채권(이러한 채권을 추락한 천사(fallen angel)라고 한다)도 있다. 정크본드는 1980년대 이후 미국의 시장에서 M&A의 주요수단으로 활용되기 시작하면서 거래규모가 급속히 늘어났다.

4-4. 채권등급과 채권수익률

일반적으로 투자자들은 위험이 낮은 채권에 투자를 할 때 보다는 위험이 높은 채권에 투자를 할 때 더 높은 수익률을 요구하게 된다. 다시 말하면 채권의 수익률은 그 채권의 위험이 증가함에 따라 올라가게 된다. <표 3-2>는 1955년 이후 1999년까지 미국시장에서의 채권의 만기수익률을 보여주고 있는데 채권등급이 내려갈수록 수익률이 올라가는 것을 알 수 있다.

표 3-2 채권등급과 채권수익률

채권등급	1955~1969	1970~1979	1980~1989	1990~1999
장기국채	4.1%	7.3%	10.6%	7.0%
AAA	4.6	8.2	11.1	7.1
AA	4.7	8.4	11.5	7.2
A	4.8	8.6	11.8	7.4
BBB	5.3	9.2	12.4	7.9
수익률스프레드 (BBB-AAA)	0.7	1.0	1.3	0.8

자료 : Standard & Poor's Trade and Securities Statistics

채권의 수익률스프레드는 항상 일정한 것이 아니라 경기상황에 의해서 영향을 받는데 이는 경기상황에 따라 채무불이행위험이 크게 달라지기 때문이다. 경기가 좋을 때는 등급이 낮은 채권들의 채무불이행위험이 감소하고 따라서 수익률스프레드도 줄어들지만 경기가 불황이거나 침체가 될 때는 등급이 낮은 채권의 채무불이행위험이 크게 증가하기 때문에 수익률스프레드도 커지게 된다.

제 2 편

금융자산의 가격결정

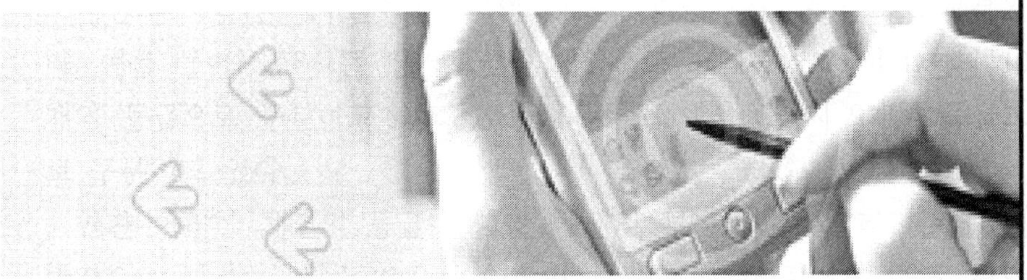

제 4 장 _ 포트폴리오이론

제 5 장 _ 증권분석

4-4. 채권등급과 채권수익률

[illegible] 험이 높은 채권에 투자는 [illegible] 높은 수익률을 요구하게 된다. 다시 말하면 채권의 수익률은 그 채권의 채무불이행 위험에 따라 달라지게 된다. <표 3-2>는 1955년 이후 1999년까지 미국 시장에서의 채권의 등급과 이들을 보여주며 이들의 [illegible] 수익률이 올라가는 것을 알 수 있다.

[illegible]

채권등급	1955~1969	1970~1979	1980~1989	1990~1999
장기국채	4.1%	8.3%	10.6%	7.0%
AAA	4.6	8.2	11.1	9.1
AA	4.7	[illegible]	11.5	7.2
A	4.8	8.6	11.8	7.4
BBB	5.3	9.2	12.4	7.9
수익률스프레드 (BBB-AAA)	0.7	1.0	1.3	0.8

자료 : Standard & Poor's, Trade and Securities Statistics

채권의 수익률스프레드는 항상 일정한 것이 아니라 경기상황에 의해서 영향을 받는데 이는 경기상황에 따라 채무불이행위험이 크게 달라지기 때문이다. 경기가 좋을 때는 등급이 낮은 채권들의 채무불이행위험이 감소하고 따라서 수익률스프레드는 줄어들지만 경기가 불황이거나 침체가 될 때는 등급이 낮은 채권의 채무불이행위험이 급격히 증가하기 때문에 수익률스프레드도 커지게 된다.

제4장

포트폴리오이론

금융기관은 자금을 중개하는 과정에서 여러 종류의 증권을 자산과 부채로 보유하게 된다. 여러 종류의 증권으로 구성된 증권의 묶음(group)을 우리는 포트폴리오라고 하는데, 금융기관은 이 포트폴리오를 보다 효율적으로 관리함으로써 금융기관의 목표라고 할 수 있는 기업가치의 극대화를 달성할 수 있다.

금융기관의 경영자는 자신이 보유하고 있는 증권의 수익성과 위험을 측정하고, 이러한 증권의 수익과 위험이 증권의 가치에 어떠한 영향을 미치는지 파악하여야 한다. 포트폴리오이론은 불확실성이 존재하는 상황에서 증권의 가치가 어떻게 결정되는가를 살펴보는 이론이다. 본장에서는 금융기관의 효율적 경영을 위한 선결과제로서 포트폴리오이론(portfolio theory)에 대해 알아본다.

제1절 포트폴리오의 개념

미래가 확실한 상황에서 투자자는 단지 수익률이 가장 높은 자산을 선택하면 되지만 미래가 불확실한 경우에는 수익률과 함께 위험이 중요한 투자기준이 된다. 일반적으로 투자자들은 위험을 줄이기 위하여 하나의 자산에만 투자를 하지 않고 여러 자산에 분산하여 투자를 하는데, 이러한 자산의 묶음(group of assets)을 포트폴리오라고 한다.

포트폴리오(portfolio)란 넓은 의미로는 예금, 주식, 채권, 부동산 등의 여러 자산으로 이루어진 자산의 묶음을 말하고, 좁은 의미로는 증권시장에서 거래되는 주식, 채권 등의 증권의 묶음을 말한다. 포트폴리오는 포트폴리오를 구성하는 개별자산과는 다른 하나의 새로운 자산의 형태로 볼 수 있기 때문에 포트폴리오의 선택기준 또한 개별자산과 같이 평균-분산모형이 그대로 적용된다.

제2절 포트폴리오의 기대수익률과 위험

우리나라의 전래동화를 보면 짚신장사를 하는 큰아들과 나막신장사를 하는 작은아들을 둔 어머니에 관한 이야기가 있다. 이 어머니는 비가 오는 날에는 짚신장사를 하는 큰아들 생각에 눈물을 흘리고, 맑은 날에는 나막신장사를 하는 작은아들 생각에 눈물을 흘려서 눈에서 눈물이 마를 날이 없었다고 한다. 물론 이 이야기는 이웃에 사는 사람이 어머니에게 비가 오는 날은 작은아들만 생각하고, 맑은 날은 큰아들만 생각하면 항상 웃고 살 수 있을 것이라고 일러주었다는 내용으로 끝을 맺는다. 우리는 이 이야기에서 만약 두 형제가 짚신과 나막신을 함께 만들어 판다면 어떻게 될 것인지 살펴보고자 한다.

먼저 두 형제가 각각 짚신장사와 나막신장사를 할 경우의 수익률의 확률분포는 다음과 같다고 하자. 즉, 짚신장사를 하면 비가 오는 경우에 큰 수익을 얻을 수 없지만 맑은 날에는 큰 수익을 올릴 수 있다. 반면 나막신 장사를 하면 비가 오는 경우에 큰 수익을 올릴 수 있지만 맑은 날에는 손해를 보게 된다.

표 4-1 수익률의 확률분포

상 황	확률	짚신(R_1)	나막신(R_2)
비	0.5	10%	100%
맑음	0.5	50%	-20%
기대수익률		30%	40%

1. 포트폴리오의 기대수익률

포트폴리오의 기대수익률은 포트폴리오를 구성하는 개별자산의 수익률을 그 투자비율로 가중평균한 값과 같다. 예를 들어 두 형제가 함께 짚신장사와 나막신장사에 똑같은 비율로 투자를 할 경우 기대수익률은 다음과 같이 주어진다.

$$\begin{aligned} E(R_p) &= x_1 E(R_1) + x_2 E(R_2) \\ &= (0.5)(30) + (0.5)(40) = 35(\%) \end{aligned}$$

한편, 두 형제가 짚신장사와 나막신장사를 하되 두 사람이 가진 돈의 75%는 짚신장사에 투자하고, 나머지 25%를 나막신장사에 투자할 경우에는 기대수익률이 다음과 같이 달라진다.

$$\begin{aligned} E(R_p) &= x_1 E(R_1) + x_2 E(R_2) \\ &= (0.75)(30) + (0.25)(40) = 32.5(\%) \end{aligned}$$

일반적으로 n개의 자산으로 포트폴리오를 구성할 경우의 포트폴리오의 기대수익률은 다음과 같이 계산할 수 있다.

$$E(R_p) = x_1 E(R_1) + x_2 E(R_2) + ... + x_n E(R_n)$$
$$= \sum_{t=1}^{n} x_i E(R_i)$$

단, x_i : i 자산에의 투자비율($\sum_{t=1}^{n} x_i = 1$)

2. 포트폴리오의 위험

포트폴리오의 기대수익률은 포트폴리오를 구성하는 개별자산의 수익률과 그 투자비율에 의해 결정되지만 포트폴리오의 위험은 그 포트폴리오를 구성하는 개별증권의 위험과 투자비율뿐만 아니라 개별증권수익률 사이의 상관관계에 따라 달라진다. 예를 들어 2개의 자산으로 구성된 포트폴리오의 위험(분산)은 다음과 같이 계산할 수 있다.

$$\sigma_p^2 = x_1^2 \cdot \sigma_1^2 + x_2^2 \cdot \sigma_2^2 + 2x_1 x_2 \sigma_{1,2}$$

단, $\sigma_{1,2}$: 자산1과 자산2의 수익률의 공분산($Cov(R_1, R_2)$)

위의 예에서 두 형제가 짚신장사와 나막신장사를 하면서 두 사람이 돈을 합쳐 75%는 짚신장사에 투자하고, 나머지 25%는 나막신장사에 투자를 할 경우 투자위험은 다음과 같이 계산된다.

먼저 짚신장사와 나막신장사의 위험(분산)과 두 장사의 수익률의 공분산을 구해보면 다음과 같다.

$$\sigma_1^2 = (0.5)(10-30)^2 + (0.5)(50-30)^2 = 400$$
$$\sigma_2^2 = (0.5)(100-40)^2 + (0.5)(-20-40)^2 = 3,600$$
$$\sigma_{1,2} = (0.5)(10-30)(100-40) + (0.5)(50-30)(-20-40) = -1,200$$

따라서 두 형제가 함께 투자를 한 짚신장사와 나막신장사의 위험은 다음과 같이 계산된다.

$$\begin{aligned}\sigma_p^2 &= x_1^2\cdot\sigma_1^2 + x_2^2\cdot\sigma_2^2 + 2x_1x_2\sigma_{1,2} \\ &= (0.75)2(400) + (0.25)2(3,600) + (2)(0.75)(0.25)(-1,200) \\ &= 0\end{aligned}$$

즉, 두 형제가 짚신장사에 나막신장사를 함께 하면서 자금의 75%는 짚신장사에 투자하고, 나머지 25%는 나막신장사에 투자할 경우의 위험은 0이 된다. 다시 말하면 두 형제는 비가 오거나 또는 오지 않거나 항상 일정한 수익을 얻게 되고, 두 형제의 어머니의 눈물도 그치게 될 것이다.

일반적으로 n개의 자산으로 포트폴리오를 구성할 경우의 포트폴리오의 위험은 다음과 같이 계산할 수 있다.

$$\begin{aligned}\sigma_p^2 &= E[R_p - E(R_p)]^2 \\ &= \sum_{t=1}^{n}\sum_{j=1}^{n} x_i x_j \sigma_{i,j}\end{aligned}$$

제3절 포트폴리오의 위험분산효과

앞의 두 형제의 예에서 보았듯이 두 개의 투자안에 분산투자를 하게 되면 위험이 줄어든다. 포트폴리오 효과(portfolio effect)란 이와 같이 투자자가 한 개의 자산에 투자하지 않고 여러 개의 자산에 분산하여 투자를 할 경우 위험이 줄어드는 현상을 말한다.

일반적으로 포트폴리오의 위험은 [그림 4-1]과 같이 포트폴리오를 구성하는 자산의 수가 증가할수록 줄어든다.

그림 4-1 포트폴리오효과

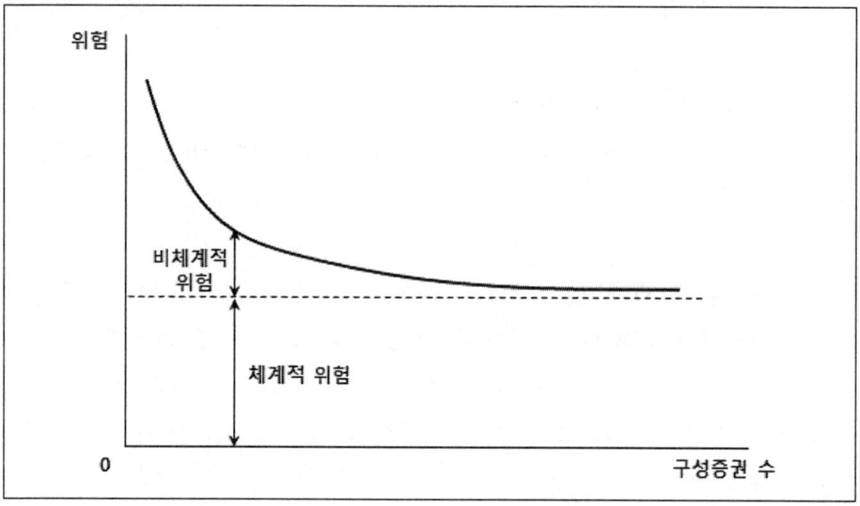

그러나 포트폴리오를 구성하는 자산의 수를 아무리 증가시켜도 줄어들지 않는 위험이 있는데, 이와 같이 분산투자로서 제거할 수 없는 위험을 체계적 위험이라고 한다. 체계적 위험은 인플레이션, 이자율의 변동, 경기 변동 등 시장 전체적인 요인의 변화로 인하여 발생하는 위험이므로 시장위험이라고도 한다. 한편 분산투자로서 제거할 수 있는 위험은 비체계적 위험이라고 하며, 비체계적 위험은 파업, 판매부진 등 특정기업, 또는 산업에 고유한 요인의 변화로 인하여 발생한다.

제4절 마코위츠와 포트폴리오이론

우리는 두 개 이상의 자산에 분산투자를 하여 포트폴리오를 구성함으로써 위험의 일부를 제거할 수 있음을 살펴보았다. 이와 같은 포트폴리오의 위험-수익에 관한 이론은 1952년 마코위츠[1])가 발표한 논문인 "포

1) H.M. Markowitz(1952), "Portfolio Selection," *Journal of Finance* 7, pp.77~91.

트폴리오 선택"에서 비롯되었다. 즉, 마코위츠가 이 논문을 발표한 이후 자본자산가격결정모형(CAPM) 등 현대 투자이론의 비약적인 발전이 이루어지게 되었고, 마코위츠는 포트폴리오이론을 창시한 공로를 인정받아 1990년 노벨 경제학상을 수상하였다.

1. 마코위츠이론의 가정

마코위츠는 포트폴리오이론을 전개하기에 앞서 다음과 같은 네 가지 가정을 하였다.

① 투자자들은 위험회피형 투자자로서 기대효용을 극대화하려고 한다.
② 투자자들의 투자결정은 투자대상의 기대수익률과 위험에 의존하며, 평균-분산모형에 따라 포트폴리오를 선택한다.
③ 투자가들은 투자대상의 미래수익률에 대한 확률분포를 알고 있으며, 이 확률분포에 대해 동일한 예측을 한다.
④ 투자가들의 투자기간은 단일기간으로 동일하다.

2. 효율적투자선

2-1. 2자산 포트폴리오

투자자들이 여러 개의 자산에 분산투자를 하기 전에 먼저 두 개의 자산에 분산투자를 하여 포트폴리오를 구성하는 경우를 가정한다. 이 때 포트폴리오를 구성하는 개별자산의 기대수익률과 위험은 다음과 같다고 한다.

표 4-2 수익률의 확률분포

	증 권 1	증 권 2
기대수익률	20%	10%
표준편차	25%	15%

이때 두 증권으로 구성되는 포트폴리오의 기대수익률은 각 증권의 기대수익률에 투자비율을 곱하여 구할 수 있다. 그러나 포트폴리오의 위험은 두 증권에 대한 투자비율뿐만 아니라 두 증권의 수익률의 상관계수에 따라 달라진다.

예를 들어 증권 1에 대한 투자비율을 70%로 하고, 증권 2에 대한 투자비율을 30%로 하여 포트폴리오를 구성할 경우에 이 포트폴리오의 기대수익률 및 위험은 다음과 같이 계산된다.

① 두 증권의 수익률간의 상관계수($\rho_{1,2}$)가 0일 경우

$$E(R_p) = x_1 E(R_1) + x_2 E(R_2)$$
$$= (0.74)(20) + (0.3)(10) = 17(\%)$$
$$\sigma_p^2 = x_1^2\sigma_1^2 + x_2^2\sigma_2^2 + 2x_1x_2\sigma_{1,2}$$
$$= x_1^2\sigma_1^2 + x_2^2\sigma_2^2 + 2x_1x_2\sigma_1\sigma_2\rho_{1,2}$$
$$= (0.7)^2(25)^2 + (0.3)^2(15)^2 + (2)(0.7)(0.3)(25)(15)(0) = 326.5$$
$$\sigma_p = 18(\%)$$

② 두 증권의 수익률간의 상관계수($\rho_{1,2}$)가 1일 경우

$$E(R_p) = (0.7)(20) + (0.3)(10) = 17(\%)$$
$$\sigma_p^2 = (0.7)^2(25)^2 + (0.3)^2(15)^2 + (2)(0.7)(0.3)(25)(15)(1) = 484$$
$$\sigma_p = 22(\%)$$

③ 두 증권의 수익률간의 상관계수($\rho_{1,2}$)가 −1일 경우

$$E(R_p) = (0.7)(20) + (0.3)(10) = 17(\%)$$
$$\sigma_p^2 = (0.7)^2(25)^2 + (0.3)^2(15)^2 + (2)(0.7)(0.3)(25)(15)(-1) = 169$$
$$\sigma_p = 13(\%)$$

한편, 두 증권에의 투자비율의 조합을 달리하여 구성되는 포트폴리오의 기대수익률과 위험을 각각 구하고 이를 평균-분산의 평면에 나타내면 다음과 같다.

표 4-3 포트폴리오의 기대수익률과 위험

X_1	X_2	$\rho_{1,2}=+1$		$\rho_{1,2}=0$		$\rho_{1,2}=-1$	
		$E(R_p)$	σ_p	$E(R_p)$	σ_p	$E(R_p)$	σ_p
1.0	0.0	20%	25%	20%	25%	20%	25%
0.7	0.3	17	22	17	18	17	13
0.5	0.5	15	20	15	15	15	5
0.375	0.625	13.75	18.75	13.75	13.26	13.75	0
0.3	0.7	13	18	13	13	13	3
0.0	1.0	10	15	10	15	10	15

그림 4-2 포트폴리오의 기대수익률과 위험

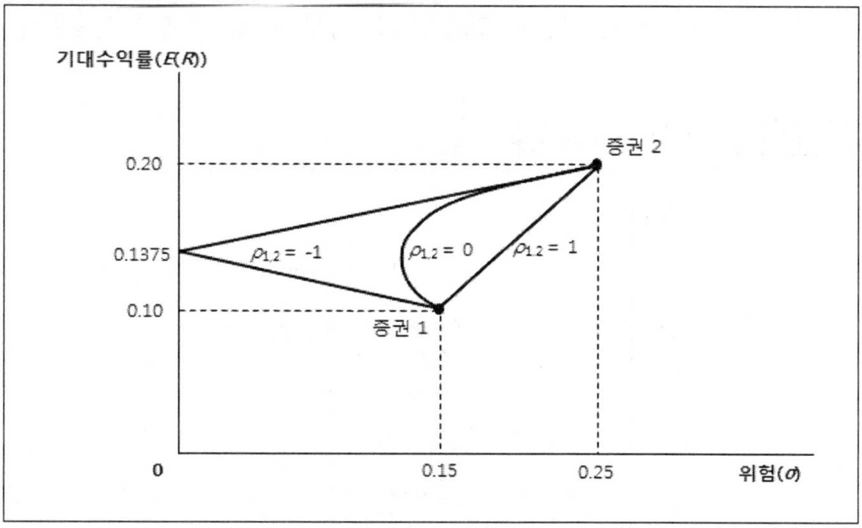

[그림 4-2]에서 두 증권의 수익률 사이의 상관계수가 1일 경우에는 포트폴리오를 구성하더라도 위험의 분산효과가 나타나지 않지만, 상관계수가 1보다 작을 경우에는 분산효과가 나타난다. 특히 두 증권의 상관계수가 −1에 가까울수록 위험의 분산효과가 크게 나타난다. 또한 두 증권의 수익률의 상관계수가 −1일 때 증권 1에 37.5%를 투자하고 증권 2에 62.5%를 투자하면 이 포트폴리오의 위험은 0이 된다.

일반적으로 증권시장에서 거래되는 증권들의 수익률의 변화는 전체

경제의 움직임과 밀접한 관계가 있기 때문에 두 증권의 수익률의 상관계수는 대부분 0과 1 사이의 값을 갖는다. 따라서 두 개의 증권으로 구성된 포트폴리오의 기대수익률과 위험의 조합은 상관계수가 0일 경우와 같이 완만한 곡선을 이룬다. 그리고 위의 그림처럼 투자비율이 변화함에 따라 포트폴리오의 기대수익률과 위험의 조합이 어떻게 변화하는지를 나타낸 선을 포트폴리오결합선(portfolio combination line)이라고 한다.

2-2. *N*자산 포트폴리오

지금까지 우리는 두 개의 자산으로 구성된 포트폴리오의 기대수익률과 위험의 관계를 살펴보았다. 포트폴리오의 기대수익률과 위험의 관계는 다수의 자산이 결합된 포트폴리오의 경우에도 그대로 적용된다.

그림 4-3 *N*자산포트폴리오

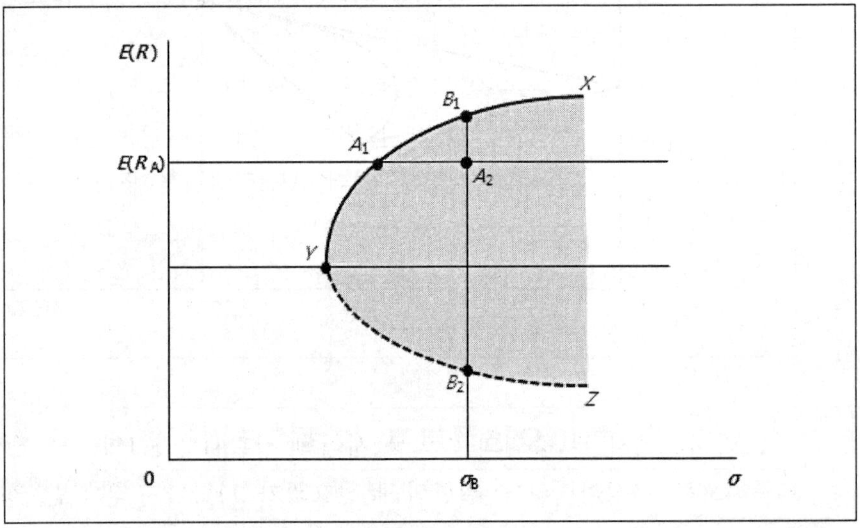

[그림 4-3]에서 회색으로 표시된 부분은 가능한 모든 투자기회를 나타내는 부분으로, 투자기회집합(investment opportunity set)이라고 한다. 투자기회집합의 경계가 되는 포트폴리오결합선은 *X*, *Y*, *Z*를 지나는 곡선으로서, 일정한 기대수익률을 갖는 투자기회집합 중에서 위험이 가장

적은 포트폴리오(최소분산포트폴리오)들로 구성되어 있다. 예를 들어 포트폴리오 A_1은 기대수익률이 $E(R_A)$인 투자기회 중에서 위험이 가장 작은 포트폴리오이다.

이러한 투자기회집합 중에서 지배원리(dominance principle)[2)]를 만족시키는 효율적 투자기회의 집합을 구하면 Y로부터 A_1, B_1, X를 지나는 곡선(실선) 부분이 된다. 즉, 투자기회집합 중에서도 지배원리를 충족시키는 효율적 투자기회의 집합을 효율적투자선(efficient frontier) 또는 효율적 투자기회선이라고 부른다.

3. 최적포트폴리오의 선택

마코위츠는 그의 포트폴리오이론에서 투자자들은 위험회피형 투자자로서 기대효용을 극대화하려고 한다고 가정하였다. 그렇다면 투자자는 어떤 포트폴리오를 선택함으로써 그들의 기대효용을 극대화할 수 있을 것인가? 이는 투자자 개인의 효용함수에 따라 달라지는데, 투자자들의 효용을 극대화하는 최적포트폴리오(optimal portfolio)의 선택은 투자자의 효용함수의 모양을 나타내는 무차별곡선과 효율적투자선이 접하는 접점에서 이루어지게 된다.

즉, IC^A와 같은 무차별곡선을 갖는 보수적 투자자의 경우에는 A포트폴리오를 선택함으로써 기대효용을 극대화할 수 있으며, IC^B와 같은 무차별곡선을 갖는 공격적 투자자는 B포트폴리오를 선택함으로써 기대효용을 극대화할 수 있다. 이와 같이 최적포트폴리오의 선택은 투자자의 효용함수, 즉 위험회피정도에 따라 달라진다.

2) 투자자의 투자선택기준으로서 위험이 동일한 자산 중에서는 기대수익률이 가장 높은 자산을 선택하고 기대수익률이 동일한 자산 중에서는 위험이 가장 낮은 투자안을 선택한다는 이론이다.

그림 4-4 최적포트폴리오의 선택

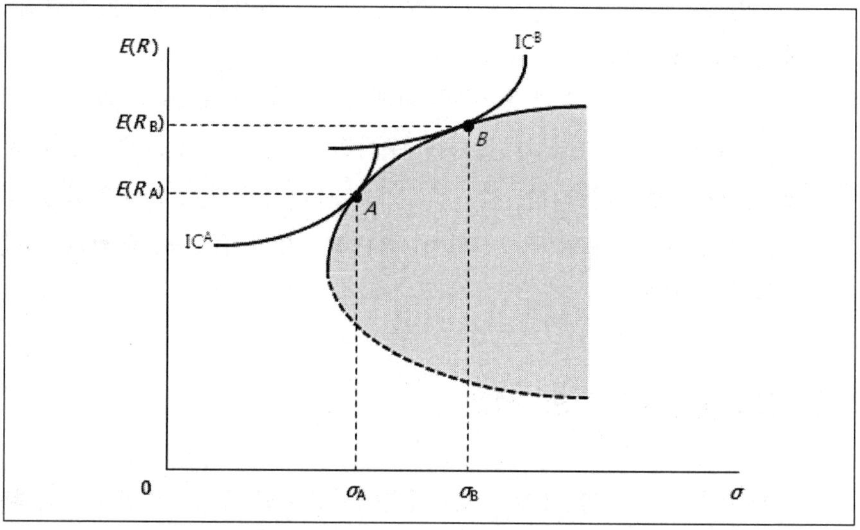

제5절 자본배분과 최적포트폴리오

1. 자본배분의 의의

일반적으로 투자자들의 투자대상이 되는 투자자산은 두 가지 범주로 구분할 수 있다. 즉, 투자자산은 주식과 같은 위험자산(risky asset)과 양도성 예금증서(CD)나 국공채와 같은 무위험자산(risk-free asset)으로 구분된다. 여기서 무위험자산이란 미래의 수익을 확실하게 알 수 있는 자산을 말하는 것으로, 우리나라의 경우 정부가 발행하는 재정증권, 통화안정증권 등의 국공채, 은행이 발행하는 양도성 예금증서, 정기예금 등이 무위험자산이라고 할 수 있다.

투자자가 주식과 같은 위험자산뿐만 아니라 무위험자산에도 투자를 할 수 있다면 최적포트폴리오는 어떻게 구성할까? 이 경우 투자자는 위험자산과 무위험자산에 투자자금을 나누어 투자를 함으로써 기대효용을 극대화할 수 있다. 한편, 투자자가 투자자금을 현금, 무위험자산, 그리고 위험자산 등에 어떻게 나누어 투자할 것인가를 결정하는 것을 자본배분(capital allocation)이라고 한다.

우리는 앞에서 여러 위험자산에 분산투자를 하여 최적포트폴리오를 선택하는 과정을 살펴보았다. 여기서는 위험자산뿐만 아니라 무위험자산에도 투자를 할 수 있는 경우의 최적포트폴리오 선택과정을 살펴보기로 한다. 이 과정은 두 단계를 거쳐 이루어지는데, 첫 째는 무위험자산과 위험자산에 분산투자를 할 경우 가능한 투자기회집합을 찾아내는 단계이고, 둘째는 이러한 투자기회집합 중에서 투자자의 기대효용을 극대화할 수 있는 최적포트폴리오를 선택하는 단계이다.

2. 자본배분선

2-1. 위험자산과 무위험자산의 포트폴리오

투자자가 위험자산에만 투자를 하지 않고 무위험자산과 위험자산에 분산하여 투자할 경우 구성되는 포트폴리오의 기대수익률과 위험은 다음과 같다.

(1) 기대수익률

위험자산 또는 위험자산의 포트폴리오를 C, 무위험자산을 F로 표시를 하면 위험자산에 w, 그리고 무위험자산에 $(1-w)$를 투자하여 구성한 포트폴리오 P의 기대수익률은 다음과 같다.

$$
\begin{aligned}
E(R_p) &= wE(R_C) + (1-w)R_f \\
&= R_f + w[E(R_C) - R_f]
\end{aligned}
$$

단, $E(R_C)$E(RC) : 위험자산 C의 기대수익률
R_f : 무위험자산 F의 수익률(무위험수익률)

즉, 무위험자산과 위험자산으로 구성된 포트폴리오 P의 기대수익률은 무위험수익률에 위험프리미엄을 더한 값과 같다. 그리고 포트폴리오 P의 위험프리미엄은 위험자산 C의 위험프리미엄에 위험자산 C에 대한 투자비율을 곱한 값과 같다. 따라서 위험자산 C에 대한 투자비율을 높일수록 포트폴리오 P의 기대수익률은 선형적으로 증가하게 된다.

(2) 위험

무위험자산과 위험자산을 결합하여 새로운 포트폴리오를 구성할 경우 이 포트폴리오의 수익률의 표준편차는 위험자산수익률의 표준편차에 위험자산에 대한 투자비율을 곱한 값과 같다.

$$\sigma_P = w\sigma_C$$

단, σ_C = 위험자산 C의 수익률의 표준편차

즉, 위험자산 C에 대한 투자비율을 높일수록 포트폴리오 P의 위험은 선형적으로 증가하게 된다.

2-2. 자본배분선

앞에서 무위험자산과 위험자산(위험포트폴리오)으로 구성되는 포트폴리오 P의 기대수익률과 위험은 위험자산 C에의 투자비율이 증가함에 따라 선형적으로 증가함을 살펴보았다. 그렇다면 이러한 포트폴리오 P의 기대수익률과 위험의 관계는 어떻게 될까? 포트폴리오의 기대수익률과 위험의 관계식은 다음과 같이 정리할 수 있다.

$$E(R_P) = R_f + \frac{E(R_C) - R_f}{\sigma_C} = \sigma_P$$

그림 4-5 자본배분선

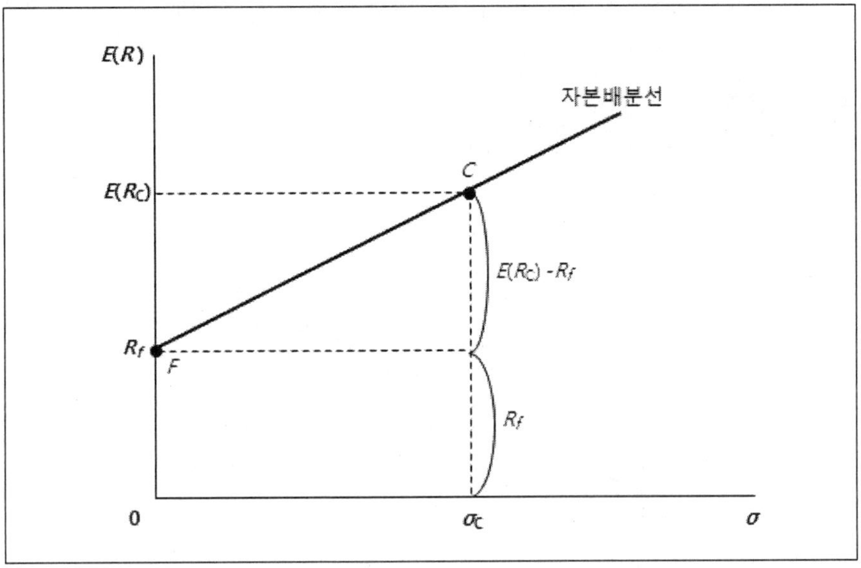

위 식에서 무위험자산과 위험자산으로 구성된 포트폴리오의 기대수익률은 위험이 증가함에 따라 선형적으로 증가함을 알 수 있는데, 이 식을 자본배분선(capital allocation line)이라고 부른다. 위 식을 평균-분산의 평면에 나타내면 무위험자산 F와 위험자산 C를 잇는 직선으로 표시된다. 다시 말하면 투자자가 무위험자산 F와 위험자산 C에 투자하여 구성하게 되는 포트폴리오는 자본배분선상의 한 포트폴리오가 되게 된다. 즉, 자본배분선은 무위험자산 F와 위험자산 C를 결합하여 얻을 수 있는 투자기회의 집합을 나타낸다.

3. 자본시장선

무위험자산 F와 위험자산 C에 분산투자를 하여 포트폴리오를 구성하면 이 포트폴리오의 기대수익률과 위험의 관계는 무위험자산과 위험자산을 연결하는 직선으로 표시됨을 살펴보았다. 이를 일반화하여 투자자가 무위험자산과 위험자산(또는 위험자산포트폴리오)을 결합하여 구성할 수 있는 새로운 투자기회를 찾아보면 아래 그림과 같이 다양한 포트폴리오를 구성할 수 있음을 알 수 있다.

그림 4-6 자본시장선의 도출

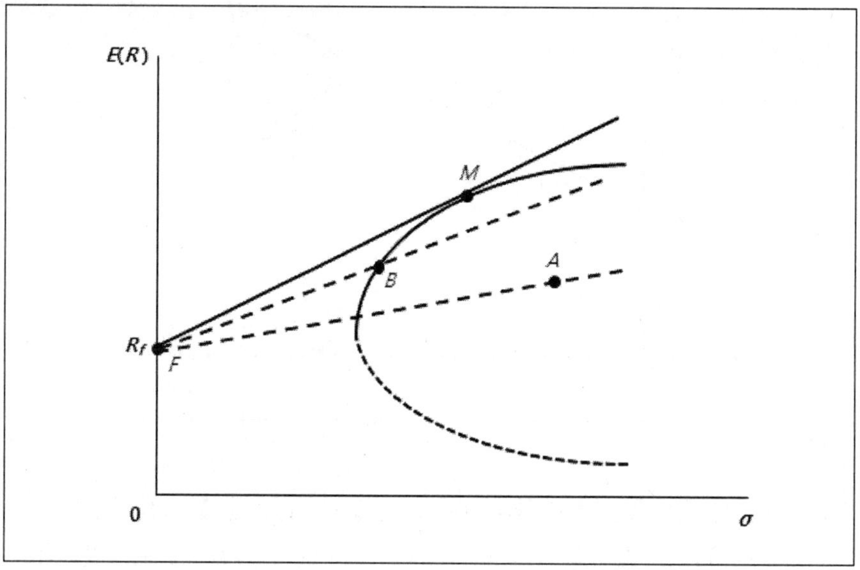

[그림 4-6]에서 투자자가 무위험자산 F와 위험자산의 투자기회집합 중에 한 위험자산 A를 결합하여 새로운 포트폴리오를 만들 경우 새로운 포트폴리오들은 자본배분선 FA선상에 존재하게 된다. 무위험자산 F와 마코위츠의 효율적 투자선상에 존재하는 포트폴리오 B를 결합하여 새로운 포트폴리오를 만들 경우 새로운 포트폴리오들은 자본배분선 FB선 상에 존재하게 된다. 한편 자본배분선 FB선 상의 포트폴리오들은 자본배분선 FA선 상의 포트폴리오들을 지배하게 된다. 왜냐하면 자본배분선 FB선 상의 포트폴리오들이 자본배분선 FA선 상의 포트폴리오보다 같은 위험 하에서는 기대수익률이 높고, 같은 기대수익률 하에서는 위험이 작기 때문이다.

이러한 과정을 반복할 경우 지배원리에 따라서 가장 효율적인 포트폴리오의 집합은 FM과 같이 마코위츠의 효율적투자선에 접하는 자본배분선이 될 것이다. 즉, 무위험자산이 위치한 F점에서 효율적투자선에 접선을 그었을 때 접하는 점 M이 최적위험자산포트폴리오가 된다.

모든 투자자가 자산의 미래 수익률분포에 대해 동일한 예상을 하는 경우에 투자자들은 모두 동일한 투자선을 갖게 되고, 투자자들이 선택하는 위험자산포트폴리오는 접점 M이 될 것이다. 따라서 포트폴리오 M은 위험자산에 대한 시장의 총수요를 나타내는 동시에 시장이 균형을 이루는 상황에서는 시장의 총공급을 나타낸다. 즉, 포트폴리오 M은 시장에서 거래되는 모든 위험자산을 시장가치비율에 비례하여 포함하는 포트폴리오로서, 이를 우리는 시장포트폴리오(market portfolio)라고 부른다.

결론적으로 말하면 무위험자산이 존재하는 경우 투자자는 위험자산의 최적포트폴리오로써 시장포트폴리오를 선택한 후 무위험자산 F와 시장포트폴리오 M에 자본배분을 하여 새로운 효율적투자선인 자본배분선을 만들게 되는데, 이렇게 구성된 자본배분선을 자본시장선(capital market line: CML)이라고 한다.

그림 4-7 자본시장선

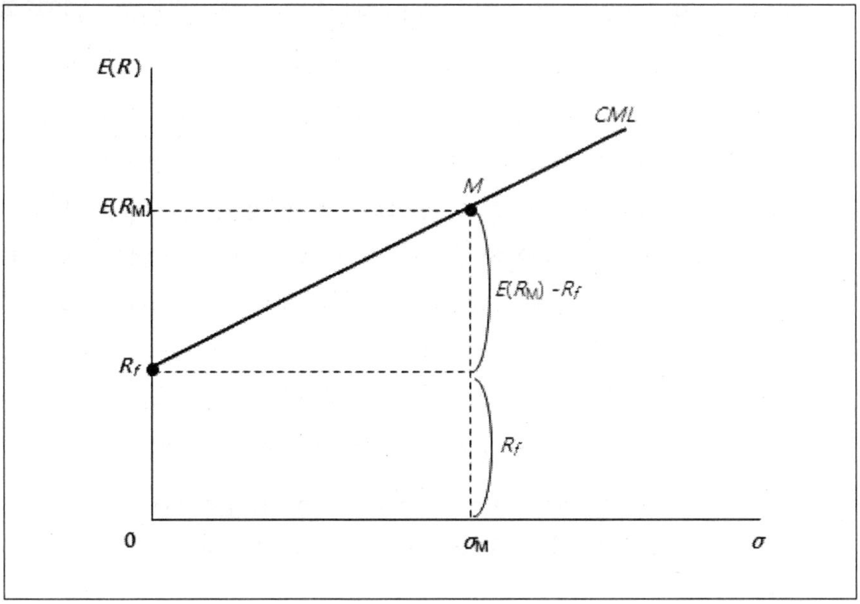

[그림 4-7]에서 시장포트폴리오의 기대수익률을 $E(R_M)$이라 하고 시장 수익률의 표준편차를 σ_M이라 하면 자본시장선은 다음과 같은 식으로 나타낼 수 있다.

$$E(R_P) = R_f + \frac{E(R_M) - R_f}{\sigma_M} = \sigma_P$$

위 식에서 포트폴리오 P의 기대수익률은 무위험수익률에 위험프리미엄을 더한 값으로 결정되며, 위험프리미엄은 위험의 시장가격에 포트폴리오 P의 위험의 크기(σ_P)를 곱한 값과 같다. 여기에서 위험의 시장가격은 시장포트폴리오가 가지는 위험의 단위당 가격인 $\frac{E(R_M) - R_f}{\sigma_M}$을 말하며, 바로 자본시장선의 기울기가 된다.

4. 최적포트폴리오의 선택

무위험자산이 존재하는 경우 투자자들이 선택할 수 있는 효율적 투자기회의 집합은 무위험자산과 시장포트폴리오에 자본배분을 하여 구성되는 자본시장선 상의 한 포트폴리오가 된다. 이 중에서 투자자들의 기대효용을 극대화하는 최적포트폴리오(optimal portfolio)는 투자자의 무차별곡선과 새로운 효율적투자선인 자본시장선이 접하는 점에서 결정된다.

[그림 4-8]에서 IC^A와 같은 무차별곡선을 갖는 소극적 투자자의 경우에는 포트폴리오 A가 최적포트폴리오가 된다. 이 투자자는 투자자금 중 일부를 은행예금과 같은 무위험자산에 투자를 하고 나머지 자금을 시장포트폴리오에 투자를 하여 최적포트폴리오를 구성한다. 반면 IC^B와 같은 무차별곡선을 갖는 적극적 투자자는 포트폴리오 B가 최적포트폴리오가 된다. 이 투자자는 자신의 투자자금과 은행 등으로부터 차입한 자금을 시장포트폴리오에 모두 투자를 하여 최적포트폴리오를 구성한다. 여기서 포트폴리오 A를 대출포트폴리오, 포트폴리오 B를 차입포트폴리오라 한다.

그림 4-8 최적포트폴리오의 선택

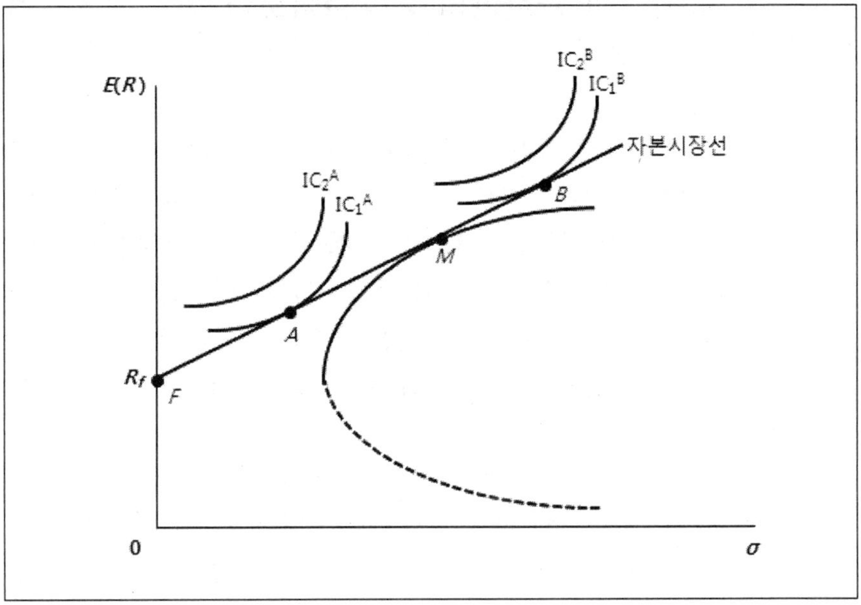

한편 투자자가 대출포트폴리오를 선택하든 또는 차입포트폴리오를 선택하든 최적포트폴리오는 무위험자산과 시장포트폴리오로 구성되게 된다. 즉, 투자자의 위험회피정도의 차이에 따라 무위험자산과 시장포트폴리오에 대한 투자비율의 차이는 있겠지만 위험자산에 대한 투자비율, 즉 시장포트폴리오의 구성에는 차이가 없는데, 이와 같은 결과를 토빈의 분리이론(Tobin's separation theory)이라 한다.

토빈의 분리이론에 의하면 투자자들의 포트폴리오선택이 다음과 같은 두 단계로 분리되어 독립적으로 이루어지게 된다. 즉, 첫 번째 단계는 효율적 투자기회를 구성하는 단계로 이는 투자자의 위험회피정도와 관계없이 무위험자산과 시장포트폴리오의 결합으로 구성된다. 두 번째 단계는 무위험자산과 시장포트폴리오에 자본배분을 하여 최적포트폴리오를 선택하는 단계로 이는 투자자의 위험회피정도에 따라 결정된다.

제6절 금융자산의 가격결정모형

앞에서 우리는 투자자가 자신의 효용을 극대화하기 위하여 어떻게 포트폴리오를 구성하는지를 살펴보았다. 샤프(W. Sharpe)[3]와 린트너(J. Lintner)[4] 등은 이러한 포트폴리오이론을 토대로 자본시장이 균형 상태에 있을 때 자산의 기대수익률과 위험 사이에 어떠한 관계가 성립하는가를 명확하게 보여주었는데, 이들이 제시한 기대수익률과 위험 사이의 관계식을 자본자산가격결정모형(capital asset pricing model: CAPM)이라 부른다.

CAPM은 자본시장이 균형 상태에 있을 때 자산의 가격이 어떻게 결정되어야 하는가를 설명하는 모형으로서 현대 투자이론에서 매우 중요한 위치를 차지하는 이론이다. 여기서 우리는 CAPM의 기본가정과 내용들을 살펴보고, CAPM의 실증적 검증방법 및 그 결과에 대해 고찰하기로 한다.

1. 자본자산가격결정모형의 기초

1-1. CAPM의 가정 및 의미

(1) CAPM의 가정

자본시장에서 거래되는 자산의 기대수익률과 위험 간에 성립하는 균형관계를 설명하는 CAPM은 다음과 같은 가정을 기초로 하고 있다.

① 자본시장은 완전하다(perfect capital market). 즉, 세금과 거래비용이 존재하지 않고, 모든 투자자가 동일한 정보를 소유한다.

② 모든 투자자는 기대효용을 극대화하고자 하는 위험회피형 투자자

---

3) W.F. Sharpe(1964), "Capital Asset Prices: A Theory of Market Equilibrium," *Journal of Finance* 19, pp.425~442.

4) J. Lintner(1965), "The Valuation of Risk Asset and the Selection of Risky Investments in Stock Portfolio anf Capital Asset," *Review of Economics and Statistics* 47, pp.13~37.

(risk averse)로서 평균-분산모형에 따라 투자한다.

③ 자본시장에 무위험자산이 존재하며, 투자자들은 아무런 제약이 없이 무위험수익률로 차입과 대출을 할 수 있다.

④ 모든 투자자는 시장에서 거래되는 자산의 미래수익률에 대하여 동일한 예상을 갖는다. 즉, 각 자산의 기대수익률, 분산 등에 관하여 동일한 예상을 한다.

⑤ 모든 투자자는 주식, 채권 등과 같이 공개적으로 거래할 수 있는 금융자산에 투자한다.

⑥ 모든 투자자의 투자기간은 단일기간이다.

위의 가정들은 현실을 적절하게 반영하지 못하기 때문에 이러한 가정을 기초로 도출된 CAPM 역시 현실을 완벽하게 설명할 수는 없다. 그러나 이러한 가정을 기초로 하나의 이론을 도출한 후 이 가정들을 현실성 있게 수정해 나감으로써 보다 유용한 이론을 도출할 수 있다.

(2) CAPM의 의미

앞의 가정으로부터 도출되는 CAPM은 투자자에게 유용한 분석의 틀을 제공하며, 또한 여러 가지 중요한 경제적 의미를 시사하고 있다. 본 강좌에서는 CAPM과 관련된 중요한 몇 가지 의미를 간략하게 살펴본다.

첫째, CAPM에 의하면 모든 투자자는 위험자산의 최적포트폴리오로서 시장포트폴리오(market portfolio: M)를 선택하게 된다. 여기에서 시장포트폴리오란 시장에서 거래되는 모든 위험자산이 시장가치비율대로 구성되어 있는 포트폴리오를 말한다. 예를 들면 특정 자산 i가 시장포트폴리오에서 차지하는 비율(w_i)은 다음과 같다.

$$w_i = \frac{P_i \cdot X_i}{\sum_{i=1}^{N} P_i \cdot X_i}$$

단, P_i : 자산 i의 시장가격
X_i : 자산 i의 총수량
N : 자본시장에서 거래되는 자산의 수

둘째, CAPM에 의하면 개별자산의 위험프리미엄은 시장포트폴리오의 위험프리미엄과 특정 자산의 체계적 위험을 나타내는 베타계수에 비례한다. 이를 식으로 나타내면 다음과 같다.

$$E(R_i) - R_f = [E(R_M) - R_f]\beta_i$$

단, β_i : 자산 i의 베타계수(= $Cov(R_i, R_M)$)

위 식에서 $[E(R_M) - R_f]$는 시장포트폴리오의 위험프리미엄이며, β_i는 자산 i의 체계적 위험의 측정치이다. 위 식을 그림으로 표시하면 [그림 4-9]와 같다.

그림 4-9 증권시장선

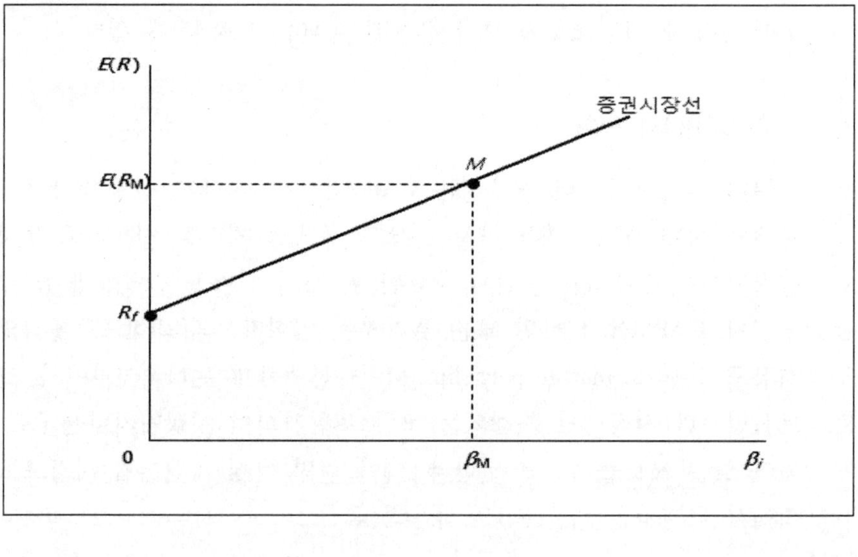

[그림 4-9]에서 개별자산 i의 기대수익률과 베타계수와의 관계를 나타내는 선을 증권시장선(security market line: SML)이라 부른다. 일반적으로 증권시장선을 나타내는 식은 다음과 같이 쓸 수 있다.

$$E(R_i) = R_f + [E(R_M) - R_f]\beta_i$$

이러한 증권시장선이 갖는 의미는 어떤 자산의 기대수익률은 무위험 수익률에 위험프리미엄을 더한 값으로 결정되며, 위험프리미엄은 체계적 위험을 나타내는 베타계수(β)에 비례한다는 것이다.

1-2. CAPM과 자산의 가격

위의 증권시장선은 어떤 자산(또는 포트폴리오)의 기대수익률은 그 자산의 체계적 위험과 선형적 관계를 가지고 있음을 의미한다. 즉, 자본시장이 균형을 이룰 때 어떤 자산의 가격은 그 자산에 대한 기대수익률과 위험 사이에 선형적 관계가 성립하도록 결정되는데, 이때 가격이 그 자산에 대한 수요와 공급을 일치시키는 균형가격이다.

그림 4-10 CAPM과 균형가격

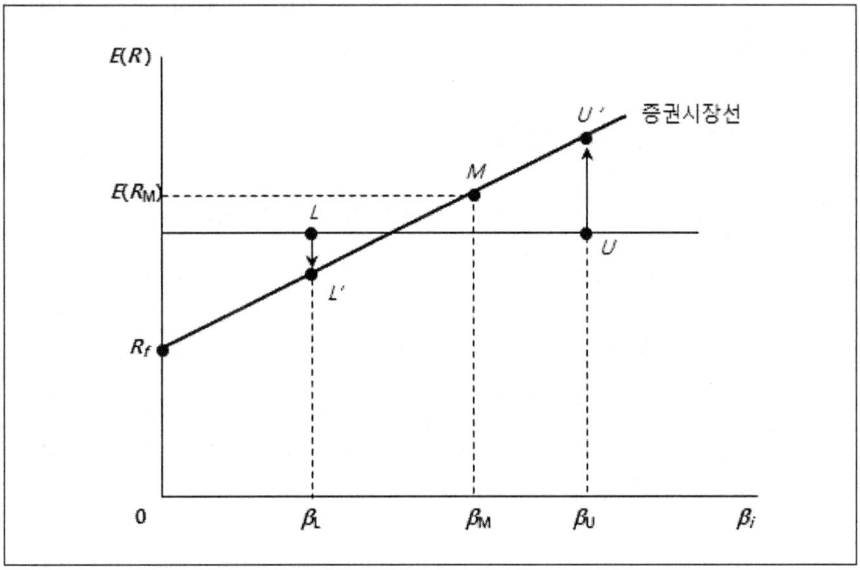

예를 들어 [그림 4-10]에서 주식 L과 주식 U는 같은 수익률을 기대할 수 있는 주식이다. 그러나 주식 L은 체계적 위험 β_L에 상응하는 균형수익률(L')보다 더 높은 수익률이 예상되기 때문에 주식 L에 대한 수요가 증가하게 되고 따라서 가격이 상승하게 된다. 반면에 주식 U는 체계적 위험 β_U에 상응하는 균형수익률(U')보다 더 낮은 수익률이 예상되기 때문에 주식 U에 대한 수요는 감소하게 되고 따라서 가격이 하락하게 된다. 이러한 가격조정은 기대수익률과 β의 관계가 증권시장선상에서 균형을 이룰 때까지 계속된다.

2. 자본자산가격결정모형의 검증

CAPM은 자산의 가격결정에 관한 균형이론으로서 자본시장에서 가격이 어떻게 결정되는가를 잘 설명해 주고 있지만 복잡한 현실을 여러 가지 가정 하에 단순화시켰으므로 이 모형을 현실에 적용하는 데는 많은 문제점이 있다. 그러므로 CAPM이 자본시장에서 자산의 가격변화를 적절하게 설명하고 있는지 분석하기 위한 실증적 검증이 이루어져 왔다. 우리는 여기에서 CAPM의 실증검증방법 및 결과에 대해 간단히 살펴본다.

2-1. CAPM의 실증검증방법

CAPM은 미래의 투자기간 동안에 형성될 자산(증권)의 위험과 수익률의 관계를 제시하는 사전적(ex-ante) 모형이다. 그러므로 증권시장에서 체계적 위험과 수익률의 관계가 증권시장선에서와 같이 선형관계를 갖는가를 규명하기 위해서는 증권의 기대수익률 자료와 기대베타계수 자료를 구하여야 한다. 그러나 미래의 자료를 구하는 것은 현실적으로 매우 어렵기 때문에 주로 과거의 역사적 자료를 이용하여 CAPM에 대한 실증적 분석을 하게 된다.

(1) 제1단계 회귀분석 : 시장모형의 추정

CAPM의 실증분석은 두 단계의 회귀분석 절차로 이루어지는데, 제1단계 회귀분석은 과거의 자료를 이용하여 시장모형을 추정하는 것이다. 시장모형(market model)은 개별자산의 수익률의 변동을 시장수익률의 변동에 의하여 설명하고자 하는 수익생성모형으로 다음과 같이 표시된다.

$$R_i = \alpha_i + \beta_i R_M + \epsilon_i$$

단, R_i : 자산 i의 수익률
R_M : 시장포트폴리오의 수익률
α_i : 상수항(절편)
β_i : 자산 i의 베타계수(기울기)
ϵ_i : 오차항

위 식은 미래에 예상되는 수익률 사이의 관계를 표시한 것이지만 현실적으로 미래의 수익률분포를 예측하기 어렵기 때문에 다음과 같이 과거의 수익률자료를 이용하여 시장모형을 나타낼 수 있다.

$$R_{it} = \alpha_i + \beta_i R_{Mt} + \epsilon_{it}$$

단, R_{it} : t기에 실현된 자산 i의 수익률
R_M : t기에 실현된 시장포트폴리오의 수익률
ϵ_{it} : t기의 오차항

위 식을 그림으로 나타내면 [그림 4-11]과 같다.

그림 4-11 증권특성선

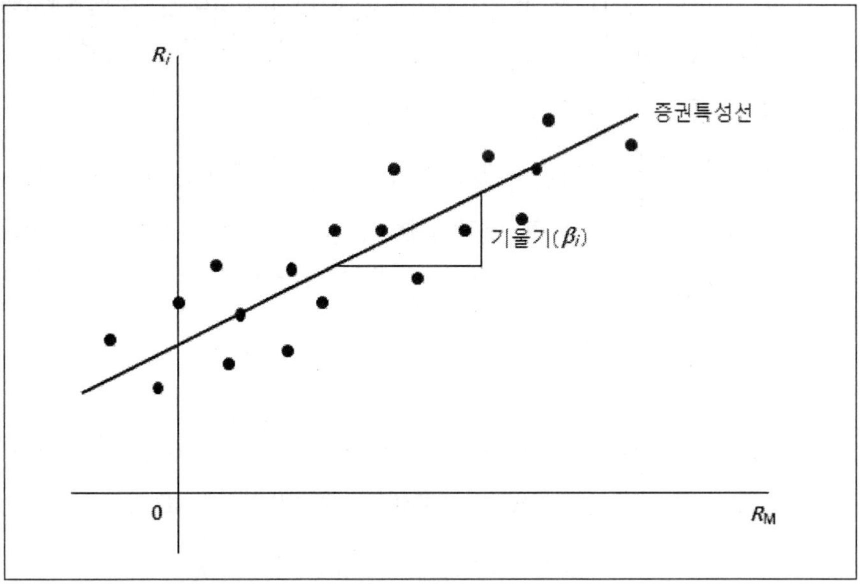

위 식에서 회귀분석을 통하여 [그림 4-11]과 같은 회귀선을 추정할 수 있는데, 이 회귀선을 증권특성선(security characteristic line)이라고 한다. 증권특성선의 절편치인 α_i는 자산 i의 수익률 중에서 시장포트폴리오와 관계없이 얻게 되는 평균적인 수익률을 나타내고, 기울기인 β_i는 시장포트폴리오의 수익률이 변동할 때 자산 i의 수익률이 어느 정도 민감하게 변동하는가를 나타낸다. 일반적으로 베타계수가 1보다 큰 자산을 공격적 자산(aggressive asset)이라고 하고, 베타계수가 1보다 작은 자산을 방어적 자산(defensive asset)이라고 한다.

(2) 제2단계 회귀분석 : 증권시장선의 추정

제1단계 회귀분석에서 시장모형을 이용하여 각 자산(증권)의 증권특성선을 추정하게 되면 추정된 증권특성선으로부터 구한 각 자산들의 베타계수와 수익률자료를 이용하여 횡단면 회귀분석을 하게 된다. CAPM의 실증분석을 위한 제2단계 회귀분석모형은 다음과 같다.

$$\overline{R}_i = \gamma_0 + \gamma_1 \hat{\beta}_i + \mu_i$$

위 식에서 $\overline{R}_i$는 증권 i의 평균수익률의 추정치이며, $\hat{\beta}_i$는 시장모형을 이용해 추정한 증권 i의 베타계수이고, γ_0와 γ_1은 회귀계수이며, μ_i는 잔차항이다.

한편 CAPM의 검증은 위 식과 이론적인 모형인 증권시장선식과 비교하여 이루어진다.

증권시장선 : $E(R_i) - R_f + [E(R_M) - R_f]\beta_i$

검　증　식 : $\overline{R}_i = \gamma_0 + \gamma_1 \hat{\beta}_i + \mu_i$

제2단계 회귀분석으로부터 추정된 회귀식이 증권시장선식과 일치하거나 큰 차이가 없다면 CAPM이 현실을 잘 설명하고 있다고 할 수 있다.

2-2. CAPM의 실증검증결과

(1) 블랙·젠센·숄즈의 연구

블랙(F. Black), 젠센(M.C. Jensen), 숄즈(M. Scholes)(1972)[5]는 1926년부터 1966년까지의 월별 주가자료를 이용하여 CAPM을 검증하였다. 이들은 개별주식의 베타계수의 크기에 따라 10개의 포트폴리오를 구성하고, 이렇게 구성된 포트폴리오의 베타계수와 수익률을 가지고 다음과 같은 회귀식을 추정하였다.

$$R_i - \overline{R}_f = \gamma_0 + \gamma_1 \hat{\beta}_i + \mu_i$$

한편 위 식이 CAPM의 기본식 $E(R_i) - R_f = [E(R_M) - R_f]\beta_i$과 일치하기 위해서는 $\gamma_0 = 0$, 그리고 $\gamma_1 = [E(R_M) - R_f]$가 되어야 한다. 그런데 이들의 실증분석결과 회귀식은 다음과 같이 추정되었다.

$$R_i - \overline{R}_f = 0.00359 + 0.0108\hat{\beta}_i \qquad R^2 = 0.98$$
$$(t = 6.52) \ (t = 20.77)$$

즉, CAPM의 실증분석 결과 γ_0와 γ_1은 모두 0과는 커다란 차이를 보이고 있었으며, 모형의 설명력을 나타내는 결정계수(R^2)는 0.98로서 매우 높게 나타났다. 한편 γ_0가 0이 아니라는 것은 CAPM이 현실적으로 맞지 않는다는 것을 의미한다.

(2) 파마와 맥베스의 연구

파마(E. Fama)와 맥베스(J.D. Macbeth)(1974)[6]는 1935년부터 1968년까지의 기간을 대상으로 상장주식을 20개의 포트폴리오로 구성하고 다음

5) Jensen, Michael C., Black, Fischer and Scholes, Myron S., The Capital Asset Pricing Model: Some Empirical Tests. Michael C. Jensen, *STUDIES IN THE THEORY OF CAPITAL MARKETS*, Praeger Publishers Inc., 1972.

6) Fama, Eugene F., and James D. MacBeth. "Risk, Return, and Equilibrium: Empirical Tests." *Journal of Political Economy*, 1973.

과 같은 회귀식을 이용하여 CAPM을 검증하였다.

$$R_i = \gamma_0 + \gamma_1 \hat{\beta}_i + \gamma_2 \hat{\beta}^2 + \gamma_3 \hat{\sigma}_{ei} + \mu_i$$

단, μ_i : 잔차항의 표준편차

이들의 검증결과는 다음과 같이 추정되었다.

$$\begin{aligned} R_i = \ & 0.002 \ + \ 0.0114\hat{\beta}_i - 0.0026\hat{\beta^2} + 0.0516\hat{\sigma}_{ei} \\ & (t = 0.55)\ (t = 1.85)\ (t = 0.86)\quad (t = 1.11) \end{aligned}$$

위 식에서 γ_2와 γ_3는 통계적으로 유의하지 못한 것으로 나타났기 때문에 이들은 CAPM의 이론대로 수익률과 체계적 위험의 관계는 선형관계가 성립하며, 비체계적 위험은 주식수익률의 결정에 큰 영향을 미치지 못한다고 결론을 내렸다.

제5장

증권분석

현재 증권시장에서 결정되는 증권의 가격은 과연 적정하게 평가된 것일까? 예를 들어 2013년 2월 15일 기준 삼성전자 보통주는 149만원이 넘는 가격에 거래되지만 동일한 업종의 LG전자 보통주는 8만원에도 미치지 못하는 가격에 거래가 되고 있다. 그렇다면 삼성전자 주가는 LG전자 주가에 비해 과대평가된 것일까? 한편 동일한 시점에서 KB금융의 주식은 37,200원에 거래된 반면 제주은행의 주식은 액면가격 5,000원에도 미치지 못하는 4,790원에 거래되었다. 그렇다면 어떤 경우에 주식이 액면가격 이하로 거래가 되고 그 이유는 무엇일까? 본 장에서는 투자자들이 증권투자를 위해 널리 이용하고 있는 증권분석의 방법에 대해 살펴본다.

제1절 증권분석의 개요

1. 증권분석의 의의

일반적으로 증권분석이란 증권을 대상으로 하는 투자분석으로 증권의 가치를 결정하는 과정이라고 할 수 있다. 즉, 증권분석(security analysis)은 증권에 관련된 여러 가지 정보를 이용하여 그 증권의 기대수익률과 위험을 평가하고, 그 결과 위험에 비하여 상대적으로 높은 수익을 실현할 수 있는 증권이나 투자방법을 발견하고자 하는 것이다.

증권분석의 목적은 크게 세 가지로 나누어 볼 수 있다. 첫째는 증권시장의 특성을 추정하기 위한 것이다. 투자자는 증권시장의 동향을 파악함으로써 보다 효율적으로 투자를 할 수 있다.

둘째는 과소 또는 과대평가된 증권을 찾기 위한 것이다. 과소 또는 과대평가된 증권은 그 증권의 내재가치(intrinsic value)를 규명한 후 이를 시장가격과 비교하여 찾아낼 수 있다.

셋째로 증권분석은 개별증권 및 시장의 특성을 파악한 후 궁극적으로 이를 이용하여 상대적으로 높은 수익을 얻기 위한 것이다. 모든 투자자들이 이와 같이 증권분석을 통하여 투자를 하게 될 경우 증권시장은 효율적인 시장이 될 수 있다.

2. 증권분석의 기법

증권분석방법에는 크게 두 가지 접근방법이 있다. 첫 번째 방법은 개별증권을 대상으로 그 내재가치를 구하거나 또는 시장가치를 예측하는 방법이다. 두 번째 방법은 포트폴리오 투자를 전제로 포트폴리오에 포함되는 개별증권의 가격 또는 수익률을 평가하는 방법으로 전장에서 살펴보았다. 본 장에서는 개별증권들을 대상으로 하는 개별증권 분석방법에 대해 살펴보기로 한다. 개별증권 분석방법에는 크게 기본적 분석방법과 기술적 분석방법이 있다.

2-1. 기본적 분석

기본적 분석(fundamental analysis)은 증권가격에 영향을 주는 여러 가지 요인들을 분석하여 증권의 내재가치를 구하고 이를 시장가격과 비교함으로써 적절한 투자전략을 선택하는 방법이다. 증권의 내재가치란 그 증권의 본질적 요인에 의해 결정되는 것으로 이론적으로는 증권의 미래이익을 적절한 할인율로 할인한 가치이다.

기본적 분석은 증권의 시장가격이 장기적으로 그 증권의 내재가치에 접근할 것이라는 가정을 기초로 하고 있다. 따라서 증권의 시장가격이 그 증권의 내재가치보다 낮을 경우에는 그 증권을 매입하고, 반대로 증권의 시장가격이 그 증권의 내재가치보다 낮을 경우에는 그 증권을 매각하게 된다.

2-2. 기술적 분석

기술적 분석(technical analysis)이란 과거의 시장동향, 개별종목의 가격동향, 거래량 추이 등을 분석하여 미래의 주가를 예측하고자 하는 방법이다. 기술적 분석에서는 증권의 가격이 단기적으로 기업의 경영성과보다는 오히려 시장동향이나 증권수급에 영향을 주는 투자자들의 심리적 동향에 보다 민감하게 영향을 받는다고 보고 있다. 따라서 기술적 분석의 목적은 단기적인 가격변동을 예측하여 증권의 매입시점 및 매각시점을 찾아내는 데 있다.

한편 기술적 분석방법은 과거의 일정한 패턴이 특정한 결과를 계속적으로 가져왔다면 미래에도 동일한 패턴이 나타나면 동일한 결과가 발생할 것으로 가정하고 있다. 그러나 증권시장이 효율적이라면 이러한 정보는 이미 증권의 가격에 반영되었을 것이므로 과거정보에 의존하는 기술적 분석은 의미가 없게 된다.

제2절 기본적 분석

1. 기본적 분석의 의의

기본적 분석(fundamental analysis)은 증권가격에 영향을 주는 기업 내·외부의 여러 요인들을 분석하여 증권의 내재가치를 규명하려는 방법을 말한다. 기본적 분석은 과소 또는 과대평가된 종목을 식별하기 위하여 증권의 미래현금흐름에 영향을 미치는 경제요인, 산업요인 및 기업요인을 분석한다.

2. 경제분석

경제분석은 미래의 경제상황을 예측하여 이를 투자관리에 활용하기 위한 것이다. 즉, 경제분석은 경제동향 및 경제정책 방향을 파악하고, 이들 요인이 증권가격에 미치는 영향을 분석하는 것이다.

2-1. 경제지표

(1) 경제성장률

경제성장률이란 한 나라의 국민이 1년 동안 생산한 부가가치의 총계인 국민총생산(GNP)이 전년도에 비해 얼마나 증가하였는가를 나타낸다. 경제성장률이 높을 경우에는 생산 및 소득이 증가하게 되고 기업의 매출도 늘어나게 된다. 그러나 경제성장률이 낮을 경우에는 생산 및 소득이 감소하고 기업의 매출 및 이익도 줄어들게 된다. 따라서 경제성장률이 높을 것으로 예상되면 주가는 큰 폭으로 오르지만 경제성장률이 둔화될 것으로 예상되면 주가는 내리게 된다.

(2) 인플레이션

인플레이션이란 전반적이고 지속적인 물가오름세를 말하는 것으로, 우리나라에서는 소비자물가지수 상승률을 많이 사용한다. 일반적으로 물가가 상승하게 되면 제품의 제조원가가 상승하게 되는 반면 소비자의 실질소득은 감소하여 구매력이 떨어지게 되므로 제품에 대한 수요가 줄어들게 된다. 또한 기업은 미래의 불확실성이 증대됨으로써 안정적인 경영을 할 수 없게 되어 주가는 하락하는 것이 일반적이다.

(3) 통화량

통화량(money supply)이란 시중에 유통되고 있는 돈의 양을 말한다. 통화량의 증가는 시중의 유동성을 풍부하게 하고, 이는 주식에 대한 수요를 확대하여 주가 상승을 가져오게 된다. 그러나 통화량이 지나치게 팽창하게 되면 인플레이션 및 금리상승을 유발시킬 수 있기 때문에 주가가 하락할 가능성도 있다.

(4) 이자율

이자율(interest rate)은 기본적으로 자금의 수요와 공급에 따라 결정된다. 그러나 이자율이 경제활동에 미치는 영향이 크기 때문에 정부정책의 영향을 많이 받는다. 일반적으로 이자율이 상승하게 되면 기업의 금융비용 부담이 늘어나 기업의 영업성과가 악화되고, 투자자들의 요구수익률은 상승하게 됨으로써 주가가 하락하게 된다. 또한 이자율이 상승하게 되면 실물투자가 감소하여 미래 이익의 성장률이 줄어들게 됨으로써 주가가 하락하게 된다.

(5) 환 율

환율은 우리나라 통화와 외국통화 간의 교환비율을 말한다. 우리나라는 1979년까지는 고정환율제를 시행하여 왔으나, 1980년 이후부터는 환율이 매일 변동하는 변동환율제를 시행하고 있다. 변동환율제하에서의 환율은 국제수지, 국내외 이자율의 차이, 인플레이션 등 기본적 요인과 외환시장에서의 수요와 공급 등에 의해 결정된다. 일반적으로 환율하락(원화가치 상승)은 수출기업의 가격경쟁력을 약화시켜 수출이 감소하고 수출기업의 주가는 하락하게 된다. 반면 수입상품의 가격하락으로 물가가 안정되고, 외자를 사용하고 있는 기업의 경우 원화표시 외채가 감소하여 상환부담이 줄어들게 된다.

(6) 국제수지

국제수지란 일정기간 중 외국과의 거래결과로 발생한 수입과 지출의 차이를 의미한다. 국제수지는 경상수지, 기초수지, 종합수지로 구분되는데, 외국과의 거래와 관련된 국제수지는 보통 경상수지이다. 경상수지는 다시 상품의 수출과 수입 차이를 나타내는 무역수지와 무역외수지, 그리고 이전수지로 분류된다. 수출의 증가 및 무역외수지의 개선으로 경상수지가 흑자를 기록할 경우 주가는 상승하지만 수출의 감소 및 해외여행 증가 등으로 경상수지가 적자를 기록하게 되면 주가가 하락하게 된다.

2-2. 정부의 경제정책

우리나라 증권시장은 정부가 발표하는 경제정책에 의해 크게 좌우되기 때문에 주가의 동향을 예측하기 위해서는 경제정책의 방향과 그 효과를 이해하고 있어야 한다. 정부의 주요 경제정책 및 그 효과를 살펴보면 다음과 같다.

(1) 재정정책

재정정책은 정부의 세입 및 세출을 조절하여 총수요를 관리하는 정책이다. 예를 들어 정부가 재정적자를 확대하게 되면 세출을 통한 총수요의 확대효과가 조세로 인한 총수요 감소효과보다 크기 때문에 경기부양효과가 있다. 따라서 재정적자의 확대는 대체로 주가상승요인으로 작용하게 된다. 그러나 정부의 재정적자확대는 곧 정부차입의 증가를 의미하므로 시중금리의 상승으로 이어질 경우 주가가 하락할 수 있다.

(2) 금융정책

금융정책은 시중의 통화량을 조절함으로써 금리 등 거시경제요인에 영향을 미치고자 하는 경제정책이다. 통화정책은 적정한 유동성을 확보함으로써 기업 또는 가계가 필요로 하는 자금을 적절하게 공급하고, 시장이자율을 적정한 수준에서 유지하는데 그 목적이 있다. 통화량이 증가하게 되면 단기적으로 시장이자율이 하락하게 되므로 주가상승요인으로 작용하지만 장기적으로는 소비를 자극하여 인플레이션을 유발하게 되고, 이는 명목금리의 상승을 가져와 주가하락요인으로 작용하게 된다.

3. 산업분석

경기변동이 모든 산업에 동일한 영향을 미치는 것은 아니다. 따라서 경제분석을 한 후 경제동향이 특정산업에 미치는 효과를 분석하여야 한다. 산업분석에서는 특정 산업제품의 수명주기(product life cycle)와 산업 내부의 경쟁구조를 분석하는 것이 중요하다.

3-1. 수명주기분석

특정산업의 수익성 및 성장가능성은 그 산업의 주력제품이 제품수명주기(product life cycle)의 어느 단계에 위치하는가에 따라 크게 달라진다. 일반적으로 특정제품의 수명주기는 아래 그림과 같이 5단계로 구분된다.

(1) 도입단계

도입단계에 있는 산업의 특징은 그 산업의 제품에 대한 수요가 급격히 증가하고, 이에 따라 신규기업의 참여도 늘어나기 때문에 기업 간의 경쟁이 치열하게 일어나고 그 결과 기업도산도 많이 발생한다는 점이다. 따라서 도입단계에 있는 산업은 높은 성장이 기대되지만 많은 위험도 수반한다.

그림 5-1 제품수명주기와 경영성과

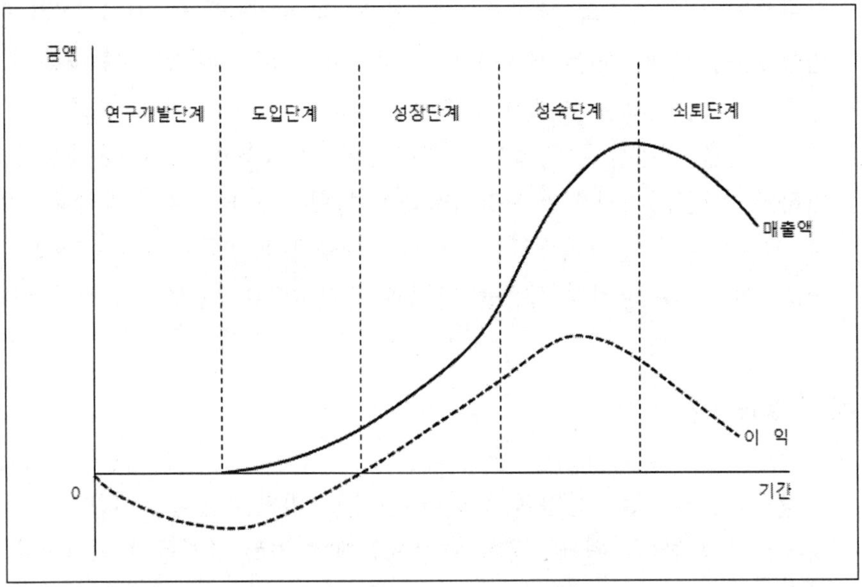

(2) 성장단계

성장단계의 기업은 도입단계에서의 경쟁을 이겨낸 기업들로 구성되어 있으므로 시장점유율 이 증가하고 재무구조가 더욱 건실해진다. 이 시기의 기업 간 경쟁은 어떤 기업이 더 저렴한 가격으로 우수한 제품을 공급하는가 하는 형태로 이루어진다. 성장단계에 있는 기업의 성장률은 도입단계에 비해 떨어지지만 성장성과 안정성의 동시에 확보되기 때문에 훌륭한 투자대상이 된다.

(3) 성숙단계

성숙단계에 접어들면 기업의 성장능력이 떨어지기 때문에 매출액이나 이익의 증가율이 경쟁 산업 또는 경제 전체에 비해 뒤처지게 된다. 성숙단계의 진입은 보통 사회관습의 변화, 기술의 혁신, 수요의 정체현상에 의해 이루어지는데, 이 시기를 잠재적 쇠퇴기라고도 한다. 어떤 산업이 성숙기에 접어든 것으로 인식되면 주가가 하락하게 되므로 투자자는 투자대상을 성장단계에 있는 기업으로 바꿀 필요가 있다.

(4) 쇠퇴단계

쇠퇴단계에는 그 산업의 제품에 대한 수요가 감소하고 새로운 경쟁업체가 등장하여 기업의 이익이 크게 줄어든다. 따라서 쇠퇴단계에 있는 산업에 속한 기업들의 경우 생산라인을 축소하거나 신규 사업에 진출하는 경영전략을 고려하게 된다.

3-2. 산업의 경쟁환경

산업의 성숙과정은 필연적으로 기업의 경쟁환경의 변화를 가져오는데, 포터(M. Porter)[1]는 특정산업의 경쟁환경을 구성하는 요소로 다음의 다섯 가지를 들고 있다.

(1) 진입 가능성

산업에 새로운 기업이 진입하거나 그 가능성이 존재할 경우 기존기업의 이익은 크게 줄어든다.

(2) 기존기업 간 경쟁

동일산업 내에 경쟁기업이 많을수록 경쟁이 치열해지고 기존기업의 이익이 크게 줄어든다.

(3) 대체상품의 압력

대체상품이 개발되면 기존 산업의 성장률이 정체되거나, 쇠퇴하게 된다.

(4) 구매자의 교섭력

소수의 구매자가 제품의 대부분을 구매하게 될 경우에 그 구매자는

---

1) Michael E. Porter. "The Five Competitive Forces that Shape Strategy", *Harvard Business Review*, January 2008, p.86-104.

우월한 교섭력을 행사하게 된다.

(5) 공급자의 교섭력

원재료, 기술 등의 생산요소의 공급을 공급자가 독점하게 될 경우에 그 공급자는 우월한 교섭력을 행사하게 된다.

4. 기업분석

동일한 산업에 속한 기업 중에서도 기업의 제품구성, 자본구조 등의 차이에 따라 산업성과의 변동이 기업의 이익과 성장성에 미치는 영향이 다르다. 그러므로 경제분석과 산업분석에 이어 최종적으로는 기업의 이익흐름과 성장률 등에 관한 기업분석이 이루어져야 한다.

4-1. 기업의 경쟁력 분석

특정산업에 속한 어떤 기업이 경쟁업체와 비교하여 어느 정도 경쟁력이 있는가를 파악하는 것은 미래이익의 예측을 위해 매우 중요하다. 기업의 경쟁력에 대한 분석은 일반적으로 다음 요소들을 고려하여야 한다.

(1) 시장점유율과 고객들의 상표충성심

시장점유율이 높으면 그 제품가격에 대한 기업의 통제력이 크므로 안정적인 현금흐름을 얻을 수 있다. 또한 고객들의 상표충성심이 높은 상품은 비록 시장점유율이 낮더라도 지속적인 현금흐름을 가져다준다.

(2) 기업의 제품구성과 제품의 시장지위

제품의 수익성과 성장가능성을 예측하기 위해 제품의 시장지위에 대한 평가가 필요하다. 제품의 시장지위를 평가하기 위해 이용할 수 있는 방법 중의 하나가 시장점유율과 시장성장률에 의해 기업이 생산하는 제품의 위치를 분석하는 방법이다.

(3) 지식 및 기술의 우위성

지식사회에서 기업의 성장에 가장 핵심적인 요소는 지식과 기술수준이라고 할 수 있다. 그러나 현실적으로 기업의 지식 및 기술수준을 파악하는 것은 힘들기 때문에 기업의 R&D 지출, 연구 인력의 능력, 평판과 실적 등을 평가하여 지식 및 기술수준을 파악한다.

(4) 경영자의 능력

기업의 경영성과는 경영자의 능력에 크게 좌우된다. 따라서 경영자의 경영능력을 평가하여야 한다. 경영자의 경영능력은 구체적으로 경쟁력 유지능력, 수익성 유지능력, 자금조달능력, 연구개발 능력, 변화에 대한 대처능력 등 다양한 측면에서 평가될 수 있다.

4-2. 재무분석

기업이 현재 어떤 상황에서 어떻게 운용되고 있는지, 그리고 향후의 환경변화에 대해 어느 정도 대응능력을 갖추고 있는지 등을 종합적으로 판단하기 위해 사용되는 기업경영분석기법이 재무분석(financial analysis)이다.

재무분석은 주로 재무상태표, 손익계산서, 그리고 현금흐름표 등의 재무제표를 기초로 기업의 수익성, 성장성, 안정성 등을 분석한다.

(1) 수익성 비율

수익성 비율(profitability ratio)은 기업의 수익창출능력을 나타내는 비율로서, 기업 활동의 결과를 집약한 경영성과를 측정하는 재무비율이다. 매출액 관련 수익성 비율은 손익계산서상의 각 항목들을 매출액에 대한 백분율로 표시함으로써 특정 수익, 비용항목과 매출액 사이의 관계를 평가하는 것으로서 매출액총이익률, 매출액 영업이익률, 매출액순이익률 등이 있으며, 기업의 수익창출활동을 위해 사용된 투자자금에 대한 수익성 척도로써는 총자본이익률(ROA)과 자기자본 이익률(ROE)이 있다.

(2) 성장성 비율

성장성 비율(growth ratio)은 일정 기간 동안 기업의 경영규모 및 경영성과가 얼마나 증가되었는가를 나타내는 비율로, 재무제표 각 항목에 대한 일정기간 동안의 증가율로 측정한다. 특정기업의 외형이나 자산규모의 성장률이 동일 산업 내의 다른 기업보다 높다는 것은 그만큼 경쟁력이 강하다는 것을 말한다. 성장성 비율은 총자산증가율, 자기자본증가율, 매출액증가율 등이 있다.

(3) 안전성 비율

안전성 비율(safety ratio)은 기업이 어느 정도 타인자본에 의존하고 있으며, 조달된 자본이 기업의 자산에 얼마나 적절히 배분되고 있는가를 나타내는 비율로서 레버리지 비율(leverage ratio)이라고도 한다. 안정성 비율에는 기업의 유동성과 관련된 유동비율, 당좌비율, 기업의 부채의존도를 나타내는 부채비율, 자기자본비율, 자본조달의 안정성을 나타내는 고정비율 등이 있다.

재무분석에 주로 사용되는 재무비율들을 요약하면 <표 5-1>과 같다.

표 5-1 주요 재무비율

구 분	비 율	산 식
안정성 비율	유동비율 당좌비율 부채비율 고정비율	유동자산/유동부채 당좌자산/유동부채 타인자본/자기자본 고정자본/자기자본
수익성 비율	매출액총이익률 매출액순이익률 총자산순이익률 자기자본순이익률	매출총이익/매출액 당기순이익/매출액 당기순이익/총자산(총자본) 당기순이익/자기자본
성장성 비율	매출액증가율 순이익증가율 총자산증가율	(당기매출액 − 전기매출액)/전기매출액 (당기순이익 − 전기순이익)/전기순이익 (당기말총자산 − 전기말총자산)/전기말총자산
시장가치 비율	주가수익비율 시장가치 대 장부가치비율	주당가격/주당순이익 주당 시장가치/주당 장부가치

제3절 기술적 분석

1. 기술적 분석의 의의

기본적 분석(fundamental analysis)은 증권가격에 영향을 주는 기업 내·외부의 여러 요인들을 분석하여 증권의 내재가치를 규명하려는 방법을 말한다. 그러나 기술적 분석(technical analysis)은 주가는 시장에서 그 수요와 공급에 의해 결정되고, 이러한 가격의 변동은 일정한 패턴을 갖고 움직이기 때문에 이러한 패턴을 찾아내어 주가의 변동을 예측하는 분석방법이다. 따라서 기술적 분석은 다음과 같은 몇 가지 가정을 기초로 이루어진다.

첫째, 주가는 그 주식의 수요와 공급에 의해서 결정된다.

둘째, 주가는 지속적인 추세에 따라 상당기간 동안 움직이는 경향이 있다.

셋째, 추세의 변화는 수요와 공급의 변동에 의해 일어난다.

넷째, 이러한 수요와 공급의 변동은 도표로 나타낼 수 있다.

다섯째, 도표에 나타나는 주가패턴은 반복하는 경향이 있다.

2. 기술적 분석의 이론

2-1. 다우이론

기술적 분석의 효시는 다우이론(Dow theory)에서 찾아볼 수 있다. 다우이론은 미국의 월 스트리트 저널(The Wall Street Journal)의 편집장이었던 다우(Dow)가 정립한 이론으로서, 이 이론에 의하면 증권시장의 주가는 다음과 같은 세 가지 유형으로 구분할 수 있다.

첫째는 일일변동(daily fluctuation)이다. 일일변동은 매일 매일의 단기적인 변동으로서 이러한 단기적 변동은 그 움직임이 매우 불규칙하므로 다우이론에서는 거의 분석의 가치가 없다고 본다.

둘째는 중간변동(intermediate movement)이다. 중간변동은 보통 몇 주 내지 몇 개월간에 걸쳐 계속되는 주가의 움직임으로서 2차변동(secondary movement)이라고도 한다. 다우이론에서는 이러한 2차변동의 움직임을 관찰하여 어떤 주변동에서 다른 주변동으로 전환되는 시기를 알리는 신호를 포착하고자 한다.

셋째는 주변동(primary trend)이다. 주변동이란 수년 이상 계속되는 주가의 장기적인 추세를 말한다.

그림 5-2 다우이론

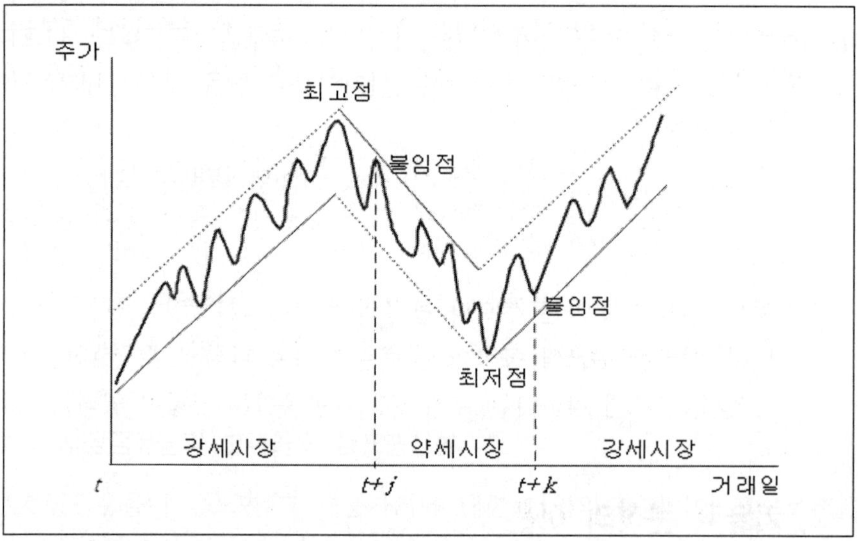

[그림 5-2]는 다우이론을 설명하기 위해 주가의 주변동 및 중간변동을 표시한 선도표이다. 위 그림에서 주가의 주변동은 t 시점부터 $t+j$ 시점 이전의 최고점에 이르기까지 상승추세를 나타내다가 $t+j$ 시점을 지나면서 하락추세를 나타내기 시작하여 $t+k$ 시점 이전의 최저점에 이르기까지 이러한 추세가 계속된다.

다우이론에서 이러한 주변동의 전환을 알려주는 신호는 [그림 5-2]에 표시된 불임점(abortive point)이다. 주변동이 상승추세에서 하락추세로 전환되는 경우에 나타나는 불임점은 2차변동의 최고점이 선행하는 최고점보다 낮은 때를 가리키고, 반대로 주변동이 하락추세에서 상승추세로 전환되는 경우의 불임점은 2차변동의 최저점이 선행하는 최저점보다 높은 때를 가리킨다.

한편 증권시장에서 주가가 장기적인 상승추세에 있을 때 이를 강세시장(bull market)이라고 하고, 장기적인 하락추세에 있을 때 이를 약세시장(bear market)이라고 부른다. 다우이론에 의하면 강세시장과 약세시장은 다음과 같은 세 가지 국면을 계속하게 된다고 한다.

(1) 강세시장의 3국면

① 제1국면(매집국면) : 강세시장의 초기단계는 경제 및 시장여건은 물론 기업 환경이 회복되지 못하여 장래에 대한 전망이 어둡다. 이에 실망을 느낀 대다수의 투자자들은 오랫동안 지속된 약세시장에 지쳐서 보유주식을 매도해 버리고자 하는 반면, 소수 투자자만이 현재의 침체국면이 조만간 안정될 것이란 것을 예측하고 다수 투자자로부터 주식을 매입하려고 한다. 따라서 거래량이 점차 증가하게 되는데, 이러한 시장내부의 변화과정을 매집국면이라고도 한다.

② 제2국면(마크업 국면) : 전반적인 경제여건 및 기업의 영업수익이 호전됨으로써 일반투자자의 관심이 고조되어 주가가 상승하고 거래량도 증가하게 된다. 이러한 국면을 마크업 국면(mark-up phase)이라고 하는데, 이 국면에서 기술적 분석에 따라 투자를 하는 사람들이 많은 투자수익을 얻게 된다.

③ 제3국면(과열국면) : 전체경제 및 기업수익에 관한 각종 통계 숫자가 극히 호조를 보이고, 신주발행도 급격히 증가하며, 신문이나 방송 등에서 증권시장에 관한 내용이 톱뉴스로 부상할 만큼 증권시장이 과열되는 시기이다. 따라서 이 국면을 과열국면이라고도 부른다. 보통 일반투자자나 주식투자의 경험이 없는 사람들이 계속 망설이다가 이 단계에서 확신을 가지고 적극 매입에 나서기 때문에 장세는 과열되지만 흔히 손해를 보기 쉽다.

(2) 약세시장의 3국면

① 제1국면(분산국면) : 시장이 지나치게 과열된 것을 감지한 전문투자자들이 투자수익을 취한 후 빠져나가는 단계로서, 이 단계에서는 주가가 조금만 하락하여도 거래량이 증가하는 양상을 보이므로 이를 분산국면이라고도 한다.

② 제2국면(공황국면) : 경제 및 기업수익에 관한 통계 숫자가 저조하게 나타나기 시작한다. 이에 따라 주식을 매도하려는 일반투자자들의 마음이 조급해지는 반면 주식의 매입세력이 상대적으로 크게 위축되어 주가는 거의 수직적으로 하락하며 거래량도 급격히 감소하게 되는데, 이러한 상태를 공황국면이라고도 한다.

③ 제3국면(침체국면) : 공황국면에서 미처 처분하지 못한 일반투자자들의 실망매물이 출회되며 투매현상이 나타난다. 이에 따라 주가는 계속 하락하지만 시간이 경과할수록 주가의 낙폭은 줄어든다. 주가는 계속 하락하고 기업의 수익성이 악화되고 있다는 등 좋지 못한 정보가 주식시장에 퍼져 있기 때문에 이를 침체국면이라고도 한다.

이와 같이 다우이론은 주가가 어떤 관성을 가지고 움직이고 있다고 생각하고, 이러한 주가의 장기적 추세를 포착하고자 하는 것이다. 그러나 다우이론은 시장의 흐름을 이해하는 데는 도움이 되지만 실제의 투자에 적용하는 데는 한계가 있다.

첫째, 다우이론은 과거의 주가의 행태만을 토대로 주가변동의 추이를 예측하는 것으로 이론적인 근거가 없다.

둘째, 주변동과 중간변동을 명확하게 구분하기가 어렵다. 즉 분석자의 능력과 경험에 따라 해석이 달라질 수 있다.

셋째, 추세반전을 확인할 수 있다고 하더라도 주가는 수시로 변동하기 때문에 예측을 하고 난 후의 시점에서 이미 다른 변동이 시작될 수 있다.

셋째, 증권투자에 따르는 위험을 전혀 고려하지 않고 있기 때문에 분산투자의 여부 및 그 방법에 관한 정보를 전혀 제공하지 못한다.

2-2. 엘리엇 파동이론

엘리엇(Eliot)은 장기간의 주가흐름을 도표로 나타내어 분석한 결과 주가의 변동은 일정한 법칙 하에 반복적으로 움직인다는 사실을 발견했다. 그가 발견한 가격변동의 법칙은 시장의 가격이 일정한 리듬으로 반복되는데 이러한 리듬은 상승국면의 5개 파동과 하락국면의 3개 파동으로 구성된다는 것이다.

이 이론에 따르면 한 번의 가격 움직임에는 모두 8번의 상하파동이 존재한다. 5개의 상승국면의 파동은 다시 3번의 상승파동과 2번의 조정파동으로 구성되며, 3개의 하락국면의 파동은 다시 2번의 하락파동과 1번의 조정파동으로 구성된다.

그림 5-3 엘리엇 파동이론

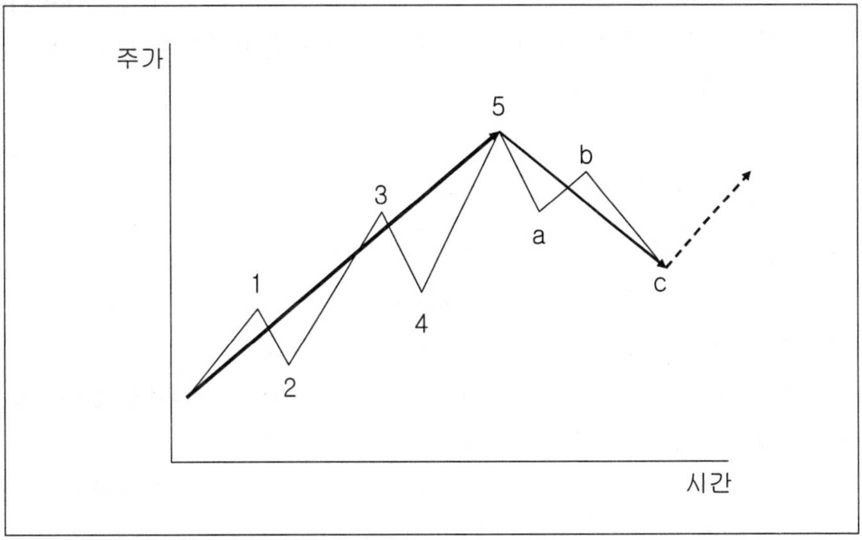

[그림 5-3]에서 주가의 상승국면은 모두 5개의 파동으로 이루어지는데, 1번, 3번, 5번 파동은 상승파동이며 2번, 4번 파동은 조정파동이다. 반면에 주가의 하락국면은 3개의 파동으로 이루어지는데 이 중에서 a, c 파동은 하락파동이며 b 파동은 조정파동이다.

한편, 장기적으로 보면 5번의 상승국면 파동을 1개의 상승파동으로 볼 수 있고, 3개의 하락국면 파동을 1개의 하락파동으로 볼 수 있다. 그리고 이러한 5개의 상승파동과 3개의 하락파동이 보다 큰 주기의 파동을 구성하게 된다. 엘리엇은 이와 같이 파동의 등급을 단지 몇 시간 만에 완성되는 초미세순환으로부터 200년 이상의 기간에 형성되는 초대형순환에 모두 9단계로 구분하고 있는데, 투자자는 이러한 순환변동을 파악함으로써 미래의 주가를 예측할 수 있다고 주장한다.

3. 도표분석

다우이론이 소개된 후 여러 가지 기술적 분석의 기법들이 개발되었다. 이러한 기술적 분석의 기법들은 주로 도표(chart)를 이용하여 평균수익률 이상의 초과수익(abnormal return)을 실현할 수 있는 투자기법을 찾아내는데 그 목적이 있다. 도표를 이용한 기술적 분석기법에는 크게 추세분석과 패턴분석이 있다.

3-1. 도표의 종류

기술적 분석에서 주로 이용되는 도표는 선도표, 봉도표, 점수도표 등이 있다. 선도표(line chart)는 시간에 따라 변화하는 주가를 선으로 연결하여 주가변동의 추이를 나타낸 것이다. 예를 들면 개별주식의 종가나 주가지수를 선으로 연결하여 시장추세를 나타낸다. 봉도표(bar chart)는 일정기간 동안의 주가변동이나 거래량을 수직 막대모양으로 표시한 것이다. 봉도표에는 미국식 도표와 일본식 도표가 있는데, 미국식 도표는 일중 주가 가운데 고가, 저가, 종가만을 표시한다. 반면 일본식 도표는 시가, 고가, 저가, 종가의 네 가지 주가를 모두 표시한다.

점수도표(point and figure chart)는 주가변화를 그대로 나타내는 것이 아니라 미리 일정한 변동폭을 정해놓고 주가가 그 이상 변동할 때마다 일정한 기호로서 가격변동의 방향과 크기를 표시하는 방법이다. 점수도표는 다른 도표와는 달리 주가의 변동추세의 전환점을 확인하는데 주안

점을 둔 방법이다. [그림 5-4]는 2013년 2월 15일을 기준으로 작성된 주가지수(KOSPI)의 봉도표이다.

그림 5-4 주가지수 도표

자료 : 네이버 금융(http://finance.naver.com)

3-2. 추세분석

추세분석(trend analysis)은 주가가 일정 기간 동안 일정한 방향으로 움직이는 성질을 이용하여 일정한 추세선을 도출하고 이 추세선을 이용하여 매매시점을 파악하고자 하는 기법이다. 추세선은 주식시장의 동향을 나타내는 선으로 특정 종목의 주가나 주가지수의 저점이나 고점을 연결하여 구한다. 따라서 추세선을 도출하기 위해서는 2개 이상의 저점이나 고점들이 필요하다. 상승추세선은 두 개의 저점을 연결한 선이 상승하는 것으로 상승장에서 지지선의 역할을 한다. 하락추세선은 두 개의 고점을 연결한 선이 하락하는 것으로 하락장에서 저항선으로 작용한다.

3-3. 패턴분석

기술적 분석은 주가의 변화를 여러 가지 도표의 형태로 작성하고 이러한 도표를 이용하여 주가변동의 추세 또는 경향을 파악하고자 하는 것이다. 이와 같이 주가의 변화를 도표로 나타내면 주가변동은 일정한 패턴을 지니게 되는데, 이러한 주가변동의 패턴을 분석해서 주가가 오를 것인지 또는 내릴 것인지 판단하는 방법을 패턴분석(pattern analysis)이라고 한다.

그림 5-5 주가변동패턴

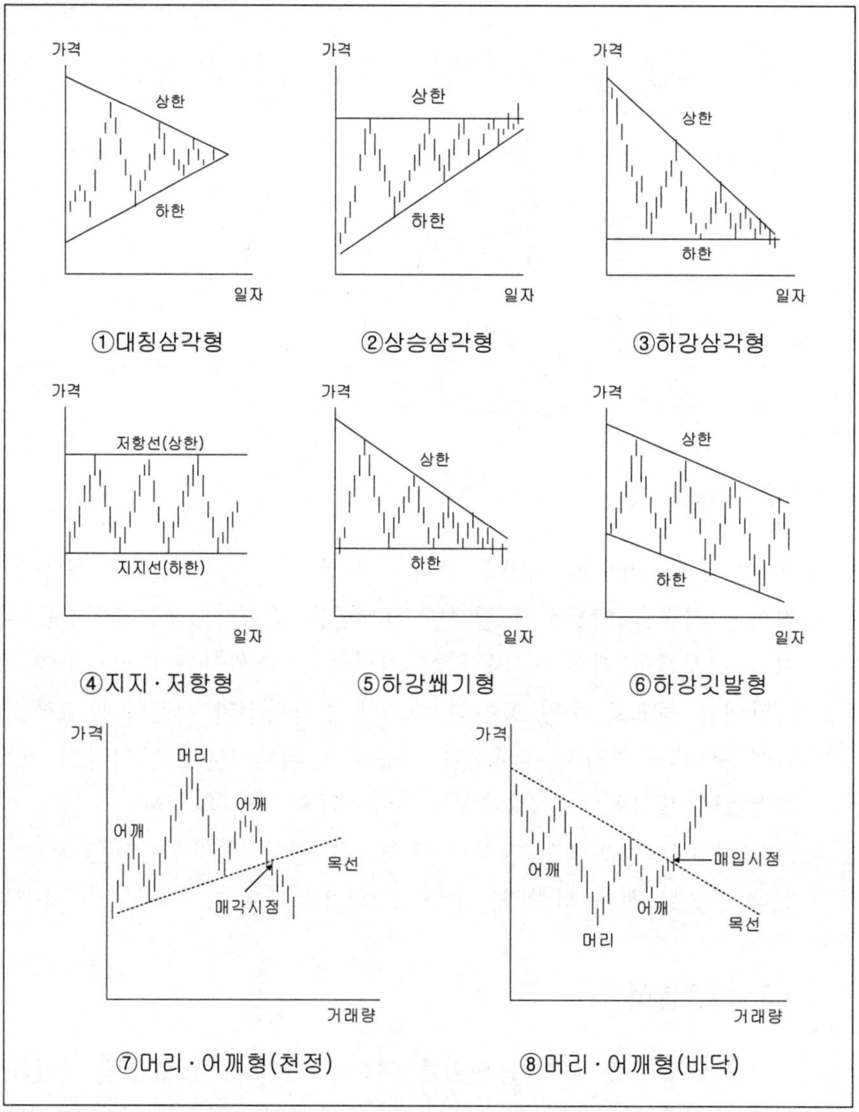

[그림 5-5]는 주가변동패턴의 몇 가지 대표적인 유형을 예시한 것이다. 이러한 패턴 중에서 주가가 상승할 것으로 예상되는 강세패턴은 ①대칭삼각형, ②상승삼각형, ⑧머리·어깨형 등이다. 반대로 주가가 하락할 것이라고 예상되는 약세패턴은 ③하강삼각형, ⑤하강쐐기형, ⑥하강깃발형, ⑦머리·어깨형 등이다. 그리고 ④지지·저항형은 보합상태를 나타내는 패턴이다.

한편 이러한 강세패턴이나 약세패턴은 그 패턴의 형상이 서로 바뀌어져 나타나는 경우 강세패턴은 약세패턴이 되고 약세패턴은 강세패턴이 된다. 즉 [그림 5-5]에서도 ②상승삼각형과 ③하강삼각형, ⑦머리·어깨형과 ⑧머리·어깨형은그 패턴이 서로 바뀌어 나타난 것이라고 할 수 있다.

한편 도표분석이 갖고 있는 문제점은 이러한 여러 가지 도표를 어떻게 해석할 것인가 하는 것이다. 도표는 사후적으로 볼 때 약세시장과 강세시장을 분명히 구분할 수 있지만 도표를 가지고 미래의 가격동향을 예측할 때는 서로 다른 해석이 언제나 가능하다. 이는 기술적 분석이 체계적인 논리에 의하여 이루어지는 것이 아니라 분석가의 경험과 직관에 크게 의존하고 있기 때문이라고 할 수 있다.

4. 시장지표분석

시장지표분석은 시장 전체의 주가 움직임의 방향을 측정하기 위한 분석방법으로 시장 전체의 움직임이 개별주가에 조직적으로 영향을 미치기 때문에 개별주식에 대한 기술적 분석보다 먼저 이루어지는 것이 좋다. 어떤 종목의 현재 주가가 그 내재가치보다 크게 낮다고 하더라도 시장이 전체적으로 침체되어 있으면 주가상승은 기대하기가 어렵기 때문이다.

4-1. 등락지표

등락지표로는 보통 A-D선(advance-decline line: ADL)을 이용한다. A-D

선은 시장의 내부 세력을 측정하는데 가장 널리 이용되는 분석수단으로서 등락주선이라고도 하는데, 가령 주가지수가 상승하더라도 A-D선이 하락한다면 시장 내부세력이 약화되고 있다는 것을 의미한다. 반대로 주가지수가 하락하더라도 A-D선이 상승한다면 시장 내부세력이 강화되고 있다는 것을 의미한다.

A-D선은 일정 기준일 이후부터 전일의 종가에 비해 오른 종목 수에서 내린 종목 수를 뺀 것을 매일 누계하고, 그것을 선으로 이어서 작성한다. <표 5-2> 및 [그림 5-6]은 사례를 통해 시장의 폭을 계산하고 이를 이용하여 등락주선을 작성한 것이다. 예를 들어 2013년 4월 8일의 거래에서 485개 종목의 주가가 상승하고 279개 종목이 하락하였으며 나머지 종목의 주가 변화는 없었다면 첫날의 시장의 폭은 206이 된다. 다음날 상승종목이 522개이고 하락종목이 234개이면 순상승종목이 288개가 되어 시장의 폭은 206에 288을 더한 494가 된다.

표 5-2 시장의 폭 계산

일 자	상승종목 수(A)	하락종목 수(B)	(A－B)	시장의 폭
4월 8일	485	279	206	206
9일	522	234	288	494
10일	343	450	－107	387
11일	287	512	－225	162
12일	240	535	－295	－133
15일	215	558	－343	－476
16일	421	357	64	－412

한편 <표 5-2>와 같이 계산된 시장의 폭을 도표로 나타낸 것이 [그림 5-6]의 등락주선이다. 이 선이 0보다 위에 있는지 또는 밑에 있는지는 의미가 없고, 이 선의 방향이 아래로 향하면 약세시장의 시작을 의미하고 위로 향하면 강세시장의 시작을 의미하는 것으로 해석된다. 이는 등락주선이 주가지수의 선행지표이기 때문에 일부 종목을 표본으로 계산된 주가지수보다 주식시장 전체를 대상으로 한 등락선이 시장을 더욱 잘 반영한다는 것이다.

그림 5-6 등락주선(ADL)

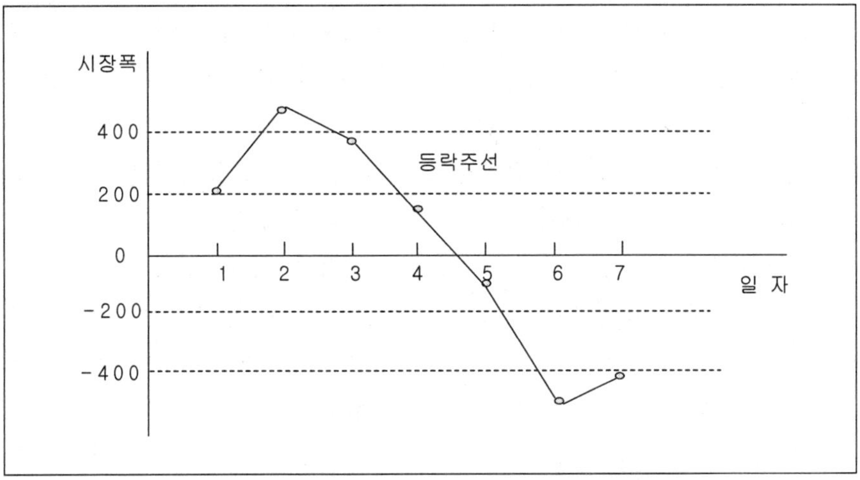

4-2. 투자심리선

주식에 대한 수요와 공급은 투자자의 심리에 의하여 영향을 받는다. 즉 주식시장은 투자자의 투자심리 변화에 따라 과열이 되거나 또는 침체를 보일 수 있다. 투자심리선은 투자자들의 심리변화를 일정기간 동안 파악하여 시장이 과열상태인지 또는 침체상태인지를 파악하는 지표이다.

투자심리선은 최근 10일 또는 12일의 기간에 주가 또는 주가지수가 전일보다 상승한 날의 비율을 말한다.

$$\text{투자심리선} = \frac{\text{최근 10일(또는 12일)간의 주가상승일수}}{\text{10(또는 12)}} \times 100(\%)$$

투자심리선은 50%를 기준으로 투자심리선이 25% 이하이면 주식시장이 침체상태에 있음을 나타내고, 75% 이상이면 과열상태를 나타낸다. 한편 투자심리선을 이용한 투자전략은 투자심리도가 25% 이하이면 주식을 매입하고, 75% 이상이면 매도하는 전략이 바람직하다.

4-3. 상대적 강도

주식시장에서 주가의 움직임을 살펴보면 어떤 주식은 시장의 움직임이나 경제상황의 변화에 대하여 민감한데 비하여, 다른 주식은 그렇지 못한 경우가 있다. 예를 들면 우리나라 주식시장에서 경제상황이나 시장의 변화에 민감하게 반응을 보이는 주식은 건설업이나 전기·전자업에 속하는 기업의 주식이고, 비교적 민감하지 않은 반응을 보이는 주식은 식·음료업이나 은행업 등에 속하는 기업의 주식들이다.

이와 같이 개별주식의 가격이 시장 전체의 움직임이나 경제동향 등에 대하여 민감하게 움직이는 정도를 상대적 강도(relative strength)라고 한다. 상대적 강도는 시장 전반적인 변화와 특정 개별주식의 가격변화와의 관계를 말하는데, 이 관계는 일정기간 동안의 종합주가지수를 이용하여 계산한 시장의 전반적인 수익률과 같은 기간 동안의 개별주식의 수익률을 비교하여 구한다.

표 5-3 상대적 강도계산

일 자	A주식 수익률(a)	종합주가지수 수익률(b)	상대적 강도(a/b)
4. 1. ~ 4. 30.	8%	2%	4.0
5. 1. ~ 5. 30.	12%	5%	2.4
6. 1. ~ 6. 30.	−10%	−4%	2.5
7. 1. ~ 7. 30.	6%	4%	1.5

$$\text{평균 상대적 강도} = \frac{4.0 + 2.4 + 2.5 + 1.5}{4} = 2.6$$

<표 5-3>에서 A주식의 평균 상대적 강도는 2.6이다. 즉, A주식의 경우 주가가 상승할 때는 평균적으로 시장 전반적인 상승률보다 2.6배 상승하고, 마찬가지로 주가가 하락할 때는 시장 전반적인 하락률보다 2.6배 하락한다는 것이다. 이러한 개별주식의 상대적 강도는 장기간에 걸쳐서 변하지 않는 경향이 있다. 따라서 시장 전반적인 움직임에 대한 예측을

바탕으로 개별주식의 상대적 강도를 사용하여 그 주식의 가격을 예측할 수 있다.

상대적 강도의 개념은 자본자산가격결정모형(CAPM)에서의 체계적 위험 β와 유사한 의미를 갖고 있다. 즉 상대적 강도가 큰 주식은 그만큼 큰 위험을 내포하고 있다고 할 수 있다.

4-4. 이동평균선

이동평균선을 이용한 분석방법은 주가의 연속적인 변동과정에서 불규칙적인 변동을 제거함으로써 시장전체의 방향 전환을 객관적으로 파악하기 위한 것이다. 여기서 이동평균선(moving average line)이란 일정 기간 동안의 주가를 단순 평균하여 연결시킨 선으로, 매일매일 가장 최근의 날짜가 추가되고 최초의 날짜가 제외되게 된다. 예컨대 200일 이동평균은 가장 최근의 200일 동안에 이루어진 주식의 가격 또는 지수의 평균을 말한다.

[그림 5-7]은 이동평균선을 예시한 것으로 실선으로 표시된 것이 실제 주가의 변동이고, 점선으로 표시된 것이 이동평균선이다.

그림 5-7 이동평균선

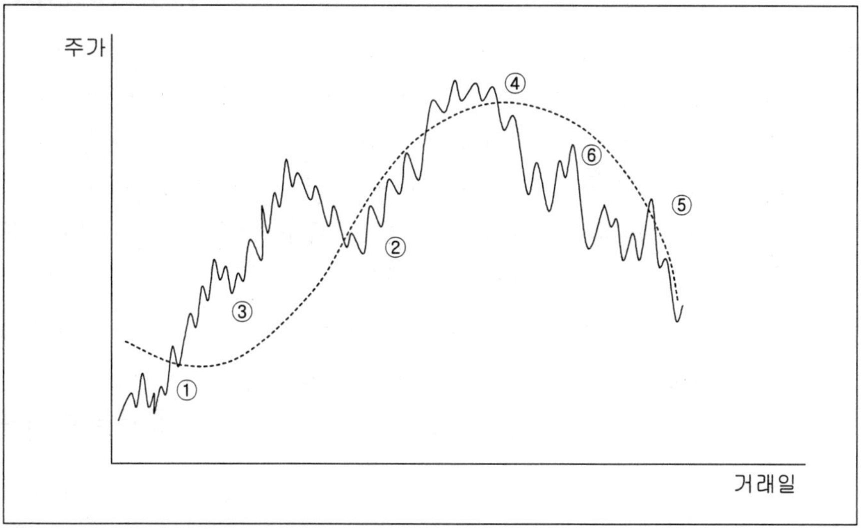

[그림 5-7]에서 주식의 매입신호로 간주되는 경우는 ①이동평균선이 하락한 뒤에 보합이나 상승국면으로 진입할 때에 주가가 그 이동평균선을 상향 돌파하는 경우, ②이동평균선이 상승하고 있을 때 주가가 이동평균선의 아래로 하락하는 경우, ③주가가 이동평균선 위에서 급격히 하락하다가 이동평균선 부근에서 반등하는 경우 등이다.

반대로 주식의 매각신호로 간주되는 경우는 ④이동평균선이 상승한 후 보합 또는 하락국면에서 주가가 이동평균선을 하향 돌파하는 경우, ⑤이동평균선이 하락시 주가가 이동평균선 위로 상승하는 경우, ⑥주가가 이동평균선의 아래에서 상승세를 보이다가 상향 돌파를 하지 못하고 다시 하락하는 경우 등이다.

이와 같이 이동평균분석은 주가와 이동평균선의 관계를 통하여 매매시점을 포착할 수 있을 뿐만 아니라 장·단기 이동평균선의 특성을 종합적으로 분석함으로써 주식시장 시세의 흐름을 파악하여 매매시점의 결정에 활용할 수 있다.

한편, 이격도란 한 시점에서의 주가와 이동평균선과의 차이를 말하는 것으로서, 투자시점을 신속히 포착하기 위한 방법으로 사용된다.

$$\text{이격도} = \frac{\text{당일의 주가}}{\text{당일의 이동평균주가}} \times 100(\%)$$

일반적으로 이격도가 100% 이상이면 당일의 주가가 이동평균선보다 위에 있음을 나타내고, 반대로 100% 이하이면 주가가 이동평균선 아래에 있는 상태를 말한다. 대체로 75일 이동평균이격도가 110% 이상이면 상승국면으로, 그리고 98% 이하이면 하강국면으로 판단된다. 한편 25일 이동평균이격도의 경우에는 106% 이상이면 상승국면으로, 92% 이하이면 하락국면으로 판단된다.

이격도를 이용하여 투자시점을 결정하는 근거는 주가는 이동평균수준으로 회귀하려는 경향이 있으므로 주가가 이동평균주가와 크게 차이가 나면 상승 또는 하락의 조정운동이 일어날 가능성이 높다는 데 있다.

5. 거래량 분석

주식의 가격은 그 주식의 수요와 공급에 의해 결정된다. 따라서 주식의 거래량을 분석하면 주식시장 전체나 특정 주식의 가격의 추세를 예측할 수 있다. 일반적으로 주식시장에서 거래량은 주가에 선행하는 것으로 알려져 있는데, 투자자들은 거래량의 움직임을 관찰하여 미래주가를 예측하려고 한다.

거래량을 이용한 미래의 시장전망이나 개별주가의 동향을 예측하는 방법으로 OBV를 이용하는 방법이 널리 이용되고 있는데, OBV(on balance volume)란 주가가 상승한 날의 거래량누계와 하락한 날의 거래량누계의 차를 말한다.

표 5-4 OBV 계산

일 자	주가지수	거래량	OBV
1일째	965	100	100
2일째	980	120	220
3일째	1,000	130	350
4일째	985	100	250
5일째	990	180	430
6일째	970	120	280
7일째	1,000	100	380
8일째	960	230	200

<표 5-4>는 OBV를 구하기 위한 예이다. OBV를 계산하기 시작한 날을 제1일이라고 하고, 이 날의 주가지수가 전일에 비해 상승하였다고 하면 OBV는 100이 된다. 2일째와 3일째도 주가지수가 상승하였으므로 상승한 날의 누적거래량은 각각 220과 350이 된다. 그러나 4일째는 주가지수가 하락하였으므로 이 날의 거래량을 3일째까지 계산된 누적적 거래량에서 빼면 250이 된다. 이와 같이 매일 매일 계산된 OBV를 선으로 연결한 것이 OBV선이다. OBV선을 이용하여 매매신호를 포착하는 방법은 [그림 5-8]과 같다.

① OBV선이 이전의 고점을 상회할 때는 주가가 상승할 신호이다(A점).
② OBV선이 이전의 저점을 하회할 때는 주가가 하락할 신호이다(B점).

이와 같은 방법으로 [그림 5-8]에서 매매신호를 찾아보면 A점에서 OBV가 이전의 고점을 상회하고 있으므로 상승신호를 나타내며, B점에서 OBV가 이전의 저점을 하회하므로 하락신호를 나타낸다.

그림 5-8 OBV선

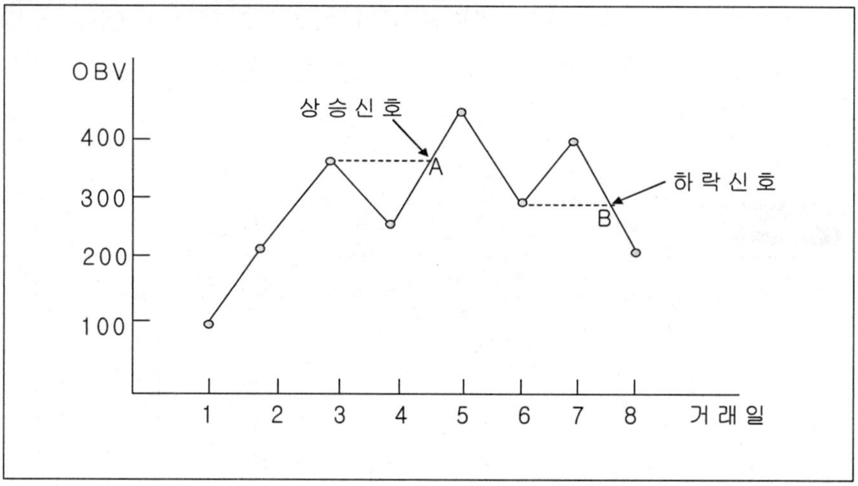

6. 기타 기술적 분석방법

6-1. 신뢰도지수

신뢰도지수(confidence index : CI)는 신용등급이 낮은 채권의 수익률과 신용등급이 높은 채권의 수익률의 비율을 말한다.

$$신뢰도지수 = \frac{Aaa\,채권의\,평균수익률}{Baa\,채권의\,평균수익률}$$

위의 신뢰도지수는 신용등급을 기준으로 하위채권의 수익률이 상위채권의 수익률보다 높기 때문에 항상 1보다 작다. 이 지수를 사용하여 미래 주식시장의 동향을 예측할 수 있는 이유는 다음과 같다.

앞으로 경기가 좋아질 것으로 예상되면 신용등급이 낮은 기업의 파산이나 채무불이행 위험이 줄어들고, 그 기업에서 발행한 채권의 수익률은 그만큼 낮아진다. 따라서 신용등급이 높은 채권의 수익률과 신용등급이 낮은 채권의 수익률 스프레드(yield spread)가 좁혀진다. 반대로 앞으로 경기가 침체될 것으로 예상되면 신용등급이 낮은 채권의 수익률이 높아져서 신용등급이 높은 채권의 수익률과의 차이가 커지게 된다.

한편 이러한 채권의 거래는 주로 전문투자기관에 의해 이루어지기 때문에 채권수익률의 변화에는 전문투자자의 의견이 반영된다. 따라서 신용등급이 다른 두 채권의 수익률의 차이가 좁혀진다는 것은 전문가들이 경기가 호전될 것으로 예상하기 때문이며, 신용등급이 다른 두 채권의 수익률의 차이가 커진다는 것은 경기가 침체될 것으로 예상하기 때문이라는 것이다.

미국의 기술적 분석가들은 신뢰도지수가 실물경제를 2~11개월 정도 선행한다고 믿고 있다. 그러나 주식시장이 효율적이라면 주가는 경기변동을 미리 반영하게 되고 이 경우 신뢰도지수는 주식시장 예측에 도움이 되지 못한다.

6-2. 단주이론

단주(odd-lot)란 증권거래소에서 정한 매매수량단위에 미달하는 주식으로서, 한국거래소(KRX)에서는 10주 미만을 단주로 정하고 있다. 이러한 단주는 주로 장외시장에서 거래되는데, 주로 한정된 자금을 가진 소액투자자에 의해 이루어진다.

단주이론은 일종의 반대의견의 이론(theory of contrary opinion)으로서 단주거래의 동향으로부터 시장가격의 변화를 예측할 수 있다는 이론이다. 즉 단주를 거래하는 소액투자자의 시장에 대한 예측은 그릇된 경우가 많으므로 이들이 투자하는 방향과 반대로 투자하면 된다는 것이다. 예를 들면 소액투자자들이 주식을 사기 시작하면 이는 강세시장의 끝을 의미하므로 반대로 팔고, 이들이 주식을 팔기 시작하면 이는 약세시장의 끝을 의미하므로 사는 전략이다. 단주이론은 소액투자자들이 항상 그릇된 판단을 함으로써 손해만 보게 된다는 가정에 기초하고 있으나 이러한 이론은 이론적인 타당성이 없으며, 또한 항상 적용할 수 있는 이론이라고 보기 어렵다.

7. 기술적 분석의 한계

기술적 분석은 그 방법이 간단하고 이해하기 쉽기 때문에 실무적으로 많이 이용되고 있다. 그러나 기술적 분석은 다음과 같은 단점을 내포하고 있다.

첫째, 기술적 분석은 과거 주가행태가 반복된다는 가정을 토대로 일정한 주가변동추이를 찾아내고 이를 이용하여 미래의 주가를 예측할 수 있다고 설명한다. 그러나 주가형성에 영향을 미치는 경제상황이나 투자들의 심리 등은 반복적일 수 없기 때문에 주가형태가 반복된다는 기술적 분석의 가정은 비현실적이다.

둘째, 동일한 주가행태를 분석하더라도 분석자에 따라 주가변화의 시발점에 대한 해석이 달라질 수 있다는 것이다.

셋째, 기술적 분석은 주식의 내재가치를 측정하기보다 단지 시장의 변동 그 자체에만 관심을 갖고 투자를 하기 때문에 시장이 변화하는 원인을 알 수 없다.

제4절 자본시장의 효율성

미래 주가의 예측가능성에 관한 연구는 오래 전부터 이루어져 왔으나, 주가 움직임에 관한 실증적 연구는 켄달(M. Kendall, 1953)[2)]의 연구가

2) S. R. Broadbent and David G. Kendall, "The Random Walk of Trichostrongylus retortaeformis,"

최초라고 할 수 있다. 그는 주가의 변동이 지닌 규칙성을 찾고자 장기적인 주가자료를 검토한 결과 주가는 무작위로 움직이기 때문에 주가의 움직임을 예측할 수 없다는 결론을 내렸다.

그러나 최근 들어 주가가 무작위로 움직이는 것은 시장의 비합리적이기 때문이 아니라 시장이 효율적이기 때문에 나타나는 현상으로 밝혀지고 있다. 즉, 많은 투자자들이 시장에 참여하여 경쟁적으로 수익을 얻으려는 상황에서 개별주식 또는 시장에 영향을 미치는 모든 정보가 즉시 시장에 반영되기 때문에 이러한 현상이 발생한다는 것이다. "소문에 사서 뉴스에 팔아라"고 하는 증권시장의 속담은 이러한 시장의 효율성을 나타내는 것이라고 볼 수 있다.

이와 같이 모든 정보가 신속하고 정확하게 가격에 반영되는 시장을 효율적 시장(efficient market)이라 하고, 효율적 시장에서 투자자들은 투자로부터 정상적인 수익만을 얻을 수 있을 뿐 비정상적인 초과수익(abnormal return)은 얻을 수 없게 된다.

1. 효율적 시장의 형태

자본시장의 효율성은 다음과 같이 세 가지 측면에서 정의할 수 있다. 자본시장이 이와 같은 세 가지 의미에서의 효율성이 모두 유지될 때 자본시장에서 증권의 가격이 적절하게 형성될 수 있다.

첫째는 배분효율성이다. 배분효율성(allocational efficiency)은 거시경제적인 측면에서 자금의 배분이 자본시장을 통해 효율적으로 이루어지는 경우로서 증권이 수요자와 공급자 사이에서 적정한 가격으로 거래가 이루어질 때 배분효율성이 달성될 수 있다.

둘째는 운영효율성이다. 운영효율성(operational efficiency)은 시장제도적인 측면에서 자원의 이동이 저렴한 비용으로 이루어지는 경우로서 거래비용이나 규제 등 거래를 제약하는 요인이 적어 증권의 거래가 원활하게 이루어질 때 운영효율성이 달성될 수 있다.

Biometrics, Vol. 9, No. 4 (Dec. 1953), pp.460-466

셋째는 정보효율성이다. 정보효율성(informational efficiency)이란 증권가격에 이용가능한 모든 정보가 신속하고 충분하게 반영되는 것을 말한다. 현대 투자이론에서 말하는 자본시장의 효율성은 이러한 정보의 효율성을 의미하는 개념으로 사용된다. 예를 들어 어떤 새로운 정보가 시장에 들어왔을 때 그 정보가 증권가격에 곧바로 정확하게 반영된다면 그 시장은 효율적이라고 할 수 있다.

2. 효율적 시장가설

효율적 시장가설(efficient market hypothesis: EMH)은 증권가격은 이용가능한 모든 정보를 신속하고 충분하게 반영하고 있다는 이론이다. 자본시장의 효율성은 증권가격이 어떤 종류의 정보를 신속하게 반영하고 있느냐에 따라 다음과 같이 세 가지 형태로 구분한다.

2-1. 약형 효율적 시장가설

약형 효율적 시장가설(weak-form EMH)이란 현재의 주가는 과거의 모든 정보를 반영하고 있다는 주장이다. 여기서 과거의 정보란 과거 주가의 변화양상이나 거래량의 동향을 말한다. 약형 효율적시장가설이 성립될 경우 투자자는 단순히 과거 주가의 움직임을 가지고서는 비정상적인 수익을 얻을 수 없다. 따라서 약형 효율적시장가설이 성립하면 과거 주가나 거래량의 변화를 나타내는 도표를 분석하여 미래가격을 예측하는 기술적 분석을 가지고서는 비정상적인 초과수익을 얻을 수 없게 된다.

2-2. 준강형 효율적 시장가설

준강형 효율적 시장가설(semi-strong form EMH)은 현재의 주가는 공개적으로 이용가능한 모든 정보를 반영하고 있다는 주장이다. 여기서 공개적으로 이용가능한 정보란 과거의 주가 및 거래량 자료뿐만 아니라 이미 공시된 회계정보, 공표된 정부의 경제정책 등을 들 수 있다.

만약 준강형 효율적 시장가설이 성립하면 투자자나 증권분석가들이 이미 공개된 정보를 분석하여 투자결정을 하는 것으로는 비정상적인 초과수익을 얻을 수 없게 된다.

2-3. 강형 효율적 시장가설

강형 효율적 시장가설(strong-form EMH)은 현재의 주가는 공개된 정보뿐만 아니라 공개되지 않은 내부정보까지도 모두 반영하고 있다는 주장이다. 따라서 투자자는 어떠한 정보를 이용하더라도 비정상적인 수익을 얻을 수 없다는 것이다.

이러한 자본시장의 효율성에 관한 세 가지 가설은 상호 배타적인 것이 아니라 주가가 반영하는 정보의 범위에서 차이가 있을 뿐이다.

2. 효율적 시장가설의 검증

자본시장의 효율성에 관한 실증연구는 세 가지 유형으로 분류할 수 있는데, 첫째는 수익률의 예측가능성에 관한 연구이다. 이러한 연구는 과거의 자료를 이용하여 미래 수익률을 예측할 수 있는가에 관한 연구로서, 약형 효율적 시장가설의 성립여부와 기술적 분석의 타당성을 검증하는데 사용되었다.

둘째는 사건연구(event study)이다. 이러한 연구는 주가가 새로운 정보에 얼마나 신속하고 정확하게 반응하는가에 관한 연구로서, 주로 준강형 효율적시장가설의 검증에 사용되었다. 즉, 이익, 배당, 주식분할 등의 발표에 주가가 얼마나 빨리 그리고 정확하게 반응하는지를 분석함으로써 시장효율성을 검증하는 것이다.

셋째는 사적 정보의 수익률 예측능력에 관한 연구이다. 이러한 연구는 공표되지 않은 사적 정보를 가지고 있는 투자자가 사적 정보를 이용하여 비정상적인 초과수익을 얻을 수 있는가를 검증하는 것으로, 강형 효율적 시장가설의 검증방법이다.

우리나라 증권시장의 효율성에 관한 실증연구를 살펴보면, 약형 효율적 시장가설의 검증에서 우리나라 증권시장은 대체로 약형 효율성을 유지하고 있는 것으로 나타나고 있다. 반면에 무상증자나 회계처리방법의 변경 등에 대한 주가의 반응을 검증한 결과는 준강형 효율적 시장가설이 성립하지 않는 것으로 나타나고 있다. 내부자거래의 투자성과에 관한 연구에 의하면 내부자거래의 경우 비정상수익률을 얻는 것으로 나타나 강형 효율성도 성립되지 않는 것으로 나타나고 있다.

제5절 증권시장의 이상현상

1960년대 중반부터 1970년대 말까지 이루어진 증권시장의 효율성에 관한 연구들은 효율적 시장가설을 지지하는 결과를 보여주고 있다. 즉, 주가는 모든 관련정보를 신속하고 정확하게 반영하기 때문에 투자자들이 비정상적 초과수익을 지속적으로 얻을 수 있는 투자전략은 없다는 믿음이 확산되었다.

그러나 1970년대 말 이후 증권시장이 효율적이지 않다는 여러 연구결과들이 발표되었는데, 이와 같이 증권시장이 효율적이지 않음을 나타내 주는 여러 현상들을 증권시장의 이상현상(anomalies)이라고 부른다. 이러한 현상이 나타나는 이유는 두 가지로 해석할 수 있는데, 첫째는 이상현상을 분석하기 위하여 사용되는 검증모형이 타당하지 않을 경우이다. 즉, 시장의 효율성을 검증하기 위하여 이용하는 CAPM이나 APM 등의 모형이 수익률의 생성요인을 완전하게 설명하지 못한다면 시장이 실제로 효율적이라고 해도 검증결과는 비효율적으로 나타날 수 있다.

둘째는 시장이 정말로 비효율적이어서 이상현상이 나타날 수 있다는 것이다. 새로운 정보에 대한 투자자들의 반응을 제한하는 제도적 장애요소나 투자자들의 비합리성 등이 증권시장의 비효율성을 초래하는 원인이 될 수 있다.

5-1. 주가의 계절특성과 이상현상

효율적 시장에서는 주가가 언제나 무작위로 움직이기 때문에 주식수익률이 계절이나 요일에 따라 특정한 규칙이 있을 수 없다. 그러나 주식수익률에 일정한 계절적 패턴이 존재하고 있음을 보여주는 많은 실증연구들이 발표되었다.

(1) 1월효과

효율적 시장에서는 특정한 달의 수익률이 다른 달의 수익률에 비해 지속적으로 높거나 낮게 형성될 수 없다. 그러나 주식의 월별 수익률 간에는 체계적인 차이가 있다는 많은 연구결과가 보고되었다. 특히 1월의 수익률은 다른 달의 수익률보다 높게 나타나고 있는데 이러한 현상을 1월효과(January effect)라고 한다.

(2) 주중효과

효율적 시장에서는 주식의 요일별 수익률의 차이가 지속적으로 발생할 수 없다. 주중효과란 주식의 요일별 수익률을 비교할 때 주초의 수익률이 낮고, 주말의 수익률이 높은 현상을 말한다. 주중효과에 관한 연구에 의하면 월요일의 주식수익률은 유의적으로 낮고, 금요일의 주식수익률은 유의적으로 높게 나타나고 있는데, 이런 이유로 주중효과를 월요일효과(Monday effect) 또는 주말효과(weekend effect)라 부르기도 한다.

5-2. 주식의 기본특성과 이상현상

증권시장의 이상현상은 주가의 계절적인 특성에 따라 나타나기도 하지만 주식의 개별적인 특성에 따라 체계적으로 나타나기도 한다. 주식의 특성과 관련된 이상현상으로는 PER효과, 기업규모효과, 소외기업효과 등이 있다.

(1) PER효과

PER(price-earning ratio: 주가이익비율)란 주가를 그 기업의 주당이익으로 나눈 비율로서 주가가 주당이익의 몇 배 수준에서 형성되고 있는가를 나타낸다. 일반적으로 각 기업의 PER는 그 기업의 미래 수익능력이나 위험에 따라 결정된다.

그런데 실증적 연구에 의하면 PER가 낮은 주식의 수익률이 PER가 높은 주식의 수익률보다 높은 것으로 나타나고 있는데, 이러한 현상을 우리는 PER효과(PER effect)라고 한다. PER가 낮은 주식이 PER가 높은 주식보다 수익률이 높다는 것은 시장가격이 자산의 수익능력과 위험에 관한 정보를 충분히 반영하지 못하고 있다는 것을 의미하므로 효율적 시장가설을 부인하는 결과라고 할 수 있다.

(2) 규모효과

규모효과(size effect)란 규모가 작은 기업의 주식이 규모가 큰 기업의 주식보다 수익률이 높게 나타나는 현상을 말한다. 규모효과는 반즈(R. Banz, 1981)[3]에 의해 처음 발견되었는데, 그는 1931년부터 1975년 사이의 뉴욕증권거래소에 상장된 보통주를 분석한 결과 기업의 규모가 증권의 비정상수익률과 높은 상관관계를 가지고 있음을 발견하였다.

이와 같이 규모가 작은 기업의 주식수익률이 규모가 큰 기업의 주식수익률보다 계속 높게 나타난다면 시장은 비효율적이라고 할 수 있다. 그러나 기업의 규모효과에 대해서는 규모가 작은 기업의 주식은 규모가 큰 기업의 주식보다 거래의 빈도가 낮음으로 인해서 위험이 과소평가되기 때문에 이러한 현상이 발생한다는 반론도 제기되고 있다.

(3) 소외기업효과

아벨과 스터벨(Arbel and Sterbel, 1983)[4]은 기업의 규모가 작은 주식,

3) Rolf W. Banz, "The relationship between return and market value of common stocks," *Journal of Financial Economics*, Volume 9, March 1981, pp.3-18.

4) A. Arbel, S. Carvell, P. Strebel, "Giraffes, Institutions and Neglected Firms," *Financial Analysts Journal*, Vol. 39, No. 3 (May – Jun. 1983), pp.57-63.

즉 소형주에 투자하였을 때 얻을 수 있는 비정상 초과수익률을 소외기업효과(neglected-firm effect)로 설명하고 있다. 여기서 소외기업효과란 기관투자자들이 투자여건의 제약 등으로 인하여 관심을 갖지 않는 소형주는 활용 가능한 정보가 많지 않음으로 위험이 높아져 더 높은 기대수익률이 형성된다는 것이다. 한편 미국의 주식시장을 대상으로 한 실증연구의 결과기관투자자들에게 소외되는 주식이 더 높은 수익률을 올리고 있는 것으로 나타나서 소외기업효과가 확인되었다.

(4) 자산주 프리미엄

최근의 연구에 의하면 주식의 장부가치를 시장가치로 나눈 비율(장부가치 대 시장가치비율)과 주식수익률이 일관되게 정비례함을 보여주고 있다. 파마와 프렌치(Fama and French, 1992)[5]는 1963년부터 1990년까지의 기간 동안에 미국 주식시장을 대상으로 한 연구에서 주식의 장부가치를 시장가치로 나눈 비율에 따라 12개의 포트폴리오를 구성하여 월평균수익률의 크기를 비교하였다. 그 결과 이 비율이 가장 큰 포트폴리오의 월평균수익률이 1.83%로서 이 비율이 가장 낮은 포트폴리오의 수익률 0.30%에 비해 6배나 높은 것으로 나타났다.

우리나라에서는 시장가치에 비해 장부가치가 높은 주식을 자산주(value stock)라고 부르고, 장부가치에 비해 시장가치가 높은 주식을 성장주(growth stock)라고 부르는데, 이러한 자산주 포트폴리오의 수익률이 성장주 포트폴리오의 수익률에 비해 높은 현상을 자산주 프리미엄 또는 장부가치 대 시장가치효과라고 부른다.

---

5) E. F. Fama, K. R. French, "Size and Book-to-Market Factors in Earnings and Returns," *The Journal of Finance*, Volume 50, pp.131-155, March 1995

제 3 편

금융기관의 이해

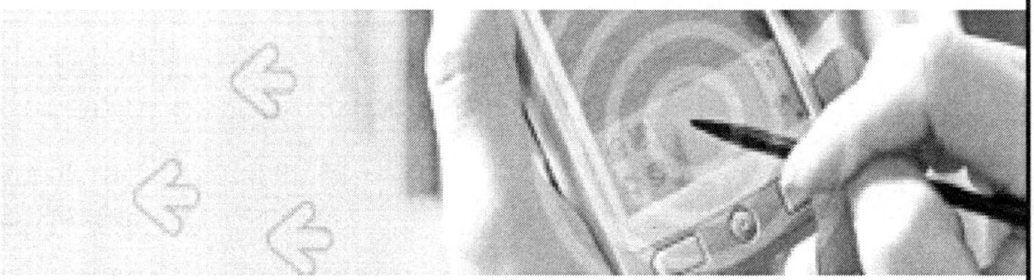

제 6 장 _ 금융기관의 개요

제 7 장 _ 금융기관의 경영

제 8 장 _ 금융산업의 규제와 감독

제6장

금융기관의 개요

제1절 금융기관의 의의

한 국가의 경제체제를 구성하고 있는 경제주체들은 매우 다양하다. 그 중에는 소비와 투자를 포함한 지출이 벌어들이는 소득보다 많은 경제주체도 있고, 반대로 소득이 지출보다 많은 경제주체도 있다. 우리는 전자를 적자부문(deficit spending unit)이라 하고, 후자를 흑자부문(surplus spending unit)이라고 한다. 대체로 기업은 투자에 필요한 재원을 내부자금만으로 모두 확보할 수 없어서 외부자금에 의존하므로 적자부문에 속하고, 가계는 소득을 모두 현재에 소비하지 않고 미래의 소비를 위하여 저축을 하므로 흑자부문에 속한다.

적자부문에 속하는 기업은 투자에 필요한 재원을 확보하기 위하여 채권이나 주식 등의 금융수단(financial instrument)[1)]을 발행하며, 흑자부문에 속하는 가계는 미래소비를 위한 저축의 수단으로 이러한 금융수단을 매입하게 된다. 이와 같이 흑자부문인 자금의 공급자와 적자부문인 자금의 수요자 사이에 금융상품이 거래되는 추상적인 장소가 금융시장이다. 금융시장에서 다양한 금융수단의 거래를 통하여 흑자부문의 여유자금이 적자부문으로 흘러가게 된다.

자금의 수요자(적자부문)와 공급자(흑자부문) 사이에 이루어지는 자금의 이전(금융거래) 방식에는 두 가지 방법이 있다. 첫 번째 방법은 가장 원시적인 방법으로 자금의 공급자와 수요자가 직접 만나 거래조건을 논의하고 합의가 이루어지면 합의된 조건에 따라서 금융수단과 자금을 교환하는 방법이다. 그러나 자금의 수요자와 공급자가 직접 만나 거래를 하게 되면 다음과 같은 여러 가지 문제가 발생할 수 있다. 우선 자금의 수요자와 공급자는 각자 자신과 거래를 할 수 있는 상대를 찾아야 한다. 그리고 일단 거래 상대를 찾았다고 하더라도 그 상대를 신뢰할 수 있는지 분석하고 평가하여야 한다. 뿐만 아니라 거래를 성사시키기 위해서는 여러 가지 조건, 예를 들면 거래금액이나 기간, 거래가격(즉, 이자율) 등에서 의견의 일치가 이루어져야 한다.

이와 같이 금융시장에서 거래상대를 탐색하고, 정보를 수집·분석하는데 상당한 비용이 발생하기 때문에 이들 사이의 거래를 보다 원활하게 하고, 비용을 줄여주는 경제주체가 필요하게 되었는데 그것이 바로 금융기관이다. 금융기관은 금융시장에서 다음과 같은 금융중개 역할을 담당한다. 첫째는 브로커(broker)의 역할이다. 금융기관은 자금의 수요자가 자금을 조달하기 위해 발행한 채권이나 주식과 같은 증권이 수요자와 공급자 사이에서 원활하게 거래가 될 수 있도록 매매거래를 알선하는 역할을 수행한다. 둘째는 딜러(dealer)의 역할이다. 금융기관은 자금의 수요자가 발행한 증권을 일단 자기 책임 하에 매입하였다가 이를 자금의 수요자에게 매출함으로써 금융거래를 중개한다. 예를 들면 증권회사가 증권거래를 알선하거나 또는 인수하는 경우가 여기에 해당된다. 셋째는 금융기관이 자신의 명의로 된 증권을 발행하여 자금을 흡수하고 이렇게

---

1) 금융수단을 매입하여 보유하는 투자자의 입장에서 금융수단은 금융자산(financial asset)이 되지만, 그것을 발행하여 매도한 발행자의 입장에서 보면 금융수단은 금융부채(financial liability)가 된다.

흡수한 자금으로 자금의 수요자가 발행하는 증권을 매입함으로써 공급자와 수요자 사이의 자금이전을 중개한다. 예를 들면 은행은 자신의 명의와 책임 하에 예금증서를 발행하여 자금을 조달하고 이것을 기업이 발행하는 대출증서를 담보로 자금을 공급함으로써 자금의 수요자와 공급자 사이의 금융거래를 중개한다.

한편 앞에서 설명한 세 가지 금융거래방식 중에서 첫째 및 둘째의 경우와 같이 자금의 최종수요자가 채권이나 주식 등의 직접증권을 자금의 최종공급자에게 발행하여 공급함으로써 자금을 조달하는 금융방식을 직접금융(direct financing)이라 하고, 셋째의 경우와 같이 금융기관이 간접증권을 발행하여 자금의 공급자로부터 자금을 조달하고 이 자금을 자금의 최종수요자에게 대출하는 금융방식을 간접금융(indirect financing)이라고 한다.

제2절 금융기관의 형태

금융기관은 오랜 역사를 통해 다양한 사회적 요구를 반영하면서 여러 가지 형태로 발전하여 왔다. 우리나라에서는 1878년 6월 일본 제일국립은행 부산지점이 설치되면서 근대적 은행이 처음으로 도입되었고, 1894년 갑오경장 이후에는 우리나라 민족자본에 의해 조선은행(1896), 한성은행(1897), 대한천일은행(1899) 등이 차례로 설립되었으며, 1909년에는 대한제국 정부에 의해 우리나라 최초의 중앙은행인 한국은행이 설립되었다.

우리나라의 금융기관은 종래에는 통화창출기능 여부에 따라 통화금융기관과 비통화금융기관으로 분류하여 왔으나 2001년부터 IMF의 통화금융통계 편제지침에 따라 예금취급기관과 기타금융기관으로 구분하고 있으며, 예금취급기관은 다시 중앙은행과 기타 예금취급기관으로 분류하고, 기타 금융기관은 보험회사 및 연금기금, 기타금융중개기관, 금융보조기관으로 분류하고 있다. 이러한 분류체계를 중심으로 각 그룹에 포함되는 금융기관을 구체적으로 살펴보면 우선 은행에는 일반은행과 특수은행이 있다. 일반은행은 시중은행, 지방은행, 그리고 외국은행 국내지점으로 구성된다. 특수은행은 은행법이 아닌 개별적인 특별법에 의해 설립되어 은행 업무를 핵심 업무로 취급하고 있는 금융기관이다. 여기에는 한국산업은행, 한국수출입은행, 중소기업은행, 그리고 농업협동조합중앙회 및 수산업협동조합중앙회 등이 포함된다.

비은행예금취급기관은 은행과 유사한 여수신업무를 주요 업무로 취급하고 있지만 보다 제한적인 목적으로 설립되어 자금조달 및 운용 등에서 은행과는 서로 다른 규제를 받는 금융기관이다. 즉 지급결제기능을 전혀 제공하지 못하거나 제한적으로만 제공할 수 있는 등 취급업무의 범위가 은행에 비해 좁으며, 영업대상이 개별금융기관의 특성에 맞추어 사전에 제한되기도 한다. 여기에 분류되는 금융기관으로는 상호저축은행, 신용협동조합·새마을금고·상호금융 등 신용협동기구, 그리고 종합금융회사 등이 있다.

금융투자업자는 직접금융시장에서 유가증권의 거래와 관련된 업무를 주된 업무로 하는 금융기관을 모두 포괄하는 그룹이다. 여기에는 투자매매중개업자(증권회사 및 선물회사), 집합투자업자, 투자일임자문업자, 그리고 신탁업자가 있다.

보험회사는 사망, 질병, 노후 또는 화재나 각종 사고를 대비하는 보험을 인수·운영하는 기관이다. 보험회사는 업무특성과 기관특성을 함께 고려하여 생명보험회사, 손해보험회사, 우체국보험, 공제기관 등으로 구분된다. 손해보험회사에는 일반적인 손해보험회사 이외에 재보험회사와 보증보험회사가 있다.

기타 금융기관은 앞의 금융기관의 업무로 분류하기 어려운 금융업무들을 주된 업무로 취급하는 기관을 말한다. 여기에는 여신전문금융회사(리스회사, 신용카드회사, 할부금융회사, 신기술사업금융회사), 벤처캐피털회사(중소기업창업투자회사), 증권금융회사 및 공적 금융기관 등이 있다.

금융보조기관은 금융거래에 직접 참여하기보다 금융제도의 원활한 작동에 필요한 여건을 제공하는 것을 주된 업무로 하는 기관들이다. 여기에는 금융감독원, 예금보험공사, 금융결제원, 한국예탁결제원 등 금융하부구조와 관련된 업무를 영위하는 기관과 한국거래소, 신용보증기금·기술보증기금 등 신용보증기관, 신용정보회사, 자금중개회사 등이 포함된다.

<표 6-1>은 2011년 9월 말 현재 우리나라 금융기관의 현황을 보여주고 있다.

표 6-1 우리나라 금융기관 현황(2011년 9월말 현재)

구 분			기관 수
은행	일반은행	시중은행	7
		지방은행	6
		외은지점	38
	특수은행	한국산업은행	1
		한국수출입은행	1
		중소기업은행	1
		농업협동조합중앙회	1
		수산업협동중앙회	1
비은행 예금취급 기관	상호저축은행		106
	신용협동기구	신용협동조합	957
		새마을금고	1,463
		상호금융	1,389
	우체국예금		1
	종합금융회사		1
금융투자 업자	투자매매중개업자	증권회사	62
		선물회사	7
	집합투자업자		81
	투자일임자문업자		153
	신탁업자	은행/증권/보험/부동산 투자신탁회사	20/21/ 5/11
보험회사	생명보험회사		23
	손해보험회사	손해보험회사	20
		재보험회사	9
		보증보험회사	1
	우체국보험		1
	공제기관		4

구 분			기관 수
기타 금융기관	금융지주회사	은행지주/비은행지주	9/3
	여신전문금융회사	리스회사/카드회사/할부금융회사 신기술사업금융회사	27/ 7/18/12
	벤처캐피털회사		108
	증권금융회사		1
	한국무역보험공사		1
	한국주택금융공사		1
	한국자산관리공사		1
	한국투자공사		1
	한국정책금융공사		1
금융보조 기관	금융감독원		1
	예금보험공사		1
	금융결제원		1
	한국예탁결제원		1
	한국거래소		1
	신용보증기관		2
	신용정보회사		36
	자금중개회사		9

제3절 금융기관의 기능

금융기관은 자금의 공급자와 수요자 사이의 자금의 이전을 원활하게 함으로써 금융 및 실물거래를 활성화하고 나아가 한 나라의 경제발전에 크게 기여한다. 자금의 공급자와 수요자가 직접 거래할 경우 높은 탐색비용(searching cost)이 발생하여 금융거래 자체가 불가능할 수 있지만 금융기관은 거래비용(transaction cost)을 절감시켜 소규모 금융거래도 가능하게 함으로써 금융거래를 활성화한다. 또한 금융기관은 다수로부터 거액의 자금을 모아 다양한 자산에 운용함으로써 투자자로 하여금 분산투자의 혜택을 누릴 수 있게 해준다. 또한 차입자의 신용도 분석에 관한 전문적인 노하우를 축적하고 지속적·반복적 거래를 통해 획득한 차입자에 대한 정보를 활용하여 정보의 비대칭성 문제를 완화함으로써 자금공급의 효율성을 높이는 역할도 수행한다. 여기서는 금융시장에서 금융기관이 어떤 역할을 하는지 구체적으로 살펴본다.

1. 자산변환

일반적으로 자금의 수요자가 채권이나 주식 등과 같은 직접증권(primary security)을 발행하여 자금을 조달할 때 자금의 수요자가 발행하는 증권은 금액이나 만기 등에 있어서 자금의 공급자가 요구하는 조건과 차이가 있을 수 있다. 예를 들면 자금의 수요자는 거액의 자금을 장기로 빌리고자 하지만 자금의 공급자는 소액의 자금을 단기로 빌려주려고 할 경우 금융거래는 이루어질 수 없을 것이다.

그러나 금융기관은 예금증서와 같은 간접증권(secondary security)의 발행을 통하여 조달한 자금을 가지고 직접증권을 구입함으로써 이러한 문제를 해결할 수 있다. 예를 들면 은행이 다양한 예금증서의 발행을 통해 자금공급자의 소규모 영세자금을 흡수하고, 이 자금을 가지고 기업이 자신의 선호에 맞게 발행한 대출증서와 같은 직접증권과 구입함으로써 자금의 공급자로부터 자금의 수요자에게 자금의 이전이 이루어질 수 있게 된다.

그림 6-1 금융기관의 자산전환과정

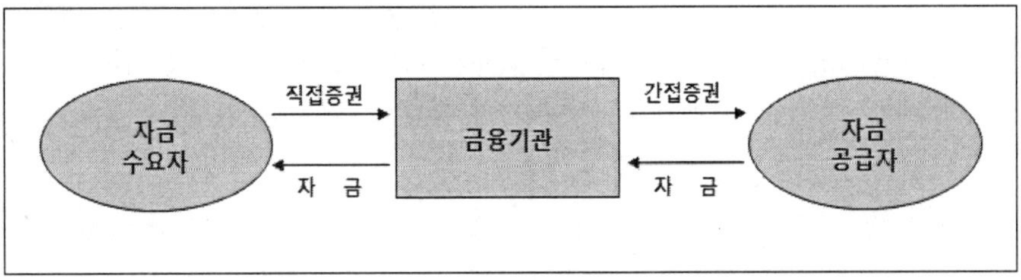

이와 같이 금융기관이 자금수요자가 발행한 직접증권을 자금공급자의 요구에 맞는 간접증권으로 바꾸어줌으로써 금융시장에서 자금의 거래가 원활하게 이루어지도록 하는 것을 자산변환(asset transmutation)이라 한다. 금융기관의 자산변환기능은 자금의 규모, 이용기간, 이자율 등에 있어 자금의 수요자와 공급자가 희망하는 조건들이 달라 당사자 간의 거래가 성립되기 어려운 것을 금융기관이 개입하여 거래가 이루어지도록 하는 기능이다.

자산변환은 금액변환(denomination transmutation)과 만기변환(maturity transmutation)으로 분류된다. 먼저 금융기관의 금액변환은 자금의 공급자가 희망하는 대여금액과 수요자가 희망하는 차입금액이 서로 다르더라도 금융기관이 개입하여 수요자와 공급자의 희망을 모두 충족시켜주는 기능이다. 즉 금융기관은 소액예금을 받아 거액대출을 하거나 반대로 거액예금을 받아 소액대출을 하는 등 자금의 공급자와 수요자의 욕구를 모두 충족시켜 줄 수 있다.

한편 자금의 공급자는 유동성과 위험을 고려하여 가급적 단기로 자금을 대여하기를 원하나 자금의 수요자는 자금의 안정적으로 사용하기 위하여 장기로 자금을 차입하고자 한다. 따라서 금융기관은 단기로 자금을 조달하여 장기로 운용하거나 반대로 장기로 자금을 조달하여 단기로 운용하는 등 자금의 수요자와 공급자가 희망하는 만기를 모두 충족시켜 줄 수 있다.

2. 거래비용감소

금융기관은 다수의 자금 공급자와 수요자를 대상으로 금융자산을 거래하기 때문에 거래비용 측면에서 규모의 경제(economies of scale)가 존재한다. 금융거래비용은 정보획득비용, 감시비용, 거래수수료 등 이자를 제외한 거래에 수반되는 모든 비용을 의미한다. 정보획득비용은 자금의 공급자가 자금의 수요자를 찾는 데 드는 탐색비용(searching cost)과 자금의 수요자의 신용상태를 분석하고 자금을 제공하는데 따르는 비용을 말한다. 금융시장에서 개개인의 자금 공급자가 직접 자금 수요자에 대한 정보를 수집, 분석, 관리하는 것보다는 금융기관을 통해 자금을 제공하는 것이 비용 면에서 훨씬 경제적이다.

일반적으로 자금의 공급자와 수요자 사이에 정보의 비대칭성(information asymmetry)[2)]이 클수록 자금의 원활한 거래가 제약되고 자금배분의 효율성이 저하된다. 금융기관은 이와 같은 정보의 불완전성을 완화하는 기능을 한다. 금융기관은 자신이 가지고 있는 우월한 정보수집 및 정보생산능력을 통하여 보다 저렴한 비용으로 정보를 생산·제공함으로써 정보의 비대칭성과 이에 따른 부작용을 줄일 수가 있기 때문이다.

금융기관은 또한 감시비용(monitering cost)을 절감시켜 준다. 금융기관이 자금 공급자들의 대리인으로서 자금 수요자들을 감시하는 것이 자금 공급자들이 개별적으로 자금의 수요자들을 감시하는 것보다 감시비용을 줄일 수 있기 때문이다.

이와 같이 금융기관은 자금 공급자가 부담하는 단위당 정보획득비용과 감시비용을 낮추어 줌으로써 금융시장에서 보다 저렴한 거래비용으로 보다 많은 자금의 거래가 이루어질 수 있도록 한다. [그림 6-2]는 거래비용의 감소가 금융시장의 균형에 어떤 미치는 효과를 미치는지 보여준다. [그림 6-2]에서 S와 D는 각각 거래비용이 없을 때의 자금의 공급곡선과 수요곡선이고, S'와 D'는 거래비용이 있을 때의 자금의 공급곡선과 수요곡선이다. 여기에서 금융시장이 완전하여 거래비용이 전혀 발생하지 않는 경우 균형점은 S와 D가 교차하는 E점이 되고, 이때 균형이자율과 거래금액은 각각 i와 A가 된다. 그러나 거래비용이 발생하게 되면 자금을 차입하거나 대출할 때 비용이 늘어나게 되어 자금의 수요와 공급이 줄어들게 되고 따라서 자금의 수요곡선은 아래로 공급곡선은 위로 이동하게 된다. 이때 균형점은 E'점이 되고, 균형이자율과 거래금액은 각각 i'와 A'가 된다. 즉 거래비용이 없을 경우보다 거래비용이 있을 때 이자율은 상승하고 거래금액은 감소한다. 따라서 금융기관이 거래비용을 줄여줄 경우 이자율은 하락하게 되고 거래량은 늘어나게 되

2) 정보의 비대칭성은 경제적 이해관계를 가진 당사자 간에 정보가 한 쪽에만 존재하고 다른 한 쪽에는 존재하지 않는 상황을 말한다. 정보의 비대칭성은 보험회사와 보험가입자, 주주와 경영자, 고용주와 피고용인 사이 등 여러 유형의 관계에서 발견할 수 있다.

며, 거래량의 증가는 투자를 늘리고 사회 전체적인 복지(welfare)를 증가시키는 결과를 가져온다.

그림 6-2 거래비용과 시장균형

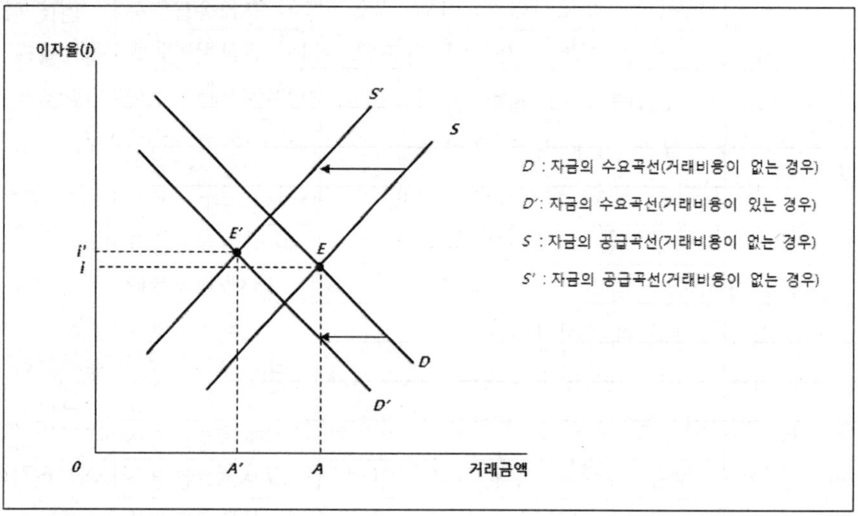

3. 위험감소

금융기관은 자신이 가지고 있는 기술과 정보를 이용하여 자금 공급자가 부담하게 될 위험을 줄여주는 역할을 한다. 여기서 위험(risk)이란 미래에 발생할 수익의 변동가능성을 의미하는 것으로, 미래 불확실성으로 인하여 투자로부터 기대되는 수익률을 예측하기 어려울수록 위험이 크다고 할 수 있다.[3] 금융시장에서 자금 공급자가 부담하는 위험은 유동성위험, 대손위험, 시장위험 등을 들 수 있다.

유동성이란 자산을 필요한 시기에 손실 없이 현금으로 바꿀 수 있는 정도를 말하며, 유동성위험(liquidity risk)이란 이러한 유동성이 저하될 수 있는 가능성을 말한다. 금융기관은 다른 금융수단에 비해 유동성이 훨씬 높은 금융상품들을 제공함으로써 자금 공급자의 유동성위험을 감

3) 이 상호 외 2인, 「증권투자론」 4판, 도서출판 대명, 2013.

소시켜 준다. 특히 은행은 명목가치와 환금성을 동시에 보장하는 예금 상품을 발행함으로써 명목가치가 변동되는 수익증권이나 환금성이 없는 보험상품을 발행하는 투자회사나 보험회사에 비해 유동성 제고기능이 훨씬 크다.

대손위험(default risk)이란 자금 공급자가 제공한 자금과 그 대가의 전부 또는 일부를 약속대로 받지 못할 가능성을 말한다. 금융기관은 자금 수요자에 대한 정보를 보다 용이하게 얻을 수 있고, 이를 효과적으로 분석할 수 있는 전문적인 능력을 갖고 있으므로 불량고객에게 대출을 하는 소위 역선택(adverse selection)[4]을 방지하고, 또한 대출금에 대한 철저한 사후관리를 통해 차입자가 자금을 상환하지 않으려는 도덕적 해이(moral hazard)[5]를 방지할 수 있다. 특히 금융기관은 차입자가 약속대로 대출금을 상환하지 못할 경우라도 이를 회수할 수 있는 채권보전장치(protection)를 갖추고 있기 때문에 자금 공급자는 안심하고 금융기관에 자금을 맡길 수 있다.

시장위험(market risk)이란 자산이나 부채의 가치가 이자율 등의 시장상황의 변화로 인해 불리하게 변동될 가능성을 말한다. 금융기관은 분산투자를 통하여 자산이나 부채의 가격변동위험을 보다 효율적으로 줄일 수 있다. 예를 들면 은행은 예금자들이 제공한 자금을 모아서 하나의 기업이 아니라 여러 개의 기업에 분산하여 대출을 함으로써 개인이 부담하는 위험을 줄여주고, 증권시장에서 다양한 종류의 유가증권에 분산투자를 함으로써 포트폴리오의 위험을 줄여준다.[6]

---

4) 정보의 불균형으로 인하여 불리한 의사결정을 하게 되는 상황을 말한다. 예를 들면 보험회사가 질병이나 사고 확률이 높은 사람을 보험에 가입시키는 경우가 해당된다.
5) 금융기관이나 예금자가 행동의 절도를 잃어버리는 행위를 의미한다. 예를 들면 은행이 정부의 보증을 믿고 부실기업에 대출을 해주는 경우가 해당한다.
6) 포트폴리오의 위험저감효과에 대해서는 전게서 참조.

그림 6-3 포트폴리오의 위험감소효과

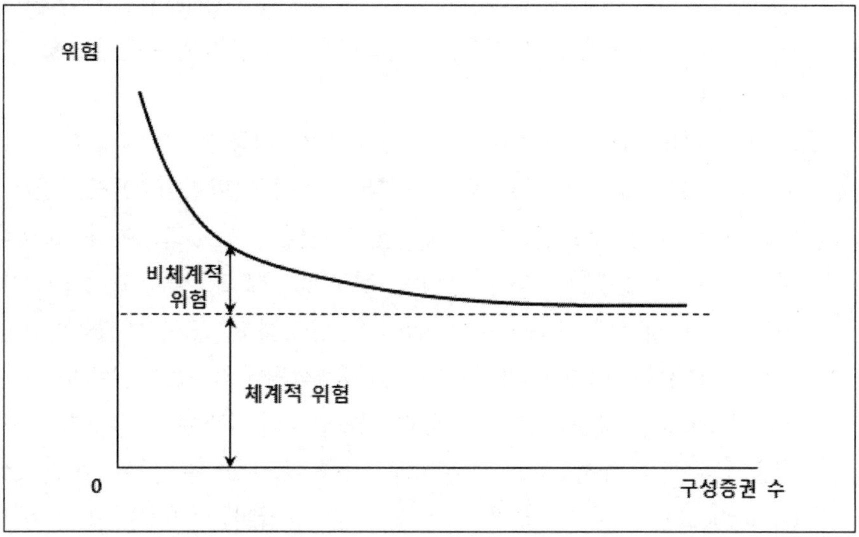

4. 지급결제수단창출

금융기관은 화폐나 수표 등을 공급함으로써 거래를 구체적으로 실행시키는 지급결제수단을 제공한다.7) 시장경제체제 하에서 모든 거래는 반드시 일반적으로 수용되는 지급수단에 의하여 대가가 지급된다. 지급수단으로는 화폐, 수표, 어음, 카드, 계좌이체, 전자화폐 등 다양하다. 그러나 궁극적인 거래의 종결을 위해서는 중앙은행이 공급하는 현금통화인 화폐나 은행들이 공급하는 예금통화인 수표의 이전이 필요하다. 이때 화폐는 법에 의해 강제 통용력이 부여된 중앙은행의 부채로 화폐에 의한 결제는 그 자체가 최종결제로서 별도의 결제과정이 필요하지 않다. 그러나 화폐 이외의 지급수단은 예금통화의 이전을 전제로 하는 것으로 이들 지급수단에 의한 결제의 경우 당사자 간의 대차관계는 일단 청산되나 거래 쌍방의 은행계좌 간 예금의 이전이라는 2차 결제과정이 뒤따른다. 은행 간 2차 결제는 중앙은행에 개설된 은행들의 당좌예금 계좌

7) 지급결제란 실물 및 금융거래의 결과 발생한 거래당사자 간의 채권·채무관계를 지급수단을 사용하여 화폐적 가치를 이전함으로써 종료하는 것을 말한다.

간 이체에 의해 최종적으로 종결된다. 이와 같이 금융기관은 신속하고 저렴한 거래비용으로 결제를 할 수 있는 지급수단을 제공함으로써 거래를 보다 활성화하고 나아가 생산과 소비를 촉진시켜 경제성장에 기여하게 된다.

한편 종래에는 은행이 지급 및 결제수단을 독점적으로 제공하였으나 최근 정보통신기술의 발달에 따라 은행 이외의 금융회사와 비금융회사들의 결제업무 참가가 증가하고 있다. 이와 같은 현상은 거래비용의 절감, 규모 및 범위의 경제 실현 등으로 지급결제서비스의 효율성을 제고시키는데 크게 기여하였으나, 다른 한편으로는 네트워킹에 대한 해킹이나 전산장애 등과 같은 운영위험과 결제위험(settlement risk)[8]에 노출되어 지급결제시스템의 안정성을 해치는 문제점도 있다.

제4절 금융기관의 행태

금융기관은 간접증권을 발행하여 국민경제 흑자부문(surplus spending unit)으로부터 조달한 자금을 대출 등의 형태로 국민경제 적자부문(deficit spending unit)에 공급한다. 따라서 금융기관의 입장에서 보면 흑자경제단위는 자금의 공급자가 되고 적자경제단위는 자금의 수요자가 된다.

본 절에서는 금융시장에서 개별 금융기관이 당면하게 되는 자금의 공급곡선과 수요곡선으로부터 금융기관의 수익함수와 비용함수를 도출하고, 이를 이용하여 금융기관의 이익이나 또는 자산규모가 어떻게 결정되는지 살펴보기로 한다.

8) 지급결제과정에 내재되어 있는 여러 가지 위험으로 신용위험, 유동성위험, 시스템위험 등 금융위험과 법률위험, 위·변조위험, 운영위험 등 비금융위험이 있다.

1. 금융기관의 수익과 비용

일반적으로 금융기관은 두 가지 형태의 시장에서 다른 영업활동을 하게 된다. 금융기관은 금융기관으로부터 자금을 조달하려고 하는 자금의 수요자들이 참여하는 대출시장과, 금융기관에 자금을 제공하고자 하는 자금의 공급자들이 참여하는 예금시장에서 영업활동을 하게 된다. 이때 금융기관이 공여하는 자금에 대한 수요함수와 일반국민이 금융기관에 제공하는 자금의 공급함수는 이자율에 의해 결정된다. 이외에도 개별 금융기관이 가지고 있는 특성, 예를 들면 금융기관의 규모, 위치, 명성 등이 금융기관의 수요함수와 공급함수에 영향을 미친다.

먼저 금융기관이 당면하게 되는 자금의 공급곡선의 형태를 살펴보자. 금융기관이 흑자단위로부터의 자금의 공급을 늘리기 위해서는 예금이자율을 높여야 하기 때문에 자금의 공급함수(S)는 다음과 같이 이자율(r)에 대한 증가함수의 형태를 가지게 된다. 즉, 금융기관의 자금의 공급곡선은 우상향하는 형태를 갖게 된다.

$$S = f(r), \quad \frac{\partial S}{\partial r} > 0$$

다음 금융기관이 당면하는 자금의 수요곡선의 형태를 살펴보자. 자금의 수요자의 금융기관으로부터의 대출수요를 늘리기 위해서는 대출이자율을 내려야 하기 때문에 자금의 수요함수(D)는 이자율에 대한 감소함수의 형태를 가지게 된다. 따라서 자금의 수요곡선은 우하향하는 형태를 갖게 된다.

$$D = f(r), \quad \frac{\partial D}{\partial r} < 0$$

한편 금융기관의 수익과 비용은 자금의 수요곡선과 공급곡선에서 운영비용(operating cost)을 반영하여 결정된다. 금융기관의 입장에서 볼 때

평균수익곡선(AR)은 대출이자율에서 대출운영비용을 차감하여 얻을 수 있고, 금융기관의 평균비용곡선(AC)은 예금이자율에서 예금운영비용을 차감하여 얻을 수 있다[9].

그림 6-4 금융기관의 공급곡선과 수요곡선

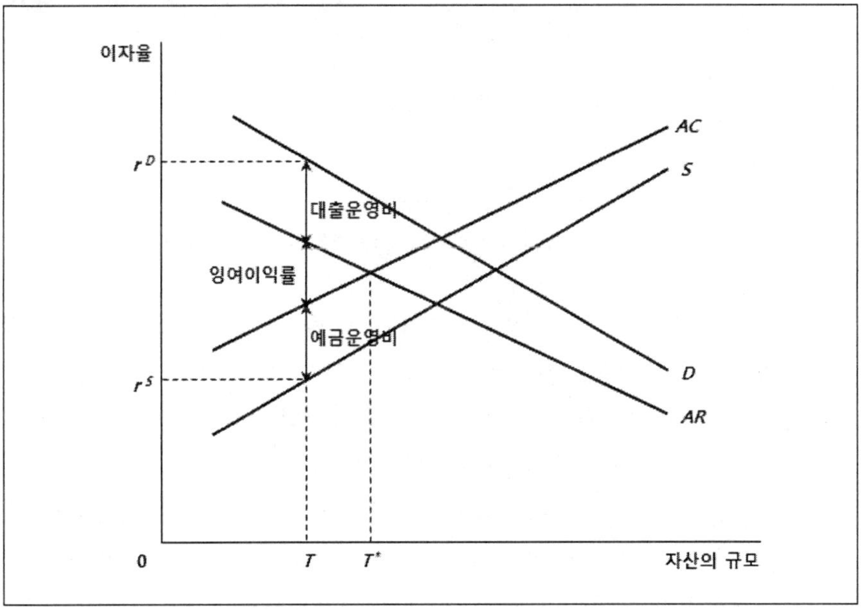

예를 들어 [그림 6-4]에서 어떤 금융기관이 시장에서 조달하려고 하는 자금의 규모가 T라고 할 때 고객에게 r^D의 이자율을 지급함으로써 필요한 자금을 조달할 수 있다. 그리고 대출시장에서 고객에게 r^S의 이자율을 적용하면 조달한 자금을 모두 대출할 수 있다. 이때 대출이자율(r^D)과 예금이자율(r^S)의 차이, 즉 예대금리차(spread)는 금융시장의 효율성을 나타내는 척도가 되는 금융중개비용을 나타내며, 대출이자율과 예금이자율에서 각각의 운영비용을 차감한 평균수익(AR)과 평균비용(AC)의 차이가 금융기관의 잉여이익(surplus)이 된다.

금융기관의 재무상태표(대차대조표)에서 자산으로 표시된 대출 및 유

9) 일반적으로 자산의 규모가 증가함에 따라 단위당 운영비용은 그림과 같이 감소한다.

가증권은 금융기관의 수익 원천이다. 이와 같은 자산으로부터 발생하는 수익(R)을 총자산(T)으로 나누면 평균수익률(r)을 얻을 수 있는데, 이는 금융기관이 보유하고 있는 자산으로부터 발생하는 각각의 수익률을 그 자산의 구성비율로 가중평균한 것과 같다.

$$r^D = \frac{R}{T} = \sum_{i=1}^{n} r_i p_i$$

단, r^D = 평균수익률(AR)
R = 총수익
T = 총자산
r_i = 자산 i의 시장수익률
p_i = 총자산 중에서 자산 i가 차지하는 비율

[그림 6-4]에서 평균수익곡선(AR)은 금융기관의 자산 규모와 평균수익과의 관계를 나타낸 것으로 자산의 규모가 증가함에 따라 평균수익률은 감소하기 때문에 평균수익곡선은 수요곡선과 같이 우하향한다.[10)]

한편 금융기관의 재무상태표에서 부채와 자기자본은 자금조달의 원천을 나타낸다. 금융기관의 자본조달비용은 부채에 대한 지급이자와 순이익을 전체 자금조달금액으로 나누어 준 비율이다. 금융기관이 다양한 자금조달원천을 가지고 있는 경우 평균자본조달비용(AC)은 각각의 자금조달원천별 자본조달비용을 그 구성비율로 가중평균한 것과 같다.

$$r^S = \frac{K}{T} = \sum_{i=1}^{n} k_j\, w_j$$

단, r^S : 평균자본조달비용
K : 총자본조달비용
T : 총자본(=총자산)
k_j : j 자금의 조달비용
w_j : 총자본 중에서 j 자금이 차지하는 비중

---

10) 금융기관의 수요곡선 및 평균수입곡선이 우하향하는 것은 금융시장이 독점적 경쟁시장의 성격을 갖고 있기 때문이다. 만약 금융시장이 완전경쟁시장이라면 수요곡선 및 평균수입곡선은 수평선이 된다.

[그림 6-4]에서 평균비용곡선(AC)은 조달된 자금 규모와 평균자본조달비용과의 관계를 나타낸 것으로 조달자금의 규모가 증가함에 따라 평균자본조달비용은 증가하기 때문에 평균비용곡선은 자금의 공급곡선과 같이 우상향한다.

2. 금융기관의 자산규모 결정

전통적 경제이론에서는 이윤의 극대화(profit maximization)를 모든 기업의 유일한 목표로 가정하고 있다. 금융기관의 자산결정에 관한 전통적 이론에서도 이익을 극대화시키는 점에서 금융기관이 자산규모를 선택한다고 가정하고 있다. 그러나 현대기업행태이론에 따르면 기업의 자산규모에 영향을 미치는 요인은 이익 극대화와 같은 한 가지 요인이 아니라 여러 가지 요인에 의해 결정이 된다고 보고 있다.

여기서는 전통적 경제이론에서 주장하는 이익 극대화를 위한 자산규모결정과 현대 행태이론에서 주장하는 자산규모 극대화를 위한 자산규모결정모형에 대해 살펴보기로 한다. 금융기관은 예금 등에 대해 지불하는 이자율과 대출금에 대해 부과하는 이자율을 적절히 조절함으로써 자신의 자산규모를 결정할 수 있다. 먼저 금융기관의 이익을 극대화시키는 자산규모는 새로운 자산으로부터 추가적으로 얻게 되는 수익, 즉 한계수익(MR)이 자금을 추가적으로 조달하는데 드는 비용, 즉 한계비용(MC)과 일치하는 수준에서 결정된다. 즉 [그림 6-5]의 (a)에서 한계수익(MR)과 한계비용(MC)이 일치하는 T에서 금융기관의 이익이 극대화되며, 이익의 규모는 $(AR-AC)\times T$가 된다. 이때 금융기관에서 자금의 수요자에게 부과하게 되는 대출이자율은 r^D, 자금의 공급자에게 지급하게 되는 예금이자율은 r^S가 된다.

그림 6-5 이윤극대화와 자산규모극대화

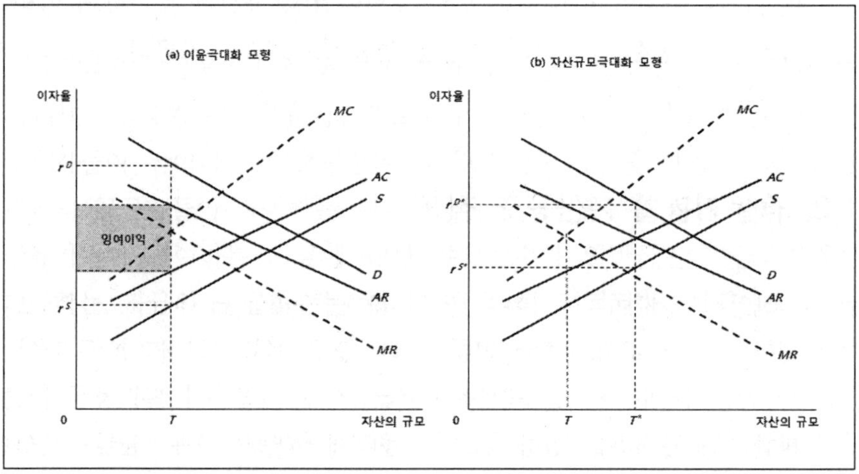

한편 금융기관은 손실이 발생하지 않는 범위 내에서 자신의 자산규모를 늘려갈 수 있는데, 이 경우 금융기관의 최대자산규모는 평균수익(AR)과 평균비용(AC)이 일치하는 수준에서 결정된다. 즉 [그림 6-5]의 (b)에서 평균수익곡선(AR)과 평균비용곡선(AC)이 만나는 T^*에서 자산규모가 결정되며, 이때 금융기관이 자금의 수요자에게 부과하게 되는 대출이자율은 $r^{D'}$, 자금의 공급자에게 지급하게 되는 예금이자율은 $r^{S'}$가 된다.

금융기관이 이윤의 극대화가 아니라 자산규모의 극대화를 추구할 경우 사회적으로 몇 가지 중요한 이득을 가져온다. 첫째, 높은 예금이자율로 더 많은 자금을 조달할 수 있다. [그림 6-5]에서 보면 자산규모의 극대화를 추구할 때 지급하게 되는 예금이자율이 이윤의 극대화를 추구할 때 지급하게 되는 예금이자율보다 높기 때문에($r^{S'} > r^S$) 개별금융기관이 조달하게 되는 자금규모가 T에서 T^*로 늘어나게 된다. 둘째, 낮은 대출이자율로 더 많은 자금을 제공할 수 있다. [그림 6-5]에서 보면 금융기관이 자산규모 극대화를 추구할 때 부과하는 대출이자율이 이윤을 극대화하고자 할 때 부과하는 대출이자율보다 낮기 때문에($r^{D'} < r^D$) 대출수요가 T에서 T^*로 늘어나게 된다. 마지막으로 거래과정에서 발생하는

금융중개비용을 크게 줄일 수 있다. [그림 6-5]에서 보면 개별금융기관이 자산규모의 극대화를 추구할 때의 금융중개비용은 $(r^{D'} - r^{S'})$로서, 이는 이익을 극대화하고자 할 때의 금융중개비용 $(r^{D} - r^{S})$보다 훨씬 낮기 때문에 그만큼 금융시장의 효율성이 증대될 수 있다.

제7장

금융기관의 경영

제1절 개 요

금융기관의 경영은 그 목표에서는 다른 일반기업의 경우와 크게 다를 것이 없지만 금융기관이 보유하는 자산 및 부채의 성격이나 그 구성이 일반기업과 크게 다르기 때문에 금융기관의 경영에는 일반기업의 경영과 다른 몇 가지 특성이 존재한다. 본 절에서는 금융기관의 경영에 따르는 특성과 금융기관의 경영원칙에 대해 살펴보기로 한다.

1. 금융기관경영의 특성

금융기관은 재무상태표를 구성하고 있는 항목, 자산과 부채 및 자기자본의 구성이 일반기업과 크게 다르다. <표 7-1>에서 보면 금융기관이 보유하는 자산은 거의 대부분 금융자산이며, 총자산 중에서 비유동자산이 차지하는 비중도 제조기업에 비해 상대적으로 낮은 편이다. 한편 금융기관은 자본의 구성에 있어서도 일반기업에 비해 자기자본비율(자기자본/부채+자기자본)이 매우 낮은 반면에 부채비율(부채/부채+자기자본)은 제조기업에 비해 매우 높다는 사실을 알 수 있다.

표 7-1 일반은행과 제조기업의 자산 및 자본구성

단위(%)

	금융자산*/총자산		비유동자산/총자산		자기자본/총자본	
연 도	2010	2011	2010	2011	2010	2011
일반은행	92.9	91.1	10.3	9.4	7.2	8.1
제조기업	49.7	48.3	56.7	57.1	48.0	47.8

* 금융자산은 금융기관의 경우 현금, 예치금, 외국환, 유가증권, 대출금을 합산하였고, 제조기업의 경우 당좌자산과 투자자산을 합산한 것임

자료: 기업경영분석, 한국은행 및 은행경영통계, 금융감독원

금융기관은 이와 같이 자산의 대부분을 금융자산의 형태로 보유하며 비유동자산의 비중이 낮기 때문에 영업위험(operating risk)[1]은 제조기업에 비해 상대적으로 낮은 편이지만, 자기자본이 부채에 비해 매우 낮은 수준이기 때문에 재무위험(financial risk)[2]은 상대적으로 높은 편이다. 따라서 금융기관의 경영은 일반기업에 비해 매우 보수적으로 이루어질 수밖에 없음을 알 수 있다.

금융기관의 경영에서는 자산과 부채가 서로 밀접하게 연계되어 있어 자산과 부채의 관리가 독립적으로 이루어질 수 없다. 일반적으로 기업의 투자결정(investment decision)은 자본조달결정(financial decision)과 독립적으로 이루어지게 된다. 그러나 금융기관의 경영에서는 재무상태표의 차변항목과 대변항목이 서로 연결되어 있어 자산 및 부채에 관한 결정을 할 때 서로간의 연관성을 고려하여야 한다. 예를 들면 특정 금융

1) 영업위험이란 미래 경제환경의 변화에 따른 영업이익의 변동가능성을 의미한다. 영업위험이 높으면 매출액의 변화에 따른 영업이익의 변동가능성이 증가하게 된다.
2) 재무위험이란 고정적인 금융비용의 부담에 따르는 순이익의 변동가능성을 의미한다. 즉, 부채의존도가 높을수록 이자비용이 증가하기 때문에 재무위험도 증가하게 된다.

기관에 예금을 한 고객이 바로 그 금융기관으로부터 대출을 받는 고객이 될 수 있기 때문에 개인이나 기업에 대한 대출결정이 곧 그 금융기관의 예금 수준에 영향을 미칠 수 있다. 따라서 금융기관의 경영에서는 예금시장에서 고객과 긴밀한 관계를 유지함으로써 예금의 확보는 물론 대출시장에서 잠재적 수요를 확대할 수 있다.

또한 금융기관이 보유하고 있는 대부분의 자산이 금융자산이기 때문에 이자율이 변동하면 자산과 부채에 동시에 영향을 미치게 된다. 예를 들어 금융시장에서 이자율이 상승하게 되면 대출이자율이 상승하여 수익이 증가할 뿐만 아니라 예금이자율도 상승하여 비용도 증가하게 된다. 이 경우 금융기관은 단기에 만기가 돌아오는 금리민감부채(rate sensitive liability)보다 금리민감자산(rate sensitive asset)을 많이 보유하는 것이 유리하다.[3] 이와 같이 금융기관의 자산과 부채는 서로 연관되어 있기 때문에 자산과 부채의 관리도 동시에 이루어져야 한다.

2. 금융기관의 경영원칙

일반기업은 고객들로부터 돈을 받고 그 반대급부로 재화나 서비스를 바로 제공하는데 비해 금융기관은 돈을 받고도 바로 아무런 반대급부를 제공하지 않고 대신 장래에 반대급부를 제공하겠다는 약속만을 할 뿐이다. 따라서 금융기관에 대한 고객의 신뢰, 즉 금융기관의 공신력이 없다면 금융기관은 존립할 수 없다. 금융기관은 또한 국민경제에 미치는 영향력이 매우 크기 때문에 일반기업에 비해 공공성이 훨씬 강조된다. 이런 의미에서 금융기관은 공신력과 공공성을 바탕으로 세워진 하나의 건물과 같다고 할 수 있다.

금융기관의 공신력은 궁극적으로 지급능력의 확보에 달려있다. 따라서 금융기관이 공신력을 유지하기 위해서는 단기적으로 유동성이 확보되어야 하고 이 밖에도 재무구조의 안전성, 자산의 건전성, 그리고 장기적으로 영속기업으로서의 수익성이 보장되어야 한다.

---

3) 금리변동에 따라 금융기관이 보유하는 자산과 부채의 만기를 신축적으로 조절함으로써 위험을 줄이고 수익성을 높이는 경영기법을 갭 관리(gap management)라고 한다.

한편 금융기관이 사적 기업으로서 수익만을 추구할 경우 공공성이 저하될 우려가 있으므로 금융기관의 경영은 수익성과 공공성이 조화를 이룰 수 있도록 하여야 한다. 일반기업에 비해 금융기관에 대한 정부의 규제가 상대적으로 많은 이유가 이와 같은 금융기관의 공공성에 기인한다고 볼 수 있다.

2-1. 유동성의 원칙

일반적으로 금융기관의 예금 또는 부채는 즉시 인출이 가능한 금융상품이다. 그런데 만약 이러한 고객의 믿음이 무너지게 되면 금융기관은 공신력을 잃게 되고 더 이상 존립할 수 없게 된다. 따라서 금융기관은 이와 같은 금융상품의 인출에 대비하여 적정 수준의 유동성(liquidity), 즉 현금 또는 현금성자산(cash equivalent asset)을 보유해야 한다는 것이 유동성의 원칙이다.

은행의 경영에 있어서 유동성은 무엇보다도 예금인출에 대비하기 위한 예금유동성을 적절히 확보하는 것이 중요하다. 예금유동성을 적절히 확보하기 위해서는 유동성수요를 정확히 예측하고 사전에 필요한 유동성 관리대책을 세워 두어야 한다.

역사적으로 보면 초기 자유은행제도(free banking system) 하에서 은행들이 적정 수준의 유동성을 확보하지 않아 도산을 하는 사례가 늘어나자 중앙은행의 설립 또는 예금보험제도의 도입을 통하여 은행의 예금유동성에 대한 신뢰를 높여 왔다. 특히 중앙은행은 법정지급준비금제도를 도입하여 은행으로 하여금 일정한 유동성을 확보하도록 강제하고, 예상밖의 대량예금인출에 따른 현금부족사태가 발생하면 재할인(rediscount) 형식으로 자금을 공급하여 유동성을 확보하여 왔다. 그러나 오늘날 법정지급준비금제도는 은행의 유동성을 확보한다는 당초의 취지는 크게 퇴색하고 통화량을 조절하기 위한 통화정책수단의 하나로 활용되고 있다.

최근에는 단기금융시장의 발달로 일시적인 자금의 차입이 용이해지자 금융기관은 최소 수준의 유동성만을 보유하고 나머지 가용자금은 수익성 자산에 투자하는 경향이 보편화되고 있다. 이에 따라 금융기관의 유동성은 단순히 예금인출에 대비한 예금유동성을 확보하기 위한 목적이 아니라 고객의 대출수요에 신속하게 대응할 수 있는 대출유동성을 확보하기 위한 방향으로 전환되고 있다.

2-2. 안전성의 원칙

금융기관이 공신력을 확보하기 위해서는 단기적인 유동성 확보만으로 충분하지 않으며 보다 근본적인 지급능력 또는 청산능력(solvency)을 갖추어야 한다는 것이 안전성의 원칙이다. 여기서 청산능력이란 금융기관이 영업을 중단하는 경우 예금주 등 금융기관의 채권자들에 대한 부채를 모두 변제할 수 있는 능력을 말한다. 즉, 금융기관이 보유하고 있는 회수 가능한 자산을 현금화하여 외부부채를 변제할 수 있는 능력을 의미한다.

금융기관의 청산능력은 이익의 사내유보 등을 통한 자기자본의 충실화 정도, 부채의 양적 수준 및 질적 구성 등으로 평가된다. 일반적으로 감독기관은 금융기관의 자기자본비율이 적정 수준에 미달되는 경우 해당 금융기관의 자산규모 및 배당을 줄이거나 새로운 업무를 제한하는 등 자기자본 충실화를 유도하기 위한 규제를 하게 된다. 금융기관의 안정성을 평가하는 지표로는 국제결제은행(BIS, Bank for International Settlement)이 정한 위험가중자기자본비율[4])이 가장 보편적으로 이용되고 있다.

2-3. 건전성의 원칙

금융기관의 경영에는 여러 가지 위험(risk)이 따른다. 그러나 금융기관이 부담하는 위험은 일반투자자들이 부담하는 위험과 달리 사전에 충분이 예측하고 측정할 수 있는 객관적인 위험이다. 금융기관이 이와 같은 위험 부담을 회피하게 되면 금융기관 본연의 책임을 수행할 수 없다. 금융기관의 본래 기능은 고객을 대신하여 위험을 인수하고, 그것에 대

4) BIS비율이라고도 하며, 국제결제은행이 국제 금융시장에서 돈을 빌리고 투자하는 은행들이 지키도록 규정한 자기자본비율을 말한다. BIS비율은 자기자본을 대출, 외화자산 등이 포함된 위험가중자산으로 나눈 비율로 계산된다. 은행이 국제금융 시장에서 정상적으로 영업하려면 최소한 8%의 자기자본비율을 유지해야 한다.

한 대가를 받는 것이기 때문이다. 그러나 금융기관의 위험 부담이 사전에 예측된 것이라고 하더라도 금융기관의 경영에 부담을 주는 것이 사실이다. 따라서 금융기관이 위험을 부담하더라도 그것이 적정한 수준을 벗어나서는 안 된다는 것이 건전성의 원칙이다.

금융기관이 부담하는 위험은 크게 재무적 위험과 비재무적 위험으로 나눌 수 있다. 재무적 위험(financial risk)은 채무자의 상환능력 상실, 담보가치 하락 등으로 발생하는 운용자산의 회수불능(default)이나 등급 하락으로 인한 손실의 가능성을 나타내는 신용위험(credit risk)과 경기, 이자율, 환율 등의 변동에 따른 자산가격의 하락으로 인한 손실의 가능성을 나타내는 시장위험(market risk)으로 구분된다.

비재무적 위험(non-financial risk)은 금융거래과정에서 기술적 또는 관리적으로 부담하게 되는 위험으로 운영위험(operating risk)이라고도 한다. 운영위험은 주로 운영시스템의 장애로 인한 시스템위험(systemic risk), 법률적 분쟁으로 인한 법적위험(legal risk), 부정적 여론 에 의한 시장에서의 신뢰하락으로 인한 평판위험(reputational risk) 등이 있다. 금융기관은 이와 같은 위험을 불가피하게 부담을 하더라도 위험이 현실화되지 않도록 주의를 하고 사전에 예방조치를 취하거나 자산의 부실화를 최소화하는 조치들을 마련하여야 한다.

2-4. 수익성의 원칙

금융기관은 일반기업과 같이 이익을 추구하는 하나의 기업으로서 수익성이 확보되지 않으면 사회적인 제도로서 존립할 수 없다. 예컨대 금융기관도 주주들에게 적정 수준의 배당을 지급하고, 종업원에 대해서는 다양한 후생 복지를 제공해야 영속기업으로서 유지·발전할 수 있다. 만약 주주들에게 적정 수준의 배당을 지급하지 못하면 주주들의 출자유인이 사라져서 증자를 통한 자금조달이 어려워지고, 종업원에 대해 적절한 대우를 하지 못하면 유능한 인재를 확보할 수 없게 된다.

그런데 일반적으로 유동성이나 안전성이 높은 자산은 수익성이 낮고, 수익성이 높은 자산은 유동성이나 안전성이 낮다. 그러므로 금유기관의 자산관리는 단기적으로는 유동성과 안전성을 유지하면서 장기적으로는 수익성을 도모할 수 있도록 균형을 맞추어 이루어져야 한다. 따라서 금융기관의 경영에 있어 유동성자산과 수익성자산을 어떠한 비율로 보유할 것인가를 결정하는 것이 중요한 과제가 된다.

2-5. 공공성의 원칙

금융산업은 다른 산업보다도 사회적 자본(social capital)의 성격이 강한 산업이다. 사회적 자본이란 사회 구성원들이 힘을 합쳐 공동의 목표를 효율적으로 추구할 수 있게 하는 자본을 말한다. 따라서 금융기관의 경영목표는 다른 산업에 비해 공공성이 특히 강조된다.

금융기관의 공공성이란 기업의 상업성 또는 영리성과 대비되는 개념으로서, 소극적 의미의 공공성과 적극적 의미의 공공성으로 구분할 수 있다. 소극적 의미의 공공성이란 금융기관의 도산(bankruptcy), 대량예금인출사태(bank run) 등 시장실패(market failure)의 경우 정부의 개입이 필요함을 말하고, 적극적 의미의 공공성이란 금융기관이 사회적 가치나 공공의 이익에 기여할 사회적 책임(social responsibility)이 있음을 말한다. 과거에는 소극적 의미의 공공성이 중요시되었으나 최근에는 적극적 의미의 공공성에 대한 관심이 증가하여 금융기관이 공공의 이익이나 사회적 가치창조에 기여하여야 한다는 사회적 책임이 강조되고 있다.

금융기관의 공공성은 다른 금융기관보다 특히 은행경영에서 강조되고 있다. 은행의 일국의 통화채널, 자금중개 및 자금결제과정에서 중추적 기능을 수행하는 금융제도로서 국민경제에서 차지하는 역할이 막중하기 때문이다. 따라서 대부분의 국가에서는 은행의 사회적 책임경영을 보다 적극적으로 유도하기 위해 은행의 공익활동을 평가하거나, 이를 공시하도록 의무화하고 있다.

우리나라는 과거 은행의 공공성이 지나치게 강조됨으로써 은행경영에 대한 정부의 간섭이 심했고, 이것이 오히려 은행경영의 부실을 초래했다는 비판을 받아 왔다. 1997년 발생한 외환위기 이후에는 은행경영의 정상화를 급속히 추진하는 과정에서 지나치게 단기성과를 추구한 탓으로 수익성과 공공성을 적절하게 조화하는 경영문화가 정착되지 못하였다. 최근 들어 금융기관의 사회적 책임경영을 기업가치 제고전략으로 활용하는 방안과, 이를 위한 제도적 장치 마련의 필요성이 제기되고 있다.

제2절 유동성관리

1. 유동성관리의 의의

일반적으로 개인이나 기업은 물론 금융기관도 적정 수준의 유동성을 유지하여야 한다. 특히 금융기관의 예금 또는 부채는 언제든지 인출이 가능한 상품이기 때문에 예금인출과 같은 자금수요에 대비하여 적정 수준의 유동성을 보유해야 한다. 그런데 만약 금융기관이 예금인출과 같은 불시의 자금수요를 충족시키지 못하게 되면 금융기관은 고객의 신뢰를 잃게 되고, 고객의 신뢰를 잃게 되면 금융기관은 더 이상 존립할 수 없게 된다. 한편 유동성이 높은 자산은 수익성이 낮기 때문에 유동성의 확보는 수익성의 제고라는 목표와 상충된다. 따라서 금융기관의 유동성관리는 적정한 유동성을 유지하면서 또한 수익성을 제고하는 두 가지 목표를 동시에 추구해야 한다.

금융기관은 유동성을 확보하기 위하여 의무적으로 지급준비자산을 보유하도록 되어 있다.[5] 금융기관이 보유하게 되는 지급준비자산은 제1차 준비금(primary reserves)과 제2차 준비금(secondary reserves)으로 구분된다. 예를 들어 은행에서의 제1차 준비금은 법정지급준비율[6]을 유지하고

5) 이를 지급준비제도라고 한다. 지급준비제도는 금융기관에 대해 예금 등 금전채무의 일정비율에 해당하는 지급준비금을 의무적으로 한국은행에 예치 또는 시재금으로 보유토록 하는 제도이다. 이 제도는 원래 예금자를 보호하기 위한 제도에서 출발하였으나 오늘날에는 재할인제도 및 공개시장조작과 함께 중앙은행의 통화신용정책수단의 하나로 활용되고 있다.

6) 2013년 1월 기준으로 은행은 저축성예금 및 요구불예금총액의 11.5%를 한은에 예치해야 한다. 한국은행은 매월 7일과 22일 두 차례에 걸쳐 각 은행이 해당 지급준비금을 예치했는지 여부를 파악하고 이때 의무비율을 지키지 못한 은행에 대해서는 각

고객의 일상적 현금요구 및 은행고객이 발행한 수표의 교환결제 등에 대비하기 위하여 은행이 보유하는 현금항목이다. 은행의 현금항목은 시재금, 예치금 및 미교환수표로 구성된다.

제2차 준비금은 금융기관이 법정지급준비금을 초과하여 보유하는 초과지급준비금(excess reserves)으로서, 이 자금은 주로 단기매매 금융자산(trading assets)에 투자되어 이자수익을 얻다가 추가자금이 필요할 때는 바로 매각하여 현금으로 전환되게 된다.

이와 같이 금융기관은 법으로 정해진 수준의 유동성을 보유하는 것 이외에도 예금의 인출과 대출수요의 증가에 대비하여 유동성이 필요하다. 즉, [그림 7-1]에서 보는 바와 같이 예금의 인출이나 대출수요의 증가가 나타나게 되면 금융기관의 재무상태표항목은 재조정되어야 한다. 예금인출이나 대출수요의 변화는 경기의 변동, 계절적인 수요의 변동, 장기적인 추세의 변화 그리고 불규칙적인 변동 등으로 인하여 발생한다.

그림 7-1 예금 및 대출과 유동성 수요

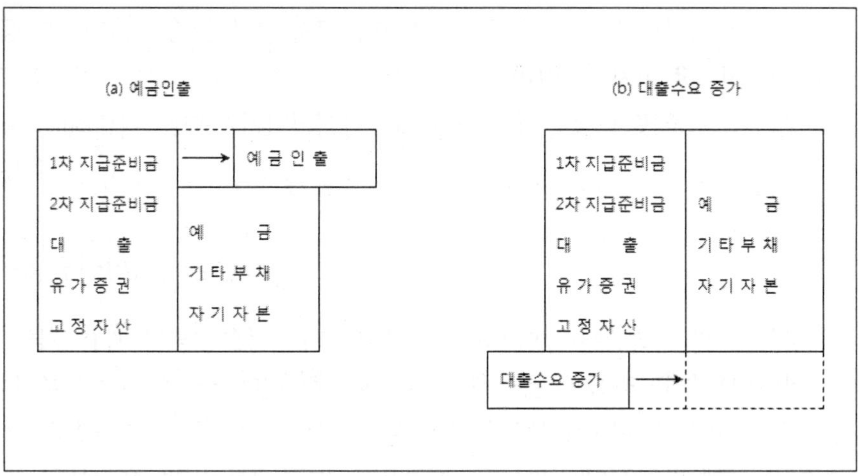

종 제재조치를 취하고 있다.

[그림 7-1]의 (a)와 (b)에서 금융기관이 예금인출이나 대출수요의 증가를 수용하지 못하면 재무상태표의 대변이나 차변에 갭(gap)이 생기게 된다. 이 갭을 막기 위하여 장기유가증권을 매도하거나 대출채권을 회수하여 유동성을 조절하게 되면 금융기관의 수익성에 악영향을 미쳐 금융기관의 경영목표를 달성할 수 없게 된다. 특히 예금인출에 대한 유동성 부족현상이 발생할 경우에 법적인 제재는 물론이고 금융기관의 공신력이 실추되어 그 손실이 막대하다. 또한 핵심 고객에 대하여 대출수요를 만족시키지 못할 경우 금융기관이 여유자금이 생길 때에 대출수요 확보에 어려움을 겪을 수 있다. 요약하면 유동성관리란 자금인출과 자금수요의 규모와 시기를 잘 측정하고 예측하여 재무상태표의 차변과 대변 사이에 발생할 수 있는 갭을 효율적으로 메우는 작업이라고 할 수 있다. 이러한 작업은 결국 금융기관이 어느 정도의 유동성을 어떤 자산의 형태로 보유하는가 하는 결정으로 귀결된다.

2. 유동성관리의 과제

2-1. 유동성수요의 측정

최적 수준의 유동성을 보유하기 위해서는 우선 금융기관의 예금수준과 대출수준이 어떻게 변하는가를 예측하여야 한다. 일반적으로 예금과 대출의 수준은 계절적 변화, 경기 변동, 장기적 추세, 그리고 예상할 수 없는 불규칙한 사건들에 의해 영향을 받는다. 예를 들면 예금이나 대출수요의 계절적인 변화요인으로는 설이나 추석과 같은 명절, 연말연시, 법인세납기일 등이 있고, 경기 변동은 경기순환주기와 깊은 관련이 있다. 또한 경제성장률이나 통화량 증가율과 같은 거시경제요인이 예금과 대출수준의 장기적 추세에 많은 영향을 끼치게 되며, 1997년에 발생한 IMF 외환위기나 2008년에 시작된 글로벌 금융위기는 사전에 예측하기 힘든 사건들로 금융기관의 유동성수요에 많은 영향을 미쳤다.

그림 7-2 유동성수요의 변화추세

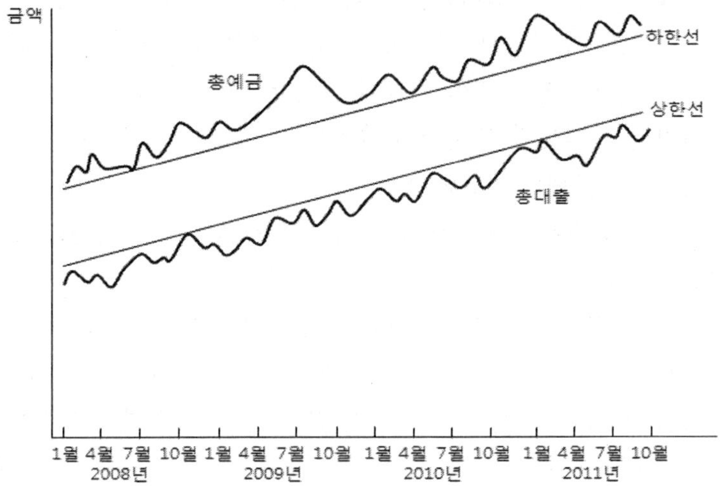

예를 들어 어떤 은행의 최근 4년 동안의 총예금과 총대출이 [그림 7-2]와 같이 변화했다고 가정해 보자. [그림 7-2]에서 총예금의 변동추이를 살펴보면 예금은 2008년부터 2012년까지 장기적으로 꾸준히 증가하고 있다는 사실을 알 수 있다. 또한 예금의 저점을 연결한 하한선을 그려보면 계절에 따라 변동하는 예금과 계절에 관계없이 일정한 예금을 찾아낼 수 있다. 따라서 계절에 따라 변동하는 예금에 대해서는 예금의 인출에 적절히 대응할 수 있도록 사전에 유동성계획을 수립하도록 하어야 한다.

[그림 7-2]에서 보면 이 은행의 대출수요 역시 2008년부터 2012년까지 장기적으로 꾸준히 증가하고 있다는 사실을 알 수 있다. 그리고 대출의 고점을 연결한 상한선을 그려보면 예금과 마찬가지로 계절에 따라 변동하는 대출수요와 계절에 관계없이 일정한 대출수요를 찾아낼 수 있다. 대출이 상한선까지 증가하면 은행은 유동자산을 줄이거나 또는 차입을 늘려 증가하는 대출수요에 대비하도록 해야 한다.

2-2. 유동성관리의 방법

금융기관의 재무상태표를 살펴보면 금융기관의 경영자가 임의로 관리할 수 있는 항목들과 그렇지 못한 항목들로 구성되어 있다는 것을 알 수 있다. 예를 들면 당좌예금의 수준은 고객들의 유동성수요에 따라 늘어나거나 줄어들기 때문에 금융기관의 경영자가 그 수준에 영향을 미칠 수 없는 항목이다. 대출수요의 수준도 금융기관의 경영자가 영향을 미치기 어려운 항목이다. 대출수요는 경기 변동이나 이자율 수준 등의 외부환경에 의하여 영향을 받기 때문이다.

한편, 금융기관의 재무상태표를 구성하는 항목 중에는 경영자가 임의로 그 수준을 조절할 수 있는 항목들도 있다. 예를 들면 금융기관이 유동성을 확보하고 동시에 수익을 얻기 위해 보유하는 단기매매금융자산이나 매도가능금융자산, 금융기관이 자금을 조달하기 위하여 단기금융시장에서 발행한 단기매매금융부채는 경영자가 필요에 따라 조정할 수 있는 항목들이다. [그림 7-3]은 금융기관의 재무상태표를 경영자가 임의로 조정할 수 있는 자산 및 부채와 임의로 조정할 수 없는 자산 및 부채로 분류한 것이다.

그림 7-3 금융기관의 재무상태표

재무상태표

자산		부채	
관리가능자산	현금및예치금 상품유가증권	관리가능부채	차 입 금 양도성예금(CD)
관리불능자산	대 출 투자유가증권	관리불능부채	요구불예금 저축성예금 자 본

이와 같이 금융기관의 자산과 부채를 경영자가 임의로 변경할 수 있는 항목과 그렇지 못한 항목으로 분류할 경우 금융기관의 유동성관리란 결국 임의로 변경할 수 없는 항목의 변화를 임의로 조정할 수 있는 항목의 변화로 조절하는 것이라고 할 수 있다.

금융기관의 유동성관리방법은 보수적인 유동성관리방법과 진보적인 유동성관리방법이 있다. 보수적 유동성관리는 금융기관이 예금과 대출 수준의 변화에 대비하여 유동성이 높은 자산을 많이 보유하고 있다가 유동성이 부족할 때 그 자산을 매각하여 유동성을 확보하는 방법을 말한다. 이 방법은 유동성이 부족할 때 자산을 처분하여 바로 유동성을 조달할 수 있기 때문에 유동성 부족으로 인하여 생길 수 있는 문제점들을 최소화할 수 있는 방법이다. 반면 진보적 유동성관리는 유동성이 부족할 때 주로 단기금융시장에서 자금을 차입하여 충당하는 방법을 말한다. 단기금융시장에서 유통되는 증권들은 대부분 금융기관의 유동성관리수단으로 활용될 수 있다. 이 방법은 보수적 유동성관리방법에 비해 위험한 방법이라고 볼 수 있다. 그 이유는 유동성이 부족할 때 필요한 자금을 즉시 조달할 수 있다는 보장이 없으며, 자금을 조달할 때의 비용도 매우 불확실하기 때문이다.

금융기관이 유동성을 조달할 때는 유동성이 필요한 기간을 고려하여 유동성의 조달방법을 결정하여야 한다. 유동성이 단기적으로 필요한 경우에는 가능한 한 단기자금을 통하여 유동성을 조달해야 하고, 유동성이 장기적으로 필요한 경우에는 그 기간에 맞는 장기자금을 통하여 유동성을 조달하여야 한다. 예를 들어 어떤 은행이 하루나 일주일 동안 자금이 필요할 때는 콜시장[7]에서 자금을 조달하는 것이 더 유리하지만 수개월에 걸쳐 자금이 필요할 때는 양도성예금증서(CD)[8]를 발행하는 것이 보다 바람직하다.

---

7) 금융기관 상호간에 초단기자금의 대차거래가 이루어지는 단기금융시장을 말한다. 자금을 대출한 경우를 콜론, 차입한 경우를 콜머니라고 한다. 콜시장은 금융기관의 지급준비금과부족을 조정하는 기능을 한다.

8) 은행의 정기예금에 양도성을 부여한 것으로, 은행이 발행하고 증권회사의 중개를 통해 매매된다. 예금통장과는 달리 통장에 무기명으로 발행되며, 중도해지는 불가능하나 양도가 자유로워 유동성이 높은 상품이다. CD금리는 단기금리의 기준금리로서 변동금리채권, 주가지수 선물 및 옵션 시장의 기준금리로 활용되고 있다.

2-3. 유동성의 측정방법

금융기관의 유동성은 저량(stock)과 유량(flow)의 두 가지 관점에서 측정할 수 있다. 저량의 관점에서 유동성을 측정하는 방법은 금융기관의 재무상태표를 보고 부채의 만기구조에 따라 유동성 준비금을 결정하는 방법이다. 즉, 단기부채에 대해서는 유동성 준비금으로 보유해야 하는 자금의 비율을 높이고, 장기부채에 대해서는 그 비율을 낮추는 방법이다. 이때 각각의 부채에 대해 보유해야 할 유동자산의 비율은 과거의 경험에 의하여 결정된다. 이 방법은 흔히 금융감독기관이 지급준비금(required reserves)의 수준을 결정하거나, 또는 금융기관이 1차 지급준비금을 결정하기 위해 사용되는 방법이다.

저량의 관점에서 가장 널리 이용되는 금융기관의 유동성 지표는 예대율(loan to deposit ratio)이다. 예대율은 예금에 대한 대출의 비율을 의미하는 것으로서 이 비율이 증가하면 은행 경영자는 대출이나 유가증권 투자를 줄이는 것이 바람직하다. 우리나라 은행들의 최근 예대율을 보면 <표 7-2>와 같다.

표 7-2 국내 은행의 예대율(2011년)

(단위: 억원, %)

	시중은행	지방은행	특수은행
총대출(A)	6,817,713	781,366	3,645,977
총예금(B)	7,176,109	811,499	2,296,457
예대율(A/B)	95.01	96.29	158.77

자료 : 금융감독원, 은행경영통계, 2012년

예대율을 이용하여 금융기관의 유동성을 측정하는 방법은 대출자산의 만기구조나 질적 특성을 나타낼 수 없다는 한계가 있다. 예를 들어 동일한 예금과 대출금을 갖고 있는 은행이라고 하더라도 한 은행은 대출금은 만기가 1년 이하인 반면에 다른 은행의 대출금은 만기가 1년 이상 남아 있다고 한다면 두 은행의 예대율은 동일하지만 유동성은 동일하다고 할 수 없을 것이다. 또한 동일한 대출금이라고 하더라도 대출고객의 신용위험에 따라 금융기관이 부담하는 유동성 위험은 달라질 수 있다. 이밖에 저량의 관점에서 금융기관의 유동성 측정에 이용되는 지표로는 예금 대비 지급준비자산의 비율(지급준비율), 예금 대비 유동성자산[9)]의 비율(유동성비율) 등이 있다.

유량의 관점에서 유동성을 측정하는 방법은 예금이나 대출계정의 잔액에 의해서가 아니라 일정한 기간 중에 발생하는 현금유입(cash inflow)과 현금유출(cash outflow)로부터 유동성을 파악하려는 방법이다. 유량의 관점에서 유동성의 측정은 금융기관의 과거의 현금유입과 현금유출의 변동성에 대한 분석을 기초로 이루어진다.

그림 7-4 누적적 현금흐름

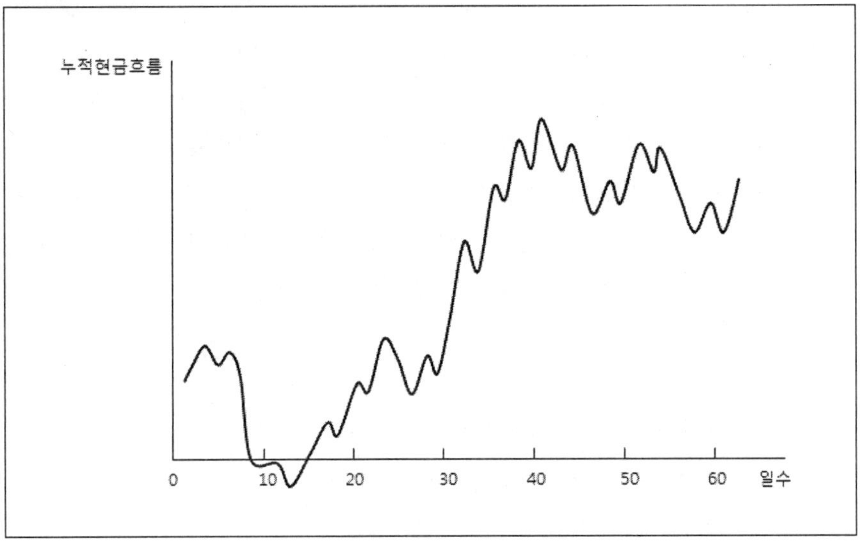

[그림 7-4]는 시간의 경과와 함께 발생하는 특정 금융기관의 순현금흐름(현금유입-현금유출)의 누적량을 나타낸 것이다. [그림 7-4]에서 누적적 현금흐름이 줄어드는 기간이 있는데, 이 기간은 순현금유출이 발생하는 기간이다. 이렇게 순현금유출이 발생하는 기간에는 금융기관이 자

9) 금융기관의 유동성자산에는 시재금, 각종 예치금, 콜론, 단기매매상품, 내국신용장어음매입 등이 있다.

금수요를 충족시킬 수 있을 만큼의 유동성 자산을 보유하거나 그러한 시기에 즉시 이용할 수 있는 자금조달원천을 확보하고 있어야 한다.

저량의 관점에서 금융기관의 유동성 측정에 이용되는 지표로는 일정한 기간 동안의 요구불예금 환급액을 같은 기간 동안의 요구불예금 평균잔액으로 나누어 구한 요구불예금회전율이나 일정 기간 동안의 대출금 회수액을 같은 기간 동안의 대출금 평균잔액으로 나눈 대출금회전율 등이 있다.

3. 유동성관리의 변화

3-1. 전통적 유동성관리

1960년대 초반까지 은행들의 유동성관리방법은 주로 유동성이 높은 자산을 많이 보유하고 있다가 만일 유동성부족이 발생하면 콜시장에서 단기자금을 차입하여 유동성부족을 해결한 후 유동성 자산을 매각하여 빌린 자금을 상환하는 방법을 사용하여 왔다. 즉 이 방법은 유동성이 필요하면 유동성이 높은 자산을 현금화하여 유동성 부족현상을 해결하는 방식이다. 전통적인 유동성 관리방식에서는 유동성을 위하여 보유하는 자산의 종류를 다음과 같은 세 가지로 구분하고 있다.

① 제1차 지급준비금(primary reserve)
② 제2차 지급준비금(secondary reserve)
③ 제3차 지급준비금(tertiary reserve)

여기서 제1차 지급준비금은 금융기관이 보유하고 있는 현금이나 중앙은행 예치금으로 법정지급준비금을 초과하는 부분이다. 제1차 지급준비금은 금융기관의 실질적 지급준비금이지만 이는 비수익성 자산이므로 금융기관의 수익성을 위해서는 최소한의 수준에서 보유할 필요가 있다.

제2차 지급준비금은 금융기관이 보유하고 있는 유동성이 높은 금융상품을 말하는데, 가장 대표적인 것이 단기 국공채이다. 제2차 지급준비금에 속하는 금융상품은 유동성이 높고, 지급불능위험(default risk)이 낮은 단기금융상품이다. 제2차 지급준비금은 자금의 계절적 수요나 예기치 않은 대출수요의 증가 등에 대한 유동성을 제공한다.

제3차 지급준비금은 대출수요의 증가나 예금유입의 감소와 같은 장기적 자금수요의 증가에 대응하여 유동성을 확보하기 위한 것으로 장기국공채가 여기에 속한다.

3-2. 진보적 유동성관리

1960년대 중반부터 미국에서 시작된 높은 인플레이션과 급격한 경기변동, 그리고 격심한 이자율 변동 등의 금융환경의 불안정성으로 인하여 금융기관의 수익성이 크게 위협을 받게 되었고, 이로 인해 수익성을 전혀 고려하지 않는 종래의 유동성관리방식은 더 이상 유지되기 어렵게 되었다. 이에 따라 나온 것이 부채관리를 통한 유동성관리방식이다. 1960년대 중반에 은행들은 예금이자율에 대한 정부규제와 높은 시장이자율로 인하여 다량의 양의 예금인출을 경험하게 되었고, 유동성부족의 문제가 심각하게 대두되었다. 이를 타개하기 위해 은행들은 양도성예금증서(CD) 등 이자율에 민감한 예금상품을 개발하여 자금을 조달하기 시작했고 이어 여러 가지 단기금융상품을 개발하여 시장에 판매함으로써 유동성을 조달하는 방식이 이용되게 되었다. 이와 같은 부채관리를 통한 유동성관리는 예금에 의존하는 전통적인 방법이 아니라 새로운 증권을 팔아 자금을 조성하고 이 자금을 예금인출에 대비한 유동성과 동시에 대출수요 충족을 위한 유동성으로 활용함으로써 금융기관의 수익성을 높이기 위한 방식이라고 할 수 있다. 부채관리를 통한 유동성관리가 가능해짐에 따라 금융기관은 과거와 같이 많은 자금을 수익성이 낮은 자산에 투자를 할 필요가 없게 되었으며 더 많은 자금을 수익성이 높은 자산에 투자를 할 수 있게 되었다.

제3절 투자관리

1. 투자관리의 의의

일반적으로 금융기관이 보유하고 있는 자산 중에서 증권이 차지하는 비중은 대출 등에 비해 상대적으로 낮은 편이다. 이와 같은 현상은 대체로 대출을 함으로써 얻을 수 있는 기대수익률이 증권투자로부터 얻을 수 있는 기대수익률보다 높기 때문일 것이다. 그렇다면 금융기관이 투자 가능한 자금을 전부 대출에 사용하지 않고 그 자금의 일부를 증권에 투자하게 되는 이유는 무엇일까? 금융기관이 증권에 투자를 하는 이유는 다음과 같다.

첫째는 유동성을 확보하기 위한 목적이다. 앞에서도 설명하였지만 금융기관의 대출수요는 경기의 변동에 따라 크게 변한다. 경기가 확장될 때는 대출수요가 늘어나지만 경기가 후퇴할 때에는 대출 가능한 자금에 비하여 대출수요가 적을 수 있기 때문에 그 여유자금을 대출수요의 증가에 대비하여 증권에 투자를 하게 되는 것이다. 또한 금융기관은 예금의 인출을 항상 정확하게 예측할 수 없다. 따라서 예금의 인출에 대비하기 위해서는 대출 가능한 자금이라도 전부 대출을 해줄 수가 없다. 즉, 일정 수준의 자금을 유가증권에 투자하였다가 예금인출로 유동성이 부족할 때 이것을 팔아서 사용할 수 있다. 그러나 이러한 유동성 관리를 위한 증권투자는 근래에 와서 그 중요성이 줄어들고 있다. 앞에서 설명하였듯이 금융기관이 부채관리를 통하여 유동성을 조달할 수 있는 환경이 조성되면서 증권의 매매를 통한 유동성관리의 역할이 상대적으로 감소하였기 때문이다.

둘째는 수익성을 확보하기 위한 목적이다. 일반적으로 증권투자로부터 얻을 수 있는 수익률은 대출로부터 얻을 수 있는 수익률보다 낮지만 모든 자금을 대출에 사용하는 것보다는 일정 한 부분을 유가증권에 투자함으로써 보다 높은 수익률을 얻을 수 있다. Klein[10)]은 금융기관이 이익을 극대화하기 위해 재무상태표의 각 항목의 수준을 어떻게 정하는지와 그에 따른 수익률이 어떤 수준에서 결정에 대해 [그림 7-5]와 같이 설명하고 있다.

그림 7-5 최적증권투자 결정

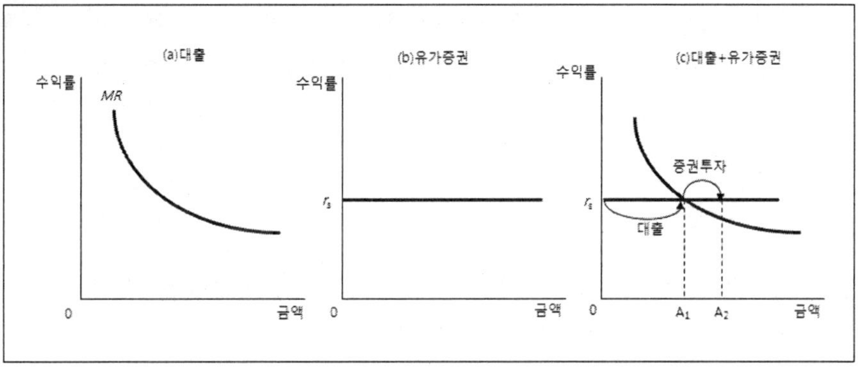

[그림 7-5]에서 대출은 그 규모가 증가할수록 수익이 줄어들어 한계수입곡선(MR)은 우하향한다. 반면 증권투자는 금융시장이 완전경쟁시장이라면 그 수익이 일정하기 때문에 한계수입곡선이 수평선이 된다. 따라서 대출의 최적수준은 대출의 한계수익률이 증권의 투자수익률과 일치하는 A_1이 되고, A_1을 초과하는 자금은 대출을 하지 않고 유가증권에 투자하면 된다. 이 경우 모든 자금을 대출에 이용하는 것보다 유가증권에 일부를 투자함으로써 분산투자효과도 얻을 수 있어 금융기관의 수익흐름을 안정시키는데 도움을 준다. 즉, 분산투자를 통하여 금융기관의 수익흐름의 안정성을 높임으로써 위험을 줄일 수 있다. 이러한 측면에서 금융기관의 투자관리의 목표는 증권투자로부터 발생하는 수익과 위험을 효율적으로 관리함으로써 궁극적으로 금융기관의 가치를 극대화하는 것이라고 볼 수 있다.

---

10) M.A. Klein, “A Theory of the banking firm,” *Journal of money, credit, and banking* 3 (May 1971), pp.205-218.

2. 투자증권의 분류

금융기관이 보유하고 있는 유가증권을 대별하면 단기금융시장에서 거래되는 기업어음(CP), 양도성예금증서(CD) 등의 단기증권과 증권시장에서 거래되는 채권, 주식, 집합투자증권, 파생금융상품 등의 장기증권이 있다. 그런데 단기증권은 금융기관이 유동성조절을 목적으로 보유하는 경우가 대부분이기 때문에 여기서는 투자목적으로 보유하는 장기증권의 종류와 특성에 대해 살펴본다.

2-1. 채권

채권(bonds)은 발행주체에 대하여 미래 일정기간에 걸쳐 투자자에게 약정된 금액을 지급하는 의무를 부여하는 증권을 말한다. 국가나 지방자치단체, 금융기관, 일반기업 등은 주로 장기자금을 조달할 목적으로 차용증서(IOU)인 채권을 발행한다.

채권은 다음과 같은 특징을 가지고 있다. 첫째로 채권은 고정소득증권이다. 즉 채권은 발행 당시에 매기 지급하는 표면이자와 만기에 상환할 원금이 확정되어 있다. 따라서 투자를 통해 사전에 약속된 수익 이상은 얻을 수 없다. 그러나 발행주체가 파산하는 경우와 같이 약속한 금액을 지급하지 못할 가능성은 있다. 둘째로 채권은 이자지급증권이다. 채권에는 액면가와 매기 지급하기로 약속한 이자율이 표시되어 있는데, 채권의 발행자는 수익의 발생여부와 관계없이 채권 소유자에게 이자를 지급하여야 한다. 셋째로 채권은 기한부증권이다. 즉 채권에는 이자와 원금의 상환기간, 즉 만기가 반드시 명시되어 있다.

채권은 발행주체에 따라 국공채와 회사채로 구분된다. 국공채는(public bond) 국가나 지방자치단체, 또는 특수법인이 재정적자를 보전하거나 특정사업에 필요한 자금의 조달을 위하여 발행하는 채권이다. 국공채는 국가나 지방자치단체가 발행하는 채권이기 때문에 사채에 비해 채무불이행의 위험(default risk)이 훨씬 낮다. 국공채는 다시 발행주체 또는 자금의 용도 등에 따라 다음과 같이 여러 가지 형태로 분류된다.

국채는 국가에서 발행하는 채권으로 ①일반회계의 재정적자를 보전하기 위해 발행하는 일반국채, ②특정사업의 자금을 조달하기 위해 발행하는 사업국채, ③국가의 정책사업의 자금조달을 위해 발행하는 기금증권, ④재정자금의 수요조절을 통한 통화량조절을 위해 발행하는 재정증권이 있다. 지방채는 지방자치단체에서 발행하는 채권으로 현재 우리나라 지방자치단체에서 발행하고 있는 지방채에는 지하철공채, 지역개발채권 등이 있다. 특수채는 발행주체에 따라 금융채와 공기업채권으로 분류할 수 있다. 금융채는 특별법에 의해 설립된 금융기관이 발행한 채권이다. 한국산업은행에서 발행하는 산업금융채권, 외환은행에서 발행하는 외국환금융채권, 기업은행에서 발행하는 중소기업금융채권 등이 있다. 한국은행에서 통화량 조절을 목적으로 발행하는 통화안정증권도 일종의 금융채이다. 공기업채권은 특수법인이나 정부투자기관에서 발행하는 채권으로서 한국전력공사에서 발행하는 전력채권, 한국토지개발공사에서 발행하는 토지개발채권 등이 있다.

회사채는 주식회사가 일반대중으로부터 장기간에 걸쳐 거액의 자금을 조달하기 위해 발행한 유가증권이다. 현재 우리나라에서 발행되고 있는 사채의 만기는 3~5년으로 기업의 장기자본조달수단으로 이용되고 있다. 국공채는 지급불능의 위험이 거의 없지만 회사채는 발행기업의 영업 및 재무상태에 따라 지급불능의 위험을 지니고 있다.

회사채는 이자지급방법에 따라 이표채와 할인채로 구분된다. 이표채(coupon bond)는 매기 이자를 지급 받고 만기일에 원금을 지급 받는 회사채이다. 할인채(discount bond)는 회사채를 발행할 때 액면금액에서 만기일까지의 이자를 미리 차감한 가격으로 발행하고 만기에 액면금액을 전액 상환하는 회사채이다. 최근 우리나라에서 발행되고 있는 복리채(compounding bond)는 액면금액으로 발행한 후 만기에 액면금액과 이자를 동시에 지급하고 있다. 회사채는 원금과 이자의 상환을 위한 담보의 제공 유무에 따라 담보부사채와 무담보사채로 구분된다. 담보부사채(secured bond)는 발행회사가 원금과 이자의 상환을 보장하기 위해 부동산 등의 물적 담보를 제공한 회사채이고, 무담보사채(debenture)는 원리금 상환이 발행회사의 신용에 의존하는 회사채이다. 우리나라 금융기관에서 발행하고 있는 자산유동화증권(asset-backed securities; ABS)은 담보부사채의 일종이다. 한편 보증사채(guaranteed bond)는 원금과 이자의 상환을 은행 등의 제3자가 보증한 회사채로서 1997년 외환위기 이전까지 우리나라에서 발행된 회사채의 대부분이 보증사채였다. 무보증사채(non-guaranteed bond)는 기업이 원리금 상환 및 이자 지급을 제3자의 보증이나 물적 담보 없이 신용에 의해 발행하는 회사채로 일반사채라고도 한다. 원리금 회수에 대한 위험부담이 크기 때문에 제3자가 보증하는 보증사채나 담보부사채에 비해 이자율이 높고 기간이 단기인 것이 특징이다.

회사채는 표면이자율이 만기까지 고정되어 있는가 아니면 변동하는가에 따라 고정금리채와 변동금리채로 구분된다. 고정금리채(fixed rate bond)는 발행 당시 확정된 표면이자율에 따라 만기까지 이자를 지급하는 채권으로 확정금리부채권이라고도 한다. 최근 우리나라에서 발행된 회사채의 대부분이 이에 해당한다. 변동금리채(floating rate bond)는 표면이자율이 기준금리에 연동되어 변동하는 채권이다. 우리나라는 1994년 9월부터 발행이 허용되었고 기준금리는 3개월 만기 양도성예금증서(CD) 유통수익률로 하고, 가산금리는 발행회사의 신용도에 따라 차등 적용된다.

기업이 회사채를 발행할 때에 여러 가지 다양한 옵션(option)을 부여하기도 하는데 이러한 채권을 옵션부사채라고 한다. 이러한 옵션부사채에는 전환사채, 신주인수권부사채, 교환사채 등이 있다. 전환사채(convertible bond: CB)는 투자자에게 일정한 기간 이내에 일정한 가격으로 발행회사의 주식으로 전환할 수 있는 권리가 부여된 회사채이다. 사채권자는 발행회사의 주가가 상승할 경우 전환권을 행사하여 주가상승의 효과를 얻을 수 있고, 반대로 주가가 낮은 상태로 있으면 주식으로 전환하지 않고 일반채권과 마찬가지로 이자와 원금을 지급받게 된다. 신주인수권부사채(bond with warrant: BW)는 발행회사가 신주를 발행할 경우 채권자에게도 주주와 마찬가지로 신주를 일정한 가격으로 인수할 수 있는 권리를 부여한 채권이다. 신주인수권부사채는 분리형과 비분리형으로 나누어지는데. 분리형은 신주인수권을 따로 떼어 거래할 수 있지만 비분리형은 사채와 신주인수권이 함께 거래된다. 우리나라에서는 주로 비분리형 신주인수권부사채가 발행되어 왔으나 1999년 1월부터 분리형 신주인수권부사채의 발행이 허용되고 있다. 교환사채(exchangeable bond: EB)는 투자자에게 일정한 기간 내에 약정된 조건으로 발행회사가 보유하고 있는 증권거래소에 상장되거나 코스닥시장에 등록된 유가증권으로 교환을 청구할 수 있는 권리가 부여된 채권을 말한다. 교환권을 행사할 경우 발행회사의 자산(보유 유가증권)과 부채(교환사채)가 동시에 감소하게 된다. 사채권자가 교환권을 행사하더라도 회사에 신규자금의 유입이나 자본금의 증가가 없다는 점에서 신주인수권부사채나 전환사채와 차이가 있다. 교환사채의 교환대상 유가증권은 일반적으로 한 종류의 유가증권이지만 두 종류 이상인 경우도 있는데 이러한 교환사채를 오페라 본드(opera bond)라고 부른다.

2-2. 주식

주식(stock)은 주식회사가 발행하는 출자증권으로 기업이 경제주체로서 성립하기 위한 납입자본을 조달하기 위하여 발행된다. 주식은 상법상 자본구성단위의 의미를 지니는데 주식발행에 의해 조달된 자본은 회사의 자기자본으로 전환되어 기업경영의 물적 기초가 되며, 주식의 소유자는 주주로서 회사에 대하여 법률상 규정된 지위를 갖게 된다.

기업이 발행할 수 있는 주식의 종류에는 이익배당과 잔여재산의 분배에 관한 권리의 순서에 따라 보통주, 우선주, 후배주, 혼합주가 있다. 이 중 보통주는 배당 등의 표준이 되는 주식을 말한다. 보통주는 주식회사가 자기자본을 조달하기 위해 발행하는 것으로 사채와 더불어 기업의 장기적인 자금조달의 원천이 된다.

주식에는 액면주식과 무액면주식이 있다. 액면주식(par value stock)은 주식에 액면가격이 표시되어 있는 주식이고, 무액면주식(no-par value stock)은 액면가격이 표시되어 있지 않은 주식이다. 우리나라 상법에서는 1주의 액면가를 5,000원 이상으로 주식에 표시하여야 한다고 규정하고 있다. 그러나 주식의 액면가는 주식의 시장가격이나 주주지분의 장부가격을 제대로 표시하지 못하고 있으므로 그 의미가 거의 없다. 따라서 미국에서는 무액면주식이 보편화되어 있으며 일본에서도 이 제도를 채택하고 있다. 주식에는 기명주식과 무기명주식이 있다. 기명주식(registered stock)이란 주권 또는 주주명부에 주주의 이름이 기재되어 있는 주식이고, 무기명주식(bearer stock)은 주주의 이름이 기재되지 않는 주식이다. 우리나라는 기명주식의 발행을 원칙으로 하고 있다. 기명주식은 주주로서의 권리 행사자를 명확히 파악할 수 있다는 장점이 있는 반면 주식을 신속하게 유통시킬 수 없다는 단점이 있다. 무의결권주(non-voting share)는 일반 보통주보다 우선적으로 이익배당을 받는 대가로 주주에게 의결권이 주어지지 않는 주식이다. 그러나 무의결권주주가 이익배당을 받지 못하면 의결권을 행사할 수 있다. 무의결권주는 투자자의 입장에서 보면 주가상승에 의한 자본이득이나 높은 배당소득을 얻을 수 있고 기업의 입장에서는 경영권의 침해를 받지 않고서 자기자본을 조달할 수 있다는 장점이 있다. 우리나라 상법에서는 무의결권주의 수가 총발행주식 수의 4분의 1을 초과하지 못하도록 제한하고 있다.

우선주(preferred)는 이익배당이나 잔여재산분배에 관해 보통주보다 우선적인 권리를 갖는 주식이다. 따라서 우선주는 회사채의 성격과 보통주의 성격이 복합된 혼성증권이라고 할 수 있다. 우리나라에서는 기업이 우선주를 발행하는 경우 지급해야 할 최저배당률을 정관에 규정하도록 하고 있다. 우선주는 배당의 누적여부에 따라 누적적 우선주와 비누적적 우선주로 나뉜다. 누적적 우선주(cumulative preferred stock)는 기업이 예정된 배당을 지급하지 못할 때 미지급된 배당을 다음 연도에 이월하여 지급하는 우선주이다. 비누적적 우선주(non- cumulative preferred stock)는 기업이 예정된 배당을 지급하지 못하더라도 미지급 배당금이 이월되지 않는다.

우선주는 이익배당이나 잔여재산 청구 등에서 보통주보다 우선하기 때문에 일반주주와 달리 의결권이 주어지지 않는 것이 일반적이다. 그러나 우선주에 대하여 약속한 배당금을 지급하지 못한 경우에는 우선주 소유주에게 회사의 경영진을 선출할 수 있는 권리가 주어진다.

2-3. 수익증권

수익증권은 집합투자업자[11)]가 일반투자가에게 발행하는 권리증서로서 주식이나 채권과 같이 증권시장에서 거래된다. 투자신탁(investment trust)은 불특정 다수의 일반투자자로부터 자금을 모아 증권시장에 분산투자를 하고 그 투자수익을 투자가에게 배분하는 제도이다. 투자신탁은 조직의 형태에 따라 다음과 같이 계약형과 회사형으로 분류된다.

계약형 투자신탁이란 신탁계약에 근거하여 조직·운영되는 투자신탁으로서 우리나라와 일본에서 주로 운용되고 있는 형태이다. 계약형 투자신탁은 집합투자업자와 수탁회사, 수익자로 구성된다. 집합투자회사는 판매회사를 통하여 수익증권을 발행·판매하고 그 자금을 운용하는 회사로서 우리나라에서는 자산운용회사가 그 역할을 하고 있다. 수탁회사는 집합투자업자와의 신탁계약에 따라 위탁받은 증권 및 현금을 보관하는 자로서 우리나라에서는 은행이 그 역할을 맡고 있다. 한편 수익자는 투자자, 즉 자금의 제공자를 말하며 투자로부터 발생하는 이익에 대하여 분배청구권을 갖게 된다.

회사형 투자신탁은 증권투자를 목적으로 하는 투자회사를 설립하고 투자회사가 발행한 주식을 투자가에게 판매하여 자금을 조달하는 투자신탁으로서 미국의 뮤추얼펀드에서 발전된 제도이다. 계약형 투자신탁은 수익증권을 발행하여 자금을 조달하고 계약에 따라 신탁재산을 운용하는데 비해 회사형 투자신탁은 주식, 사채 등을 발행하여 자금을 조달하고 정관에 따라 자산을 운용한다.

---

11) 집합투자업자는 자본시장법 시행에 따라 집합투자를 수행하는 자로서 2003년 간접투자자산운용업법 제정을 계기로 종래의 증권투자신탁업법에 의한 투자신탁회사와 증권투자회사법에 의한 자산운용회사를 통합·개편함으로써 새롭게 도입된 자산운용회사가 이에 해당된다.

그림 7-6 집합투자기구의 운용구조

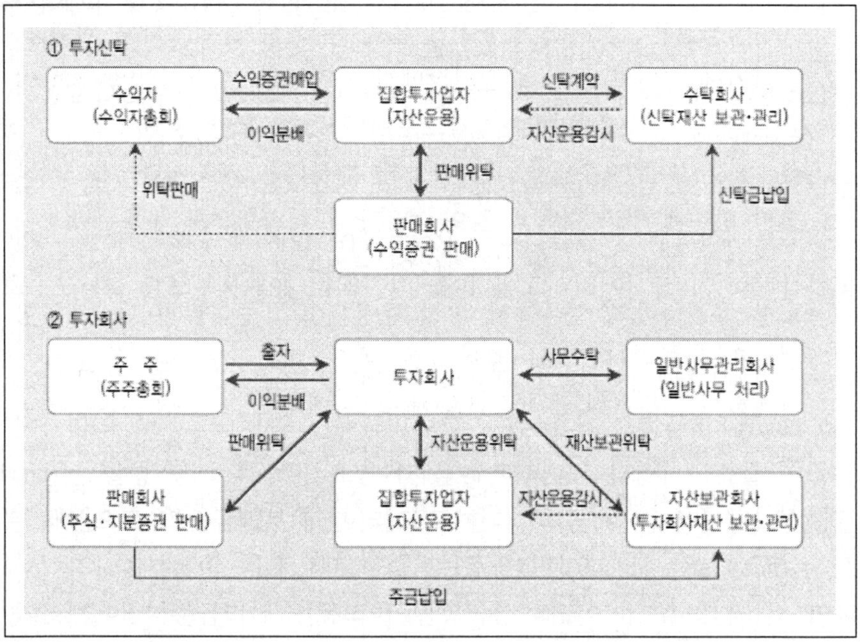

자료 : 한국은행, 한국의 금융제도, 2012년

2-4. 파생증권

채권이나 주식은 기업 등에서 실물투자를 위한 자금조달수단으로서 발행되며 이러한 증권의 수익은 실물투자로부터 발생하는 미래 현금흐름에 의해 결정된다는 점에서 흔히 1차증권(primary securities)이라고 부른다. 이러한 증권과 달리 증권시장의 투자가들 사이에서 발행되어 거래가 이루어지며 1차증권의 가격에 따라 수익의 크기가 결정되는 2차증권이 있는데 이를 파생증권(derivative securities)이라고 부른다. 대표적인 파생증권으로 선물과 옵션이 있다.

(1) 옵션

옵션(option)이란 그 소유자에게 특정한 자산을 만기일에 미리 정한 가격으로 사거나 팔 수 있는 권리를 부여한 증권을 말한다. 옵션은 특정한 자산을 살 수 있는 권리인 콜옵션(call option)과 팔 수 있는 권리인 풋옵션(put option)으로 구분된다. 현재 한국거래소(KRX, Korea exchange)에 상장되어 거래되고 있는 옵션은 KOSPI200옵션, 미국달러옵션, KOSDAQ50 옵션과 국민은행을 비롯한 7개 종목의 개별주식옵션이 있다.

(2) 선물

선물(futures)이란 미래 특정시점에 특정한 상품을 미리 정한 가격으로 매매하기로 한 계약을 말한다. 옵션은 투자자에게 순수한 권리를 부여한 증권이지만 선물거래는 투자가에게 계약내용을 이행할 권리와 의무를 동시에 부여한 증권이라고 할 수 있다. 현재 한국거래소에 상장되어 거래되고 있는 선물은 KOSPI200선물을 비롯하여 KOSDAQ50선물, 국채선물, CD선물, 통화안정증권선물, 미국달러선물 등이 있다.

현재 우리나라의 거래소시장을 비롯한 장내시장과 장외시장에서 거래되는 파생금융상품의 종류를 살펴보면 <표 7-3>과 같다.

표 7-3 파생금융상품의 종류

	장내거래	장외거래
통화관련	• 통화선물(currency futures) • 통화선물옵션(currency futures option)	• 선물환(forward exhange) • 통화스왑(currency swap) • 통화옵션(currency option)
금리관련	• 금리선물(interest rate futures) • 금리선물옵션(interest rate futures option)	• 선도금리계약(forward rate agreement) • 금리스왑(interest rate swap) • 금리옵션(interest rate option) • 스왑션(swaption)
주식관련	• 주식옵션(equity option) • 주가지수선물(index futures) • 주가지수옵션(index option) • 주가지수선물옵션(index futures option)	• 주식옵션(equity option) • 주식스왑(equity swap)

	장내거래	장외거래
신용관련	–	• 신용파산스왑(credit default swap) • 총수익스왑(total return swap) • 신용연계증권(credit linked note) • 합성부채담보부증권(synthetic collateralized debt obligation)

자료 : 한국은행, 「한국의 금융시장」, 2012년.

3. 증권투자전략

금융기관은 투자로부터 발생하는 수익을 높이고 그 위험을 줄이기 위해 다양한 투자전략을 수립하고 집행한다. 금융기관이 사용하고 있는 증권투자전략에는 소극적 투자전략과 적극적 투자전략이 있다. 여기서는 금융기관이 보유하고 있는 유가증권 중에서 그 비중이 가장 높은 채권을 대상으로 한 몇 가지 투자전략에 대해 살펴본다.

3-1. 소극적 투자전략

채권은 그 발행주체가 지급불능상태에 빠지지 않는 한 투자에 따른 미래 현금흐름이 미리 결정되어 있으므로 주식에 비해 투자위험이 상대적으로 낮다. 그러나 채권투자도 이자율 변동에 따르는 가격위험과 재투자위험이 항상 존재하므로 이자율의 변동에 대응하는 투자전략이 필요하다. 소극적 투자전략이란 금융기관이 포트폴리오의 구성을 바꾸지 않고 증권을 구입하여 계속 보유하는(buy-and-hold) 형태의 투자전략으로서 주로 이자율변동위험을 제거하거나 최소화하여 투자 당시의 목표수익률을 유지하는 것을 목표로 한다.

(1) 면역전략

채권의 가격은 시장이자율의 함수로서 이자율이 변하게 되면 채권의 가격도 변동하게 된다. 따라서 투자자가 채권을 매각할 때 실제로 받게 되는 채권의 가격은 매입 당시에 예상하였던 가격과 다를 수 있다. 이와 같이 시장이자율의 변화로 인한 증권가격의 변동 가능성을 우리는 이자율 위험(interest risk)이라고 한다.

채권면역(bond immunization)전략이란 이와 같은 이자율 위험을 제거하기 위한 투자전략으로서 시장이자율이 어떻게 변하더라도 채권매입 당시의 기대수익률과 비슷한 수익률을 얻기 위한 투자방법이다. 채권에 투자를 할 때 시장이자율의 변동은 채권의 가격과 채권투자로부터 얻는 표면이자의 재투자수익에 서로 상반되는 영향을 미친다. 예를 들어 시장이자율이 오르면 채권가격은 오르지만 표면이자의 재투자수익은 줄어든다. 반대로 시장이자율이 내리면 채권가격은 내리지만 재투자수익은 늘어난다. 채권면역전략은 이와 같이 시장이자율의 변화가 채권투자성과에 미치는 두 가지 상반되는 효과를 중화시키는 방법이라고 할 수 있다.

시장이자율의 변동함에 따라 상반된 방향으로 발생하는 가격위험과 재투자위험은 채권포트폴리오의 듀레이션[12)]을 투자자의 목표투자기간과 일치시킴으로써 정확하게 상쇄시킬 수 있다. 따라서 채권면역을 원하는 투자자는 목표투자기간과 듀레이션이 일치하도록 채권포트폴리오를 구성하면 된다. 듀레이션을 이용한 채권면역전략은 이자율위험을 제거하기 위한 투자전략으로 매우 유용하지만, 이 전략을 실제로 적용하는데 다음과 같은 문제점을 갖고 있다.

첫째, 면역전략은 수익률곡선이 수평이며, 이자율이 변할 때 단기채권과 장기채권의 수익률이 같은 크기로 변동한다고 가정하고 있다. 그러나 현실적으로 수익률곡선은 수평이 아니며, 또 단기채권과 장기채권의 수익률이 같은 크기로 변동하는 것도 아니다.

둘째, 시장이자율의 변화와 시간의 경과에 따라 포트폴리오를 구성하는 개별채권들의 듀레이션은 변동하게 되므로 목표투자기간과 포트폴리오의 듀레이션을 일치시키기 위해서는 지속적으로 포트폴리오를 재구성

---

12) 듀레이션이란 투자자금의 평균 회수기간을 말한다. 즉, 듀레이션이란 채권에서 발생하는 현금흐름의 가중평균 만기개념으로, 채권가격의 이자율 변화에 대한 민감도를 측정하기 위한 척도로 사용된다.

해야 한다. 이와 같은 포트폴리오 재구성은 많은 거래비용을 수반하여 투자성과를 낮추게 된다.

셋째, 면역전략은 기본적으로 명목가치를 기준으로 구성이 되기 때문에 투자기간 동안 인플레이션이 발생하더라도 면역화된 채권포트폴리오로부터 발생하는 미래 현금흐름은 증가하지 않는다. 따라서 인플레이션이 발생할 경우에 면역전략이 투자성과의 실질가치를 유지할 수는 없다.

(2) 만기전략

채권투자전략에서 만기는 중요한 의미를 갖고 있다. 일반적으로 장기채권은 단기채권보다 수익성이 높은 반면 유동성이 낮고, 이자율 변동에 따른 가격변동성이 크기 때문에 상대적으로 위험이 크다고 할 수 있다. 만기구성전략이란 이러한 장·단기채권의 특성을 고려하여 채권포트폴리오를 구성함으로써 투자의 안정성과 수익성을 동시에 확보하려는 투자전략이다.

사다리형 만기전략(laddered maturity strategy)은 채권의 만기범위를 정해 두고 이 범위 안에서 각각의 만기별 채권에 균등하게 투자하는 방법이다. 예를 들면 [그림 7-7]과 같이 1년 만기채권부터 5년 만기채권까지 각 만기별로 20%씩 투자함으로써 만기변동에 따르는 위험을 줄이는 것이다. 이 전략에 따르면 1년 후 1년 만기 채권의 상환자금은 다시 5년 만기 채권에 투자함으로써 원래의 채권포트폴리오의 만기구조가 그대로 유지되게 한다.

사다리형 만기전략의 장단점은 다음과 같다.

첫째, 이 만기전략은 미래 이자율을 예측할 필요가 없이 기계적으로 포트폴리오를 구성하기 때문에 투자관리가 용이하다. 둘째, 만기상환자금을 최장기채권에 재투자하므로 평균수익률이 상대적으로 높다. 일반적으로 장기채권의 수익률은 단기채권의 수익률보다 높기 때문에 만기상환자금을 최장기채권에 재투자한다는 것은 그 시점에 있어서 수익률이 가장 높은 채권에 자금을 운용하는 것이 되기 때문이다. 셋째, 이 전략은 이자율의 동향을 고려하지 않고 최단기채권의 만기시점에서 재투자가 이루어지므로 투자의 효율성이 다소 떨어질 수 있다.

그림 7-7 사다리형 만기전략

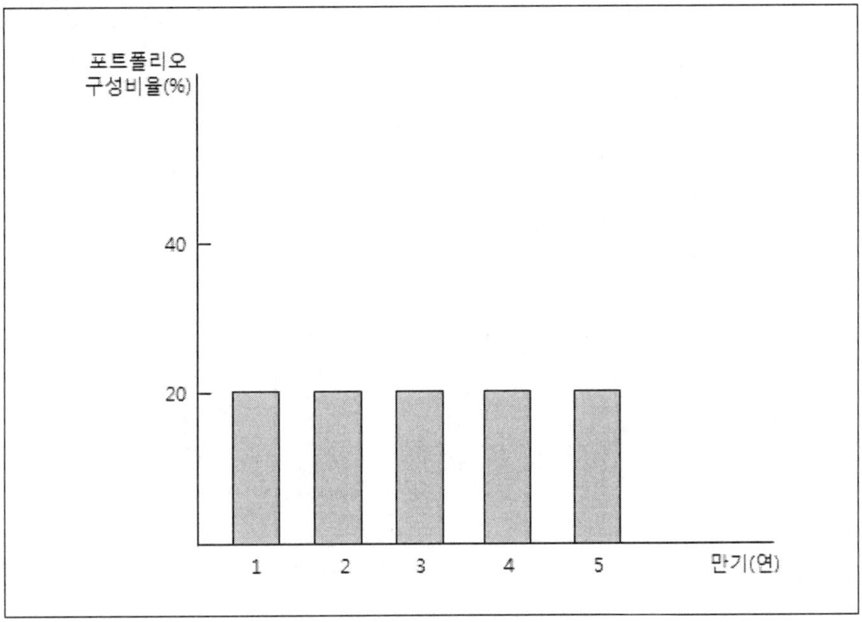

바벨형 만기전략(barbell maturity strategy)은 단기채권과 장기채권에만 투자를 하고 그 중간에 있는 중기채권에는 투자하지 않는 방법이다. 그 이유는 중기채권의 경우 이자율 변동에 대해 뚜렷한 장점이 없기 때문이다. 중기채권은 이자율이 하락할 때 장기채권에 비해 가격상승효과가 적고, 이자율이 상승할 때 단기채권만큼 가격하락에 대해 강하지도 않다. 바벨형 만기전략은 시장이자율이 오를 경우에 장기채권의 가격하락에 따른 자본손실을 단기채권 상환자금의 재투자수익 증가로 보전하고, 반대로 이자율이 내릴 경우에 재투자수익 감소에 따른 손실을 장기채권의 가격상승에 따른 자본이득으로 보전하게 된다. [그림 7-7]은 단기채권과 장기채권에 각각 50%를 투자한 경우이다. 이 경우에 1년 만기채권의 만기가 되면 그 자금은 다시 2년 만기 채권에 투자하고, 4년 만기채권은 1년 후에 팔아서 5년 만기채권에 투자를 함으로써 채권포트폴리오의 만기구조가 그대로 유지되게 한다.

그림 7-8 바벨형 만기전략

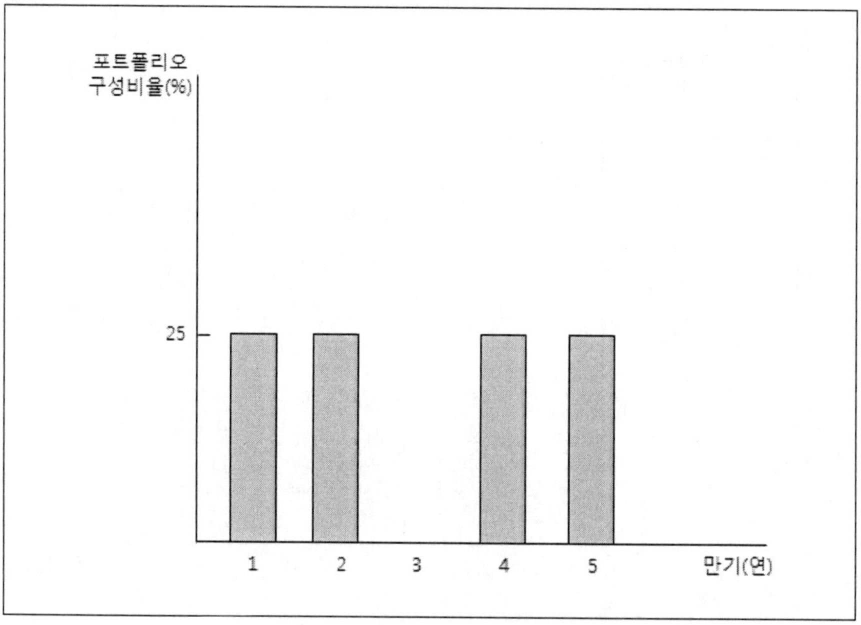

바벨형 만기전략의 장점은 이자율 변동을 예측하여 장·단기채권의 투자비율을 바꿈으로써 보다 높은 수익을 얻을 수 있다는 것이다. 예를 들어 시장이자율이 상승할 것으로 예상이 될 경우에는 가격위험을 최대한 줄이기 위해 단기채권의 투자비율을 늘리고, 반대로 시장이자율이 하락할 것으로 예상이 될 때는 장기채권의 투자비율을 늘림으로써 수익성을 높일 수 있다.그러나 바벨형 만기전략은 그 만기구성을 계속 유지하기 위해 기간이 경과함에 따라 중기채권으로 변하는 채권을 매각하여 장기채권으로 교체하여야 하므로 많은 거래비용이 발생하는 단점이 있다.

3-2. 적극적 채권투자전략

적극적 채권투자전략은 이자율의 변화나 수익률 스프레드의 변화 등을 유리하게 활용하여 채권의 투자성과를 극대화하려는 전략이다. 적극적 투자전략에는 저평가된 채권을 매입하고 고평가된 채권을 매각하는 스왑전략, 수익률곡선타기전략 등이 있다. 적극적 채권투자전략이 성공하기 위해서는 무엇보다도 미래 이자율의 변동을 정확하게 예측할 수 있어야 한다.

(1) 스왑전략

스왑(swap)이란 어떤 증권을 다른 증권으로 교체하는 것을 의미한다. 여기서 스왑전략이란 채권의 수익률, 만기, 세금 등의 채권가격에 영향을 주는 요인들을 고려하여 현재 보유하고 있는 채권을 수익성이 높은 다른 채권으로 교체하는 것으로서 채권의 교체매매전략이라고도 부른다.

이자율예상스왑(interest rate anticipation swap)은 미래 이자율의 변동을 예측하여 매매차익을 얻고자 하는 방법이다. 예를 들어 미래에 시장이자율이 하락할 것으로 예상되는 경우 만기가 짧고 표면이자율이 높은 채권을 매각하고 그 자금으로 만기가 길고 표면이자율이 낮은 채권을 매입함으로써 이자율 하락에 따르는 자본이득을 얻을 수 있다. 반대로 미래의 이자율이 상승할 것으로 예상되는 경우에는 그 반대의 스왑거래가 가능하다. 그러나 이자율예상스왑은 시장이자율이 예상과 다르게 움직이는 경우에는 큰 손실을 볼 수 있기 때문에 매우 투기적인 전략이라고 할 수 있다.

질적 스왑(quality swap)은 미래 경제환경의 변화에 따라 신용등급이 서로 다른 채권 간에 이루어지는 교체매매를 말한다. 일반적으로 신용등급이 서로 다른 채권들 간의 수익률스프레드는 경기변동의 국면에 따라 확대되거나 축소되는 경향이 있다. 예를 들어 경기가 호황에서 불황으로 전환될 때는 이자율의 하락과 함께 등급이 높은 채권과 등급이 낮은 채권 사이의 수익률스프레드는 커지게 된다. 이처럼 수익률스프레드가 확대될 것으로 예상되는 상황에서는 신용등급이 낮은 채권에서 신용등급이 높은 채권으로 교체하는 것이 유리하다. 왜냐하면 불황일 때 신용등급이 낮은 채권의 수익률은 큰 폭으로 상승하며 가격은 큰 폭으로 하락할 가능성이 있기 때문이다. 반대로 수익률스프레드가 축소될 것으로 예상되는 호황국면으로 전환될 때는 신용등급이 높은 채권에서 신용등급이 낮은 채권으로 교체하는 것이 유리하다.

세금스왑(tax swap)이란 세금부담을 줄이기 위해 이루어지는 세율이 서로 다른 채권 간의 교체매매를 말한다. 채권투자에서 투자자가 얻는 실질소득은 세금을 공제한 후의 세후소득이 된다. 따라서 채권에 따라 세율이 다를 경우 세후수익률을 기준으로 투자를 결정하여야 한다. 채권은 과세여부에 따라 과세채권(taxable bond)과 비과세채권(tax-free bond)으로 구분할 수 있고, 과세채권의 경우에도 이자소득에 대한 세율과 자본소득에 대한 세율이 서로 다를 수 있다. 이와 같은 세금스왑은 개인과 법인, 이자소득과 자본소득, 그리고 소득의 수준에 따라 적용되는 세율이 달라지기 때문에 가능하다. 예를 들면 과세대상소득이 많은 개인투자자나 법인세율이 높은 기관투자자의 경우에는 비과세채권에 투자를 함으로써 세금을 절약할 수 있으므로 실질적인 수익률이 증가하게 된다. 또한 채권의 이자소득세와 자본소득세가 서로 다를 경우 채권의 성격에 따라 세후수익률이 달라진다. 즉, 이자소득세율이 자본소득세율보다 높은 경우에는 세전수익률이 같더라도 이표채보다는 할인채의 세후수익률이 더 높게 된다. 세율의 차이에 의한 세후수익률의 차이 이외에도 자본소득세는 세금연기효과가 있어 유리하다. 다시 말하면 이자소득세는 이자를 받을 때마다 세금이 부과되지만 자본소득세는 채권을 매각할 때까지 세금이 부과되지 않는다.

(2) 투자시한분석

투자자가 일정한 기간 동안 투자를 할 경우 투자자는 투자기간 말의 총수익을 극대화하고자 할 것이다. 투자시한분석(horizon analysis)이란 투자자의 투자시한이 일정한 경우 어떤 만기의 채권이 가장 유리한가를 서로 비교하여 채권을 선택하는 전략을 말한다. 이러한 투자시한분석에 의한 채권투자전략은 듀레이션을 이용한 면역전략보다 더 높은 이자율 위험을 부담하게 된다. 왜냐하면 수익률곡선의 형태가 변화하게 되면 미래의 이자율 수준이 예상과 벗어나게 되고, 그 결과 매도시점의 투자가치가 예상과 달라질 수 있기 때문이다.

(3) 수익률곡선타기전략

투자시한분석을 이용한 투자전략의 한 형태로서 수익률곡선타기(riding yield curve)전략이 있다. 일반적으로 수익률곡선의 형태는 만기가 길수록 만기수익률이 높은 우상향하는 형태를 갖는다. 만약 투자기간 동안 이와 같은 수익률곡선의 형태가 변하지 않을 것으로 예상된다면 투자자들은 이를 이용하여 자본이득을 얻을 수 있다. 즉 시간이 흐름에 따라 채권의 만기는 줄어들고, 따라서 채권의 수익률은 하락하게 되어 채권의 가격은 상승하기 때문이다. 이처럼 수익률곡선이 우상향하는 형태를 가지고, 투자기간 동안 그 형태가 변화하지 않는다면 일정 기간 동안 채권투자를 통하여 얻을 수 있는 수익률은 그 채권의 만기수익률보다 높다. 수익률곡선타기전략이란 이러한 특성을 이용하여 보유채권의 만기가 줄어들게 됨에 따라 발생하는 자본이득을 얻기 위한 전략이다.

제4절 대출관리

1. 대출관리의 의의

1-1. 대출관리의 중요성

일반적으로 금융기관의 자산 항목 중에서 대출(loan)이 차지하는 비중은 다른 자산 항목에 비해 매우 높다. 예를 들어 우리나라의 대표적 은행 중의 하나인 K은행의 자산항목을 보면 <표 7-4>와 같다. <표 7-4>에서 K은행의 총자산 중에서 대출채권이 차지하는 비중을 구하면 총자산의 70%가 넘는 수준이다.

표 7-4 K은행의 재무상태표(은행계정)

(단위: 억원, %)

항 목	2010		2011	
	금 액	구 성 비	금 액	구 성 비
현금 및 예치금	5,584	2.2	8,610	3.3
단기손익인식금융자산	962	0.3	2,372	0.9
파생금융자산	2,593	1.0	2,247	0.9
대출채권	184,843	72.3	199,280	77.3
투자금융자산	36,786	14.4	33,273	12.9
관계기업투자	819	0.3	957	0.4
유형자산	3,007	1.2	3,000	1.2
투자부동산	97	0.0	91	0.0
무형자산	365	0.1	308	0.1
매각예정자산	12,828	5.0	10	0.0
기타자산	7,650	3.0	7,582	2.9
자 산 총 계	255,803	100.0	257,728	100.0

한편 대출은 금융기관이 보유한 자산 중에서 수익률이 가장 높은 반면 위험도 가장 큰 자산이다. 금융기관의 영업수익 가운데 대부분이 대출이자로부터 나오게 되며, 금융기관의 위험도 대출결정과 직접적인 관련이 있다. 이는 금융기관의 경영에서 대출관리가 그만큼 중요하다는 사실을 의미한다. 실제로 과거 우리나라 은행들이 겪었던 많은 어려움의 원인을 분석해보면 앞에서 설명한 유동성관리나 투자관리의 문제가 아니라 대출관리에 문제가 있었다는 사실을 알 수 있다.

효율적 대출관리는 개별 금융기관의 경영에 있어서 중요할 뿐만 아니라 한 나라의 경제발전을 위해서도 중요하다. 1997년 우리나라가 경험한 총체적 경제위기는 금융기관의 과다한 부실채권으로 인한 금융위기로부터 시작되었다. 또한 2008년 미국에서 발발하여 전 세계를 휩쓴 경기후퇴도 미국 투자은행들의 서브프라임 모기지론의 부실로부터 시작된 글로벌 금융위기에 그 원인이 있었다. 이와 같이 국내외에서 발생한 금융위기의 근본적인 원인을 살펴보면 금융기관의 대출관리에 문제가 있었기 때문이라고 할 수 있다. 예금자가 금융기관에 자금을 맡길 때는 금융기관이 고객들을 위하여 그 자금을 효율적으로 운용하고 약정된 이자와 원금을 지급할 수 있을 것이라고 믿기 때문이다. 즉, 금융기관은 예금자로부터 올바른 대출결정을 하도록 대리임무를 부여받았다고 할 수 있다. 이렇게 예금자로부터 부여받은 업무를 금융기관이 충실히 수행하지 못하게 되면 국민들의 신뢰를 잃게 됨은 물론 자금을 효율적으로 배분하는 금융기관의 역할도 제대로 수행할 수 없게 된다. 그러므로 금융기관의 합리적인 대출결정은 개별 금융기관의 성장을 위해서 뿐만 아니라 국가경제의 발전을 위해서 반드시 필요하다.

1-2. 대출관리의 내용

금융기관의 대출담당자가 결정해야 하는 대출관련 업무는 크게 네 가지이다. 첫째는 대출의 규모를 결정해야 한다. 대출규모결정이란 금융기관이 다양한 형태로 조달한 자금 중에서 얼마를 대출에 투자할 것인가를 정하는 것을 말한다. 대출담당자는 대출의 규모를 결정하기 위해 대출상품에 대한 수요를 먼저 파악하고, 다음으로 금융기관이 대출에 투자할 수 있는 자금의 양을 고려하여 대출의 규모를 결정하게 된다. 현실적으로는 대출을 받기 위해 필요한 조건을 확정하게 되면 대출의 규모가 정해지게 된다.

대출은 금융기관의 자산 항목 중에서 위험이 가장 크고, 이에 따라 수익률도 가장 높다. 즉, 금융기관이 대출을 늘리면 수익률이 증가하게 되지만 동시에 위험도 늘어나게 된다. 그러므로 금융기관이 대출에 얼마나 많은 자금을 투자할 것인가의 결정은 경영자의 태도에 달려 있다. 공격적인 경영을 선호하는 경영자는 다소 위험을 부담하더라도 높은 수익을 얻기 위하여 대출의 규모를 늘릴 수 있고, 반대로 보수적인 경영자는 높은 수익보다는 낮은 위험을 선호하므로 대출의 규모가 공격적 경영자보다 줄어들 수 있다.

금융기관의 대출담당자는 대출의 규모를 결정하고 나서 대출포트폴리오의 구성을 결정해야 한다. 금융기관은 한 종류의 대출상품만 취급하는 것이 아니라 여러 종류의 대출상품을 판매하고 있다. 따라서 금융기관의 대출담당자는 여러 종류의 대출상품에 대해 각각의 최적수준을 결정해야 한다. 금융기관의 대출상품은 자금의 수요자, 대출의 만기, 담보의 유무, 이자율의 산정방법, 자금의 용도 등에 따라 여러 가지로 구분이 되며, 대출의 종류에 따라 기대수익률과 위험이 각각 다르다.

금융기관의 대출담당자는 대출을 실행하기 전에 대출의 조건을 결정한다. 금융기관의 대출 담당자가 결정해야 하는 대출의 조건은 대출이자율, 만기, 이자지급방법 등이 있다. 과거 우리나라에서는 이러한 대출조건들이 정부의 규제를 받기도 하였지만 최근에는 시장경쟁원리가 적용되고 있다. 따라서 금융기관의 경영자는 대출을 받고자 하는 고객의 신용분석을 통하여 그 위험도를 측정하고 이에 적합한 대출가격, 즉 이자율을 결정하여야 한다.

대출결정이 이루어지고 자금이 방출된 후에는 철저한 사후관리가 이루어져야 한다. 즉 금융기관의 경영자는 대출된 자금이 계약대로 문제없이 회수될 수 있는지를 항상 주시하고, 이에 필요한 조치를 취해야 한다. 사후관리는 대출된 자금을 제대로 회수하기 위한 목적도 있지만, 사후관리과정에서 수집된 정보는 앞으로의 대출결정과정에 유용하게 활용될 수 있다.

1-3. 대출의 종류

금융기관의 대출은 여러 가지 기준에 따라 다양하게 분류할 수 있다. 즉, 대출은 만기, 담보여부, 가격결정방법, 차주에 따라 다음과 같이 구분된다.

(1) 만기에 따른 분류

대출은 만기에 따라 단기대출과 장기대출로 구분된다. 단기대출은 보통 1년 이하의 대출을 말하고, 장기대출은 1년 이상의 만기를 갖는 대출을 말한다.

(2) 담보에 따른 분류

대출은 담보 여부에 따라 담보대출과 무담보대출 구분된다. 담보대출은 대출을 할 때 담보가 요구되지만, 부담보대출은 담보가 필요 없는 대출이다. 무담보대출은 고객의 신용상태가 일정 수준 이상일 때 이루어진다.

(3) 가격결정방법에 따른 분류

대출은 가격결정방법에 따라 크게 고정금리대출과 변동금리대출로 구분된다. 고정금리대출은 대출을 할 때 정한 이자율을 만기까지 그대로 적용하는 대출이다. 주로 단기소액대출을 할 때 사용된다. 변동금리대출은 고객에게 적용하는 이자율이 수시로 변동하는 대출이다. 이러한 변동금리대출에는 변동가능한 우대금리에 일정한 위험프리미엄을 가산하여 결정되는 우대금리가산대출, 우대금리에 적정한 배수를 우대금리배수대출, LIBOR나 CD유통수익률 등에 일정한 마진을 더하여 결정되는 거래율대출이 있다. 변동금리대출은 금융기관이 이자율변동으로 인한 위험을 피할 수 있기 때문에 주로 장기대출에 사용된다.

(4) 차주에 따른 분류

대출은 차입자가 누구냐에 따라 가계대출, 기업대출, 공공대출 등으로 구분된다. 가계대출은 일반가정을 대상으로 이루어지는 대출을 말하고, 기업대출은 중소기업이나 대기업 등을 대상으로 이루어지는 대출이다.

<표 7-5>는 2010년 말 현재 우리나라 일반은행의 대출금의 구성 현황을 나타내고 있다.

표 7-5 일반은행 대출금 현황(2010년 말 현재)

(단위: 10억원, %)

	시중은행	지방은행	외국은행국내지점	일반은행
금융자금	616,643(98.8)	67,123(97.5)	6,033(99.8)	689,799(98.7)
할인어음	5,629(0.9)	1,043(1.5)	− (0.0)	6,672(1.0)
(무역어음)	− (0.0)	− (0.0)	− (0.0)	− (0.0)
당좌대출	1,586(0.3)	261(0.4)	286(0.4)	2,134(0.3)
일반자금	528,011(84.6)	57,267(83.2)	5,666(93.7)	590,944(84.6)
(분할상환)	125,687(20.1)	8,826(12.8)	3,050(50.4)	137,563(19.7)
적금관계대출	265(0.0)	21(0.0)	− (0.0)	286(0.0)
기업구매자금대출	9,182(1.5)	1,071(1.6)	− (0.0)	10,254(1.5)
급부금	37(0.0)	9(0.0)	− (0.0)	46(0.0)
외상매출채권담보대출	13,795(2.2)	807(1.2)	− (0.0)	14,602(2.1)
무역금융	9,026(1.4)	814(1.2)	5(0.1)	9,844(1.4)
주택관리대출[2)]	44,123(7.1)	2,543(3.7)	18(0.3)	46,684(6.7)
기타금융자금	4,989(0.8)	3,287(4.8)	56(0.9)	8,333(1.2)
재정자금	7,200(1.2)	1,723(2.5)	14(0.2)	8,938(1.3)
주택자금	21(0.0)	− (0.0)	− (0.0)	21(0.0)
기타	7,179(1.2)	1,723(2.5)	14(0.2)	8,917(1.3)
합　계	623,843(100.0)	68,846(100.0)	6,047(100.0)	698,737(100.0)

자료 : 한국은행 조사통계월보

2. 최적대출관리

2-1. 대출규모 및 구성의 결정

금융기관의 대출결정은 최적대출규모와 최적대출구성에 관한 의사결정으로서 그 금융기관이 추구하는 목표를 달성할 수 있도록 대출결정이 이루어져야 한다. 여기서는 클라인(Klein)모형을 이용하여 금융기관의 대출금 최적규모와 최적구성이 어떻게 결정되는지 살펴보기로 한다. 앞에서 언급한 클라인 모형은 대출의 종류를 한 가지라고 가정하고 최적대출금 수준을 찾고 있는데, 이때 대출금의 최적규모는 대출금의 한계수익률이 다른 자산의 한계수익률 및 자금의 한계기회비용과 같아지는 수준에서 결정된다. 여기서는 클라인모형을 확장하여 대출금의 최적구성, 즉 여러 종류의 대출금의 최적수준이 각각 어떻게 결정되는지 살펴본다.

먼저 대출시장이 가계자금대출시장과 기업자금대출시장으로 구분되고 기업자금대출시장은 다시 단기운전자금시장과 장기시설자금시장으로 구성되어 있다고 가정한다. 이 경우 각각의 대출시장에서 당면하게 되는 특정 금융기관의 수요곡선은 시장의 경쟁상황에 따라 그 기울기가 다르다.

그림 7-9 최적 대출구성의 결정

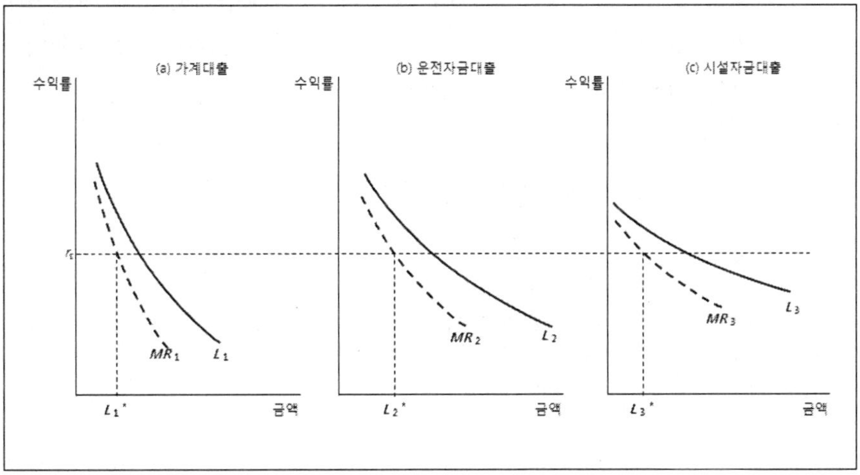

예를 들어 [그림 7-9]에서 L_1, L_2, L_3는 가계대출, 운전자금대출, 시설자금대출의 수요곡선을 나타내며, MR_1, MR_2, MR_3는 각 시장에서의 한계수익을 나타낸다고 한자. 이 경우 각 대출시장에서의 최적 대출규모와 이자율은 각 대출의 한계수입(MR)과 증권투자수익률(r^S)이 일치하는 점에서 이루어진다. 즉 $MR_1 = MR_2 = MR_3 = r^S$인 수준에서 각 대출의 최적대출규모가 결정된다. 따라서 최적가계대출금액은 L_1*, 최적운전자금대출금액은 L_2*, 최적시설자금대출금액은 L_3*에서 결정되고 되고, 금융기관의 최적총대출금액은 $L_1^* + L_2^* + L_3^*$가 된다.

2-2. 대출이자율의 결정

(1) 이자율결정의 기본모형

대출이자율이란 금융기관이 대출을 할 때 적용하는 이자율로서 금융기관의 입장에서 보면 대출로부터 기대하는 수익률이다. 금융기관이 기대하는 수익률은 금융기관이 투자자로서 대출원금을 고객에게 제공하고 미래에 약속된 이자와 원금을 받는 투자결정을 할 때 예상이 되는 투자수익률이다. 따라서 금융기관이 요구하는 투자수익률, 즉 대출이자율은 대출의 위험도에 따라 차이가 있을 수 있다. 이론적으로 대출이자율을 결정하는 기본모형은 다음과 같다.

$$P = \sum_{t=1}^{n} \frac{CF_t}{(1+r)^t}$$

단, P : 대출금액
n : 대출의 만기
CF_t : t기의 원리금 상환액
r : 대출이자율

위 식에서 대출이자율은 대출원금과 미래 기대되는 원리금상환액의 현재가치를 같게 하는 할인율로서 이는 대출로부터 예상되는 일종의 내부수익률(IRR, internal rate of return)이다. 그러나 이 공식을 이용하기 위해서는 CF_t, 즉 미래 원리금상환의 위험도를 정확하게 측정해야 하기 때문에 현실적으로 이 모형을 이용하여 대출이자율을 결정하기는 쉽지 않다.

(2) 전통적 대출이자율 결정모형

대출이자율의 결정에 관한 전통적 이론의 하나가 클라인(Klein)모형이다. 여기서는 앞에서 살펴본 클라인모형을 이용하여 최적 대출이자율이 어떻게 결정되는지 살펴보기로 한다. [그림 7-10]은 금융기관이 최적 대출포트폴리오를 구성할 때 최적 이자율은 어떻게 결정이 되는지를 보여주고 있다.

그림 7-10 대출이자율 결정

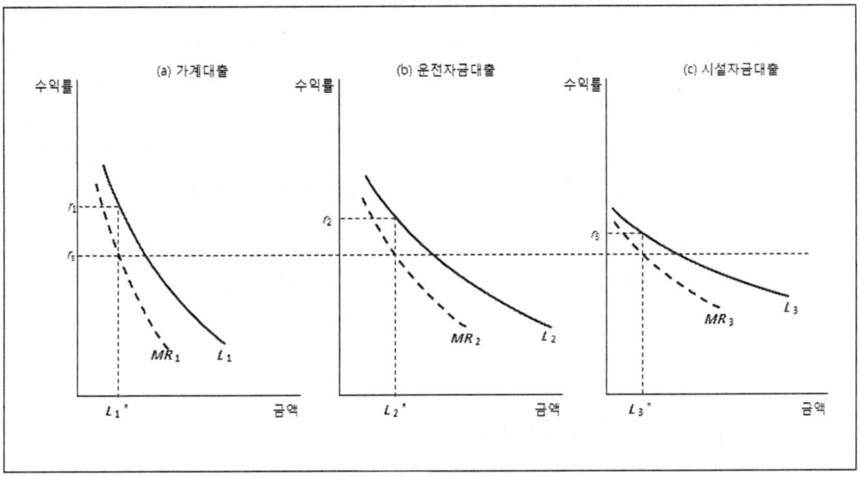

[그림 7-10]에서 최적대출의 균형조건은 $MR_1 = MR_2 = MR_3 = r^S$이고 따라서 최적가계대출수준은 L_1*, 최적운전자금대출수준은 L_2*, 최적시설자금대출수준은 L_3*가 된다. 이때 가계대출시장의 이자율은 r_1, 운전자금대출시장의 이자율은 r_2, 시설자금대출시장의 이자율은 r_3가 된다. 한편 각 시장에서의 대출이자율을 비교해보면 수요의 탄력성이 작은 집단에 적용되는 대출이자율이 수요의 탄력성이 큰 집단에 적용되는 대출이자율보다도 더 높다는 것을 알 수 있다. 즉, [그림 7-10]에서 대출이자율은 수요의 탄력성에 의해 다음과 같은 관계를 갖는다.

$$r_1 > r_2 > r_3$$

클라인모형은 기업의 한계수입과 한계비용이 일치하는 점에서 이윤이 극대화된다는 전통적 경제학이론을 그대로 적용하여 금융기관의 최적 대출규모 및 대출이자율의 결정을 설명하고 있다. 그러나 클라인모형은 다음과 같은 한계를 가지고 있다.

첫째, 이 모형은 대출시장이 독점적 경쟁시장이라고 가정하고 따라서 금융기관이 대출시장에서 독점력을 가지고 이자율을 결정할 수 있다고 본다. 그렇지만 만약 대출시장이 완전경쟁시장이라면 금융기관에 대한 수요의 탄력성은 무한대가 될 것이고, 금융기관은 스스로 이자율을 결정할 수 없게 된다. 따라서 완전경쟁적인 대출시장에서는 클라인모형을 적용할 수 없게 된다.

둘째, 이 모형은 각각의 대출시장에서 균형대출이자율이 어떻게 결정되는지 설명을 할 뿐 개별적인 대출이자율의 결정에 대해서는 알 수 없다. 현실적으로 금융기관이 결정해야 하는 대출이자율은 시장이자율이 아니라 신용상태가 서로 다른 대출고객들에게 개별적으로 적용할 대출이자율이다.

(3) 목표대출이자율 결정모형

벅(Buck, 1973)은 각 개별대출의 이자율이 자금조달에 따르는 비용과 대출의 위험, 그리고 금융기관의 이윤을 고려하여 결정된다고 보았다. <표 7-6>은 이 모형을 이용하여 대출이자율이 결정되는 사례를 보여주고 있다.

표 7-6 대출이자율의 결정과정

비용:	
자금(funds)	3.25%
경비(overhead)	0.75%
위험:	
신용	1.50%
만기	0.25%
담보가치	0.50%
이윤:	1.25%
대출이자율	7.50%

예를 들어 A기업이 거래은행으로부터 3년 만기 시설자금을 대출받고자 할 경우 적용되는 대출이자율이 7.5%라고 가정하자. 이 경우 대출이자율은 이 은행의 자금조달비용을 반영하여 결정된다. 먼저 이 은행의 자금조달비용은 <표 7-6>에서 자금비용 3.25%와 수신경비 0.75%를 합하

여 4.00%가 된다. 다음으로 A기업에 대한 대출위험을 평가하여야 한다. 대출위험요인에는 신용위험, 만기위험, 담보가치위험 등이 있다. 신용위험은 신용평가기관이 발표하는 신용등급에 의해 결정된다. 은행은 미리 정해 놓은 기준에 따라 신용등급별 위험프리미엄을 가산하게 된다. 예를 들어 A기업이 거래하는 은행의 신용등급별 위험프리미엄은 <표 7-7>과 같다고 하자.

표 7-7 신용위험프리미엄

신용등급	신용위험프리미엄
Aaa	0.10%
Aa	0.30
A	0.75
Baa	1.50
Ba	2.50
B 이하	대출거절

여기서 만약 A기업의 신용등급이 Baa라면 신용위험프리미엄은 1.5%가 된다. 만기위험은 대출의 만기에 따라 결정되는데, 만기가 길수록 만기위험프리미엄이 올라가게 된다. A기업의 3년 만기 대출의 경우 만기위험프리미엄이 0.25%로 평가되고 있다. 담보가치위험은 담보설정 여부와 설정된 담보자산의 종류에 따라 결정된다. A기업의 담보가치위험프리미엄은 0.5%로 평가되고 있다.

금융기관의 이윤은 금융기관의 바라는 자본이익률(ROE, return on equity)에 따라 다음과 같이 결정된다.

$$M = \frac{ROE \times L}{(1-t)} - L \times C$$

단, M : 이윤
ROE : 자기자본이익률
L : 자기자본비율(자기자본/총자본)
t : 법인세율
C : 자본비용

이와 같이 벅(Buck)의 모형은 대출의 위험을 고려하여 개별적인 대출의 이자율을 결정하는 모형이라는 점에서 앞에서 설명한 클라인(Klein) 모형보다 더 현실적인 모형이라고 할 수 있다.

(4) 우대금리제도

지금까지 살펴본 대출이자율의 결정모형을 실제로 적용하는 데는 몇 가지 문제점이 따른다. 앞의 이론적 모형을 이용하려면 각 모형의 가정이 성립해야 하고, 또한 각 모형의 여러 변수들을 정확히 측정해야 하지만 현실적으로 어려운 문제들이 따른다. 따라서 현실적으로 많이 사용되고 있는 대출이자율의 결정방법이 우대금리(prime rate)[13)]제도이다. 이는 금융기관이 신용등급이 가장 높은 고객에게 적용하는 대출이자율, 즉 우대금리를 정하고, 이를 기준으로 위험에 따라 가산금리를 부과하는 방법이다. 우대금리를 부과하는 방법에는 우대금리가산방법과 우대금리배수방법이 있다. 전자는 우대금리에 고객의 위험에 따라 일정한 이자율을 더해 이자율을 결정하는 방법이고, 후자는 우대금리에 일정한 배수를 곱해 이자율을 결정하는 방법이다. <표 7-8>은 우대금리법의 사례를 보여주고 있다.

표 7-8 우대금리법의 사례

우대금리	우대금리가산		우대금리배수	
	저위험집단	고위험집단	저위험집단	고위험집단
4%	5%	7%	4.8%	6.0%
6	8	9	7.2	9.0
8	10	11	9.6	12.0
10	12	13	12.0	15.0

<표 7-8>에서 우대금리가산방법의 경우 고객의 위험에 따라 저위험집단에는 우대금리에 2%의 가산금리를 더하고, 고위험집단에는 3%의 가

13) 우대금리는 금융기관의 대출이자율의 기준이 되기 때문에 기준금리라고도 한다. 우대금리는 기업의 자금수요 및 금융시장의 자금수급사정에 따라 변동되기 때문에 당시의 경제상황을 나타내는 지표로 사용되기도 한다.

산금리를 더하여 대출이자율을 구하였다. 반면 우대금리배수방법의 경우 고객의 위험에 따라 저위험집단에는 우대금리에 1.2를 곱하고 고위험집단에는 1.5를 곱하여 대출이자율을 구한 것이다.

3. 신용위험의 평가

3-1. 신용위험평가의 의의

금융기관이 대출을 할 경우 부담하게 되는 기본적 위험은 차입자가 대출금을 상환하지 않을 위험인데, 이러한 불확실성을 신용위험(credit risk) 또는 채무불이행위험(default risk)이라고 한다. 금융기관의 대출결정에서 가장 중요한 과정이 바로 신용위험의 평가과정이라고 할 수 있다. 신용위험평가란 기업 내외의 경제상황, 즉 기업의 재무상태, 경영능력 등의 내부 상황과 경기전망, 정부의 경제정책 등의 외적 여건을 조사하고, 이를 바탕으로 기업의 신용도(credit worthiness)를 평가하는 것을 말한다. 신용위험의 평가는 다음과 같은 기능을 수행한다.[14)]

첫째, 금융기관에게 대출위험에 관한 정확하고 객관적인 정보를 제공함으로써 금융기관의 최적대출결정에 기여한다.

둘째, 금융기관으로 하여금 기업의 신용도에 따라 이자율을 차등적용하거나, 추가적인 담보나 보증을 요구하는 등 대출조건을 조정할 수 있는 기준을 제공한다.

셋째, 기업의 신용도에 따라 자금공급이 이루어짐으로써 경제 전반적으로 효율적인 자금의 배분이 이루어질 수 있도록 한다.

3-2. 신용위험의 결정요인

(1) 5C

금융기관이 대출결정을 위한 신용분석(credit analysis)을 할 때는 다음과 같은 5가지 항목(이를 5C라 한다)을 고려한다.

14) 한국은행, "우리나라 기업평가제도의 현황," 「조사통계월보」 1985.5. p.30.

① 인격(character)
② 상환능력(capacity)
③ 자본력(capital)
④ 담보력(collateral)
⑤ 경제여건(conditions)

인격은 개인이든 기업이든 차입금을 적극적으로 갚으려고 하는 차입자의 의지, 구체적으로 정직성이나 윤리적 평판을 의미한다. 일반적으로 차입자의 과거 신용기록 등을 조사해 보면 차입자의 상환의지와 상환능력을 알 수 있다. 상환능력은 개인이나 기업의 가처분소득 또는 세후순이익이나 현금흐름을 이용하여 측정할 수 있다. 자본력은 차입자의 총자산에서 총부채를 차감한 순자산규모를 의미하는데, 자본의 가치는 장부가치보다 시장가치를 이용하는 것이 바람직하다. 담보력은 차입자가 대출에 대하여 담보로 제공하고자 하는 자산의 질에 의해서 평가될 수 있다. 차입자의 상환능력, 자본력, 그리고 담보력은 차입자의 재무제표에 대한 분석을 통해 파악할 수 있다. 마지막으로 경제여건이란 미래의 경제상황을 의미하는 것으로 이는 불황이나 금융긴축, 이자율의 변동 등에 대한 차입자의 취약성 정도를 평가하기 위한 것이다. 상황을 평가할 때는 차입자의 지급능력에 대하여 최악의 상황을 가정한 시나리오도 준비해야 한다.

(2) 7C

금융기관의 신용분석을 위한 평가요소로서 5C 이외에 다음과 같은 7가지 항목(이를 7C라고 한다)을 사용하기도 한다.[15)]

① 상황(circumstances)
② 현금흐름(cash flows)
③ 담보(collateral)

15) C.P. Sticney and P.R. Brown, *Financial Reporting and Statement Analysis*(The Dryden Press, 1999), pp.621~627.

④ 부채수용능력(capacity for debt)
⑤ 우발채무(contingencies)
⑥ 경영진의 인격(character of management)
⑦ 제약조건(conditions)

상황은 차입자가 대출에 이르게 하는 상황이 대출의 위험도와 상환가능성에 영향을 준다는 점에서 신용위험의 평가요소에 포함되고 있다. 예를 들면 은행과 오랜 거래관계를 유지하고 있거나 영업활동에 문제가 없는 기업에 대한 대출은 신용위험이 아주 낮게 평가되지만, 신생기업이나 연구개발 등 무형자산에 대한 투자를 목적으로 하는 기업에 대한 대출은 신용위험이 높게 평가된다.

차입자의 현금흐름은 현금이 원리금 상환의 원천이라는 점에서 중요하다. 현금흐름에 관한 정보는 기업의 현금흐름표, 현금흐름관련 재무비율, 추정재무제표에 대한 분석을 통해 알 수 있다. 현금흐름관련 재무비율은 단기지급능력을 측정하는 '영업활동으로 인한 현금흐름/유동부채', 장기지급능력을 측정하는 '영업활동으로 인한 현금흐름/총부채', 그리고 설비투자관련 외부자금조달의 필요성을 측정하는 '영업활동으로 인한 현금흐름/자본지출액' 등이 있다.

담보의 제공여부와 담보자산의 가치는 신용분석에서 매우 중요하다. 차입자의 현금흐름이 원리금상환에 불충분한 경우 금융기관은 담보로 제공된 자산을 활용하여 대출금을 회수할 수 있다. 담보로 활용될 수 있는 자산은 유가증권, 매출채권, 재고자산, 유형자산 등이며, 이들 자산을 담보로 취득할 경우에는 자산의 질에 대한 평가가 중요하다.

부채수용능력은 기업이 추가채무를 부담할 수 있는 능력을 의미하며, 이는 현금창출능력과 담보제공이 가능한 자산규모와 밀접한 관련이 있다. 기업의 부채수용능력을 측정할 수 있는 재무비율로는 부채비율과 이자보상비율 등이 있다. 부채비율(부채총계/자본총계)이 높을수록 신용위험이 높고 추가부채수용능력은 줄어든다. 또한 이자보상비율(영업이익/이자비용)이 높을수록 기업의 부채사용에 따른 안전한계(margin of safety)는 증가한다.

우발채무는 현재의 불확실성이 기업에 부정적 영향을 주는 방향으로 돌변하여 회사의 채무가 갑자기 증가하는 것을 말한다. 이러한 우발채무를 가져오는 것으로는 법적 소송, 지급보증, 파생금융상품, 핵심자원의 손실 등을 들 수 있다. 예를 들면 미국의 주요 담배회사에 대하여 제기하고 있는 손해배상청구소송은 우발채무의 대표적인 예가 된다. 우발채무에 대한 정보를 얻기 위해서는 사업보고서의 재무제표에 대한 주석사항을 꼼꼼히 챙기고, 해당기업의 변호사 등 전문가의 의견을 들을 필요가 있다.

경영진의 인격이란 경영상 난관의 타개능력, 매출·원가절감·신제품개발 등 주요 경영목표의 달성률, 고객·거래처·금융기관 등 주요 이해관계자와의 거래에 있어서의 공정성과 정직성을 말한다. 금융기관은 개인자산의 상당부분을 자기회사의 주식에 투자하고 있는 경영진을 당연히 더 신뢰한다.

제약조건은 금융기관이 스스로의 이익을 보호하기 위하여 차입자에게 가하는 재무적인 제한사항을 말한다. 재무제한사항에는 '유동비율(유동자산/유동부채) 120% 이상' 혹은 '부채비율(부채총계/자본총계) 100% 이하'와 같이 특정 재무비율의 상한과 하한을 설정하는 내용도 있고, 배당금지급을 제한하거나 추가차입을 할 때 권리우선순위를 기존 채권자에 비하여 반드시 후순위로 해야 한다는 내용도 있다.

3-3. 신용위험평가모형

금융기관의 대출결정과정에서 가장 중요한 부분은 차주에 대한 신용평가라고 할 수 있다. 신용평가의 목적은 신용위험, 즉 대출금을 회수하지 못할 확률을 평가하는 것이다. 금융기관에서는 오래전부터 신용위험평가결과를 점수나 등급으로 표시하고 점수나 등급이 일정한 기준을 초과할 때에 한하여 대출을 승인하는 신용평점제도를 사용하여 왔다. 최근에는 판별모형, 로짓모형 등 통계적 신용평점모형을 이용하여 신용위험을 측정하는 기법도 사용되고 있다.

(1) 신용평점제도

우리나라를 비롯한 세계 각국의 금융기관에서 널리 이용하고 있는 신용평점제도(credit scoring system)는 신용위험 평가요소를 선정하여 이들 평가요소에 대한 가중치를 부여하고, 각 차입자의 재무적·영업적 특성에 따라 평가요소별로 배점을 한 다음 이 점수를 합하여 종합점수를 산출하고, 종합점수를 일정한 기준과 비교하여 대출결정을 하거나 신용등급을 재조정하는 방법이다.

이 방법의 절차를 구체적으로 살펴보면 다음과 같다.

첫째, 평가목적에 적합한 기업체의 모집단을 구하고, 이 모집단에 속하는 우량기업과 불량기업을 구별할 수 있는 평가요소들을 선정한다. 이들 평가요소에는 양적요소와 질적 요소가 모두 포함된다.

둘째, 선정된 평가요소들의 값을 2개 이상의 구간으로 구분한 다음 각 구간에 대해 적절한 점수를 부여한다.

셋째, 선정된 평가요소들을 대상으로 적절한 가중치를 부여한다. 가중치는 기업의 우량상태와 불량상태를 가장 민감하게 반영하는 평가요소에 가장 큰 가중치를 부여한다.

넷째, 각 기업의 평가요소의 값을 점수화하고 이 점수에 가중치를 곱한다. 그리고 이렇게 산출한 평가요소별 값을 합산하여 그 기업의 최종점수를 결정한다.

다섯째, 각 기업의 최종점수를 이용하여 대출승인여부나 대출조건을 정하거나 신용등급을 조정한다.

이와 같은 신용평점제도는 평가요소에 양적 요인은 물론 질적 요인까지 포함시킬 수 있다는 장점이 있다. 양적 요소는 주로 재무제표분석으로 파악할 수 있는 기업의 재무적 특성을 의미하며, 질적 요소는 재무제표분석으로 파악하기 힘든 비재무적 특성을 의미한다.[16] 반면에 신용평점제도는 평가요소 및 가중치의 선정이 분석자의 주관적 판단에 의존한다는 단점이 있다. 따라서 분석자의 경험이나 업무지식, 분석능력에

16) 우리나라 은행들은 독자적인 신용평가모델을 개발하여 활용하고 있기 때문에 신용위험 평가요소의 내용이 조금씩 다르다. 그러나 양적 요소로는 주로 수익성, 안정성, 활동성 등의 재무비율을 활용하며, 질적 요소로는 은행과의 거래관계, 사업경쟁력, 시장상황 등을 포함하고 있다.

따라 신용평점제도의 판별력에 차이가 있을 수 있다.

(2) 판별모형

일반적으로 판별모형은 기업의 도산가능성을 예측하기 위한 모형으로 활용되어 왔지만 기업대출의 신용위험을 평가하기 위한 방법으로 이용될 수 있다. 알트만(Altman)[17]은 판별분석(discriminant analysis)을 이용하여 기업의 부실을 예측하고자 하는 Z-Score Model을 개발하였다.

$$Z = 1.2X_1 + 1.4X_2 + 3.3X_3 + 0.6X_4 + 1.0X_5$$

X_1 : 순운전자본/총자산
X_2 : 이익잉여금/총자산
X_3 : 영업이익/총자산
X_4 : 자기자본(시장가치)/총부채(시장가치)
X_5 : 매출액/총자산

Z-Score Model에서 알트만이 제시한 판정방법은 다음과 같다.

$Z < 1.81$: 부실가능성이 매우 높음
$Z > 2.99$: 부실가능성이 거의 없음

이를 기업의 신용평가에 적용하면 $Z > 2.99$인 기업에는 대출을 해도 좋다는 의미가 된다.

한편 알트만(Altman), 헬드만(Haldman), 나라야난(Narayanan)[18]은 Z-Score Model에 비해 부실기업 분류의 정확도가 우수한 ZETA Model을 개발하였다. ZETA Model의 구체적인 판별계수는 공표되지 않았지만 이 모형에 포함된 7개의 변수와 상대적 중요도는 다음과 같다.

---

17) E.I. Altman, "Financial Ratios, Discriminant Analysis and the Prediction of Corporate Bankruptcy," *Journal of Finance*(September 1968), pp.589~609.
18) E.I. Altman, R. Haldman, P. Narayanan,"ZETA Analysis : A New Model to Identify Bankruptcy Risk of Corporates," *Journal of Banking and Finance*(June 1977), pp.29~54.

표 7-9 ZETA Model의 재무변수

변수명	측정방법	중요도
X_1 = 투자수익률	영업이익/총자산	7
X_2 = 이익안정성	과거 10년 동안 X_1의 표준편차	2
X_3 = 채무이행능력	영업이익/이자비용	6
X_4 = 누적적 수익성	이익잉여금/총자산	1
X_5 = 유동성	유동자산/유동부채	5
X_6 = 자본구조	보통주시장가치/총자본(5년 평균)	3
X_7 = 기업규모	총유형자산	4

자료 : Altman, Corporate Financial Distress, pp.132~135.

제5절 자산·부채종합관리

자산·부채종합관리(ALM: Asset Liability Management)란 금융기관이나 기업이 보유하고 있는 자산과 부채의 구성을 종합적으로 관리함으로써 장래에 발생할 수 여러 가지 위험(risk)을 최소화하거나 수익의 극대화를 도모하는 관리기법을 말한다. ALM은 1940~50년대 미국의 대형 상업은행들에 의해 시작되었는데 당시에는 은행이 각종 규제 하에서 조달된 자금을 각 자산에 배분하는 자산관리방식이었으나 자금운용 규모가 팽창함에 따라 1960년대에는 효율적인 자금조달에 중점을 둔 부채관리로 전환하게 됐다. 그 후 1970년대 초 석유파동을 계기로 유동성 혼란이 야기되고 과도하게 시장성자금에 의존한 것에 대한 반성에서 보유자산 및 부채에 관한 종합적인 관리기법으로 발전하였다.

1. ALM의 정의

ALM은 광의의 개념과 협의의 개념으로 분류할 수 있다. 먼저 광의의 ALM은 금융기관의 자산과 부채를 효율적으로 관리하여 위험을 줄이고 수익을 늘림으로써 금융기관의 시장가치를 극대화하는 경영기법을 말한다. 따라서 ALM은 금융기관의 효율적 경영을 위한 모든 자산 및 부채 관리를 포함한다고 할 수 있다. 즉, 금융기관이 유동성을 효율적으로 관리하는 문제, 최적투자 및 대출결정을 하는 문제, 그리고 부채를 잘 관리하고 최적자본구조를 선택하는 문제도 모두 광의의 ALM에 속한다고 할 수 있다. 다시 말하면 광의의 ALM이란 금융기관의 자산과 부채를 시장상황의 변화에 맞게 결정하여 최적의 위험-수익관계를 유지하는 것을 말한다.

협의의 ALM은 금리자유화 등 변화하는 금융환경에 대비하여 금융기관이 경영위험을 보다 효율적으로 관리하기 위한 경영기법을 말한다. 과거 금융환경의 변화가 심하지 않았던 때에는 금융기관의 위험이 대부분 대출관련 신용위험이었고, 따라서 금융기관의 위험관리는 신용위험 관리에 국한되어 있었다. 그러나 최근에 나타난 급격한 금융환경의 변화는 금융기관의 경영에 있어 신용위험 외에도 이자율위험이나 유동성 위험과 같은 새로운 형태의 위험이 과거보다 더 심각하게 대두되었다. 따라서 금융기관이 당면하게 된 새로운 위험에 대처하기 위한 새로운 경영기법이 요구되게 되었고, ALM은 이와 같이 변화하는 금융환경에 대비하여 다양한 형태의 위험을 효율적으로 관리하기 위한 종합적인 경영기법이라고 할 수 있다.

ALM은 향후 예상되는 이자율의 변동이나 자금수급의 변화를 감안하여 금융기관의 자산과 부채의 규모 및 구성을 적극적으로 조정함으로써 금융기관의 수익을 장기적으로 안정화시키고 또한 이를 극대화할 수 있는 방법을 모색하는 것이 그 과제라고 할 수 있다. 이를 위해서는 금융기관이 수용할 수 있는 위험의 정도를 정하고 미래 상황을 고려하여 자산과 부채를 적절히 구성하여 관리함으로써 일정한 수준의 위험을 유지하면서 최대의 성과를 올릴 수 있다.

2. 갭 관리

갭 관리(gap management)는 금리의 변동에 따라 금융기관이 보유하고 있는 자산과 부채의 만기를 신축적으로 조정함으로써 금리변동에 따른 위험을 최소화하고 수익성을 높이고자 하는 경영기법이다. 예를 들면 앞으로 이자율이 상승할 것으로 예측되는 상황에서 변동금리가 적용되는 단기예금을 유치하여 그 자금으로 고정금리의 장기대출에 활용한다면 이러한 금융기관의 수익성은 점차 악화될 것이다. 따라서 이 경우 고정금리대출을 변동금리대출로 전환하는 등의 자산구성의 조정이 필요하다.

2-1. 갭 관리

갭 관리는 금리민감자산(RSA: Rate Sensitive Asset)과 금리민감부채(RSL: Rate Sensitive Liability) 사이의 차이를 조정하는 것을 말한다. 여기서 갭(gap)은 금리민감자산에서 금리민감부채를 차감한 것을 말한다.

갭(gap) = 금리민감자산(RSA) − 금리민감부채(RSL)

금리민감자산이란 일정 기간 동안 시장상황의 변화에 따라서 이자율이 변하게 되는 자산을 말한다. 일반적으로 1년 이내에 이자율이 재설정되거나 만기가 돌아오는 자산을 금리민감자산으로 분류한다. 금리민감자산의 예로는 단기유가증권, 우대금리를 적용받는 대출, 그리고 일정 기간 내에 매도될 유가증권 등이 있다. 금리민감부채란 변동금리를 적용받는 수신상품으로서 양도성예금(CD), 단기차입금, 콜론, 그리고 환매채(RP) 등이 있다.

갭 관리는 갭 이외에도 갭비율(gap ratio)을 사용하기도 하는데, 이는 금리민감자산을 금리민감부채로 나눈 것을 말한다.

갭비율(gap ratio) = 금리민감자산(RSA) / 금리민감부채(RSL)

한편 금융기관의 갭은 그 수준에 따라 세 가지 포지션으로 분류할 수 있다. 첫째, 갭이 0인 제로 갭(zero gap) 포지션이 있다. 이 포지션 하에서는 비록 금리변동에 대해 완전한 헤지(hedge)를 하지는 못하지만 금리변동에 따르는 위험을 어느 정도 감소시킬 수 있다. 둘째, 갭이 0보다 큰 플러스(+) 갭(positive gap) 포지션이 있다. 이 포지션 하에서는 이자율이 상승할 때 수익의 증가분이 비용의 증가분보다 많으므로 금융기관의 입장에서는 수익의 상승을 기대할 수 있다. 셋째, 갭이 0보다 작은 마이너스(−) 갭(negative gap)이 있다. 이 포지션은 단기자금을 조달하여 장기대출을 해주는 금융기관에서 일반적으로 나타나는 형태로, 이 포지션 하에서는 이자율이 상승할 때 수익의 증가분보다 비용의 증가분이 더 많으므로 금융기관의 입장에서는 수익의 하락할 것으로 예상할 수 있다.

갭 관리전략은 수동적 갭 관리전략과 능동적 갭 관리전략으로 구분할 수 있다. 수동적 갭 관리전략은 갭을 0 또는 갭비율을 1로 유지하는 전략을 말한다. 갭이 0인 경우 이자율이 변동하면 자산가치와 부채가치의 변화가 정확히 상쇄되어 이자율변동위험으로부터 헤지(hedge)가 된다고 볼 수 있다. 그러나 이자율이 변할 때 일반적으로 부채의 이자율변동이 자산의 이자율변동을 선행하기 때문에 갭이 0이라고 해서 이자율변동위험이 완전히 헤지가 되었다고 보기 어렵다.

능동적 갭 관리전략은 미래의 이자율변화에 대한 예측을 바탕으로 플러스(+) 갭 포지션이나 마이너스(−) 갭 포지션 중에 하나를 취하는 전략이다. 만약 이자율이 상승할 것으로 예상되는 경우 플러스 갭 포지션을 취하고, 반대로 이자율이 하락할 것으로 예상되는 경우 마이너스 갭 포지션을 취하면 이익을 얻을 수 있다. 이러한 능동적 갭 관리전략은 이자율이 처음 예측한 대로 움직였을 경우 이익을 얻을 수 있지만 이자율이 예측과 반대로 움직였을 경우에는 손해를 보게 된다.

지금까지 살펴본 갭 관리법은 다음과 같은 문제점을 가지고 있다. 첫째, 갭을 측정할 때의 기준기간에 따라 갭이 달라질 수 있다. 예를 들면 산업은행과 같이 고정금리채권을 발행하여 장기자금을 동원하고 이 자금을 바탕으로 장기적 대출을 하는 금융기관에서는 1년을 기준으로 금리민감자산이나 금리민감부채를 정하지만 상업은행에서는 한 달 또는 1주일 등을 기준으로 금리민감자산이나 부채를 정한다. 이러한 문제점을 해결하기 위해 도입된 ALM기법이 다음에 설명할 만기갭 관리법이다.

둘째, 갭을 측정할 때에 금리민감자산과 아닌 자산의 구분기준이 현실적으로 명확하지 않다. 셋째, 갭 관리법에서는 이자율의 변화에 따르는 자산의 가격변화를 정확히 측정할 수가 없다. 이와 같은 문제점을 해결하기 위해 도입된 ALM기법이 다음에 설명할 듀레이션갭 관리법이다.

2-2. 만기갭 관리

만기갭 관리(maturity gap management)란 일정 기간 내에 이자율이 새로 정해지거나[19] 또는 일정 기간 내에 만기가 돌아오는 자산과 부채를 기간별로 세분하고, 각 기간별로 갭을 측정하여 관리하는 방법이다. 즉, 갭 관리법이 전체 분석기간 동안 한 가지 갭을 관리하는 데 비해 만기갭 관리법은 전체 분석기간을 여러 기간으로 세분화하여 각 기간별 갭을 측정 · 관리하는 방법이다.

예를 들어 K은행의 만기갭이 [그림 7-11]과 같이 측정이 되었다고 하자. [그림 7-11]에서 기간별 갭을 보면 만기가 1개월 미만과 만기가 6개월 이상에서 플러스 갭을 유지하고 있고, 만기가 1개월 이상 3개월 미만과 만기가 3개월 이상 6개월 미만에서 마이너스 갭을 유지하고 있다. 이 경우 K은행이 이자율위험을 헤지하고자 한다면 각 만기별 갭을 0으로 조정하면 될 것이다. 즉, 단기금융시장을 이용하여 단기금융상품을 추가로 발행하거나 또는 단기금융상품에 투자를 함으로써 각 만기별로 제로갭을 유지할 수 있다. 그렇지 않고 K은행이 능동적으로 갭 관리를 하려고 한다면 미래 이자율의 변동을 예측하여 만기별 갭을 모두 플러스(+)로 유지하거나 또는 마이너스(−)로 유지하면 된다.

---

19) 일반적으로 변동금리금융상품이 이에 해당된다. 예를 들어 변동금리 주택담보대출의 경우 CD 유통수익률이나 코픽스(COFIX)에 연계되어 이자율이 정해진다.

그림 7-11 만기갭

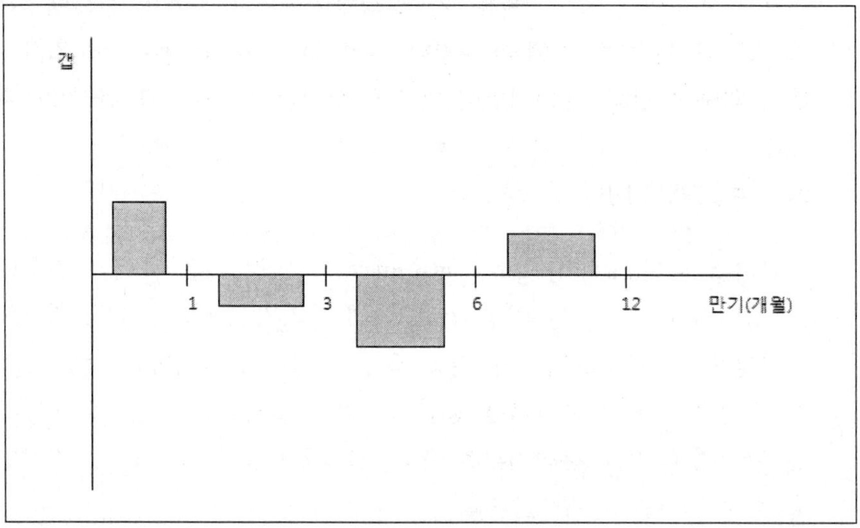

만기갭 관리법은 만기별 이자율위험의 정도를 보여주는 장점이 있기 때문에 거시헤지[20]가 가능하다. 그러나 갭 관리법과 마찬가지로 만기의 선정이 임의적이라는 단점이 있다.

2-3. 유동성갭 관리

금융기관 경영의 중요한 과제 중의 하나가 유동성 확보이다. 유동성갭 관리(liquidity gap management)는 금융기관이 당면할 수 있는 유동성 위험을 효율적으로 관리할 목적으로 개발된 방법이다. 유동성갭 관리는 만기갭 관리와 달리 기간별로 금리가 재설정되는 자산과 부채는 제외하고 오로지 일정 기간 내에 만기가 도래하는 자산과 부채만을 대상으로 기간별 갭을 측정 · 관리하게 된다.

예를 들어 K은행의 유동성갭이 [그림 7-12]와 같이 측정되었다고 하자. [그림 7-12]에서 기간별 갭을 보면 6개월 이내에 만기가 도래하는 자

20) 거시헤지란 재무상태표의 모든 항목을 재구성하여 이자율위험을 제거하는 헤지방법을 말한다. 미시헤지란 재무상태표의 일부 항목만을 재구성하여 헤지하는 방법을 말한다.

산과 부채로부터 측정된 유동성갭은 거의 0에 가까운 값을 보이고 있으므로 6개월 이내에는 이 은행의 유동성위험이 거의 없다는 것을 알 수 있다. 그러나 6개월 이후 만기가 도래하는 자산과 부채로부터 측정된 유동성갭은 마이너스이므로 이 은행은 이 기간에 만기가 도래하는 자산보다 상환해야 할 부채가 더 많다는 것을 의미한다. 이것은 이 은행이 수익성을 제고하기 위하여 금융자산을 보다 장기적으로 운용하고 있다는 것을 의미한다. 그러나 이 은행이 유동성위험에 빠지지 않기 위해서는 시간이 흐름에 따라 유동성 자산을 확보하여 유동성갭을 0과 가까운 수준으로 유지하도록 하여야 한다.

그림 7-12 유동성갭

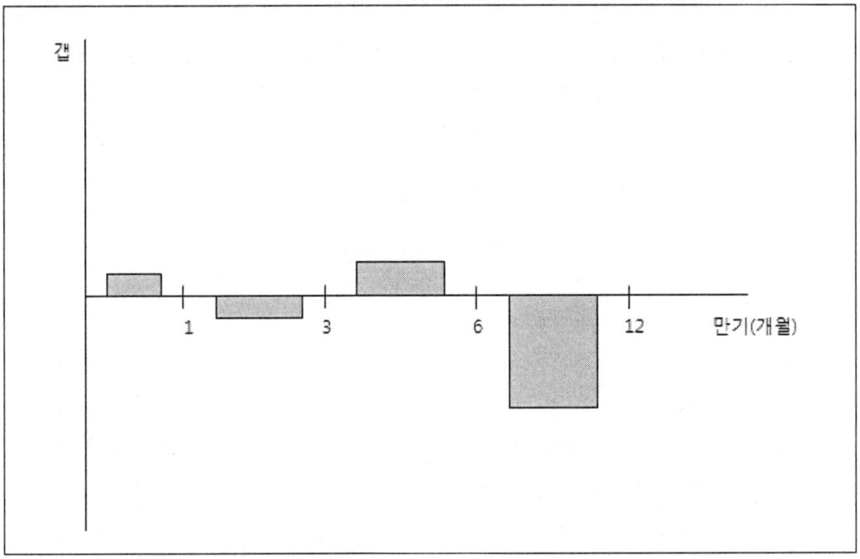

2-4. 듀레이션갭 관리

앞에서 살펴본 갭 관리는 일정 기간, 즉 1년이나 또는 그 이하의 기간 동안 이자율이 다시 설정되거나 또는 만기가 돌아오는 자산과 부채를 대상으로 이자율 변동이 이익에 미칠 영향을 분석하였다. 따라서 일정 기간 이후에 만기가 돌아오거나 이자율이 다시 설정되는 항목들에 대한 이자율위험관리는 무시되고 있다. 그러나 금융기관의 이익을 극대화하기 위해서는 일정 기간 이내의 만기를 갖는 자산과 부채만을 대상으로 이자율위험관리를 할 것이 아니라 모든 자산과 부채를 대상으로 이자율위험관리를 해야 한다. 이자율위험관리의 대상에 모든 자산과 부채를 포함시키게 되면 이자율 변동이 가져오는 모든 자산과 부채의 가치변화는 궁극적으로 자기자본가치의 변화로 측정될 수 있다. 왜냐하면 자기자본의 가치는 자산의 가치에서 부채의 가치를 차감한 값이기 때문이다.

이자율이 변화함에 따라 금융기관의 자기자본의 시장가치가 어떻게 변화하는지를 파악하기 위해서는 먼저 자기자본의 듀레이션(duration)을 산출해야 한다. 듀레이션갭(duration gap)이란 이러한 자기자본의 듀레이션을 말하는데, 금융기관의 자산과 부채는 대부분 만기가 있고 현금흐름이 고정되어 있어 채권의 듀레이션 개념을 그대로 적용하여 자기자본의 듀레이션을 산출할 수 있다.[21)]

$$DG_K = D_A - W_L \cdot D_L$$

DG_K : 자기자본의 듀레이션갭
D_A : 자산의 듀레이션
D_L : 부채의 듀레이션
W_L : 부채/자산

듀레이션갭 관리전략은 이자율이 상승할 것으로 예상되면 갭을 줄이고, 이자율이 하락할 것으로 예상되면 갭을 늘리며, 이자율 변동이 불확실한 경우에는 갭을 없애면 된다. 먼저 갭을 감소시키기 위해서는 자산의 듀레이션을 줄이거나 부채의 듀레이션을 늘려야 하는데, 자산의 듀레이션을 줄이려면 장기자산을 단기자산으로 대체하거나 고정금리자산

---

21) 채권의 듀레이션은 그 채권의 만기까지의 현금흐름(C_t)을 고려하여 구한 채권의 평균만기 개념으로 채권의 만기수익률을 r이라고 할 때 다음과 같이 계산된다.

$$D = \frac{\sum_{t=1}^{n} t \cdot \frac{C_t}{(1+r)^t}}{\sum_{t=1}^{n} \frac{C_t}{(1+r)^t}}$$

을 변동금리자산으로 대체하면 된다. 또한 부채의 듀레이션을 늘리기 위해서는 단기부채를 장기부채로 대체하거나 순수할인채권을 발행하면 된다.

미래 이자율의 변동방향을 정확히 예측할 수 없는 경우에는 듀레이션갭을 0으로 함으로써 이자율변동위험을 완전히 제거할 수 있다. 자기자본의 듀레이션이 0인 경우 이자율의 상승 및 하락에 관계없이 자기자본의 가치는 일정한 수준에서 유지되게 된다. 금융기관이 듀레이션갭을 조절하기 위해 사용할 수 있는 방법은 자산과 부채의 구성을 재조정하는 방법과 부외거래를 통하는 방법이 있다. 먼저 자산항목의 듀레이션 조절을 위해서는 대출자산의 만기를 변경하거나 대출조건을 변경하여야 하는데 이러한 자산의 구조적인 변환은 고객의 동의가 없으면 이루어질 수 없다. 이와 같이 재무상태표 상의 계정조정은 고객관리의 문제 및 변환비용 지출 등의 어려움이 있으므로 최근 부외거래(off-balance-sheet activity)를 이용하여 듀레이션갭을 조절하는 방법이 널리 사용되고 있다. 이 방법은 금리선물이나 금리옵션, 또는 금리스왑을 통하여 이자율의 변동에 상관없이 자산과 부채의 가치변화를 일정한 수준으로 제한하는 방법이다.

듀레이션갭 관리는 다음과 같은 한계를 가지고 있다. 첫째, 듀레이션을 계산하기 위해서는 각 자산항목 및 부채항목의 시장가치를 정확하게 알 수 있어야 하지만 실제로는 시장가치를 파악하기 어려운 항목이 많다. 예를 들면 금융기관의 대표적인 자산항목인 대출의 경우 유통시장이 한정되어 있기 때문에 시장가격을 산출하기 어렵다. 둘째, 만기개념이 불명확한 항목, 예를 들면 요구불예금이나 유형자산의 경우 듀레이션을 산출하기가 어렵다. 셋째, 듀레이션은 시간이 지남에 따라 변하기 때문에 원하는 듀레이션갭을 계속 유지하기 위해서는 지속적으로 항목조정을 하여야 하는데, 이때 막대한 거래비용이 발생하므로 지속적인 항목조정은 현실적으로 어렵다.

제8장

금융산업의 규제와 감독

제1절 이론적 배경

금융산업은 전기, 수도 등의 공공산업과 함께 정부로부터 규제를 가장 많이 받고 있는 산업 이다. 금융산업이 많은 규제를 받을 수밖에 없는 이유는 금융기관이 가지는 공공성에 있다. 금융기관은 한 경제의 금융질서를 유지하는데 매우 중요한 역할을 하므로 건전하고 안정적인 금융기관의 운영이 공공성을 유지하는데 반드시 필요하다고 보기 때문이다. 그런데 급변하는 금융환경 하에서 금융산업의 효율성을 제고하기 위하여 경쟁을 촉진하다 보면 금융시스템의 안정성이 저해될 우려가 있고, 반대로 금융시스템의 안정성을 강조하여 경쟁을 제한하게 되면 금융서비스의 질이 저하되는 부작용이 나타날 수 있다. 따라서 금융산업에 대한 경쟁과 규제는 어느 하나를 선택해야 할 문제가 아니라 두 가지 측면을 적절히 조화시켜야 할 문제라고 할 수 있다.

1. 경쟁의 이론적 근거

다른 산업과 마찬가지로 금융산업도 그 효율성을 높이기 위해서는 경쟁을 촉진하여야 한다. 경쟁은 시장참여자의 능률과 창의성 그리고 다양한 정보를 가장 효율적으로 활용할 수 있는 수단이기 때문이다.

금융산업의 경쟁을 촉진해야 한다는 논리는 기본적으로 시장경제에서 가격기능을 신뢰하는 고전학파 경제이론에 그 바탕을 두고 있다. 금융기관 간의 경쟁이 촉진되면 금융상품의 가격, 예컨대 이자율이나 각종 수수료 등이 경쟁적으로 결정되고, 이는 금융시장의 효율성을 높여 경제주체들의 후생의 증대를 가져온다는 것이다.

[그림 8-1]은 자금의 수요곡선과 공급곡선의 이동이 전혀 없는 상황에서 정부가 이자율을 인위적으로 규제할 경우와 이자율이 시장에서 경쟁에 의해 자율적으로 결정될 경우에 있어서 후생경제학적 측면에서 어떤 차이를 가져오는지를 보여주고 있다. [그림 8-1]에서 만약 정부의 이자율에 대한 규제가 없을 경우 시장이자율은 r^*에서 결정되고 이때 자금수급량은 I^*에서 결정될 것이다. 그런데 만약 정부가 정책적으로 이자율을 시장의 균형이자율 r^*보다 낮은 r로 규제를 할 경우 금융시장에 공급되는 자금량은 I^*에서 I로 줄어들고 DF 만큼의 초과수요가 발생하게 된다.

한편 정부가 이자율을 규제할 때에 자금의 공급자가 얻는 수익에서 자금조달비용을 차감한 공급자의 잉여(supplier's surplus)는 $\triangle OrD$이고, 자금의 차입자가 얻는 효익에서 지급하는 비용을 차감한 차입자의 잉여(consumer's surplus)는 $\square ArDB$가 되어 이들을 합한 사회적 잉여는 $\square AODB$가 된다. 그러나 정부의 이자율에 대한 규제가 없을 경우에 공급자의 잉여는 $\triangle Or^*C$가 되고 소비자 잉여는 $\triangle Ar^*C$가 되어 사회적 잉여는 $\triangle AOC$가 된다. 따라서 이자율을 규제할 때의 사회적 잉여가 이자율을 규제하지 않을 때의 사회적 잉여보다 $\triangle BDC$ 만큼 줄어드는 것을 볼 수 있는데, 이를 후생경제학에서는 규제에 따른 후생손실

(welfare loss)이라 부른다. 이러한 점에서 정부가 이자율에 대해 규제를 하는 것보다 시장에서 이자율이 경쟁에 의해 자율적으로 결정될 수 있도록 할 때에 자금의 공급을 최대한으로 공급할 수 있고 사회적 후생도 극대화시킬 수 있다.

그림 8-1 이자율 규제의 효과

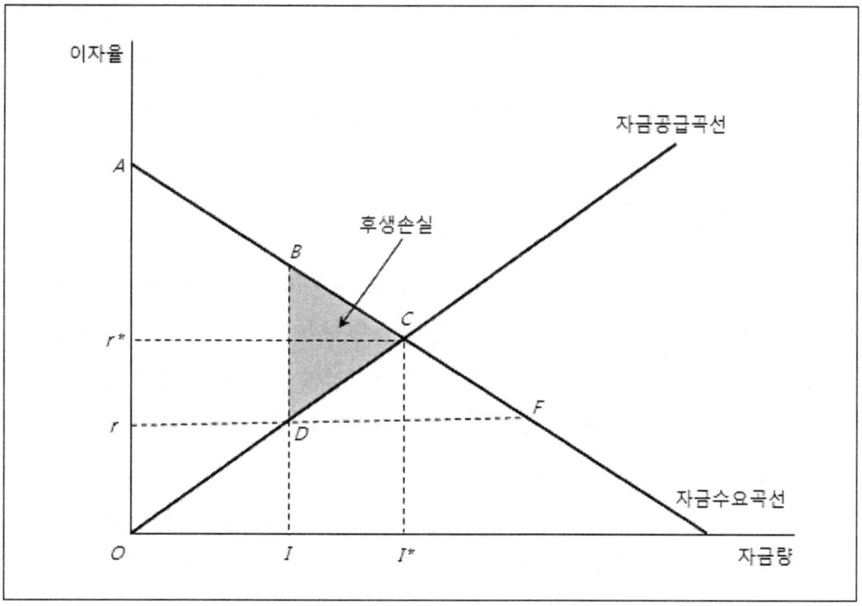

이 밖에도 경쟁의 논리로 다음과 같은 점이 지적될 수 있다. 첫째, 경쟁의 촉진은 금융산업의 기술혁신을 촉진시켜 새로운 상품의 개발과 시장의 확대를 가져오게 됨으로써 범위의 경제(economies of scope)를 실현할 수 있다. 둘째, 경쟁을 통해 금융시스템이 보다 효율적으로 운영됨으로써 정부의 경제정책의 효과를 향상시킬 수 있다. 셋째, 규제의 실패가능성이다. 만약 규제에 따른 비용이 규제의 효익을 상회한다면 경쟁을 제한하는 규제의 논리는 상실되게 된다.

2. 규제의 이론적 근거

효율적인 금융시장을 위해서는 반드시 경쟁이 필요하지만 과다한 경쟁은 시장실패(market failure)를 초래할 우려가 있다. 시장실패란 경쟁의 제한 또는 불완전한 경쟁으로 인하여 시장이 자원배분의 기능을 제대로 수행하지 못하는 상태를 말하며, 이 경우에는 정부의 개입이나 규제가 불가피하게 된다.

금융산업에 대한 규제의 논리로는 공공이익가설, 자기보호가설, 변증법가설, 금융불안정가설 등 많은 이론들이 제시되고 있다.

2-1. 공공이익가설

공공이익가설(public interest hypothesis)[1)]의 이론적 배경은 시장실패에서 찾을 수 있다. 즉 시장이 불완전경쟁상태에 있을 경우 재화나 서비스의 생산이 사회적 최적상태를 달성할 수 없기 때문에 정부가 개입하여 사적 생산수준을 사회적 최적생산수준으로 접근시킴으로써 사회적 후생을 극대화시켜야 한다는 이론이다.

또한 경쟁적 가격구조가 형성되어 시장기능에 의해 자원이 효율적으로 배분되어 파레토최적(Pareto optimal)[2)]이 달성된다 하더라도 이것이 가장 바람직한 소득분배까지 보장하는 것은 아니다. 파레토최적은 자원의 효율적 배분을 통한 경제효율의 극대화만을 그 대상으로 하기 때문이다. 이런 의미에서 분배의 불공평도 넓은 의미의 시장실패에 포함된다. 따라서 이러한 시장실패가 존재하는 경우에 공공의 이익을 위해 정부가 시장에 개입해야 한다는 것이다.

---

1) D. Needham, *The Economics and Politics of Regulation: A Behavioral Approach*, Little, Brown and Company, Boston, 1983.

2) 파레토최적이란 자원배분이 가장 효율적으로 이루어진 상태를 의미한다. 이탈리아의 경제학자 파레토에 의해서 최초로 언급되었다. 파레토최적이 이루어지려면 생산의 효율과 교환의 효율에 대해서 다음의 조건을 갖춰야 한다. 첫째, 생산의 효율에 있어서는 어떤 한 재화의 생산량을 증가시키기 위해서는 다른 재화의 생산량을 감소시키지 않으면 안 된다. 둘째, 교환의 효율에 있어서는 한 소비자의 효용을 증가 시키려면 다른 소비자의 효용을 감소시키지 않으면 안 된다.

2-2. 자기보호가설

자기보호가설(capture theory)은 사적 이익을 증대시키고자 하는 이해관계자들에 의하여 규제에 대한 수요가 발생한다는 이론이다. 이 이론에 따르면 규제를 받는 자들은 규제를 하는 자들을 포획[3]하여 규제를 하는 자들이 규제를 받는 자들의 이해와 일치하는 규제를 하도록 하는 경향이 있다고 한다. 스티글러(Stigler)[4]는 규제가 부의 재분배효과를 가져온다는 논리 하에 규제의 결과는 공공이익의 희생 위에 규제수요자에게만 이익을 주게 된다고 주장하였다. 예를 들면 의사, 변호사 등과 같이 정부로부터 인허가를 받는 독점적 직종에 종사하는 사람들의 경우 정부는 비인가업자의 활동을 불법화함으로써 사실상 이들을 보호하고 있다는 것이다. 펠츠만(Peltzman)[5]도 규제가 시장변화로부터 규제수요자들을 보호함으로써 이들의 영업위험을 감소시켜 이득을 준다는 위험감소효과(risk buffering effect)를 주장하였다.

2-3. 변증법가설

변증법가설(regulatory dialectic hypothesis)은 새로운 규제가 변증법적으로 반복된다는 이론이다. 케인(Kane)[6]은 기존의 규제를 이용하는 집단이 발생하게 되면 이를 방지하기 위한 새로운 규제가 도입되고 새로운 규제가 효과를 발휘하여 자본의 흐름이 재편되게 되면 다시 규제를 우회하는 집단이 나타나게 되어 이를 방지하기 위한 다른 규제가 다시 반복이 된다고 보았다. 예를 들면 특정 금융회사나 금융상품에 대해 이자율을 규제할 경우 규제를 받지 않는 새로운 금융회사를 설립하거나 신금

---

3) 여기서 포획(capture)이란 정책이나 규제를 펼치는 정부관료, 정치인 등이 잘 조직화된 이익집단에 붙잡혀 있는 상태를 말한다. 이들은 이익집단에 편익을 안겨주는 대가로 이익집단으로부터 퇴직 후 고용, 정치자금 등을 제공받는다는 것이다.

4) G.J. Stigler, "The Theory of Economic Regulation," *Bell Journal of Economics and Management Science*, pp.3~21.

5) S. Peltzman, "Toward A More General Theory of Regulation," *Journal of Law and Economics*, vol.1976, pp.211~240.

6) E.J. Kane, "Technological and Regulatory Forces in Developing Fusion of Financial Services Competition," *Journal of Finance*, vol.39, 1984.

융상품을 출시하여 이자율규제를 피해가는 이른바 이자율상한우회효과(ceiling-circumvention effect)가 발생하게 된다.

2-4. 금융불안정화가설

금융불안정화가설(financial instability hypothesis)은 금융시장은 외부적인 충격이 없다고 하더라도 본질적으로 불안정하기 때문에 규제가 필요하다는 이론이다. 민스키(Minsky)[7]는 경제주체들은 투기에 빠질 수 있는 비이성적인 면을 가지고 있으며, 일단 투기열풍이 불게 되면 금융기관의 신용확대를 기반으로 화폐자본이 급증하게 되고, 이 자본은 이익추구에 몰두하게 되어 이에 따른 과잉유동성이 경제의 거품(bubble)을 초래하게 된다고 보았다. 그러나 이러한 상태는 오래 지속될 수 없고 어느 단계에서 반전의 국면을 맞게 되는데, 이때 신용의 확대가 더 이상 지속될 수 없는 한계를 넘어서게 되면 자산가격의 하락, 즉 거품이 해소되기 시작한다는 것이다. 한편 투자자들이 일단 투기의 대상이 된 자산가격의 하락을 인식하게 되면 손해에 대한 공포감으로 투기대상자산을 서둘러 매각하려 하고 이 결과는 '구성의 오류'[8]가 작동되어 자산가격의 폭락과 금융중개기능이 상실되는 금융위기로 연결될 수 있다는 것이다.

이 밖에도 규제의 결정요인을 각국의 고유한 정치적·문화적 특성에서 찾는 문화이론(culture theory), 규제를 담당하는 관료사회가 야기하는 여러 가지 행정적 문제를 해결하는 시각에서 찾는 행정이론(administrative theory) 등이 있다.

---

7) H. Minsky, "Can 'It' Happen Again?"1963, in Minsky, H. *Can 'It' Happen Again?: Essays on Instability and Finance*, M.E. Sharpe.

8) 개별적으로 타당한 이야기가 전체적으로는 틀리는 현상을 구성의 모순 또는 구성의 오류라고 말한다. 예를 들면 절약의 역설, 가수요가 구성의 오류에 해당한다.

제2절 금융규제제도

금융산업이 현실적으로 많은 규제를 받을 수밖에 없는 이유는 금융기관이 가지는 공공성에 있다. 금융기관은 경제시스템의 금융질서를 유지하는데 매우 중요한 역할을 하므로 건전하고 안정적인 금융기관의 운영이 공공성을 유지하는데 반드시 필요하다고 보기 때문이다. 이러한 금융산업에 대한 규제의 형태는 가격규제, 진입 및 퇴출규제, 건전성규제, 소유 및 지배구조에 관한 규제, 업무영역에 대한 규제 등으로 나누어 볼 수 있다.

1. 가격규제

금융산업에 대한 가격규제란 각종 금융상품에 대한 가격(이자율)이나 각종 서비스에 대한 수수료에 대한 규제를 의미한다. 먼저 금융상품에 대한 가격, 즉 금리(이자율) 자유화와 이에 대한 규제의 논리에 대해 살펴보기로 한다. 전통적 경제이론에 의하면 완전경쟁시장에서 금리가 자금의 수요와 공급의 원리에 따라 결정될 때 자금이 가장 효율적으로 배분된다고 본다. 그러나 현실적으로 완전경쟁시장이란 존재하지 않기 때문에 금리의 자유화의 효과 및 부작용에 대한 논쟁도 금융시장의 불완전성과 많은 관련이 있다.

쇼(Shaw)[9]는 개발도상국에 있어 금리의 자유화가 경제전반에 걸쳐 긍정적인 효과를 줄 수 있다고 주장한다. 그는 규제금리를 시장금리 수준으로 인상하면 저축을 증대시켜 투자자금을 증가시키고, 이전에는 저금리 하에서 투자가 가능했던 수익률이 낮은 사업에서 수익률이 높은 고수익 사업으로 투자가 전환되어 자금배분의 효율성을 높이게 된다고 주장하였다.

9) E.S. Shaw, *Financial Deepening in Economic Development*, New York: Oxford University Press, 1973.

이에 반해 판 빈베르겐(Van Wijnbergen)[10]은 개발도상국의 경우 경제성장과정에서 공적인 금융시장과 함께 사금융시장이 존재하고 이와 같은 이중금융구조 하에서는 금리자유화가 단기적으로 사금융시장의 위축에 따른 자금난 심화 및 투자 위축, 그리고 금융비용 상승으로 인한 인플레이션을 초래할 수 있다고 지적하였다.

현실적으로 금리자유화란 정부가 금리결정을 완전히 시장에 맡긴다는 것이 아니라 금리를 가급적 시장에서 결정이 되도록 하되 거시경제적인 측면에서 필요한 경우 정부가 간접적으로 조절한다는 의미이다. 금리조절은 정부의 금융정책의 가장 주요한 수단의 하나로 시장의 금리수준이 적정수준에서 크게 이탈한 경우에 중앙은행은 재할인금리의 변경이나 공개시장조작을 통해 시중금리를 적정수준으로 유도하게 된다. 특히 최근의 국가경제는 금융의 국제화가 진전되면서 금리가 환율 및 국제자본이동과 밀접하게 연계되어 움직이고 있기 때문에 금리의 자율조정기능만으로 경제의 균형을 회복하기 어렵다. 따라서 금융시장의 불안정성이나 실물경제의 구조적 불균형이 존재하는 한 금리자유화는 경제발전과 경제의 안정성의 수준에 맞추어 추진될 수밖에 없다.

금리자유화의 가장 중요한 과제는 금리수준과 금리구조의 적정성을 평가하는 것이라고 할 수 있다. 금리수준의 적정성이란 금리수준이 국민경제의 전반적인 투자수익률, 인플레이션율, 국내외 금리차, 자본과 노동의 상대가격 등에 비추어 적정한 수준인가를 말한다. 금리구조의 적정성이란 금융상품의 위험, 만기, 유동성, 금융기관의 중개비용 등을 고려하여 금융상품 간에 가격이 적절한 격차를 유지하고 있는가를 말한다.

우리나라의 경우 1990년대에 들어 내적인 필요성과 대외로부터의 개방압력에 밀려 단계적으로 금리자유화를 추진하여 오다가 1997년 외환위기를 계기로 완전한 금리자유화가 이루어졌다.

금융기관의 수수료에 대한 규제 역시 금융중개기능의 효율성을 저해하게 된다. 수수료율이 적정하지 않을 경우 역선택(adverse selection)과 비자발적 보조(involuntary subsidization)를 유발하여 금융서비스의 생산이

10) S. Van Wijnbergen, "Stagflationary Effects of Monetary Stabilization Policies." *Journal of Development Economics* 10, 1982, pp.133~169.

사회적으로 최적 수준을 달성할 수 없기 때문이다. 예컨대, 서비스의 수준에 비하여 수수료가 너무 싸면 쓸 데 없이 서비스를 이용하게 되는 불량고객이 늘어나게 된다. 그리고 서비스 제공자가 서비스의 생산원가나 고객이 입는 혜택에 관계없이 일률적으로 수수료를 책정하여 부과할 경우에 서비스를 적게 이용하는 고객이 서비스를 많이 이용하는 고객에게 비자발적인 보조를 주는 현상이 발생하게 되어 고객 간의 형평성이 상실될 수 있다.

2. 진입 및 퇴출규제

금융산업의 진입규제(entry barrier)는 금융제도의 안정을 위해 정부가 취하는 규제라는 점에서 생산기술이나 상품의 특성으로 인해 잠재진입자의 신규진입이 제한되는 일반산업의 시장장벽(market barrier)과는 성격이 다르다. 일반산업의 경우 진입 또는 퇴출장벽이 없어야만 잠재적 경쟁위협이 존재함으로써 완전경쟁에 준하는 효율적 경쟁시장(contestable market)의 성과가 달성될 수 있다. 그러나 금융산업의 경우 규제완화가 지나친 경쟁을 유발할 경우 금융기관의 영업권(franchise value)이 하락하게 되고 금융기관이 이윤을 얻기 위하여 과도하게 위험을 추구하려는 유인이 커질 우려가 있다. 반대로 과도한 진입장벽은 기존의 금융기관의 영업권을 지나치게 보호함으로써 이들의 퇴출과 신규 금융기관의 진입의 장애요인으로 작용할 수도 있다.

금융산업에 대한 진입규제의 전형적인 수단은 금융업의 설립, 전환, 합병, 영업양도, 지점의 설립 및 폐쇄 등에 대하여 정부의 인·허가를 받도록 규정을 함으로써 금융기관의 수를 제한하는 방법이다. 즉, 현재의 시장규모에 비해 금융기관의 수가 지나치게 많아 금융기관 경영의 안정성이 떨어질 경우에는 진입조건을 까다롭게 하여 금융기관의 신규 참여를 제한하고, 시장규모에 비해 금융기관의 수가 적어 금융산업의 효율성이 저하되거나 경쟁제한으로 독과점의 폐해가 생기게 되면 진입조건을 완화하여 금융기관의 신규참여를 유도하게 된다.

과거 우리나라 금융산업에 대한 진입정책은 진입기준의 합리성과 일관성이 부족하여 어떤 부문에는 과당경쟁이 발생하고 다른 부문에서는 과점체계가 유지되어 왔다. 선진국은 합병 등에 의한 진입의 경우 금융산업은 일반산업과 다른 특성을 고려한 심사제도가 마련되어 있으나 우리나라는 아직 이러한 제도가 마련되고 않고 있다.

한편, 금융기관의 퇴출은 진입규제와 같은 차원에서 이루어지고 있다. 그러나 금융기관의 퇴출은 금융산업 전체의 시스템위험으로 파급될 우려가 크기 때문에 일반기업과 다른 특별한 고려가 필요하다. 구체적으로 금융기관의 퇴출절차는 금융시스템에 대한 일반 국민의 신뢰성 과 안정성의 유지, 파산처리를 할 경우 이에 따른 비용의 효율성과 파산처리절차의 공정성 및 일관성의 유지 등이 반드시 고려되어야 한다. 우리나라는 부실금융기관을 원활하게 퇴출시켜 금융산업의 구조조정을 촉진하기 위해 "금융산업의 구조개선에 관한 법률"[11]을 제정하여 시행하고 있다.

3. 건전성규제

최근 국제금융환경의 변화를 요약하면 금융자유화·금융통합화·금융증권화·금융디지털화 현상을 들 수 있다. 그러나 이러한 금융환경의 변화가 진행되는 가운데 금융기관 간 경쟁격화와 각종 위험의 증대로 개별금융기관의 건전성은 물론 금융시스템의 안정성이 위협받는 상황이 빈번하게 발생하고 있다. 그리고 한 국가의 금융불안은 다른 나라로 빠르게 파급되는 경향까지 나타나고 있다. 이에 따라 각국의 금융당국은 금리나 업무영역에 대한 규제를 완화 또는 폐지하는 대신 금융기관이 안전하고 건전하게 운영될 수 있도록 건전성에 대한 규제는 오히려 강화되는 움직임을 보이고 있다.

건전성규제(prudential regulation)란 금융기관의 경영의 건전성과 금융시스템의 안정성을 제고하기 위하여 금융기관의 자산운용이나 자본조달방식 및 그 형태 등에 대해 규제하는 것을 말한다. 우리나라의 경우 건

11) 금융산업의 구조개선에 관한 법률은 1996년 12월 제정되었고 가장 최근에는 2010년 3월 개정되어 시행되고 있다.

전성 규제는 금융기관별로 개별법에 따라 기관별·상품별 규제를 하고 있다.[12] 따라서 동일한 또는 유사한 성격을 가진 자산운용 또는 자금조달이라고 하더라도 금융기관의 종류에 따라 규제의 대상이나 규제의 정도 등에 차이가 있다.

금융기관의 재무건전성을 확보하기 위한 사전적 조치로서 금융기관의 자산운용 및 자본조달에 대한 규제와 함께 이를 위한 사후적 조치로서 금융기관의 자기자본비율에 대한 규제와 이를 근거로 한 적기시정조체제도도 시행되고 있다. 금융기관은 다른 산업에 비해 상대적으로 많은 부채를 사용하고 있기 때문에 금융기관이 자기자본을 충실화하고 자산의 건전성을 높일수록 금융기관의 안정성이 증가한다. 금융기관이 자기자본을 충실화하기 위해서는 적극적으로 수익을 증대하여야 할 뿐만 아니라 대손충당금 등 각종 적립금의 유보 및 증자 등을 통하여 자기자본을 확충하고, 위험자산이나 부실자산의 규모를 줄여야 한다.

적기시정조치(prompt corrective action)는 금융기관의 자기자본충실도가 일정 수준 이하로 떨어진 금융기관에 대해 감독당국이 시정조치를 강제적으로 실시하는 제도를 말한다. 이 제도의 목적은 금융기관의 경영내용을 상시적으로 분석하여 건전성 정도에 따라 시정 및 제재조치를 단계적으로 실시함으로써 부실경영의 예방효과를 높이고, 손실이 적은 단계에서 적절한 조치를 취함으로써 금융시스템을 안정시키고 사회적 비용을 최소화하기 위한 것이다.

우리나라는 "금융산업의 구조개선에 관한 법률에 따라 금융감독위원회가 모든 금융기관에 대하여 금융기관별로 미리 정한 기준에 따라 경영개선권고, 경영개선요구, 경영개선명령 등의 적기시정조치제도를 도입하고 있다. 경영개선권고 단계에서는 부실자산의 처분, 이익배당의 제한, 자본금의 증액 또는 감액, 특별 대손충당금의 설정 등이 포함된다. 경영개선요구 단계에서는 영업소의 폐쇄나 통합, 영업의 일부정지, 합병, 제3자 인수, 영업양도계획의 수립 등이 포함된다. 경영개선명령 단계에서는 합병, 영업양도, 계약의 이전 및 인가취소 등이 포함되어 있다.[13]

---

12) 예를 들면 은행에 대한 건전성규제로는 적기시정조치제도, 자산건전성분류제도, 대손충당금 및 대손상각제도, 경영실태평가제도, 위험관리실태평가제도, 신용공여한도제도, 자산운용규제제도, 자회사관리제도 등이 있다.

한편 자산건전성분류제도는 금융기관이 보유한 자산에 대해 건전성분석을 실시하여 불건전자산의 발생을 예방하고, 이의 조기정상화를 촉진함으로써 자산운용의 건전화를 도모하기 위한 제도이다. 일반은행은 금융감독원의 '자산건전성 분류기준'에 따라 보유자산의 건전성 상태를 정기적으로 점검하여 정상, 요주의, 고정, 회수의문 및 추정손실 등의 5단계로 분류하여야 한다. 그리고 일반적으로 부실여신이란 고정 이하로 분류된 여신을 의미한다.

표 8-1 K은행의 자산건전성 분류사례

(단위: 10억원)

	2007	2006
자산건전성 분류대상 여신	177,476.1	152,323.0
정상	174,735.8	149,025.0
요주의	1,426.8	1,723.0
고정	557.3	725.2
회수의문	483.4	555.6
추정손실	272.8	294.2
고정이하여신(NPLs)	1,313.5	1,575.0
고정이하여신 비율(NPL ratio)	0.74%	1.03%
대손충당금(LLR)	2,535.5	2,374.5
NPL coverage ratio	193.03%	150.77%
연체율	0.59%	0.95%
write-offs	866.5	1,760.4
NPL 판매	316.1	452.9

자료 : K은행 '연차보고서', 2008년.

4. 업무영역에 대한 규제

금융제도는 금융기관이 특수한 목적이나 경쟁상의 비교우위에 입각하여 은행업과 증권업 등으로 분리되어 운영되는 전업은행(specialized banking)제도와 금융기관이 은행업과 증권업 등 주변업무를 겸영하는 겸업은행(universal banking)제도로 구분이 된다. 전통적으로 독일, 이탈리아,

13) 은행의 경우 경영개선권고는 BIS자기자본비율 8% 미만 6%이상, 경영개선명령은 6%미만 2% 이상, 경영개선명령은 2%미만 또는 부실금융기관에 대해 적용이 된다.

프랑스 등은 겸업은행제를 채택하여 왔고, 미국, 일본, 우리나라 등은 전업은행제를 채택하여 왔다. 따라서 우리나라는 그동안 전업주의 원칙하에 금융업 간에 배타적인 업무영역을 설정하고 이종업무의 겸영은 예외적으로 허용하여 왔다. 따라서 부문에 따라 업무의 과다한 중복이 발생하고 금융권 간의 차별적 규제로 인하여 금융권의 불균형적인 성장을 가져오는 등 금융산업 전반에 걸쳐 비효율성을 초래하는 원인이 되었다.

이에 따라 IMF 구제금융체제에서의 금융개혁조치에서는 고객의 편의증진과 경쟁 촉진을 통한 금융산업의 효율성 제고를 기본방향으로 장기적으로 겸업주의를 지향하게 되었다. 1998년에 “금융회사지주법”을 제정하는 한편 금융기관의 업무영역에 대한 규제를 대폭 완화하여 은행의 수익증권 판매를 허용하였으며, 2003년에는 방카슈랑스[14]를 도입하였다. 그리고 정부는 금융의 겸업화를 점진적으로 추진한다는 원칙하에 일차적으로 간접투자자산 운용업무를 모든 금융회사에 허용하는 “간접투자자산운용업법”을 제정하고, 2007년에 증권, 선물, 자산운용 및 신탁회사 등의 업무를 통합한 “자본시장 및 금융투자업에 관한 법”을 제정하였다. 다만 정부는 금융하부시장의 균형적인 발전을 위해 완전한 겸업주의로 이행하기 보다는 현행의 은행, 보험, 증권을 기본 영역으로 하는 전업주의를 유지하되 점진적으로 겸영을 확대하는 방식으로 겸업화를 추진할 계획이다.

5. 소유와 지배구조에 대한 규제

기업에 대한 소유(ownership)와 지배(governance)를 규제하는 것은 시장에 대한 독과점적 시장구조 그 자체를 규제하는 구조규제의 하나로 독과점적 지위는 인정하면서 그 남용행위를 규제하는 행위규제와는 달리 독과점으로 인한 경제적 폐해의 원인을 미리 방지하는데 그 목적이 있다.

---

14) 프랑스어로 은행(Banque)과 보험(Assurance)의 합성어로서 은행이 보험회사와 연계해 보험성격이 짙은 상품을 개발, 판매하는 것으로 은행과 보험사가 상호제휴와 업무협력을 통해 종합금융서비스를 제공하는 새로운 형태의 금융 서비스이다.

이론적으로 진입과 퇴출이 완전히 자유로운 시장에서는 시장집중이 존재하더라도 독과점적 이윤이 장기적으로 존재할 수 없다. 왜냐하면 잠재적 경쟁자들에 의해 독과점적 이윤은 언제든지 소멸될 수 있기 때문이다. 그러나 금융산업에 존재하는 외부성[15)]으로 인하여 진입규제가 불가피하기 때문에 독과점적 시장구조에 대한 규제 또한 불가피하다.

금융기관의 소유와 지배구조가 특히 문제가 되는 것은 금융기관이 사기업이면서도 공공성이 크다는 점에 있다. 따라서 금융기관의 소유 및 지배구조에 대한 규제의 논리도 과다한 사적 이익의 추구를 억제하는 한편 공공의 이익을 제고하는데 있다. 즉, 예금자 보호, 통화정책의 유효성 및 지급결제제도의 안정성 확보, 독과점의 방지를 통한 경쟁적인 금융제도를 유지하기 위해 소유와 지배구조에 대한 규제가 필요하다.

우리나라의 경우 1999년에 대주주의 부당한 영향력 행사를 금지하기 위해 대주주와의 거래 및 신용공여에 대한 규제를 강화하고 금융기관의 주요 출자자 요건 및 최저자본금 등을 명시하였다. 2000년에는 외부감사제도의 충실화를 위해 은행, 종합금융회사 및 일정 규모 이상의 증권회사, 보험회사, 자산운용회사 등에 대해 사외이사 중심의 이사회 제도를 도입하고 감사위원회의 설치를 의무화하였다. 한편 2002년에는 "은행법" 및 "금융회사지주법"을 개정하여 은행 및 은행지주회사의 의결권 있는 주식에 대한 동일인 보유한도를 4%에서 10%로 확대하는 등 금융기관의 소유제한을 일부 완화하였다.

6. 금융규제의 방향

일반적으로 정부의 경쟁촉진정책과 규제정책은 상치관계(trade-off)에 있다고 할 수 있다. 다시 말하면 정부가 시장의 능률을 제고하기 위해 경쟁을 촉진하다 보면 금융시스템의 안정성이 저해될 우려가 있고, 반대로 금융시스템의 안정성을 제고하기 위해 경쟁을 제한하게 되면 금융

15) 어떤 경제활동이 당사자가 아닌 제3자에게 끼치는 영향을 말한다. 경제활동 중에는 경제주체가 시장의 가격기구를 통하지 않고 대가의 교환 없이 무상으로 다른 경제주체에 이득이나 손해를 가져다주는 것들이 있다. 시장의 가격기구 밖에서 이루어지는 영향이라 하여 외부효과라고도 한다.

서비스의 품질이 저하되어 이용자에게 불이익을 주는 부작용이 따르게 된다. 따라서 금융산업에 대한 규제와 경쟁의 촉진정책은 어느 하나를 선택하는 문제가 아니라 두 가지 정책을 적절하게 조화하는 문제로 귀착되게 된다.

규제의 효과에 대한 연구를 살펴보면 그 결과가 상반되는 경우가 많다. 쇼(Shaw)와 맥킨넌(Mckinnon)은 저개발국가의 경제성장 정체의 원인으로 금리에 대한 규제, 금융기관의 비효율적 경영, 비합리적 세제, 국내통화의 고평가 등 금융억압(financial repression)과 독점산업에 대한 특혜 등 정부의 간섭을 지적하고, 이를 극복하기 위해 금융의 자유화가 이루어져야 한다고 강력히 주장하였다. 특히 맥킨넌은 여러 나라의 실례를 들어 이와 같은 금융개혁이 이루어지고 난 다음에 대외개방이 이루어져야 한다고 주장하였다.[16)]

토빈(Tobin)은 경제성장에 있어 투자의 중요성을 강조하고 저금리정책을 통한 투자 증대를 역설하고 있다.[17)] 특히 그는 미국이 금융자유화를 추진한 이후 금융기관의 부실과 금융자산의 투기화를 경험한 사례를 들어 금융산업은 정부가 책임져야 할 최종부문으로 금융산업에 대한 규제완화는 오히려 부작용을 초래할 가능성이 크다고 경고하고 있다.

금융혁신이 가속화되고 있는 최근에 들어서는 금융시스템의 안정성이나 투자자 보호보다는 경쟁에 의한 금융산업의 능률을 보다 중시하여 규제를 완화하려는 경향이 강화되고 있는데, 그 이유는 다음과 같다.

첫째, 예금보호제도 실시, 자산건전성 기준 도입, 채권시가평가제도 시행 등 각종 안전장치(safety net)의 마련으로 금융시스템의 안정성을 저해할 위험이 크게 줄어들었다. 둘째, 경쟁 자체가 유효한 안전장치가 될 수 있다. 경쟁에 의해 비효율적인 금융기관이 도태되고 효율적인 금융기관만이 존속하게 될 때 금융시스템의 안정성이 더욱 제고되며, 경쟁에서 탈락한 금융기관으로 인해 발생하는 사회적 비용보다 경쟁으로 인해 소비자에게 돌아가는 혜택이 훨씬 크다는 것이다. 셋째, 경쟁은 역

16) R. Mckinnon, *The Order of Economic Liberalization: Financial Control in the Transition to a Market Economy*, Johns Hopkins University Press, 1991, pp.1~10.

17) J. Tobin, "A General Equibrium Approach to Monetary Theory," *Journal of Monetary Economics*, 1975.

선택(adverse selection)이나 도덕적 해이(moral hazard) 등 정보의 비대칭성으로 인한 발생하는 문제를 줄일 수 있다. 즉, 금융산업에 대한 정부의 과도한 보호가 금융기관의 정보공시를 제한함으로써 소비자의 역선택을 유발하게 되고, 금융기관의 경영자로 하여금 이윤추구를 위해 과도한 위험을 부담할 소지를 제공함으로써 금융기관의 안정성을 해칠 우려가 있다는 것이다.[18] 넷째, 금융기관의 경쟁촉진은 외부경제(externality), 즉 금융기관들이 고객을 위한 방향으로 경쟁을 할 경우 고객에게 유익한 서비스를 제공하기 위하여 서로 제휴를 하는 등 다양한 전략을 구사함으로써 예수금의 상호증대 또는 관리비용의 절감을 가져올 수도 있다.

제3절 금융감독제도

1. 금융감독의 의의

금융감독이란 금융행위로부터 유발되는 각종 위험이 금융시장의 불안과 금융산업의 건전성의 저해를 초래하여 전체 금융시스템의 안정성이 훼손되는 것을 방지하기 위하여 취하는 규제행위의 하나이다.[19] 금융감독은 거시경제나 금융시장 및 지급결제시스템 전반을 대상으로 한 거시적 감독과 금융시장참가자들의 개별적인 거래형태를 규제하는 미시적 감독으로 구분된다. 미시적 감독은 주로 개별금융기관 경영의 건전성을 위한 건전성 감독과 금융시장참가자들의 정직하고 공정한 거래를 실현시키기 위한 행위규제로 이루어진다. 거시적 감독은 미시적 감독만으로는 금융시스템의 안정을 실현하고 특히 금융위기에 효율적으로 대처하기에 부족하다는데 그 근거를 두고 있다. 최근 범세계적으로 발생한 글

18) G.G. Kaufman, L.R. Mote, H. Rosenblum, "Implication of Deregulation for Product Lines and Geographical Markets of Financial Institution," Journal of Bank Research, Spring 1983, pp.8~21.
19) 강병호, 금융기관론, 박영사, 2008년.

로벌 금융위기는 특정 금융회사에 국한된 위기라기보다는 전체 금융시스템에 영향을 미치는 공통의 위험요인과 경제주체들의 군집행동에 기인하였다는 견해도 있다.

거시적 감독과 미시적 감독은 궁극적으로 금융안정이란 공통의 목적을 가지고 있지만 이를 달성함에 있어 서로 다른 측면을 강조한다는 점에서 차이가 있다. 그러나 효율적인 금융감독을 위해 미시적 감독과 거시적 감독은 서로 밀접한 연관성을 가져야 한다. 이는 거시경제의 안정이 없이는 전체 금융시장과 개별금융기관의 안정이 이루어질 수 없기 때문이다. 따라서 거시경제의 효율적인 운영을 위해서는 정부, 금융감독기구, 중앙은행 등 감독유관기관 간에 금융불안정의 진단 및 처방에 대한 긴밀한 정책협조가 필요하다.

한편 좁은 의미에서의 금융감독은 개별 금융기관의 설립을 인가하고 금융기관이 업무 수행 시 지켜야 할 각종 규칙을 제정하며 이의 준수여부를 감시하는 것을 말한다. 금융감독은 금융기관업무에 대한 허가·금지·제한·권유 등의 형태로 이루어진다는 점에서 금융기관 경영에 대한 일종의 규제이다. 이러한 규제가 필요한 이유는 금융거래를 시장자율에만 맡길 경우 정보의 비대칭성으로 불공정·불건전 거래가 증가하여 금융제도의 불안정과 금융거래의 위축을 초래할 수 있기 때문이다. 따라서 금융감독의 목적은 금융기관으로 하여금 금융중개를 공정하게 하고 경영 건전성을 유지하도록 함으로써 금융소비자의 재산을 보호하고 금융거래를 활성화하는 데 있다.

이러한 미시적 금융감독은 형식상 인가, 규제, 검사, 제재 등을 포함하는데 내용상으로는 크게 진입 제한, 가격 규제, 업무범위 규제 등의 구조적 규제(structural regulation), 자본비율, 유동성비율 등 건전성 규제(prudential regulation), 경영정보 및 금융상품 공시 등의 영업행위 규제(business conduct regulation)로 나누어진다. 이와 같은 미시적 금융감독은 글로벌 금융위기를 계기로 전체 금융시스템의 안정을 도모하기 위한 거시건전성 정책과 서로 대비가 된다.

2. 금융감독체계

우리나라의 금융감독체계는 오랜 기간 은행, 증권, 보험 등 금융업종별로 별도의 금융감독기구가 존재하는 분산형 금융감독체계를 유지하여 왔다.[20] 이와 같은 분산형 금융감독체계는 우리나라의 금융제도가 전업주의에 기초하고 있음을 반영하는 것인데 우리나라의 금융산업이 은행 중심에서 증권, 보험 등으로 점차 다양화됨에 따라 관련 감독기구도 확충되어 왔다. 1960년대에는 금융기관이 사실상 은행밖에 없었으므로 금융감독기관도 금융관계법령의 제·개정을 담당하는 재무부와 은행업 인가, 건전성 규제, 검사 및 제재 등의 은행감독업무를 담당하는 한국은행으로 이원화되어 있었다. 1970년대 이후에는 증권 및 보험시장이 대폭 확대되고 종합금융회사, 상호신용금고 등 다수의 비은행금융기관이 신설되었다. 이에 따라 은행을 제외한 모든 금융기관에 대한 감독업무를 담당하고 있던 재무부로부터 감독업무를 분리하여 증권관리위원회·증권감독원, 보험감독원, 신용관리기금을 설립하였다.

그러나 이러한 분산형 금융감독체계는 금융자유화·겸업화 추세 등에 부응하여 1997년 외환위기 직후 통합형 체계로 대폭 수정되었다. 1998년 4월에 시행된 "금융감독기구의 설치 등에 관한 법률"에 의거하여 금융감독위원회와 그 집행기관인 금융감독원이 설립되었고 이에 따라 은행, 증권, 보험 등 업종별 금융감독기구가 하나의 통합 금융감독기구로 재편되었다. 2008년 4월에는 "금융감독기구의 설치 등에 관한 법률"이 "금융위원회의 설치 등에 관한 법률"로 개정되면서 금융감독기구는 '금융감독위원회 및 금융감독원'에서 '금융위원회 및 금융감독원'으로 개편되었다. 금융위원회는 기존의 감독정책기능 외에 재정경제부가 담당하던 국내금융에 대한 정책기능까지 수행하게 되었으며, 금융위원장과 금융감독원장의 겸임이 금지됨으로써 금융감독기구 내에서의 감독정책기능과 집행기능의 분리가 보다 명확해졌다.

한편 금융감독기구 뿐만 아니라 제한적인 금융감독기능을 보유한 한

20) 한국은행, 「한국의 금융제도」, 2011년.

국은행, 예금보험공사, 기획재정부 등도 금융감독체계를 구성하고 있다. 한국은행은 금융통화위원회가 통화신용정책의 수행을 위하여 필요하다고 인정하는 경우에 금융감독원에 대하여 구체적인 범위를 정하여 금융기관에 대한 검사를 요구할 수 있으며, 한국은행 직원이 금융감독원의 금융기관 검사에 공동으로 참여할 수 있도록 요구할 수 있다. 또한 금융감독원에 대하여 검사결과의 송부를 요청하거나 검사결과에 따라 금융기관에 대한 필요한 시정조치를 요청할 수 있다. 아울러 한국은행 금융통화위원회는 금융위원회가 통화신용정책과 직접 관련되는 금융감독상의 조치를 하는 경우 이의가 있을 때에는 재의를 요구할 수 있다. 예금보험공사는 예금자 보호와 금융제도의 안정성 유지를 위하여 필요하다고 인정하는 경우 금융감독원에 대하여 금융기관 검사를 요청하거나 소속직원의 금융기관 공동검사 참여를 요청할 수 있다. 또한 예금자 보호를 위하여 필요하다고 인정하는 경우 금융감독원에 대하여 구체적인 범위를 정하여 부보금융기관 등에 대한 자료의 제공을 요청할 수 있으며 부실우려가 있다고 인정되는 부보금융기관 등에 대해서는 독자적인 조사를 실시할 수 있다. 한편 기획재정부는 "금융위원회의 설치 등에 관한 법률"에 의거 금융감독 관련 법령의 제·개정 권한이 금융위원회로 이관되면서 금융감독기능이 크게 축소되기는 하였으나 국제금융기능 및 금융위원회와의 금융정책 협의, 자료협조 등을 요구할 수 있다.

3. 금융감독기구

우리나라 금융감독기구는 2008년 4월에 시행된 "금융위원회의 설치 등에 관한 법률"에 의거하여 금융위원회와 금융감독원으로 구성·운영되고 있다. 금융감독기구는 금융산업의 선진화와 금융시장의 안정을 도모하고 건전한 신용질서와 공정한 금융거래관행을 확립하며 예금자 및 투자자 등 금융수요자를 보호함으로써 국민경제의 발전에 기여함을 목적으로 하고 있다.

3-1. 금융위원회

금융위원회는 국무총리 소속의 합의제 행정기관이다. 금융위원회는 금융관련 주요 사항을 심의·의결한다. 여기에는 국내금융에 관한 정책 및 제도에 관한 사항과 관련 법령 및 규정의 제·개정 및 폐지에 관한 사항, 금융회사 감독 및 검사·제재에 관한 사항과 관련 법령 및 규정의 제·개정 및 폐지에 관한 사항, 금융회사의 설립, 합병, 전환, 영업 양수·도 및 경영 등의 인허가에 관한 사항과 관련 법령 및 규정의 제·개정 및 폐지에 관한 사항 등이 포함된다. 또한 금융위원회는 금융감독원의 업무·운영·관리에 대한 지도·감독을 하며 금융감독원의 정관변경, 예산 및 결산에 대한 승인 등 사항을 심의·의결한다.

금융위원회는 증권 및 선물 분야에 대한 별도의 심의·의결을 위하여 내부조직으로 증권선물위원회를 설치·운영하고 있다. 증권선물위원회는 자본시장의 불공정거래 조사, 기업회계의 기준 및 회계감리에 관한 업무, 자본시장의 관리·감독 및 감시 등과 관련된 주요사항에 대한 사전 심의 및 금융위원회 위임업무 등을 수행한다.

3-2. 금융감독원

금융감독원은 "금융감독기구의 설치 등에 관한 법률"에 의거 은행감독원, 증권감독원, 보험감독원 및 신용관리기금 등 당시 4개 감독기관이 통합되어 1999년 1월 설립이 되었다. 금융위원회와 달리 금융감독원은 무자본 특수법인으로서 공법인이며 정부 및 한국은행 출연금, 검사대상 금융회사의 출연금·분담금, 다른 법령이나 정관에서 정한 수입 등을 재원으로 운영이 된다. 이처럼 금융감독원을 정부조직으로 하지 아니하고 독립된 공법인으로 법제화한 것은 금융회사 감독업무가 정부의 간섭을 최소화하는 가운데 공정하고 독립적으로 시행될 수 있도록 하기 위해서이다.

금융감독원은 금융위원회 또는 증권선물위원회의 지도·감독을 받아 금융기관에 대한 검사·감독업무를 수행한다. 구체적으로는 검사대상기관의 업무 및 재산상황에 대한 검사, 검사결과에 따른 제재, 금융위원회 및 소속기관에 대한 업무지원 등을 처리한다. 금융감독원 검사대상 금융기관은 은행, 금융투자업자, 보험회사, 상호저축은행, 신용협동조합, 농·수·산림조합 등이 포함된다.

제4절 예금보호제도

1. 예금보험제도의 의의 및 기능

예금보험제도(deposit insurance)란 예금업무를 취급하는 금융기관이 경영부실이나 파산 등으로 예금자의 예금을 지급할 수 없을 때 제3자인 예금보험기관이 정해진 원칙에 따라 금융기관을 대신하여 예금을 지급해 주는 제도이다. 이 제도는 예금의 지급을 사후적으로 보장해 줌으로써 금융제도의 안정성을 제고하는 효과를 갖는다.

예금보험제도의 필요성은 금융기관이 수행하는 기능 및 금융제도에 내재하고 있는 불안정성에서 찾을 수 있다. 첫째는 금융기관의 자산변환에 따르는 불안정성이다. 즉 금융기관은 단기부채의 형태로 자금을 조달하여 장기자산의 형태로 자금을 운용함으로써 만기구조 불일치로 인한 유동성위험을 항상 안고 있다. 둘째로 은행예금은 언제라도 고정된 명목가치를 보장해 주어야 하는 특성을 가지고 있다. 따라서 금융기관이 수익성이 낮은 부문에 자산을 운용하거나 만기 이전에 비유동자산이 현금화되는 경우 자산가치의 하락에 따른 지급불능(insolvency)의 문제가 발생할 수 있다. 마지막으로 금융기관은 예금의 일부만을 지급준비금으로 준비하기 때문에 대량예금인출사태(bank run)가 발생할 경우 유동성부족으로 도산할 가능성이 있다.

은행예금의 안정성을 은행이 아닌 제3의 기관에서 명시적으로 보장해 주는 예금보호제도는 시장의 자율기능으로는 달성할 수 없는 경제적 기능을 제공한다.

첫째, 예금보험은 정보에 어둡고 경제적 능력이 열등하며 또한 상황 변화에 신속히 대처하지 못하는 소액 예금자가 지급결제제도에 쉽게 접근할 수 있게 하고, 안전한 부의 축적 수단을 제공함으로써 예금의 안정성을 보장하는 기능을 수행한다.

둘째, 예금보험은 은행업에 내재되어 있는 예금인출사태를 예방함으로써 금융시장이 원활히 운영되게 하는 역할을 수행한다. 또한 부실은행이 발생하더라도 은행 연쇄도산의 고리를 차단하여 은행파산의 파급효과를 최소화시킴으로써 금융시장의 사후적 안정성을 유지할 수 있다.

셋째, 정부의 규제와 보호에 의한 금융시장의 안전성은 금융시장의 효율성을 떨어트릴 수 있으나, 예금보험은 경쟁시장을 기반으로 금융시장의 효율성을 제고할 수 있다.

2. 우리나라의 예금보험제도

1997년 외환위기 이전까지 우리나라 금융기관의 예금자보호는 정부의 감독기능에 의존하여 왔다. 즉, 감독을 통하여 사전에 금융기관의 부실화 내지 도산을 방지함으로써 사실상 정부의 보호 및 지원에 의해 예금자보호가 이루어져 왔다. 그러나 이러한 감독기능만으로는 예금자를 보호하는 것은 한계가 있고, 특히 금융자율화 및 개방화의 급속한 진행에 따라 금융기관 간 경쟁이 심화되면서 금융기관의 부실화 내지 도산의 가능성이 증대됨에 따라 예금자 보호 및 부실금융기관의 퇴출업무를 수행하기 위한 기구로서 예금보험공사가 설립되었다. 1997년 제정된 “예금자보호법”의 주요 내용을 요약하면 다음과 같다.

첫째, 예금보험공사, 증권감독원, 보험감독원, 신용관리기금 등에서 관리하던 기존 예금보험기구를 예금보험공사로 통합하였다. 둘째, 예금보험공사는 금융감독위원회에 대하여 부보금융기관에 대한 검사를 실시하고 그 결과를 송부하여 줄 것을 요청하거나 공동검사의 실시를 요청할 수 있도록 하였다. 셋째, 보험사고 발생 시 해당 금융기관의 청산 또는 파산절차가 종료되기 전에 예금자가 예금 등 채권을 조속히 변제받을 수 있도록 하기 위하여 예금보험공사가 예금자로부터 예금 등 채권을 매입할 수 있는 근거를 마련하였다. 넷째, 예금보험공사는 기획재정부 장관의 승인을 얻어 부실 금융기관의 영업 또는 계약을 양수하기 위한 정리금융기관의 설치를 가능하게 하였다. 다섯째, 예금보험공사의 자금 차입 대상기관을 확대하여 정부 또는 한국은행 이외의 부보금융기관, 기타 대통령령이 정하는 기관을 추가하였다.

한편 2011년 6월 말 현재 예금보험공사의 보호대상 금융상품은 예금, 보험계약, 예탁금 등의 원금 및 이자이며 양도성예금증서(CD), 금융투자상품, 금융채 등은 보호대상에서 제외된다.

그리고 예금보험공사가 지급하는 보험금의 한도는 동일 금융기관 내 원금과 이자를 합쳐 예금자 1인당 5천만 원이다. 1996년 6월 출범 당시에는 동 한도가 1인당 2천만 원이었으나 외환위기 발생 직후인 1997년 12월 5일 예금자보호법, 신용관리기금법, 증권거래법, 보험업법 등의 시행령을 개정하여 2000년 말까지 한시적으로 부보금융기관이 파산하는 경우 이들 기관의 예금에 대해 원리금 전액을 보장하기로 하였다. 그 후 유동성 부족에 직면한 일부 금융기관들이 높은 금리로 무리하게 예금을 유치하는 등 부작용이 발생함에 따라 1998년 예금자보호법 시행령을 개정하여 1998년 8월 이후 가입한 예금 등에 대해서는 원금이 2천만 원 이내일 때에는 2천만 원 한도 내 원리금을, 원금이 2천만 원을 초과할 때에는 원금만을 보장하도록 하였다. 2001년부터는 예금보험제도를 전액보호제도에서 부분보호제도로 환원하면서 다만 이자가 지급되지 않는 결제성 예금에 대해서는 2003년 말까지 한시적으로 예금전액을 지급하였다.

한편 "예금자보호법"의 적용을 받지 않는 금융기관의 경우에는 다음과 같은 방식으로 보호된다.

상호금융(신용협동조합 및 지역농협조합, 지역수협조합, 지역산림조합 등)은 상호금융 예금자보호기금으로 예수금의 일정 비율을 해당조합의 중앙회에 적립하여 고객의 예금을 1인당 5,000만 원까지 보장한다.

새마을금고는 "새마을금고법"에 의거해 새마을금고연합회에 안전기금과 상환준비금을 적립하여 1인당 5,000만원까지 보호한다.

자산운용회사는 법적인 보호장치는 없으나 고객자산(신탁자산)을 금융기관의 고유자산(회사자산)과 분리하여 수탁회사에서 별도로 관리하므로

표 8-2 예금자보호 대상상품의 범위(2011년 6월 말 현재)

구 분	보호대상 상품	보호대상 제외상품[1]
은행	요구불예금, 저축성예금, 적립식예금, 원금보전형 금전식탁, 외화예금, 퇴직연금 및 개인퇴직계좌 적립금[2] 등	양도성예금증서(CD), 환매조건부채권(RP), 은행발행채권, 실적배당형 신탁, 금융투자상품[3], 농업·수산업협동조합 중앙회 공제상품 등
투자매매·중개업자	증권 등의 매수에 사용되지 않고 고객계좌에 현금으로 남아있는 금액, 자기신용대주담보금·신용거래계좌 설정보증금 등의 현금 잔액, 원금보전형 금전신탁, 퇴직연금 및 개인퇴직계좌 적립금[2] 등	금융투자상품[3], 청약자예수금, 제세금예수금, 선물·옵션거래예수금, 유통금융대주담보금, 환매조건부채권(RP), 증권사 발행채권, CMA, 랩어카운트, 주가지수연계증권(ELS), 주식워런트증권(ELW) 등
보험회사	개인이 가입한 보험계약, 퇴직연금 및 개인퇴직 계좌 적립금[2], 원금보전형 금전신탁 등	보험계약자 및 보험료 납부자가 법인인 보험계약, 보증보험계약, 변액보험계약 주계약, 제보험계약 등
종합금융회사	발행어음, 표지어음, CMA 등	금융투자상품[3], 양도성예금증서(CD), 환매조건부채권(RP), 종합금융회사 발행채권, 기업어음(CP) 등
상호저축은행	보통예금, 저축예금, 정기예금, 정기적금, 신용부금, 표지어음, 상호저축은행 중앙회 발행 자기앞수표 등	저축은행 발행채권 등

주 : 1) 정부·지방자치단체(국·공립학교 포함), 한국은행, 금융감독원, 예금보험공사, 부보금융기관이 가입한 금융상품은 2001년 1월 1일부터 보호대상에서 제외

2) 예금보호 대상 금융상품으로 운용되는 확정기여형 퇴직연금 및 개인퇴직계좌 적립금만 해당

3) 수익증권, 뮤추얼펀드, MMF 등

금융사고가 발생하면 신탁자산의 처분을 통해 고객자산을 전부 또는 일부 지급할 수 있다.

우체국은 "우체국예금·보험에 관한 법률"에 의거하여 우체국예금과 보험의 원리금 및 보험금 등의 지급을 국가가 책임진다.

제 4 편

금융제도의 이해

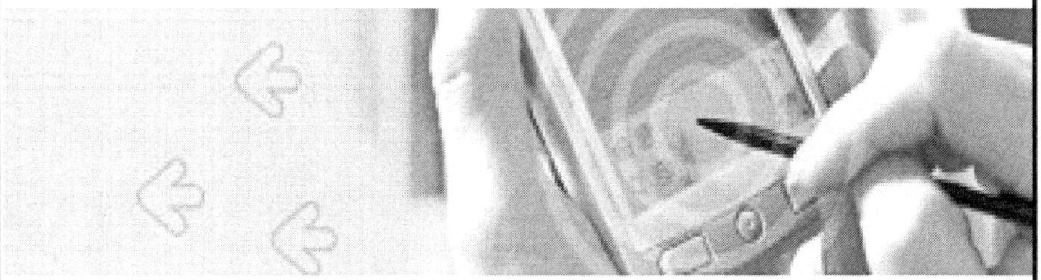

제 9 장 _ 은 행
제 10 장 _ 비은행예금취급기관
제 11 장 _ 금융투자업자
제 12 장 _ 보험회사
제 13 장 _ 기타 금융기관
제 14 장 _ 금융보조기관

제9장

은 행

국제통화기금(IMF)의 금융기관 분류기준에 따르면 금융기관은 취급하는 금융서비스의 성격을 기준으로 은행금융기관과 비은행금융기관으로 분류된다. 본 장에서는 우리나라의 은행제도에 대해서 자세히 살펴보기로 한다.

제1절 중앙은행

1. 중앙은행의 의의

일반적으로 중앙은행은 독점적 발권력을 바탕으로 금융기관에 부족자금을 대출하는 은행의 은행 기능과 정부의 세입 및 세출을 관리하고 필요시 부족자금을 대출하는 정부의 은행 기능을 수행한다. 아울러 통화량 및 금리 조절을 통해 물가안정을 포함한 거시경제의 안정을 도모하는 한편 최종대부자 역할, 거시건전성 정책 등을 통해 금융안정에도 기여한다. 그러나 중앙은행이 처음부터 이러한 기능을 모두 수행한 것은 아니며 경제발전에 따라 중앙은행도 함께 진화하면서 사회적 필요에 의하여 여러 기능이 추가되었다.

최초의 중앙은행은 국왕의 은행, 즉 정부의 은행으로 출발하였다. 오늘날과 같은 전형적인 중앙은행의 효시로는 1694년에 설립된 영국의 영란은행(Bank of England)을 꼽을 수 있다. 당시 영란은행은 오늘날 중앙은행과 달리 영리를 목적으로 하는 상업은행이었으나 일반 상업은행과는 달리 정부의 수입과 지출을 관리하고 정부가 지출재원이 부족할 경우 자금을 지원하는 업무를 수행하고 그 대가로 화폐 발행에 대한 독점권을 부여받았다. 그리고 이러한 발권력을 토대로 상업은행의 기능을 줄이는 대신에 점차 다른 은행으로부터 잉여자금을 예탁 받고 부족자금을 대출하는 은행의 은행 기능을 수행하게 되면서 오늘날과 같은 중앙은행의 모습을 갖추게 되었다.

20세기 이후에는 은행권의 발행이 금 보유량에 연동되던 금본위제도가 폐지되고 화폐발행의 적정관리가 중요해지면서 통화량, 금리, 환율 등의 관리를 통하여 물가안정을 포함한 거시경제의 안정을 도모하는 통화신용정책이 중앙은행의 핵심기능으로 자리 잡게 되었다. 1990년대 이후 금융자율화에 따른 새로운 금융상품의 출현 등으로 통화량 관리가 한계를 보이면서 한국은행을 포함하여 물가안정목표제를 도입하는 중앙은행이 늘어났다. 이처럼 중앙은행의 기능이 점차 확대되고 그 중요성이 커지면서 각국의 중앙은행제도는 중앙은행의 중립성을 강화하는 방향으로 개선되어 왔다. 이는 통화신용정책의 중립적 수립·집행이 물가안정에 중요하다는 데 인식을 같이 한 때문이기도 하지만 금융자유화 진전으로 시장친화적인 경제정책이 중요해진 때문이기도 하다.

한편 2008년 글로벌 금융위기를 계기로 세계적으로 거시건전성 정책의 중요성이 커지면서 중앙은행의 금융안정 기능을 강화하는 방향으로 제도개편이 이루어지고 있다. 원래 중앙은행의 금융안정 기능은 중앙은행이 은행의 은행 역할을 수행하면서 계속 인식되어 왔지만 세계적으로 금융위기가 빈발하자 그 중요성에 대한 관심이 더욱 높아졌다. 이러한 중앙은행의 금융안정 기능이 종전에는 금융위기 시 대출이나 공개시장 조작 등을 통해 시중에 충분한 유동성을 공급함으로써 금융불안이 확산되지 않도록 하는 최종대부자 역할이나 지급결제제도의 감시 및 운영을 통해 주로 수행되고 있다.[1)]

2. 한국은행

2-1. 연혁

우리나라의 중앙은행인 한국은행은 1950년 6월 12일 "한국은행법"에 의하여 설립이 되었다. 설립 당시에는 정부가 전액 출자를 한 특수법인이었으나 발권력을 가진 중앙은행은 일반회사와는 달리 영업활동을 위한 기초자산인 납입자본금의 필요성이 없고 손실발생시 정부가 보전하도록 법에 규정되어 있으므로 자본금이 큰 의미가 없었기 때문에 1962년 무자본 특수법인으로 전환되었다.

한국은행은 1950년 설립 당시 "한국은행법"에 의거 통화신용정책의 수립 및 집행과 관련하여 상당한 정도의 독립적 권한을 부여받았으나 1962년 정부주도 성장정책의 원활한 지원을 목적으로 통화신용정책에 대한 정부의 역할을 강화하는 방향으로 "한국은행법"이 개정되면서 한국은행의 중립성과 기능은 크게 저하되었다. "한국은행법" 개정은 제한된 자원을 성장유발 효과가 큰 전략산업에 집중시키기 위한 것으로 1960~70년대의 경제성장에 기여하기도 하였지만 금융산업의 상대적 낙후 등 여러 가지 부작용을 야기하였다. 이에 따라 1980년대 후반 이후 금융자유화의 추진과 더불어 한국은행의 독립성 강화 필요성이 꾸준히 제기되었고, 그 결과 1997년과 2003년 두 차례에 걸쳐 한국은행의 독립성과 통화신용정책의 중립성을 강화하는 방향으로 "한국은행법"이 개정되게 되었다.

---

1) 한국은행, 「한국의 금융제도」, 2011년

2008년 글로벌 금융위기의 경험을 토대로 세계적으로 거시건전성정책의 중요성이 확대됨에 따라 2011년 8월 31일 "한국은행법"도 중앙은행의 금융안정 역할을 강화하는 방향으로 개정되었다. 우선 한국은행의 목적에 통화신용정책의 수립과 집행에 있어 금융안정에 유의하도록 하여 금융안정 책무를 명시적으로 부여하였다. 그리고 매년 2회 이상 거시 금융안정 상황에 대한 평가보고서를 작성하여 국회에 제출하도록 하였으며 비은행금융기관에 대한 자료제출 요구권을 부여하고 공동검사 이행 의무기간을 대통령령에 명시하도록 하는 등 한국은행의 정보접근성을 제고하였다. 그리고 긴급유동성 지원제도를 개선하고 지급준비금 적립대상 채무를 예금 이외로 확대하여 한국은행이 보다 적극적으로 금융불안에 대응할 수 있도록 하였다.

2-2. 정책목표

현행 "한국은행법"은 한국은행의 설립목적을 효율적인 통화신용정책의 수립 및 집행을 통해 물가안정을 도모하고 이 과정에서 금융안정에도 유의하는 것으로 규정하고 있다. 물가안정은 화폐를 발행하고 통화신용정책을 담당하는 한국은행의 기본적인 목표이며 통화신용정책의 원활한 수행을 위해서는 금융안정이 필수적이다. 한국은행의 정책목표를 구체적으로 살펴보면 다음과 같다.

(1) 물가안정

중앙은행은 핵심 정책목표인 물가안정을 도모하기 위해 통화신용정책을 수립·집행하는데 이를 위해서는 정책목표와 이를 달성하기 위한 정책수단, 그리고 정책수단을 집행하기 위한 중앙은행 조직 등이 필요하다. 통화신용정책의 목표, 정책수단 및 조직 등을 이른바 통화신용정책 운용체계라고 하는데, 운용체계는 정책목표 설정방식에 따라 통화량지표를 목표로 하는 통화량목표제(monetary targeting system), 환율을 목표로 하는 환율목표제(exchange rate targeting system) 및 물가상승률을 목표로 하는 물가안정목표제(inflation targeting system)의 세 가지로 크게 분류된다. 이 중 물가안정목표제는 중앙은행이 일정기간 동안 달성해야 할 물가상승률 목표를 설정·공표하고 이에 맞추어 통화신용정책을 운용하는 방식으로 1990년대 들어 다수의 중앙은행들이 도입한 통화신용정책 운용체계이다. 우리나라의 경우는 금융·외환위기 이전까지 통화신용정책의 정책목표가 M2 등 통화량이었으나 1998년 이후 통화정책의 최종목표인 물가안정을 정책목표로 하는 물가안정목표제를 통화신용정책 운용체계로 채택하고 있다.[2)]

(2) 금융안정 유지

1990년대 이후 금융안정은 물가안정과 함께 중앙은행의 중요 정책목표로 새롭게 부상했다. 이는 통화신용정책을 통해 총수요관리에 노력한 결과 물가는 안정된 반면 금융자유화, 개방화 및 금융혁신 진전 등으로 세계적으로 크고 작은 금융위기가 빈발함에 따라 금융안정을 바라는 기대가 커졌기 때문이다. 금융안정은 금융시스템을 구성하고 있는 '금융기관의 안정(institution stability)'과 '금융시장의 안정(market stability)'으로 구분된다. 전자는 금융기관들이 자체 능력으로 어려움 없이 금융계약 의무를 이행할 수 있고 시장참가자들이 이를 신뢰하는 상태가 유지되는 것을 말한다. 개별 금융기관의 부실 방지가 목표라는 점에서 미시적 금융안정이라고도 한다. 반면 후자는 금융기관들이 정상적인 자금중개기능을 수행하고 금융시장에서 시장참가자의 신뢰가 유지되는 가운데 금융자산의 가격이 기초경제여건(fundamentals)으로부터 크게 벗어나지 않은 상태를 의미한다. 금융제도 전반의 안정 유지가 목표라는 점에서 거시적 금융안정이라고도 한다.

이러한 미시적 금융안정과 거시적 금융안정은 상호 밀접히 관련되어 있다. 즉, 거시적 금융안정에 실패하여 금융자산 가격에 거품이 형성되면 거품 해소과정에서 금융기관의 자산가치가 급락하고 금융기관이 부실화할 수 있다. 반대로 어떤 금융기관의 경영이 부실화되면 여타 금융기관으로의 전파 우려 등으로 자금흐름이 경색되면서 금리, 주가 등 금융자산의 가격이 급변동하는 등 금융시장이 불안정해질 수 있다.

2) 전게서

(3) 지급결제제도의 총괄 및 감시

모든 경제거래는 그 반대방향의 지급행위를 수반하는데, 지급결제가 효율적으로 이루어지지 못한다면 경제활동이 위축될 수밖에 없다. 따라서 대부분의 국가에서는 지급결제제도의 효율화 및 안정성 유지를 중앙은행의 핵심과제로 삼고 있다. 이는 중앙은행이 가장 핵심적인 지급수단인 화폐를 독점 발행하고 있는 데다 금융기관의 대고객 지급서비스로부터 발생하는 금융기관 간 채권·채무관계가 금융기관의 중앙은행 당좌계정 간 이체를 통해 최종적으로 해소되기 때문이다. 한국은행은 "한국은행법"에 의거 주요 지급결제제도에 대한 감시 및 제도개선방안 강구 등 지급결제제도의 총괄 및 감시업무를 담당하고 있다. 이와 함께 우리나라 지급결제제도의 핵심인 한국은행금융결제망(BOK－Wire+)을 운영하고 있으며 일부 금융기관의 결제자금 부족이 연속적으로 결제 불이행을 초래하여 금융제도 전체를 위기에 빠뜨리지 않도록 하기 위하여 결제자금이 일시적으로 부족한 은행 및 비은행금융기관에게 부족 자금을 대출하는 제도를 운영하고 있다.[3]

2-3. 주요 기능

(1) 화폐발행

한국은행은 "한국은행법"이 정하는 바에 의하여 대한민국 내에서 은행권과 주화를 발행할 수 있는 유일한 기관이다. 한국은행은 정부의 승인을 얻어 금융통화위원회가 결정하는 바에 의하여 어떠한 규격, 모양 및 권종의 은행권도 발행할 수 있으며 한국은행권은 법화로서 모든 거래에 무제한 통용된다. 한국은행은 설립 이후 세 차례의 통화개혁에 따라 화폐체계를 정비한 바 있는데, 현재 유통되고 있는 은행권 및 주화는 1962년 6월 제3차 긴급통화조치 이후 발행된 '원'표시 화폐이다.

(2) 통화신용정책의 수립 및 집행

한국은행은 공개시장조작정책, 대출정책, 지급준비정책 등 주로 간접

---

3) 전게서.

적인 조절방식으로 통화신용정책을 수행한다. 그러나 금융시장이 제 기능을 발휘하지 못하는 등으로 간접적인 조절방식만으로 정책효과를 거두기 어려울 경우에는 금융기관의 여수신금리 및 자산운용에 대하여 직접적으로 규제할 수도 있다.

① 공개시장조작정책

공개시장조작정책이란 중앙은행이 자금시장이나 채권시장에서 금융기관을 상대로 국공채를 매매하거나 채권을 발행함으로써 유동성 수준을 조절하거나 단기시장금리를 간접적으로 조절하는 통화정책 수단이다. 한국은행의 경우 1980년대 중반까지는 대상증권의 부족과 금리규제 등으로 공개시장조작정책을 제대로 수행하기 어려웠다. 그러나 1980년대 중반 이후 금리자유화 추진 등을 배경으로 점차 그 사용을 확대하여 현재는 중심적인 통화신용정책 운용수단으로 활용하고 있다. 한국은행은 통화안정증권의 발행 및 중도환매, 증권매매, 통화안정계정 예수 등을 통해 공개시장조작정책을 수행하고 있다.

② 대출정책

중앙은행의 대출정책은 대출금리를 변경하거나 대출규모를 조절하여 금융기관의 자금조달 규모나 비용에 영향을 줌으로써 금융기관의 신용공여 규모를 간접적으로 조절하는 방법이다. 중앙은행의 대출정책은 공개시장조작정책, 지급준비정책과 함께 중앙은행의 전통적 통화신용정책 수단의 하나이다.

한국은행의 대출은 그 형식에 따라 어음재할인과 증권담보대출로 구분된다. 어음재할인은 금융기관이 할인한 어음을 한국은행이 재할인함으로써 이루어지는 대출이다. 증권담보대출은 금융기관이 보유하고 있는 어음, 국채, 정부보증채, 통화안정증권 등을 담보로 하는 대출이다.

③ 지급준비정책

지급준비정책은 금융기관으로 하여금 채무의 일정비율을 중앙은행에 의무적으로 예치토록 하는 것으로서 당초에는 예금자 보호를 목적으로 도입되었다. 그러나 지급준비율 변경이 금융기관의 가용자금에 영향을 미쳐 통화량을 변동시키기 때문에 1930년대부터는 유동성 조절을 위한 수단으로 활용되기 시작하였다. 지급준비정책은 법적 강제력이 뒷받침되기 때문에 금융기관의 유동성을 직접적으로 조절할 수 있는 장점이 있으나 금융기관 수지에 미치는 영향이 매우 커서 지급준비율을 신축적으로 변경하는 데에는 상당한 제약이 따른다. 1990년대 들어 금융자유화 진전 및 금융시장 발전으로 공개시장조작을 주된 통화정책수단으로 활용함에 따라 지급준비제도의 역할은 크게 축소되었다.

④ 금융기관에 대한 직접규제

금융기관에 대한 직접규제는 공개시장조작정책, 대출정책, 지급준비정책 등과 같은 간접적인 정책방식을 활용할 여건이 마련되어 있지 않거나 이들만으로는 충분한 효과를 기대할 수 없는 경우에 사용한다. 직접규제수단에는 금융기관에 대한 여·수신금리 규제, 금융기관 신용공급량의 직접 통제, 특정 부문에 대한 금융기관의 여신취급 금지와 같은 신용할당 등이 포함된다. 직접규제수단은 금융기관의 신용공급 규모 또는 공급경로 등을 보다 신속하고 정확하게 조절할 수 있는 장점이 있다. 그러나 장기적으로는 자금배분 왜곡, 경쟁 제한 등으로 금융시장의 효율성을 떨어뜨리는 등 부작용이 수반된다.

(3) 지급결제제도의 관리

한국은행은 우리나라 지급결제제도의 안전성과 효율성을 도모하기 위하여 한국은행이 운영하는 한국은행금융결제망의 운영·관리에 대한 기본적 사항을 규정할 수 있는 한편 민간 지급결제시스템 전반에 대한 감시를 위해 지급결제시스템 운영기관에 대한 자료제출요구 및 운영기준 개선요청을 할 수 있다. 한국은행은 금융기관 간 거액자금거래와 개인·기업 등 국민들의 금융기관을 통한 소액자금이체에 따른 채권·채무관계를 최종 결제하는 한국은행금융결제망(BOK－Wire+)을 직접 운영하고 있다.

(4) 금융기관 경영실태 분석 및 검사

한국은행은 금융기관 경영실태와 관련한 자료를 수집하고 이를 분석하는 업무를 수행하고 있다. 또한 이러한 업무를 원활히 수행하기 위하여 한국은행은 금융감독원에 대한 금융기관 검사 및 공동검사 요구권, 금융기관에 대한 자료제출 요구권, 긴급여신을 받은 금융기관에 대한 업무 및 재산상황 조사·확인권 등을 행사할 수 있다.

① 금융기관 경영실태 분석

한국은행이 금융기관 경영실태와 관련한 자료를 수집하고 분석하는 것은 한국은행이 최종대부자 기능을 원활히 수행할 수 있도록 하는 한편 한국은행자산의 부실화를 방지하는 데 목적이 있다. 즉 문제은행이 생길 경우 그 원인과 파급영향을 분석하여 최종대부자 기능을 발동할 것인지의 여부를 적기에 결정하고 지원 규모와 기간 등에 오류를 범하지 않기 위해서는 평상시 금융시장의 동향은 물론 개별 금융기관의 경영상태를 파악하고 있어야 하기 때문이다. 또한 한국은행은 금융기관에 대하여 거액의 대출을 공여하고 있기 때문에 금융기관 경영실태에 대한 정확한 분석을 통하여 국민의 재산인 대출금이 부실화되지 않도록 관리하여야 할 필요성도 크다.

② 금융기관 검사

한국은행은 금융통화위원회가 통화신용정책 수행을 위하여 필요하다고 인정하는 경우 금융감독원에 대하여 구체적 범위를 정하여 금융기관에 대한 검사를 요구할 수 있고 필요한 경우한국은행 직원이 금융감독원의 금융기관 검사에 공동으로 참여할 것을 요구할 수 있다. 또한 한국은행의 요구에 따라 금융감독원이 금융기관에 대해 검사를 하거나 금융감독원의 검사 시 한국은행 직원이 공동으로 참여한 경우 한국은행은 금융감독원에 대하여 검사 결과의 송부를 요청하거나 필요한 경우 금융감독원에 해당 금융기관에 대한 시정조치를 요청할 수 있다.

(5) 외환정책 관련업무

한국은행은 출범 당시에는 외환정책의 수립·집행 및 외국환 관리 등 외환정책 업무를 담당하였으나 1961년 12월 “외국환관리법”이 제정되고 1962년 5월 “한국은행법”이 개정되면서 외환정책업무는 정부로 이관되었다. 현행 "외국환거래법"에 따르면 외환정책에 대한 최종적인 책임과 권한은 기획재정부장관에게 있으며 한국은행총재는 기획재정부장관으로부터 권한의 일부를 위탁받아 행사하고 있다. 또한 한국은행은 외국환거래법에 의한 외환정보집중기관으로 지정되어 있고 우리나라의 대외지급준비자산을 보유·운용하고 있으며 정부의 환율정책에 대해 협의하는 기능을 수행하고 있다.

한국은행이 수행하고 있는 외환관련 업무는 "한국은행법" 및 "외국환거래법"에 의한 외국환업무와 기획재정부장관이 한국은행총재에게 위탁한 외국환업무취급기관에 대한 건전성 규제 업무, 외국환 거래에 대한 신고·허가업무 등이 있다.

(6) 금융기관 예금의 수입

한국은행은 금융기관으로부터 예금을 수입하고 있으며 이 예금을 이용하여 어음교환결제와 금융기관 간 각종 대차거래를 결제함으로써 금융기관 사이 자금결제의 중심기구로서 역할을 하고 있다. "한국은행법"에서는 한국은행과 예금거래를 할 수 있는 기관으로 정부, 정부대행기관, 금융기관 및 금융통화위원회가 업무수행에 필요하다고 인정하는 금융기관 이외의 법인 등을 지정하고 있으며 일반 민간인과의 거래는 원칙적으로 금지하고 있다.

한편 한국은행이 취급하는 예금의 종류에 관해서는 법적 규정이 없어 한국은행이 필요에 따라 예금종류를 개폐하여 왔는데 현재는 당좌예금, 결제전용예금, 자금조정예금, 별단예금 및 외화예수금을 취급하고 있다. 당좌예금은 한국은행과 금융기관 등과의 당좌거래약정에 의해 개설되며 금융기관의 당좌예금 잔액은 전액 해당 금융기관의 지급준비금으로 계상된다. 한국은행의 당좌예금은 법적으로 일반은행이 수입하는 당좌예금과 다르지 않지만 일반은행의 당좌예금이 상업성을 바탕으로 하는 데 반해 한국은행의 당좌예금은 통화조절과 관련된 통화신용정책의 수단으로 활용되는 특성을 가지고 있으며 금융기관간의 지급결제, 예를 들어 어음교환차액이나 은행지로 및 현금인출기 공동이용 차액과 국고금수급 등의 결제수단으로 활용되고 있다.

(7) 국고금 관리

한국은행은 국고금을 관리하고 정부에 신용을 공여하는 등의 정부의 은행으로서의 기능을 수행하고 있다. 즉, 한국은행은 대한민국 국고금의 공적 예수기관으로 세금 등 국고금을 정부예금으로 받아두었다가 정부가 필요로 할 때 자금을 내주며, 정부 자금이 부족할 때에는 일시적으로 대출해 주기도 한다.

한국은행은 "한국은행법" 및 "국채법"의 규정에 의하여 국채 발행 및 상환에 관한 업무를 취급하고 있다. 국채는 국가가 부담하는 금전상 채무의 증거로 발행되는 채권으로서 세출과 세입간의 일시적인 불균형을 보전하기 위해서뿐만 아니라 자원배분, 경제안정, 소득분배 등 정책 수행에 필요한 재원을 조달하기 위해서도 발행된다.

또한 한국은행은 정부의 위임을 받아 공공자금관리기금, 공적자금상환기금, 농어가목돈마련저축장려기금 및 외국환평형기금의 운용·관리를 담당하고 있다. 공공자금관리기금은 정부의 각종 기금 등의 여유자금을 통합 관리하여 이를 재정융자 등 공공목적에 활용하고 국채의 발행 및 상환 등을 효율적으로 관리하기 위하여 1994년 설치된 기금이다. 공적자금상환기금은 예금보험공사와 한국자산관리공사가 금융구조조정을 위하여 부담한 채무의 원활한 상환을 위하여 2003년 1월 설치된 기금이다. 농어가목돈마련저축장려기금은 농어가목돈마련저축에 가입한 농어민에게 저축장려금을 지급하기 위하여 1986년 1월 설치된 기금이다. 외국환평형기금은 외국환거래의 원활화를 통한 외환시장의 안정을 도모하기 위하여 1967년 3월 설치된 기금이다. 현재 외국환평형기금은 공공자금관리기금 예수금, 외국환평형기금채권 발행 등으로 자금을 조달하여 외국환의 매매, 한국은행 등에의 예치, 한국자산관리공사 위탁 등에 운용하고 있다.

제2절 일반은행

1. 개 요

우리나라의 은행은 일반은행과 특수은행으로 구분된다. 일반은행은 "은행법"에 따라 설립·영업하는 은행이고, 특수은행은 해당은행에 관련된 법에 따라 설립·영업하는 은행을 말한다. 한편 은행은 고유계정과 분리된 별도의 계정, 즉 은행신탁계정으로 "자본시장법"에 의한 신탁업을 겸영하고 있다.

일반은행(commercial bank)은 예금·대출 및 지급결제 업무를 고유업무로 하고 있어 상업은행으로도 불리며 시중은행, 지방은행 및 외국은행 국내지점 등으로 구분된다. 시중은행(nationwide bank)은 전국을 영업구역으로 하는 은행이다. 1970년대까지는 조흥은행·한국상업은행·제일은행·한일은행·서울신탁은행의 5개 시중은행이 있었다. 1980년대 이후 금융자유화 및 금융산업 구조조정의 영향으로 11개 은행이 신설 또는 업종전환에 의해 새로 진입함으로써 1997년 말에는 시중은행이 16개에 달했다. 그러나 금융·외환위기 이후 부실금융기관에 대한 구조조정 과정에서 일부 은행이 퇴출 또는 합병되고 2001년 대형 우량은행 출현을 위한 국민·주택은행 합병 이후 은행 대형화를 위한 합병도 지속되어 2011년 6월말 현재 7개 시중은행이 영업 중이다.

지방은행(local bank)은 금융업무의 지역적 분산과 지역경제의 균형발전을 위해 해당지역을 중심으로 설립된 은행이다. 지방은행의 영업구역은 1도(道) 1은행 원칙에 입각하여 지방은행이 소재한 행정구역상의 도로 제한되어 있었다. 1989년 11월 지방은행의 영업구역을 5개 경제권으로 광역화하고 상대 은행이 동의할 경우 상호주의 원칙에 의해 동일 경제권 내에 지점을 설치할 수 있게 하였다. 서울과 광역시에 설치할 수 있는 점포수를 일정 수 이내로 제한하였던 규제도 1988년 11월에 폐지되었다.

외국은행 국내지점은 1967년 미국의 체이스맨해튼은행이 서울지점을 설치한 이래 그 숫자가 꾸준히 증가하여 왔다. 외국은행 국내지점은 과거 업무범위가 일부 제한되고 유동성 규제를 위한 한국은행 공개시장조작대상에서도 제외되는 등 영업환경이 국내은행과 다소 차이가 있었다. 그러나 금융자유화 추진 등으로 외국은행 국내지점의 업무범위에 대한 규제도 완화됨에 따라 현재는 국내은행과 거의 동일한 조건에서 영업활동을 하고 있다.

2. 업무 내용

일반은행의 업무는 고유업무, 부수업무 및 겸영업무로 구분된다. 고유업무는 예·적금 수입, 유가증권 또는 채무증서 발행 등으로 조달한 자금을 대출하는 업무와 내·외국환업무로 구성이 된다. 일반은행은 요구불예금의 수입과 만기 1년 이내의 대출, 즉 전통적인 상업금융업무에 더하여 장기금융업무도 영위할 수 있다. 여기서 장기금융업무란 1년 이상의 기한부예금 또는 사채발행을 통해 조달한 자금을 1년을 초과하는 기한으로 대출하는 업무를 말한다.

부수업무는 은행 업무를 영위하는 데 수반되는 업무이며, 현행 "은행법"은 은행에 부수업무를 포괄적으로 허용하고 있다. 부수업무에는 지급보증, 어음인수, 상호부금, 팩토링, 보호예수, 수납 및 지급대행 등이 해당된다.

겸영업무는 타 법령에 따른 인허가 등이 필요한 업무와 필요로 하지 않는 기타업무로 구분된다. 금융위원회 인허가 또는 등록을 필요로 하는 겸영업무로는 유가증권 인수·매출 및 모집·매출의 주선, 환매조건부채권매매, 집합투자업, 투자자문업, 투자매매업, 투자중개업, 신탁업, 방카슈랑스, 신용카드업 등이 있다. 기타업무에는 타 법령에서 은행이 운영할 수 있도록 한 업무와 기업 인수·합병의 중개·주선 또는 대리 업무, 증권의 투자 및 대차거래 업무, 상업어음 및 무역어음의 매출 업무 등이 있다.

2-1. 예금업무

예금은 일반대중 또는 기업, 공공기관 등 불특정 다수로부터 은행이 보관·예탁을 받아 관리 운용할 수 있는 자금으로서 은행의 자금조달에 있어 가장 중요한 위치를 차지하고 있다. 일반은행이 취급하고 있는 예금은 지급결제 편의 또는 일시적 보관을 목적으로 하는 요구불예금과 저축 또는 이자수입을 주목적으로 하는 저축성예금으로 대별된다. 요구불예금과 저축성예금은 당초 거치기간의 설정 여부를 기준으로 구분했지만 최근 들어서는 저축 및 결제기능이 혼합된 새로운 예금상품이 도입되면서 이러한 기준이 불분명해졌다. 요구불예금에는 당좌예금, 가계당좌예금, 보통예금, 별단예금 등이 포함되며, 저축성예금에는 정기예금, 정기적금, 저축예금, 기업자유예금, 근로자우대저축, 장기주택마련저축, 상호부금 등이 있다.[4)]

(1) 요구불예금

당좌예금은 은행과 당좌거래계약을 체결한 거래처가 발행한 당좌수표 및 약속어음 또는 당좌계약자가 인수한 환어음의 지급을 은행에 위임하고자 개설하는 예금이다. 당좌예금은 예금주의 입장에서는 일상의 지급거래를 위한 결제예금의 성격을 지니며 은행의 입장에서는 당좌대월(overdraft)에 의해 신용창출의 원천이 된다. 한편 당좌수표 또는 어음의 부도가 발생할 경우 신용질서가 문란해지고 은행의 공신력이 손상되므로 은행은 내규로서 당좌예금 개설요건을 정하고 있다.

보통예금은 거래대상, 예치금액, 예치기간, 입출금 횟수 등에 아무런 제한이 없이 자유롭게 거래할 수 있는 예금이다. 당좌예금계정을 개설하지 않은 중소상공업자의 출납예금으로 많이 이용되고 있다.

별단예금은 환, 대출, 보관 등의 은행업무 수행에 발생하는 미결제, 미정리자금 또는 타예금계정으로 취급할 수 없는 자금 등 일시적 보관금에 붙이는 편의적 계정 명칭으로서 후일 다른 계정으로 대체되거나 지급될 예금을 말한다.

---

4) 전게서.

공공예금은 지방자치단체와의 금고사무취급계약에 의해 재산세, 등록세, 주민세 등의 지방세와 수도료 등의 공공요금 수납대행 업무를 취급하는 예금이다.

(2) 저축성예금

정기예금은 예금자가 이자수취를 목적으로 예치기간을 사전에 약정하여 일정금액을 예입하는 기한부예금이다. 정기예금은 은행 측에서 볼 때 일정기간 예금인출가능성이 낮아 자금운용의 안정성이 보장되는 이점이 있다.

정기적금은 계약금액과 계약기간을 정하고 예금주가 일정금액을 정기적으로 납입하면 은행이 만기일에 계약금액을 지급하는 적립식 예금이다. 가입대상 및 예치한도에는 제한이 없으며 계약기간은 6개월 이상이다.

저축예금은 가계저축의 증대를 도모하기 위한 가계우대저축의 하나로 수시입출이 가능한 결제성 예금이면서도 이자가 지급되고 있다. 저축예금은 1977년 7월 한국주택은행에 도입되어 1978년 1월부터 모든 은행으로 확대되었으며 현재 가입대상에 제한이 없다. 한편 1997년 7월 투자신탁회사의 단기금융상품펀드(MMF)나 종합금융회사의 어음관리계좌(CMA) 등과 경쟁이 가능한 고금리의 시장금리부 수시입출식예금(MMDA; Money Market Deposit Account)이 저축예금의 일종으로 도입되었다.

기업자유예금은 1988년 12월 금리자유화조치 당시 개인기업이나 법인, 지방자치단체 등의 일시여유자금의 운용수단을 제공하기 위해 도입하였다. 그러나 2003년 12월 가입대상 제한이 폐지되면서 금리는 보통예금 수준으로 낮아졌다. 기업자유예금에도 수시입출이 가능한 시장금리부 수시입출금식예금이 있다.

상호부금은 일정한 기한을 정하여 부금을 납입하면 중도 또는 만기에 일정한 금액을 급부할 것을 약정하는 예금으로 정기적금과 유사하나 중도급부금의 지급이 당초부터 약정되어 있다는 특징을 가지고 있다. 상호부금은 전통적 상호금융인 계(契)가 변천된 제도로서 당초에는 서민금융 전문은행이었던 국민은행에서만 취급하다가 1983년 4월부터 취급기관이 모든 은행으로 확대되었다.

(3) 양도성예금증서

양도성예금증서(CD; Certificates of Deposit)란 정기예금에 양도성을 부여한 금융상품이다.

양도성예금증서는 일반적으로 최저발행단위가 1천만 원 이상인 거액 예금수단으로서 최장만기 제한이 없는 대신 최단만기가 30일 이상으로 제한된다. 발행형식은 할인식 양도가능증서의 형식을 취하고 있으며 중도환매는 허용되지 않는다. 또한 양도성예금증서는 2000년 말까지 예금보험대상이었으나 2001년부터는 관련 법률의 경과규정이 만료됨에 따라 그 대상에서 제외되었다.

(4) 외화예금

외화예금은 대외지급수단에 의한 예금으로서 "외국환거래법"의 규제를 받는다. 외화예금의 종류로는 당좌예금, 보통예금, 통지예금, 정기예금, 정기적금 등이 있으며 이들은 예금주체에 따라 각각 대외계정, 거주자계정 및 해외이주자계정으로 구분된다.

2-2. 대출업무

대출은 일반은행의 주된 신용공여 수단이다. 일반은행은 기업자금대출과 가계자금대출 및 공공자금대출을 취급한다. 일반은행 대출은 취급방식에 따라 어음할인, 어음대출, 증서대출 및 당좌대출로 구분된다. 어음할인은 차주가 취득한 어음을 금융기관이 어음할인일로부터 만기일까지의 이자를 차감하고 매입함으로써 차주에게 자금을 공급하는 대출이다. 어음대출은 차주가 은행을 수취인으로 하여 발행하는 약속어음을 은행이 받고 자금을 공급하는 방식으로 이루어지는데 기업에 대한 단기운전자금 대출에 주로 활용된다. 증서대출은 대출 시 차주로부터 어음 대신 차용증서를 징구하는 대출로 주로 특약사항이 많은 대출이나 한번 취급하면 상환이 이루어질 때까지 재대출이 일어나지 않는 가계대출 또는 장기시설자금대출 등에 주로 활용하고 있다. 당좌대출은 당좌계정 거래자와 은행 간 약정에 의거 당좌대출한도 내에서 당좌예금잔액을 초과하여 발행된 수표를 은행이 자동대출의 형태로 지급에 응하는 대출이다.

한편 대부분의 일반은행은 대출금리를 시장금리에 연동하여 사용해오고 있었으나 2010년 2월 이후에는 COFIX(Cost of Funds Index, 자금조달비용지수)가 도입되어 가계대출을 중심으로 많이 활용되고 있다. 시장금리 연동대출의 경우 CD유통수익률, 국고채금리 등 시장금리에 원가와 적정마진을 더하여 대출금리를 결정한다. 반면 COFIX는 전국은행연합회에서 9개 국내은행의 저축성예금, CD, RP, 표지어음 및 금융채의 평균조달비용으로 산출하며 신규취급액 및 잔액기준으로 매월 15일 이를 공시하고 있다.

(1) 상업어음할인

상업어음할인은 당좌대출과 함께 기업의 단기운전자금을 공급하는 대표적인 대출형태로서 상거래와 관련하여 발행된 어음을 금융기관이 만기일 전에 할인·매입하고 동 대금을 어음할인 의뢰인에게 지급하는 제도이다. 상업어음할인은 자동결제성을 지니는 단기대출금으로서 상업금융의 전형적인 형태라고 할 수 있다.

(2) 무역금융

무역금융은 수출입관련업체, 즉 수출업체나 수출용원자재 또는 수출용 완제품 공급업체를 대상으로 수출 또는 수출을 위한 원자재나 완제품의 공급 이행에 소요되는 자금을 지원하는 대출이다.

(3) 당좌대출

당좌대출은 당좌예금 또는 가계당좌예금 거래자가 은행과의 사전약정에 따라 일정 한도 내에서 예금잔액을 초과하여 발행한 수표 및 어음을 은행이 지급함으로써 이루어지는 대출이다. 당좌대출의 상환은 거래자가 자기 당좌계정에 입금시킴으로써 이루어지며 대출 약정기간 중에는 수시 상환이 가능하다.

(4) 일반자금대출

일반자금대출은 자금용도에 대한 특별한 제약이 없고, 대출과목도 따로 정해지지 않은 대출을 총칭한다. 대출기간은 기업의 운전자금과 가계자금의 경우는 보통 1년 이내이며 기업시설자금은 통상 3~7년 사이에서 취급하지만 일정한 기간을 경과하여야 수입이 발생하는 경우에는 거치기간을 설정할 수 있다. 또한 3년을 초과하는 시설자금 대출은 자금의 고정화를 방지하기 위하여 1년 이하의 할부내입으로써 정기적으로 분할상환 하도록 하고 있다.

(5) 적금관계대출

적금관계대출은 적금계약자에게 자금융통 편의를 제공하기 위한 대출이다. 적금관계대출의 종류로는 적금대출과 적금담보대출의 두 가지 종류가 있으며 대출대상 및 방법 등은 각 은행이 자율적으로 정하고 있다. 적금대출은 정기적금계약을 체결하고 월부금을 일정기간 납입한 경우 적금계약금액 범위 내에서 대출하는 것이며, 적금담보대출은 납입액 범위 내에서 실시하는 대출이다.

(6) 기업구매자금대출

기업구매자금대출은 상업어음 사용에 따른 부작용을 해소하고 기업간 거래 시 현금결제의 확대를 유도하기 위하여 2001년 5월 도입되었다. 기업구매자금의 융자기간은 융자취급은행이 구매기업의 자금사정 및 실제 자금소요기간 등을 감안하여 자율적으로 결정하며 대출금액은 구매대금(납품업체가 발행한 환어음 금액) 범위 내에서 결정된다.

(7) 외화대출

외화대출제도는 원자재 및 시설재 도입을 지원하기 위해 1952년 11월에 「외화대부에 관한 취급규정」이 제정되면서 시작되었으며 현재는 「외국환거래업무 취급세칙」에 의거해 취급하고 있다. 과거 외화대출은 외채관리, 통화 및 환율 관리상의 목적으로 융자대상이 제한되었으나 2001년 10월 전면 자유화되었다. 대출금리는 각 외국환은행이 주요 국제금리 및 외화여신업무 취급비용 등을 감안하여 자율적으로 정하는데 통상 저긍로 리보(Libor) 금리에 금융기관의 조달비용 및 기업의 신용도 등을 감안한 가산금리를 더해 결정된다.

2-3. 내국환업무

내국환이란 국내 격지간의 채권·채무 결제 또는 자금수수를 당사자간의 직접적인 현금수수 없이 은행을 매개로 결제하는 금융거래를 말한다. 환업무는 예금이나 대출업무와 같이 자금의 조달과 운용에 따르는 이자의 획득을 목적으로 하는 것은 아니다. 그 대신 은행은 환업무를 통하여 수수료 수입을 얻을 뿐만 아니라 송금 또는 추심대전을 단기간 은행에 머물게 함으로써 운용자금의 확대효과를 누릴 수 있다. 또한 환업무는 현금수수에 따른 위험배제, 시간과 경비의 절감 등을 통해 국민경제 내의 자금유통을 원활히 하는 데도 기여한다.

2-4. 외국환업무

외국환업무는 국제간의 대차관계를 현금수송에 의하지 않고 외국환은행의 중개에 의해 결제하는 업무이다. 외국환은 이와 같은 기능적인 의미 이외에도 경우에 따라서는 외국화폐, 외화수표, 외화증권 등 구체적인 대외지급수단 그 자체를 말하기도 한다. 이러한 혼동을 줄이기 위하여 "외국환거래법"에서는 외국환을 대외지급수단, 외화증권 및 외화채권으로 정의하고 있다.

일반은행이 취급하는 외국환은행 업무는 크게 외국환의 발행 또는 매매, 우리나라와 외국 간의 지급·추심 및 영수, 거주자와의 외화로 표시되거나 지급되는 예금·금전의 대차 또는 보증, 비거주자와의 예금·금전의 대차 또는 보증 및 기타 부대업무 등으로 나눌 수 있다. 이 밖에 일반은행은 외화예금 및 외화대출업무, 수입신용장 개설 등 대외 외화표시 보증업무, 외환관련 신탁 및 파생금융거래 등을 취급하고 있다.

2-5. 지급보증업무

지급보증이란 은행이 거래자의 의뢰에 따라 거래자가 제3자에게 부담하는 채무(확정채무)의 지급을 약정하거나 보증채무 등 장래에 부담하게 될 가능성이 있는 채무, 즉 우발채무를 인수하는 것이다. 지급보증은 신용공여 시 자금의 공급이 수반되지 않는다는 점에서 대출과 성격이 구별된다. 지급보증의 형식은 통상 지급보증서의 발급에 의하고 있으나 경우에 따라서는 환어음의 인수(또는 보증) 및 약속어음에 대한 보증 등의 형태를 취하기도 한다. 신용장 개설도 지급보증의 한 형태이다.

2-6. 유가증권 투자업무

일반은행은 조달한 자금을 대출에 운용하는 외에 유가증권 투자를 통하여 보유자산의 다양화와 수익성 제고를 도모한다. 일반은행이 보유하고 있는 유가증권에는 국고채, 통화안정증권, 금융채, 지방채, 주식, 사채 등이 있다. 그러나 유가증권은 시장가치가 수시로 변화하는 위험자산이므로 "은행법"에서 은행경영의 건전성 확보를 위해 과도한 유가증권투자를 규제하고 있다. 즉, 주식 또는 상환기간 3년을 초과하는 유가증권·파생결합증권·수익증권·투자계약증권·증권예탁증권과 지분증권에 대한 투자는 자기자본의 100% 이내로 제한되며 해당 은행의 대주주가 발행한 주식에 대해서는 자기자본의 1% 이내로 투자가 제한된다. 또한 은행은 유가증권 보유한도 내에서도 타 기업을 지배할 우려가 있는 유가증권투자가 금지되고 있다. "은행법"에서는 은행이 타회사 발행주식의 15%를 초과하며 소유하는 것을 원칙적으로 금지하고 있으며 이와 함께 해당 은행의 주식을 담보로 대출하는 것도 금지하고 있다.

유가증권투자업무와 더불어 일반은행은 "은행법" 및 "자본시장법"에 따라 증권 및 채권관련 업무를 폭넓게 취급하고 있다. 발행시장 업무로 국공채 인수 및 간사단 참여, 회사채 인수단 참여 등을, 유통시장 업무로 회사채 및 국공채의 환매조건부매도업무, 국채의 자기매매업무 등을 수행하고 있다.

2-7. 기타업무

일반은행은 은행의 고유업무에 부수하는 업무로서 은행법상 별도의 취급인가가 필요 없는 여러 가지 부수업무를 취급하고 있다. 즉 지방자치단체 및 공공기관의 공과금 및 사용료 등의 수납을 대행하고 있으며 금고대여업무, 유가증권 및 귀금속 등의 보호예수업무 등도 취급하고 있다. 이 밖에도 채무보증 및 어음의 인수, 상호부금, 팩토링업무, 전자상거래와 관련한 지급대행 등도 영위하고 있다.

3. 자금의 조달 및 운용

3-1. 자금의 조달

일반은행의 자금조달원천은 크게 국내부채와 해외부채로 구분하여 표시되는데 국내부채는 다시 예금, 차입금, 금융채 등으로 분류된다. 최근 우리나라 일반은행의 자금조달 내역을 보면 원화예금과 금융채 발행에 의한 자금조달의 비중은 높아진 반면에 한국은행 차입금의 비중은 낮아진 것으로 나타났다.(<표 9-1> 참조) 일반은행의 주요 자금조달원인 원화예금 비중은 1990년 말 44.6%에서 2010년 말 53.2%로 높아졌다. 그리고 1997년 일반은행의 원화금융채 발행 허용 이후 채권발행을 통한 자금조달 규모도 크게 늘어나 2000년 말 전체 자금조달액의 2.9%를 차지했으며 2010년 말에는 6.7%로 더욱 높아졌다. 반면 과거 중요한 자금조달원의 하나였던 한국은행 차입금의 비중은 1990년 말 8.3%에서 2010년 말에는 0.4%로 크게 낮아졌다.

표 9-1 일반은행의 자금조달 추이

(단위: 10억원, %)

	1990		2000		2010	
	금액	구성비	금액	구성비	금액	구성비
국내부채	90,710	82.2	508,863	89.8	1,122,756	83.4
예금	51,374	46.6	327,966	57.8	715,840	53.2
양도성예금증서	5,711	5.2	13,502	2.4	29,728	2.2
한은차입금	9,156	8.3	6,245	1.1	5,132	0.4
수입보증금	981	0.9	859	0.2	1,568	0.1
외화예금	8,470	7.7	21,882	3.9	24,211	1.8
금융채[1]	..	..	16,599	2.9	90,041	6.7
기타[2]	15,018	13.6	121,810	21.5	256,236	19.0
해외부채	7,257	6.6	31,383	5.5	126,885	9.4
외화차입금	2,794	2.5	10,004	1.8	29,371	2.2
외화예금	108	0.1	1,739	0.3	2,893	0.2
본지점	3,775	3.4	11,620	2.0	56,282	4.2
기타	580	0.5	8,021	1.4	38,339	2.8
자기자본	12,339	11.2	26,722	4.7	96,122	7.1
자본금	6,521	5.9	19,375	3.4	29,228	2.2
잉여금	5,818	5.3	7,347	1.3	66,893	5.0
합 계	110,306	100.0	566,968	100.0	1,345,763	100.0
(지급보증)	25,214		31,355		55,131	

주 : 1) 예금은행 금융채에서 특수은행 금융채를 차감하여 산출
2) 산업합리화자금 차입금, 콜머니, 국내본지점차, 미결제환차, 충당금, 가수금 등

자료 : 한국은행 조사통계월보

주요 자금조달수단을 은행그룹별로 비교해 보면 시중은행과 지방은행 간에는 특징적인 차이가 없으나 외국은행 국내지점은 국내은행과 큰 차이를 보이고 있다. 즉 외국은행 국내지점의 경우 2010년 말 현재 원화예금의 비중은 2.6%에 불과한 반면에 본지점 차입이 28.4%, 외화차입금이 4.5%를 점하여 주요 자금조달수단으로 이용되고 있다.

표 9-2 은행그룹별 자금조달 현황(2010년 말 현재)

(단위: 10억원, %)

	시중은행		지방은행		외국은행 국내지점		일반은행	
	금액	구성비	금액	구성비	금액	구성비	금액	구성비
국내부채	909,727	88.1	107,442	91.7	105,586	54.0	1,122,756	83.4
예금	640,543	62.0	70,152	59.9	5,146	2.6	715,840	53.2
양도성예금증서	22,894	2.2	4,985	4.3	1,849	0.9	29,728	2.2
한은차입금	3,749	0.4	1,383	1.2	0	0.0	5,132	0.4
수입보증금	965	0.1	79	0.1	524	0.3	1,566	0.1
외화예금	22,191	2.1	593	0.5	1,427	0.7	24,211	1.8
금융채[1]	..	..	..	..	..	..	90,041	6.7
기타[2]	219,385	20.4	30,250	25.4	96,640	46.8	256,236	19.0
해외부채	47,749	4.6	1,951	1.7	77,186	37.4	126,885	9.4
외화차입금	18,160	1.8	1,919	1.6	9,293	4.5	29,371	2.2
외화예금	2,138	0.2	5	0.0	750	0.4	2,893	0.2
본지점	841	0.1	0	0.0	55,441	28.4	56,282	4.2
기타	26,610	2.5	27	0.0	11,702	5.7	38,339	2.8
자기자본	75,636	7.3	7,809	6.7	12,677	6.5	96,122	7.1
자본금	21,443	2.1	2,520	2.1	5,266	2.7	29,228	2.2
잉여금	54,193	5.2	5,290	4.5	7,411	3.8	66,893	5.0
합 계	1,033,112	100.0	117,202	100.0	195,449	100.0	1,345,763	100.0
(지급보증)	42,384	4.1	1,783	1.5	11,009	5.6	55,131	4.1

주 : 1) 예금은행 금융채에서 특수은행 금융채를 차감하여 산출
2) 산업합리화자금 차입금, 콜머니, 국내본지점차, 미결제환차, 충당금, 가수금 등

자료 : 한국은행 조사통계월보

3-2. 자금의 운용

일반은행의 자금운용대상은 크게 국내자산과 해외자산으로 구분되며, 국내자산은 대출금과 유가증권 등으로 구성된다. 우리나라 일반은행의 자금운용 내역을 보면 대출금과 유가증권의 비중이 가장 높게 나타나고 있다. 총자금 운용액 중 원화대출금 비중은 1990년 말 40.7%에서

2010년 말에 51.9%로 상승하였으며 유가증권투자 역시 같은 기간 중

에 10.3%에서 18.9%로 높아졌다. 이러한 현상은 최근 가계대출의 큰 폭 증가와 함께 자본시장 확충에 따라 채권 및 주식투자 비중이 늘어났기 때문으로 보인다. 반면에 총자금 운용액 중 현금 및 예치금의 비중은 1990년 말 22.1%에서 2010년 말에는 3.5%로 크게 낮아졌다.

표 9-3 일반은행의 자금운용 추이

(단위: 10억원, %)

	1990		2000		2010	
	금액	구성비	금액	구성비	금액	구성비
국내자산	103,745	94.1	524,909	92.6	1,295,837	96.3
현금	20,100	18.2	14,114	2.5	10,944	0.8
예치금	5,231	3.9	21,283	3.6	36,429	2.7
유가증권	11,361	10.3	145,814	25.7	254,381	18.9
대출금	44,844	40.7	237,395	41.9	698,737	51.9
외화대출금	7,878	7.1	14,107	2.5	55,759	4.1
고정자산	3,510	3.2	19,318	3.4	20,872	1.6
기타[1)]	10,821	8.0	72,878	12.2	218,715	16.3
해외자산	6,560	5.9	42,059	7.4	49,925	3.7
외국환	4,890	4.4	22,273	3.9	28,624	2.1
외화예치금	670	0.6	3,735	0.7	798	0.1
본지점	186	0.2	7,718	1.4	4,628	0.3
합 계	110,306	100.0	566,968	100.0	1,345,763	100.0

주 : 1) 콜론, 국내본지점대, 미결제환대, 이연자산, 가지급금, 대지급금 등
자료 : 한국은행 조사통계월보

한편 은행그룹별로 자금운용 면에서의 특징을 비교해 보면 외국은행 국내지점의 경우 국내은행에 비해 원화대출금 비중이 낮은 반면 유가증권, 기타부문 및 외국환 등에 대한 운용비중이 높게 나타났다. 즉 외국은행 국내지점의 원화대출금 비중은 2010년 말 현재 3.1%로 국내은행(58~60%)에 비해 크게 낮은 반면 유가증권 및 기타부문의 비중은 각각 26.2% 및 51.0%로 국내은행에 비해 높게 나타났다.

표 9-4 은행그룹별 자금운용 현황

(단위: 10억원, %)

	시중은행		지방은행		외국은행 국내지점		일반은행	
	금액	구성비	금액	구성비	금액	구성비	금액	구성비
국내자산	1,002,679	97.1	115,917	98.9	177,242	90.7	1,295,837	96.3
현금	9,634	0.9	1,238	1.1	72	0.0	10,944	0.8
예치금	24,863	2.4	5,661	4.8	5,905	3.0	36,429	2.7
유가증권	180,899	17.5	22,330	19.1	51,152	26.2	254,381	18.9
대출금	623,844	60.4	68,846	58.7	6,047	3.1	698,737	51.9
외화대출금	37,735	3.7	3,825	3.3	14,199	7.3	55,759	4.1
고정자산	18,441	1.8	2,210	1.9	220	0.1	20,872	1.6
기타[1)]	107,263	10.4	11,807	10.1	99,647	51.0	218,715	16.3
해외자산	30,432	2.9	1,286	1.1	18,207	9.3	49,925	3.7
외국환	20,361	2.0	1,031	0.9	7,232	3.7	28,624	2.1
외화예치금	467	0.0	108	0.1	223	0.1	798	0.1
본지점	1,257	0.1	0	0.0	3,371	1.7	4,628	0.3
합 계	1,033,112	100.0	117,202	100.0	195,449	100.0	1,345,763	100.0

자료 : 한국은행 조사통계월보

제3절 특수은행

1. 개 요

특수은행은 일반은행이 재원, 채산성 또는 전문성 등의 제약으로 인하여 필요한 자금을 충분히 공급하지 못하는 특정 부문에 대하여 자금을 원활히 공급함으로써 일반 상업금융의 취약점을 보완하고 이를 통하여 국민경제의 균형적 발전을 도모하기 위하여 설립된 금융기관이다.[5)] 따라서 특수은행은 자금운용 면에서 상업금융의 취약점을 보완하는 보

5) 한국은행, 「한국의 금융제도」, 2011년.

완 금융기관으로서의 기능과 특정 부문에 대한 전문 금융기관으로서의 기능을 담당하도록 되어 있다. 이와 같은 자금운용 면에서의 보완성과 전문성에 부응하여 재원조달 면에서도 민간으로부터의 예금 수입에 주로 의존하는 일반은행과 달리 재정자금과 채권 발행에 많은 부분을 의존하고 있다. 그러나 최근에는 경제환경 변화로 전통적인 정책금융 수요가 감소하고 일반은행들의 특수은행 업무영역으로의 진출도 확대됨에 따라 특수은행들도 일반은행화 되고 있다.

현재 영업 중인 특수은행은 한국산업은행, 한국수출입은행, IBK기업은행, 농업협동조합중앙회와 수산업협동조합중앙회의 신용사업 부문이다. 이들 특수은행은 업무의 전문성과 특수성 때문에 개별 특수은행 모두 정부계 은행이다.

한편 특수은행은 설립 근거법에 의거해 일부 또는 모든 업무에서 "한국은행법" 및 "은행법"의 적용을 배제하고 있다. 그 주요 내용으로는 금융통화위원회가 정하는 대출의 최장 기한 및 담보의 종류에 대한 제한, 자회사 출자 제한, 이익금 적립에 대한 규제 등을 들 수 있다.

2. 한국산업은행

2-1. 연혁

한국산업은행은 산업의 부흥과 국민경제의 발전을 촉진하기 위한 산업자금 공급을 목적으로 1953년 12월에 "한국산업은행법"이 제정되고 1954년 4월 정부의 전액 출자와 기존 한국식산은행[6]의 자산과 부채를 승계하여 한국산업은행이 설립되었다. 한국산업은행은 1950년대까지는 원조자금과 재정자금을 기반으로 전후 복구에 필요한 자금 지원에 주력하였다. 그러다가 1961년 12월 "한국산업은행법"의 개정 시 취급 업무에 외자 차입, 채무 보증 등이 추가되어 그 기능이 확대 개편됨에 따라 1970년대까지는 재정자금, 해외차입금 등으로 기간산업, 수출산업 및 중

6) 조선식산은행은 우리나라 장기산업금융기관의 효시로 1918년 설립되어 1950년대까지 장기산업자금의 조달 및 공급업무를 수행하였다.

화학공업을 중점 지원하였다. 1980년대 들어서는 중화학공업의 투자 조정 및 기술집약 산업을 중심으로 한 산업구조조정이 진행됨에 따라 전략 부문에 대한 정책적 개발금융 지원을 상대적으로 줄이는 대신 구조조정, 기술개발, 첨단산업 및 소재·부품산업 등에 대한 지원을 늘렸다. 자금조달에 있어서는 정부 또는 해외차입금보다는 산업금융채권의 발행에 점차 크게 의존하게 되었으며 1980년대 말부터는 신탁업무 및 유가증권의 인수·매출·모집 등 증권업무를 취급함으로써 업무영역을 크게 확대하였다. 1990년대 이후에는 첨단산업 육성을 위한 기업금융 및 투자금융과 외환위기 극복을 위한 신정책금융을 수행하였다. 1997년부터는 일반은행과 마찬가지로 양도성예금증서 및 표지어음 발행업무를 취급하였으며, 2002년부터는 채권 회수와 관련 기존 거래법인의 인수·합병을 위한 주식취득자금 대출을 개시하고 산업금융채권 이외에 교환사채 발행 등을 통한 자금조달도 추진하였다. 한편 2009년 6월에는 개정된 "한국산업은행법" 시행에 따라 산업은행의 민영화가 추진되고 있으며, 같은 해 10월 산은금융지주회사 설립과 함께 자회사로 편입되었다. 아울러 가계대출·개인요구불예금 등 소매금융 및 은행 부수업무 취급 등 업무범위도 확대되었다.

2-2. 업무 내용

한국산업은행은 이전 산업은행의 정책금융 기능을 담당할 한국정책금융공사가 새로이 설립됨에 따라 산업자금공급 업무에서 기업금융, 국제금융, 투자금융, 자산운용, 개인금융 등의 분야로 업무 비중을 확대해가고 있다. 이에 필요한 자금은 예금·적금, 산업금융채권 발행, 정부차입금, 해외차입금 등으로 조달한다.

(1) 대출

한국산업은행은 그 동안 우리나라 주요 산업에 대해 주로 시설자금과 기술개발자금을 공급하는 역할을 수행하였다. 이에 따라 2010년 현재 기업에 대한 대출규모가 총대출의 97.5%에 이르게 되었다. 한편 산업은행의 대출대상이 산업시설관련 부문 등으로 제한되어 있었으나 2009년 5월 민영화 추진을 위한 한국산업은행법 개정으로 대출대상에 대한 제한이 모두 폐지됨에 따라 앞으로는 가계대출을 포함한 모든 형태의 대출 취급이 가능하게 되었다.

(2) 투자업무

주식 및 채권에 대한 투자업무는 대출업무와 더불어 산업은행의 주요 자금공급 업무이다. 주식 투자는 “자본시장법” 제4조에 따른 증권을 응모·인수·투자하는 방법으로 이루어진다. 다만 주식인수 가능규모는 납입자본금과 적립금합계액의 2배를 초과할 수 없고 소유 주식은 수시로 매각하도록 되어 있다. 한편 최근에는 M&A, 인프라시설·발전·에너지·자원개발 등에 대한 프로젝트 파이낸싱(Project Financing) 등에 대한 업무도 확대하고 있다.

(3) 지급보증업무

한국산업은행은 중요 산업에 속한 사업체의 자금조달을 위한 채무보증, 이들 업체 및 공공단체가 발행하는 채권의 원리금 상환을 보증하는 채권보증, 중요 산업에 속한 법인의 주주에 대하여 일정 기간 이익배당을 보장하는 이익배당보장 등의 업무를 취급한다. 그리고 외화보증업무로는 차관 계약으로 발생하는 대외채무에 대하여 외국차관선에 그 상환을 보증하는 차관 지급보증과 수출계약, 해외건설 입찰 등을 보증하는 기타 외화 지급보증이 있다.

(4) 채권 발행

한국산업은행은 소요 재원의 상당 부분을 ‘산업금융채권’을 발행하여 조달하고 있다. 산업금융채권은 원화 또는 외화 표시로 발행하는데 2010년 말 잔액 기준으로 보면 원화표시 채권이 70%를 차지하고 있다. 산업금융채권 발행 잔액은 채무 보증·인수 잔액과 합산하여 납입자본금과 적립금 합계액의 30배 이내로 제한되어 있다. 한편 ‘산업금융채권’에 대해서는 정부가 국회의 동의를 얻어 원리금 상환을 보증할 수 있는데 현재는 무보증채로 발행하고 있다.

(5) 차입금

차입금은 1980년대 중반까지 한국산업은행의 주된 자금조달 수단이었다. 차입금의 내역을 보면 1960년대까지는 외국 원조자금과 대충자금을 주요 재원으로 한 재정자금이, 1970년대와 1980년대 초반에는 공공차관, 해외은행단 차관 등의 해외자금과 국민투자기금이 주종을 이루었다. 그러나 1980년대 후반 이후에는 공공기금 등 재정자금의 비중이 다시 높아졌다.

3. 한국수출입은행

3-1. 연혁

한국수출입은행은 수출입, 해외투자 및 해외자원개발에 필요한 금융을 공급하고 있다. 한국수출입은행은 1960년대 후반 수출구조의 변화로 연불거래 방식에 의한 중화학공업 제품의 수출과 해외투자 등을 효율적으로 지원할 수 있는 전담 금융기관의 설립 필요성이 제기됨에 따라 1969년 7월에 "한국수출입은행법"이 제정됨으로써 그 제도적 기반이 마련되었다. 그러나 당시 우리나라의 산업여건과 재정 사정 및 중장기 신용에 의한 자본재 수출입 규모 등을 고려하여 한국수출입은행의 설립을 일단 연기하고 잠정적으로 한국외환은행에 1억원의 재정자금을 대출하여 1969년 10월부터 그 업무를 대행하도록 하였다. 그 후 1970년대 중반부터 선박을 중심으로 중화학공업 제품의 연불수출이 급신장하자 1976년 7월 한국은행의 현금 출자 200억원, 한국외환은행의 한국수출입은 행에 대한 기존 대출채권의 자본금 전환 300억원, 정부 출자 54억원 등 총 554억원을 설립 자본금으로 한국수출입은행을 설립하였다.

한국수출입은행은 한국외환은행에 의한 업무 대행기에 연불수출자금 및 해외투자자금 대출업무만을 취급하였으나 1977년에는 기술제공자금

대출업무를, 1979년에는 구매자신용 방식에 의한 직접대출과 외국 금융기관에 대한 전대자금 공여업무를 각각 개시하였다. 또한 1980년에는 국내 최초로 협조융자 제도를 도입함과 아울러 수출용 원자재 연불수입을 위한 외국 금융기관으로부터의 전대차관 업무를 취급하기 시작하였다. 그리고 1981년부터는 주요 자원개발 지원자금 대출업무를, 1988년부터는 수입자금 대출업무를 개시하였다. 또한 1991년 3월에는 통일부로부터 남북협력기금 업무를 수탁 받아 남북 간의 상호교류와 협력증진을 위한 유·무상 지원사업에 대한 심사, 자금집행, 사후관리 등의 업무를 수행하고 있으며 2003년 9월에는 북한의 조선무역은행과 함께 남북 청산결제전담은행으로 지정되었다.

3-2. 업무 내용

한국수출입은행은 상품 수출을 촉진하기 위한 자금의 대출, 외국에 대한 기술 제공을 촉진하기 위한 자금의 대출, 우리나라로부터의 상품 수입 또는 기술 도입을 촉진하기 위한 자금의 외국 정부 및 외국인에 대한 대출, 국민경제에 긴요한 자원이나 상품의 원활한 수입을 위한 자금의 대출, 해외투자를 위한 대출과 외국환업무 및 보증업무 등을 취급하고 있다.

(1) 수출금융

수출금융은 크게 국내 수출업자를 대상으로 하는 공급자신용과 외국 구매자를 대상으로 하는 구매자신용으로 구분이 된다. 공급자신용 중에서는 단기 수출자금 대출, 중장기 수출자금 대출, 포괄수출금융 등이 대표적이며 구매자 신용에는 직접 대출, 전대자금 대출 등이 있다. 수출자금 대출은 물품 인도 후 결제 완료 시까지 2년 이상의 기간이 소요되는 대규모 자본재 등의 제작과 수출에 필요한 자금을 지원하는 중장기 수출자금 대출과 선박 및 산업설비 수출을 제외한 단기 수출거래에 필요한 자금을 지원하는 단기 수출자금 대출, 그리고 수출에 필요한 자금을 과거 수출실적 범위 내에서 자금용도 등에 제한 없이 일괄 대출하는 포괄수출금융으로 구분된다. 또한 중장기 수출자금 대출은 수출 목적물의 제작에 필요한 자금을 지원하는 제작금융과 물품 인도 후 외상대금 회수 시까지 필요한 자금을 지원하는 연불금융으로 구분된다. 직접 대출은 외국의 구매자가 우리나라로부터 연불결제 조건으로 플랜트, 선박·기계류 등을 수입하는 데 필요한 자금을 한국수출입은행이 외국의 구매자(외국 정부 또는 외국인)에게 직접 대출하는 제도이다. 전대자금 대출은 외국 수입업자의 거래 은행에 한국수출입은행이 여신한도(credit line)를 설정하고 동 수입업자가 한국 제품을 구매할 때 자신의 거래 은행으로부터 수입자금을 대출(relending)받을 수 있도록 하는 제도이다.

(2) 해외투자금융

해외투자를 지원하기 위한 대출에는 해외투자자금 대출, 해외사업자금 대출, 외국법인에 대한 사업자금 대출 등이 있다. 해외투자자금 대출은 국내 기업이 해외투자를 하거나 외국에 국산 설비를 대여하는 데 필요한 자금을 국내 기업에게 대출하는 제도이다. 해외사업자금 대출은 국내 기업이 외국에서 영위하는 사업의 설비를 신설·확충하거나 이를 운영하는데 필요한 장기자금을 대출하는 제도로서 지원 대상은 외국에서 현지법인을 설립하지 않고 해외사업을 영위하는 국내 기업이다. 외국법인에 대한 사업자금 대출은 우리나라 기업이 출자한 외국법인이 외국에서 행하는 사업에 필요한 자금을 대출하는 제도이다.

(3) 수입금융

주요 자원이나 제품의 국내수입이 원활히 이루어질 수 있도록 지원하는 업무로 수입자금 대출, 수입신용장 개설 업무 등이 있다. 수입자금 대출은 국민경제상 장기 안정적으로 확보할 필요가 있거나 적기 수입을 요하는 주요 자원, 시설재 및 첨단 제품 등의 수입을 위하여 그 수입대금의 결제 또는 수입대금의 선급에 필요한 자금을 국내 수입업자에게 대출하는 제도이다. 수입신용장 개설 업무는 국내 수입업자를 대신하여 해외 수출업자앞 수입화물의 대금지급을 보증하며 수입화물선취보증 등 부가서비스를 지원하는 것이다.

(4) 단기무역금융

수출거래이행 후 수출대금을 받을 수 있도록 지원하는 외국환관련 업무로 수출팩토링, 포페이팅(forfaiting), 수출환어음매입 등이 있다. 수출팩토링은 국내 수출자의 사후송금방식(Open Account 방식)의 외상수출거래에 의해 발생한 결제기간 6개월 내지 최장 1년 이내 수출채권을 상환청구권 없이 매입해 지원하는 제도이다. 그리고 포페이팅은 해외 수입국 은행에서 개설한 결제기간 2년 미만 신용장 또는 보증한 환어음 및 선적서류를 수출자로부터 상환청구권이 없이 매입해 지원하는 제도이며, 수출환어음매입은 결제기간 2년 미만 신용장 또는 무신용장방식 수출거래를 근거로 발행된 수출환어음을 매입해 지원하는 제도이다.

(5) 보증업무

보증업무는 한국수출입은행의 지원 대상 거래에 자금을 대출해 주는 국내외 금융기관에게 차주의 채무 불이행시 대출금 상환을 보증하는 채무보증과 국제 입찰에 참여한 수출업자의 입찰내용 위반 등에 따른 발주자의 손해를 보상할 것을 보증하는 입찰보증, 수출업자가 계약 조건대로 수출을 이행하지 못할 경우 수출 금액의 일정 비율을 보상할 것을 보증하는 계약이행보증, 국내의 해외건설 사업자가 공사를 잘못 수행함으로써 발주자가 입게 되는 손실을 보상할 것을 보증하는 하자보수 보증 등 수출계약의 이행을 위한 이행성 보증이 있다.

(6) 차입금

한국수출입은행은 소요 자금을 정부, 한국은행, 외국 정부, 국제금융기구 및 기타 국내외 금융기관으로부터 차입할 수 있다. 한국수출입은행의 차입금은 대부분 해외은행단 차관(bank loan), 외국 공적 수출금융기관의 전대차관 등 외화차입금으로 구성되어 있다.

(7) 채권 발행

한국수출입은행은 국내외 금융시장에서 '수출입금융채권'을 발행하여 자금을 조달하는데 1990년 이전에는 외화표시로만 발행하였으나 1991년부터는 원화표시 채권도 발행하기 시작하였다. '수출입금융채권'의 발행한도는 차입금 잔액과 합하여 납입자본금과 적립금 합계액의 30배 이내로 제한되어 있으며 이 채권에 대해서는 정부가 지급보증을 제공할 수 있다.

4. 기업은행

4-1. 연혁

중소기업에 대한 금융 지원은 1950년대까지는 일반은행의 금융자금과 국제연합 한국재건단(UNKRA) 및 미국 국무부 산하 국제협력처(ICA) 원조의 대충자금, 귀속재산 처리 적립금 등 특별회계를 재원으로 한 재정자금에 주로 의존하였다. 그리고 취급 기관은 일반은행, 한국산업은행, 농업은행 등 여러 금융기관으로 다원화되어 있었다. 이와 같이 다양한 중소기업 자금지원 체계를 정비하고 효율적인 중소기업 금융지원 체제를 구축하기 위하여 1961년에 "중소기업은행법"에 의하여 이전 농업은행 도시 점포를 기반으로 중소기업은행을 설립하였다. 기업은행은 중소기업자에 대한 효율적인 신용제도 확립을 통한 중소기업자의 원활한 경제활동 지원 및 경제적 지위향상을 설립 목적으로 하고 있다. 1967년 4월에 는 중소기업 신용보증업무를 개시했으며, 1982년 9월에는 재원확충 및 자금조달 수단 다양화 등을 위해 '중소기업금융채권'을 발행하기 시작하였다. 기업은행의 주주 구성을 보면 2011년 6월말 현재 정부가 68.6%의 지분을 소유하고 있으며, 그 밖에 5% 미만 소액주주들로 구성되어 있다.

4-2. 업무 내용

기업은행은 자금조달에 있어 일반은행과 동일한 수신업무를 자유롭게 취급할 수 있다. 또한 1982년부터 '중소기업금융채권'을 발행하고 있는데 발행한도는 자본금과 적립금 합계액의 20배 이내이다. 그러나 자금

운용은 중소기업자에 대한 대출과 어음의 할인을 기본원칙으로 하고 있다. 다만 이러한 업무를 저해하지 않는 범위에서 지방자치단체, 비영리 법인이나 단체, 가계 등에 대하여도 대출과 어음할인을 할 수 있으나 취급액은 예·적금 및 기타 채무증서 발행을 통해 조달한 자금과 중소기업금융채권 발행을 통해 조달한 자금을 더한 금액에서 지급준비금을 차감한 금액의 30%를 초과하지 못하도록 되어 있다.

융자대상이 되는 중소기업자는 원칙적으로 "중소기업기본법"에서 규정한 중소기업자의 범위를 준용하고 있다. 이 법에 따르면 중소기업자로 인정받기 위해서는 상시근로자 수, 자본금 또는 매출액이 업종별로 일정 수준 이하이고 소유 및 경영에 있어 대기업의 경영 간여를 받지 않는 독립적인 사업체여야 한다. 한편 "중소기업협동조합법"에서 규정하는 중소기업협동조합과 중소기업자의 이익 증진을 위해 조직된 단체도 필요에 따라 중소기업자의 범위에 포함될 수 있다. 또한 기업은행은 중소기업 주식의 응모·인수 및 중소기업이 발행한 사채의 응모·인수·보증 등의 증권업무도 취급할 수 있는데 주식의 인수는 중소기업은행의 납입자본금 범위 내로 제한하고 있다.

이 밖에 1991년 12월 중소기업은행법 개정으로 부수업무에 대한 승인제도가 폐지됨으로써 부수업무를 자율적으로 취급할 수 있게 되었으며, 고유업무 또는 부수업무가 아니라도 은행 설립 목적을 위해 필요한 업무는 금융위원회의 승인을 얻어 취급할 수 있다. 2003년에는 여유자금 운용에 대한 재정경제부장관의 승인 제도가 폐지됨으로써 투자 대상의 다양화에 대응하여 탄력적인 자금운용이 가능하게 되었다.

한편 법에서는 중소기업은행의 효율적인 중소기업금융 업무 수행 및 건전 경영유지를 위해 대출 방법 및 이율, 대출금의 회수 방법 및 기한, 동일인 대출 한도, 주식 및 사채의 응모·인수·매각 방법 등을 정한 업무방법서를 작성하여 금융위원회에 보고하고, 회계연도별 사업계획, 중소기업자금 계획 등을 포함한 업무계획서는 금융위원회에 승인받도록 규정하고 있다.

5. 농업협동조합

5-1. 연혁

농업협동조합은 1961년 제정된 "농업협동조합법"에 의거 농업은행과 이전 농업협동조합을 통합하여 설립되었다. 통합 전 우리나라의 농업금융은 신용사업을 전담하는 농업은행과 경제사업을 담당하는 농업협동조합의 이원적 구조로 형성되어 있어 상호 유기적 연관이 결여되어 있었다. 이에 따라 농업협동조합의 사업성과를 높이고 농촌경제향상을 위한 입체적 지원체제를 갖추기 위하여 두 기관을 통합하여 현재의 농업협동조합을 설립하고 신용사업을 겸영하도록 하였다. 그 후 1980년에는 축산지원 부문을 분리하여 축산업협동조합 및 중앙회로 이관하는 한편 종래 중앙회의 회원 조합으로서 독립적 법인격을 갖고 있던 시·군 조합을 중앙회의 자체 조직으로 흡수하는 등 조직을 정비하였다. 2000년 7월에는 축산업협동조합 및 인삼협동조합이 농업협동조합으로 통합되었다.

농업협동조합은 농민 및 축산업자의 자주적인 협동조직으로서 행정구역 또는 경제권을 중심으로 조직된 지역조합과 원예, 과수, 낙농 등 특수 농업 및 축산업 경영자를 조합원으로 하여 조직된 품목조합 그리고 이들 지역조합과 품목조합을 회원으로 하는 전국 연합체인 농업협동조합중앙회의 2단계로 구성되어 있다. 중앙회, 지역조합 및 품목조합은 각각 독립된 법인체로서 회원 및 조합원을 위한 교육·지원사업, 경제사업, 신용사업, 공제사업, 복지·후생사업 등을 영위하고 있다. 이 가운데 업무 성격으로 보아 은행업무에 해당되는 것은 조합원 및 비조합원으로부터 예금·적금을 수입하여 이를 대출하는 신용사업이다. "농업협동조합법"에 따르면 중앙회 신용사업의 경우에는 "한국은행법" 및 "은행법"이 적용되고 비조합원과의 거래도 허용되는 반면 지역조합의 경우에는 "한국은행법"과 "은행법"의 적용이 명시적으로 언급되어 있지 않고 그 거래 대상도 조합원에 한정되어 있다. 따라서 중앙회의 신용사업 부문만 은행으로 분류하고 지역조합의 신용사업은 신용협동조합법에 의한 상호금융으로 분류한다.

한편 농업협동조합의 농정 활동 및 경제사업 충실화를 위해 중앙회의 신용사업부문과 경제사업부문을 분리하는 방안이 추진되어 2011년 3월 개정된 "농업협동조합법"에 따라 2012년 3월 농협경제지주회사와 농협금융지주회사가 신설되었고, 농협은행은 농협생명보험, 농협손해보험 등과 함께 농협금융지주회사의 자회사로 편입되었다.

5-2. 업무 내용

중앙회의 신용사업 부문은 일반 여수신, 내·외국환업무는 물론 채무보증, 상호부금, 유가증권 투자, 환매조건부채권 매매, 팩토링, 신탁 및 신용카드 업무 등의 일반은행과 거의 동일한 업무를 취급하고 있다. 다만 자금조달에 있어 정부차입금 등 재정자금 비중이 일반은행보다 다소 높고 자기자본의 5배 이내에서 '농업금융채권'을 발행할 수 있다. 자금운용에 있어 회원 조합이 예치한 상환준비금 및 여유자금은 독립 회계로 운용하여야 한다.

6. 수산업협동조합

6-1. 연혁

수산업협동조합은 1962년 수산업협동조합법에 의거 설립되었다. 수산업협동조합 설립 이전에는 수산 진흥 기능은 대한수산중앙회가, 수산금융은 농업협동조합과 한국산업은행이 각각 담당하고 있었다. 그러나 대한수산중앙회가 자금력의 취약 등으로 점차 본래의 기능을 원활히 수행하지 못하는 데다 이원화되어 있던 수산금융의 효율성 제고를 위해 이를 일원화할 필요성이 높아짐에 따라 수산업협동조합을 설립하게 되었다. 수산업협동조합은 발족 다음 해인 1963년에 신용사업을 개시하고 농업협동조합과 한국산업은행에서 취급하던 수산자금을 인수하여 수산금융을 전담하게 되었다.

수산업협동조합의 조직은 대체로 농업협동조합과 유사하다. 중앙에 수산업협동조합중앙회를 두고 그 회원으로서 지역 조직인 지구별 수산업협동조합과 전문 조직인 업종별 수산업협동조합 및 수산물 가공 수산업협동조합이 있다. 한편 지구별 수산업협동조합은 시·군 지역을 단위로 하여 조직되어 있고 그 조합원은 공동 사업 수행을 위해 다시 어촌계를 조직할 수 있다. 중앙회 및 지구별, 업종별 수산업협동조합과 수산물 가공 수산업협동조합은 각각 독립된 법인체로서 회원 조합 및 조합원을 위한 교육·지원사업, 경제사업, 신용사업, 공제사업, 후생·복지사업, 운송사업 등을 영위하고 있다.

수산업협동조합의 신용사업 부문은 "한국은행법" 및 "은행법" 상의 1개 금융기관으로 간주되고 있다. 수산업협동조합의 경우 과거에는 중앙회뿐만 아니라 지구별 수산업협동조합 및 일부 업종별 수산업협동조합의 신용사업 부문도 "은행법" 및 "한국은행법"의 적용을 받는 금융기관으로 간주되었으나 2000년 1월 수산업협동조합법 개정으로 지구별 조합 등이 "은행법" 및 "한국은행법"의 적용 대상에서 제외됨에 따라 현재는 중앙회의 신용사업 부문만 은행으로 간주된다.

6-2. 업무 내용

수산업협동조합중앙회 신용사업 부문의 업무 내용은 농업금융 대신 수산금융을 전담한다는 점을 제외하고는 농업협동조합의 경우와 거의 동일하다. 즉 일반은행과 같이 일반 여수신 및 내·외국환, 채무 보증, 상호부금, 유가증권투자, 환매조건부채권 매매, 팩토링, 신탁, 신용카드 등의 업무를 취급하고 있다. 자금조달에 있어서는 정부차입금 등 재정자금 의존도가 일반은행보다 높고 자기자본의 5배 범위 내에서 '수산금융채권'을 발행할 수 있다.

7. 특수은행의 자금 조달 및 운용

특수은행의 자금조달 내역을 보면 1990년 말에 높은 비중을 차지하였던 예금이 감소하고 채권발행 비중이 높아진 특징을 보이고 있으나 최근 들어서는 예금의 비중이 다시 높아지고 있다. 2010년 말 현재 총자금조달액 중 예금 비중이 38.5%로 가장 높고 다음으로 채권발행이 20.6%, 차입금이 6.2%를 차지하고 있다. 예금 중에서는 저축성예금이 32.2%를 차지하고 있다. 한편 1990년 말에 8.4%로 비교적 높은 비중을 차지하였던 외화예수금은 2010년 말에 0.7%로 전체 자금조달에서 차지하는 비중이 크게 감소하였다.

표 9-5 특수은행의 자금조달 및 운용 추이

(단위: 10억원 %)

	1990[1]		2000[1]		2010	
	금액	구성비	금액	구성비	금액	구성비
<조 달>						
예금	33,738	49.9	85,826	33.6	191,649	385
(요구불예금)	10,591	15.7	10,993	4.3	26,278	5.3
(저축성예금)	23,134	34.2	73,858	28.9	160,185	32.2
외화예수금	5,678	8.4	1,933	0.8	3,504	0.7
차입금	10,346	15.3	38,001	14.9	30,628	6.2
(재정자금)	6,664	9.9	34,132	13.4	18,674	3.8
채권발행	5,623	8.3	41,764	16.3	102,596	206
기타부채	10,112	14.9	80,662	31.6	140,298	28.2
자본금	1,624	2.4	6,403	2.5	13,630	2.7
잉여금	521	0.8	918	0.4	14,969	3.0
합 계	67,641	100.0	255,508	100.0	497,274	100.0
<운 용>						
현금	3,750	5.5	2,830	1.1	2,645	0.5
예치금	3,599	5.3	5,117	2.0	13,592	2.7
외화예치금	119	0.2	4,347	1.7	1,154	0.2
유가증권	5,576	8.2	55,856	21.9	86,645	17.4
대출금	39,198	58.0	104,549	40.9	288,411	58.0
(금융자금)	32,585	48.2	83,797	32.8	272,091	54.7
외화대출금	3,124	4.6	11,562	4.5	24,790	5.0
고정자산	1,252	1.9	4,026	1.6	5,661	1.1
기타자산	11,023	16.3	67,222	26.3	74,376	15.0

주 : 1) 특수은행 계정에 한국산업은행 계정을 합산하고 조달 합계 및 운용 합계에서 지급보증을 제외한 기준

자료 : 한국은행 조사통계월보

특수은행의 자금운용에 있어서는 유가증권 투자 비중이 높아지면서 대출금 비중이 줄어들고 있었으나 최근 들어 다시 늘어나고 있다. 2010년 말 현재 총자금 운용액 중에 대출금 비중이 58.0%로 가장 높은 점유율을 보이고 있다. 이어 유가증권투자 비중이 17.4%를 차지하면서 1990년 말(8.2%)의 2배 수준을 나타내었다.

한편 한국수출입은행의 자금조달 구성을 보면 예금이 없는 가운데 외화차입금 비중이 대폭 낮아지고 외화채권 발행이 크게 증가한 특징을 보이고 있다. 또한 자본금 및 잉여금도 꾸준히 증가하였다. 2010년 말 현재 총자금 조달액 중 외화채권 발행이 53.2%로 가장 높고 다음으로

표 9-6 한국수출입은행의 자금조달 및 운용 추이

(단위: 10억원 %)

	1990		2000		2010	
	금액	구성비	금액	구성비	금액	구성비
<조 달>						
차입금	1,257	46.9	3,878	30.6	3,442	7.1
(외화차입금)	950	35.4	3,154	24.9	3,442	7.1
외화채권발행	381	14.2	3,780	29.8	25,733	53.2
연불어음매각	146	5.4	–	–	–	–
기타부채	205	7.6	2,330	18.4	12,601	26.1
자본계정	694	25.9	2,681	21.2	6,560	13.6
합 계	2,683	100.0	12,669	100.0	48,336	
<운 용>						
현금및예치금	110	4.1	1,265	10.0	1,610	3.3
(외화예치금)	99	3.7	1,100	8.7	44	0.1
유가증권	143	5.3	2,365	18.7	3,221	6.7
대출금	2,367	88.2	7,436	58.7	38,074	78.8
(외화대출금)	1,986	74.0	5,687	44.9	28,992	60.0
고정자산	22	0.8	18	0.1	71	0.1
기타자산	42	1.6	1,585	12.5	5,360	11.1

주 : 지급보증 및 연불어음매도 제외
자료 : 한국은행 조사통계월보

기타부채가 26.1%, 자본 계정이 13.6%이다. 이에 반해 외화차입금을 포함한 차입금은 7.1%로 1990년 말(46.9%)에 비해 매우 낮아졌다. 한국수출입은행은 설립 이래 외화 대출금 중심의 자금운용 체제를 보이고 있다. 자금운용의 구성을 보면 2010년 말 현재 총자금 운용액 중 대출금 비중이 78.8%로 대종을 이루고 있으며 특히 외화대출금 비중이 60%에 달하고 있다. 반면 유가증권으로의 운용 비중은 6.7% 수준을 나타내고 있다.

제10장

비은행예금취급기관

제1절 개 요

비은행예금취급기관은 은행과 유사한 여수신업무를 주요 업무로 하고 있지만 보다 제한적인 목적으로 설립되어 자금조달 및 운용 등에서 은행과는 상이한 규제를 받는 금융기관을 말한다. 즉, 자금조달에 있어 요구불예금이 거의 없거나 상대적으로 작아서 신용창조기능이 크지 않고 지급결제기능을 전혀 제공하지 못하거나 제한적으로만 제공할 수 있는 등 업무의 범위가 은행에 비해 좁으며 영업대상이 개별 금융기관의 특성에 맞추어 사전적으로 제한되기도 한다.

비은행예금취급기관에는 상호저축은행, 신용협동조합·새마을금고·상호금융 등 신용협동기구, 우체국예금, 그리고 종합금융회사가 있다.

상호저축은행은 일정한 행정구역 내에 소재하는 서민 및 소규모 기업에게 금융편의를 제공하도록 설립된 지역서민들의 금융기관이다. 1972년 "상호신용금고법" 제정과 함께 등장하여 부실화 문제 등으로 어려움을 겪었으나 공신력 제고, 업무 다양화 등 정부의 각종 육성 시책에 힘입어 지역금융기관으로 자리 잡게 되었다.

신용협동기구는 신용협동조합, 새마을금고, 농업협동조합, 수산업협동조합 및 산림조합의 상호금융을 포괄한다. 신용협동기구는 조합원에 대한 저축편의의 제공과 대출을 통한 상호간의 공동이익 추구를 목적으로 운영된다.

우체국예금은 민간금융이 취약한 농어촌 지역까지 저축수단을 제공하기 위해 전국에 고루 분포되어 있는 체신관서를 금융창구로 활용하여 운영하는 국영금융으로서, 우정사업본부가 "우체국예금·보험에 관한 법률"에 의거 운영하고 있다.

종합금융회사는 지급결제, 보험, 가계대출 등을 제외한 대부분의 기업금융 업무를 영위한다. 민간부문의 원활한 외자 조달 등을 위해 1975년 12월 "종합금융회사에 관한 법률" 제정으로 도입되었으나 금융·외환위기 이후 다수의 종합금융회사가 부실로 퇴출·합병이 되었고 정부도 신규 인·허가를 주지 않음에 따라 2011년 6월말 현재 종합금융업은 전업사 1개, 겸영은행 3개, 겸영증권사 2개사가 영업 중이다.

한편 비은행예금취급기관 중 상호저축은행과 신용협동기구는 자금의 대부분을 특정지역의 서민이나 영세상공인으로부터 저축성예금 형태로 조달해 이들에 대한 대출로 운영함에 따라 서민전문금융기관으로 분류되기도 한다. 한편 우체국예금은 농어촌 및 도시 지역 가계에 소액 가계저축수단을 제공하는 등의 서민금융 역할을 수행하고 있으나 서민전문금융기관으로 분류하지는 않는다.[1)]

1) 한국은행, 「한국의 금융제도」, 2011년

제2절 상호저축은행

1. 연혁

상호저축은행은 1972년 8·3 긴급 경제조치에 따른 이른바 사금융 양성화 조치의 하나로 "상호신용금고법"이 제정되면서 등장하였다. 당시 은행을 비롯한 제도권 금융기관은 제한된 금융자금을 경제성장을 위한 우선육성부문에 공급하는 데 치중하였다. 이에 따라 서민이나 소규모 기업은 대부분 사설 무진회사나 서민금고 등을 통하여 자금을 융통하였다. 이들 사금융기관은 경영규모의 영세성 및 부실 경영 등으로 도산이 속출함으로써 거래자에게 막대한 피해를 주고 금융 질서를 문란하게 하는 사례가 빈발하는 등 많은 폐해를 낳았다. 이러한 상황 하에서 정부는 이들 사금융기관을 양성화하여 그 업무를 합리적으로 규제함으로써 거래자를 보호하는 한편 담보력과 신용도가 취약한 소규모 기업과 서민을 위한 전문적 서민 금융기관으로 육성하기 위하여 상호저축은행 제도를 도입하였다.

그러나 1990년대 들어 금융자유화 및 금융개방화의 진전 등으로 그동안 상호저축은행에 유리하게 작용하였던 영업환경이 빠른 속도로 사라지게 되었다. 그리고 1997년 말 금융·외환위기 이후 지방 중소기업의 부도 급증 등으로 경영상 어려움이 가중됨에 따라 많은 상호저축은행이 부실화되었다. 이에 금융당국은 상호저축은행 영업을 활성화하고 공신력을 제고하고자 2000년 6월과 2001년 3월에 "상호신용금고법" 시행령과 "상호신용금고법"을 개정하였다. 이에 따라 상호신용금고의 명칭이 상호저축은행으로 바뀌고 영업구역 제한 및 지점설치 기준이 완화되었으며 업무범위 및 동일인 여신한도 확대 등이 이루어졌다. 대신 영업구역별 최저자본금이 100% 증액되고 사외이사 및 감사위원회 제도가 도입되었으며 소수주주권 행사 요건이 완화되었다. 2006년 5월에는 "상호저축은행법" 시행령 개정을 통해 우량저축은행의 동일인 여신에 대한 규제를 완화하는 등 저축은행의 경쟁력 강화를 위한 규제완화를 지속적으로 추진하였다.

한편 이러한 규제완화를 배경으로 일부 저축은행들이 외형확대와 함께 위험이 높은 부동산 PF 대출 등에 집중하였는데 글로벌 금융위기 이후 부동산시장이 침체되면서 부실해지기 시작하였다. 여기에 대주주와 경영진의 도덕해이가 더해지면서 2011년 부산저축은행그룹을 비롯한 8개 저축은행이 영업정지 처분을 받게 되었다. 설립 초기인 1972년 말에 350개에 달하였던 상호저축은행 수는 부실 저축은행의 정비 및 통·폐합 유도, 신규 설립 억제 등으로 계속 감소하여 2011년 6월 말 현재 105개로 크게 감소하였다.

2. 업무 내용

상호저축은행의 주요 업무는 신용계, 신용부금, 예금 및 적금의 수입, 대출, 어음할인, 내·외국환, 보호예수, 수납 및 지급대행 업무, 기업 합병 및 매수의 중개·주선 또는 대리업무, 국가·공공단체 및 금융기관의 대리업무 등으로 되어 있다. 당초의 상호저축은행의 업무는 신용계, 신용부금, 할부상환방식에 의한 소액 신용대출, 계원 또는 부금자에 대한 어음할인으로 제한되어 있었으나 현재는 사실상 은행업무와 유사해지고 있다.

상호저축은행의 수신업무는 종전에는 신용계 및 신용부금 업무가 주된 수신업무였으나 1995년 보통부금예수금과 정기부금예수금을 대체하여 보통예금과 정기예금 등이 허용되면서 예금 및 적금의 수입업무가 주된 수신업무가 되었다.

여신업무로는 일반자금 대출 및 어음할인이 기본업무이나 수신과 연계된 계약금액 내 대출, 예·적금 담보 대출, 종합통장 대출과 주택자금 대출 등도 취급하고 있다. 또한 지역금융활성화와 서민금융 지원을 위해 2순위 담보대출, 수산물 담보대출, 미용사대출, PC방 창업대출, 개인택시담보대출 등도 취급하고 있다.

한편 상호저축은행에 대해서는 사금고화 방지, 공신력 제고 및 건전

경영 유지 등을 위하여 엄격한 업무 규제를 부과하고 있다. 우선 2% 이상의 출자자, 임직원 및 이들과 특수 관계에 있는 자에 대하여는 대출이나 가지급금의 지급을 금지하고 있다. 아울러 동 규제를 회피하기 위해 다른 상호저축은행과 교차하여 다른 상호저축은행의 출자자 등에 대하여 대출을 하거나 가지급금을 지급하는 것도 금지하고 있다. 또한 개별차주에 대한 대출 한도를 자기자본의 20% 이내, 유가증권 보유 및 차입을 자기자본 이내로 제한하고 있다. 2004년에는 개별차주 및 그와 신용 위험을 공유하는 자에 대한 대출을 자기자본의 25% 이내로 제한하는 동일차주 신용공여한도제를 도입하였다.

이러한 규제 이외에 상호저축은행은 지역 서민금융기관으로서 서민들에 대한 금융 편의를 도모한다는 상호저축은행의 설립 취지에 맞추어 총여신의 일정비율 이상을 영업구역 내 개인 및 중소기업에 운용하여야 하며 자기자본의 10%를 초과하는 개별차주에 대한 여신의 합계가 자기자본의 5배를 넘지 않도록 하여야 한다. 또한 상호저축은행은 수입한 부금·예금 및 적금 총액의 50% 이내에서 금융위원회가 정하는 바에 따라 지급준비자산을 보유하여야 한다.

상호저축은행중앙회는 상호저축은행을 회원으로 하는 법인으로 조사·연구, 상호저축은행 상호간의 업무 협조와 신용질서 확립 및 거래자 보호를 위한 업무, 상호저축은행으로부터의 예탁금 및 지급준비 예탁금의 수입·운용, 상호저축은행에 대한 대출 및 지급보증, 상호저축은행 보유·매출 어음의 매입, 내국환업무, 국가·공공단체 또는 금융기관의 대리업무 등을 수행한다.

그리고 1999년에는 유가증권의 모집·인수·매출과 자회사의 설립·운영 또는 타법인 출자가 상호저축은행중앙회의 업무로 추가되었다. 그 밖에 상호저축은행의 회계·업무 방법 등에 관한 표준화 및 지도, 상호저축은행 임직원 교육, 상호저축은행의 공동이익을 위한 사업 등을 수행한다.

3. 자금의 조달 및 운용

상호저축은행은 주로 정기예금으로 조달한 자금을 일반자금 대출, 어음할인, 계약금액 내 대출 등으로 운용하고 있다. 자금조달을 보면 2011년 6월말 현재 정기예금이 총자금 조달액의 75.4%를 차지하고 있다. 1980년대까지 상호저축은행의 주요 자금조달 수단이었던 수입계금 및 수입부금은 그 비중이 매우 작다.

표 10-1 상호저축은행의 자금조달 및 운용 추이

(단위: 10억원, %)

	1990		2000		2010		2011.6	
	금액	구성비	금액	구성비	금액	구성비	금액	구성비
<조 달>								
예수금	8,503	74.1	18,803	77.7	76,793	84.1	71,114	82.2
(정기예금)[1]	5,530	48.2	15,980	66.0	69,153	75.8	65,178	75.4
(보통예금)	727	6.3	612	2.5	1,740	1.9	1,182	1.4
(수입부금)	2,239	19.5	522	2.2	340	0.4	251	0.3
기타부채	1,790	15.6	3,750	15.5	9,547	10.5	11,877	13.7
자본계정	1,179	10.3	1,644	6.8	4,931	5.4	3,504	4.1
합계	11,472	100.0	24,196	100.0	91,271	100.0	86,796	100.0
<운 용>								
현금및예치금	837	7.3	2,752	11.4	8,078	8.9	8,537	9.9
유가증권	284	2.5	1,534	6.3	12,214	13.4	11,973	13.8
대출금	9,581	83.5	15,701	64.9	64,614	70.8	58,204	67.3
(일반자금대출)	224	2.0	4,126	17.1	51,417	56.3	46,325	53.6
(할인어음)	2,733	23.8	4,043	16.7	1,293	1.4	1,008	1.2
(계약금액내대출)	5,519	48.1	6,038	25.0	262	0.3	220	0.3
(기타대출)	–	–	1,021	4.2	11,313	12.4	10,427	12.1
기타자산	769	6.7	4,210	17.4	6,365	7.0	7,781	9.0

주 : 1) 1990년은 정기부금예수금 수치임
자료 : 한국은행 조사통계월보

자금운용에서는 일반자금 대출이 53.6%로 가장 높은 비중을 점하고 있다. 1990년 말 48.1%로 가장 높은 비중을 차지하였던 계약금액 내 대출은 0.3%로 비중이 크게 낮아졌는데 이는 최근 상호저축은행들이 수익성 제고를 위해 부동산 PF 대출 등을 포함한 일반자금 대출에 치중하였기 때문이다. 그 밖에 상호저축은행은 총자금 운용액의 13.8%를 유가증권에 투자하고 있는 것으로 나타났다.

제3절 신용협동기구

1. 신용협동조합

신용협동조합은 지역·직장·단체 등의 상호유대를 가진 개인이나 단체 간의 협동조직을 기반으로 하여 자금의 조성과 이용을 도모하는 비영리 금융기관을 말한다. 우리나라 신용협동조합은 1960년 부산의 메리놀 병원에서 조직된 '성가신용협동조합'을 그 효시로 하고 있다. 그 후 신용협동조합의 활동이 활발해지면서 이를 제도적으로 수용해야 할 필요성이 제기됨에 따라 1972년 "신용협동조합법"이 제정되면서 법률적인 근거와 함께 발전의 전기를 마련하였다. 신용협동조합은 조합원으로부터 예탁금·적금 수입, 조합원에 대한 대출, 내국환업무, 국가·공공단체·중앙회 및 금융기관의 업무 대리, 보호예수, 어음할인 등을 취급하고 있다.

신용협동조합에 대한 업무규제를 보면 먼저 자금 차입은 자산 총액의 5% 또는 자기자본 중 큰 금액 범위 내로 제한되어 있다. 자금운용의 경우 동일인 대출한도는 자기자본의 20% 또는 자산 총액의 1% 중에 큰 금액 이내로 정하고 있다. 또한 예탁금과 적금 잔액의 10% 이상을 상환준비금으로 보유하여야 하며 이 가운데 절반을 신용협동조합중앙회에 예치하여야 한다. 신용협동조합중앙회는 신용협동조합을 구성원으로 하여 조직된 비영리법인으로 조합의 사업에 관한 지도·조정·조사·연구 및 홍보, 교육, 조합에 대한 검사·감독, 공제사업, 국가 또는 공공단체가 위탁하거나 보조하는 사업 및 신용사업을 수행한다. 신용협동조합중앙회가 수행하는 신용사업은 조합으로부터의 예·적금 및 상환준비금의 수입·운용, 조합에 대한 대출, 내·외국환업무 등이 있다. 또 2004년부터 신용협동조합이 예금보험공사의 부보 금융기관에서 제외됨에 따라 조합원에 대한 예탁금 등의 환급 보장을 위해 신용협동조합 예금보호기금을 설치·운영하고 있다.

"신용협동조합법" 제정 이전인 1971년 말에 582개이었던 조합 수는 1997년 말에 1,666개로 증가하였다. 그러나 금융·외환위기 이후 부실채권 증가로 부실조합 중 상당수가 퇴출 또는 합병되어 2011년 6월 말 현재 960개로 감소하였다.

신용협동조합은 2011년 6월말 현재 총자금 조달액의 84.3%를 정기예탁금 등 예수금으로 조달하여 대출금(57.9%), 현금 및 예치금(26.0%), 유가증권 투자(11.8%) 등에 주로 운용하고 있다.

표 10-2 신용협동조합의 자금조달 및 운용 추이

(단위: 10억원, %)

	1990		2000		2010		2011.6	
	금액	구성비	금액	구성비	금액	구성비	금액	구성비
<조 달>								
예수금	2,658	73.9	17,045	81.3	41,888	85.9	42,634	84.3
(정기예탁금)	899	25.0	13,202	63.0	35,205	72.2	36,208	71.6
차입금	107	3.0	400	1.9	324	0.7	267	0.5
기타부채	106	2.9	1,245	5.9	2,345	4.8	2,508	5.0
출자금 등	727	20.2	2,269	10.8	4,205	8.6	5,178	10.2
합계	3,597	100.0	20,959	100.0	48,763	100.0	50,586	100.0
<운 용>								
현금및예치금	592	16.4	6,295	30.0	13,516	27.7	13,129	26.0
대출금	2,687	74.7	10,220	48.8	27,553	56.5	29,295	57.9
유가증권	98	2.7	2,854	13.6	5,457	11.2	5,977	11.8
기타자산	221	6.1	1,589	7.6	2,238	4.6	2,185	4.3

자료 : 한국은행 조사통계월보

2. 새마을금고

새마을금고는 재건국민운동중앙회 주도로 1963년 경남지역에서 설립된 신용조합에서 발전한 것이다. 1972년 "신용협동조합법"이 제정되면서 명칭은 마을금고로 일원화되었다. 그 후 1982년 12월 "새마을금고법"이 제정되면서 명칭이 새마을금고로 바뀌고 독자적인 발전 기반을 마련하게 되었다.

새마을금고는 회원으로부터의 예탁금·적금의 수입, 회원에 대한 대출, 내국환, 국가·공공단체 및 금융기관의 업무 대리, 보호예수 등의 업무를 취급하는데 어음할인 등 일부를 제외하고는 신용협동조합과 거의 동일하다.

새마을금고에 대한 업무 규제를 보면 자금 차입의 대상을 새마을금고연합회, 국가·공공단체 또는 금융기관으로 제한하고 있으며 차입한도는 출자금과 적립금 합계액 이내로 되어 있다. 동일인 대출한도는 출자금 및 적립금 합계액의 20% 이내이다. 또한 예탁금과 적금 잔액의 10% 이상을 상환준비금으로 보유하여야 하며 이 중에 절반을 새마을금고중앙회에 예치하도록 하고 있다.

새마을금고중앙회는 새마을금고를 회원으로 하는 비영리법인으로 회원의 사업에 관한 지도·교육·훈련·조사·연구, 금고 감독과 검사, 금고의 사업에 대한 지원, 공제사업, 국가·공공단체가 위탁하거나 보조하는 사업 등을 수행한다. 또 금고로부터 예탁금·적금 수입, 대출, 지급보증 및 어음할인, 내·외국환, 보호예수, 국가·공공단체 또는 금융기관의 업무 대리, 유가증권의 인수·매출 등의 신용사업을 영위한다. 한편 연합회는 금고 회원에 대한 예탁금 등의 환급보장을 위해 예금자보호준비금을 설치·운영하고 있다.

새마을금고법 제정 당시 금고 수는 11,719개, 회원 수는 538만 명에 달하였으나 부실금고의 정비 등으로 1983년 말에는 금고 수와 회원 수가 각각 5,360개와 384만 명으로 급감하였다. 이후 금고 수는 계속 줄어들었으나 회원 수는 꾸준히 늘어나 2011년 6월말 현재 1,466개 금고가 영업 중이며 1,597만 명의 거래회원을 확보하고 있다. 2011년 6월말 현재 새마을금고는 총자금 조달액의 87.5%를 정기예탁금 등 예수금으로 조달하여 이를 대출금(53.0%), 현금 및 예치금(25.2%), 유가증권 (17.0%) 등으로 운용하고 있다.

표 10-3 새마을금고의 자금조달 및 운용 추이

(단위: 10억원, %)

	1990		2000		2010		2011.6	
	금액	구성비	금액	구성비	금액	구성비	금액	구성비
<조 달>								
예수금	5,652	78.9	30,616	82.6	79,877	86.7	80,314	87.5
차입금	125	1.7	800	2.2	387	0.4	509	0.6
기타부채	197	2.7	1,759	4.7	4,914	5.3	3,152	3.4
출자금등	1,193	16.7	3,887	10.5	6,924	7.5	7,761	8.5
합계	7,167	100.0	37,061	100.0	92,101	100.0	91,735	100.0
<운 용>								
현금·예치금	1,953	27.2	11,450	30.9	24,031	26.1	23,123	25.2
대출금	4,760	66.4	14,820	40.0	45,033	48.9	48,619	53.0
유가증권	120	1.7	8,501	22.9	17,667	19.2	15,610	17.0
기타자산	334	4.7	2,290	6.2	5,371	5.8	4,384	4.8

자료 : 한국은행 조사통계월보

3. 상호금융

상호금융은 1969년 농업협동조합의 자립기반 확립을 위한 사업의 일환으로 추진이 되었던 농업협동조합 연쇄점 설치와 함께 시작되었다. 그리고 1972년 "신용협동조합법"이 제정됨에 따라 농업협동조합의 상호금융이 제도금융으로서 법적 기반을 갖추게 되었다. 1974년 6월에는 수산업협동조합이 상호금융 업무를 시작하였고 이후 1981년 1월에는 농업협동조합으로부터 분리된 축산업협동조합이, 1989년 1월에는 인삼협동조합이, 그리고 1993년 12월에는 임업협동조합이 이를 취급하기 시작하였다. 2011년 6월말 현재 1,164개 농업협동조합, 90개 수산업협동조합 및 134개 산림조합에서 상호금융 업무를 영위하고 있다. 상호금융의 자금

조달 및 운용을 보면 2011년 6월말 현재 총자금 조달액의 96.8%를 조합원들의 예수금으로 조달하여 대출금(66.4%), 유가증권(23.0%) 등으로 운용하고 있다.

표 10-4 상호금융의 자금조달 및 운용 추이

(단위: 10억원, %)

	1990		2000		2010		2011.6	
	금액	구성비	금액	구성비	금액	구성비	금액	구성비
<조 달>								
예 수 금	13,824	99.9	84,081	96.6	212,452	96.6	216,053	96.8
(요 구 불)	1,701	12.3	4,494	5.2	13,697	6.2	14,315	6.4
(자립예탁금)[2]	–	–	11,028	12.7	20,084	9.1	18,998	8.5
(저 축 성)	12,123	87.6	68,559	78.8	178,671	81.2	182,739	81.8
기 타 부 채	15	0.1	2,964	3.4	7,547	3.4	7,257	3.2
합 계	13,839	100.0	87,045	100.0	219,998	100.0	223,309	100.0
<운 용>								
현금및예치금	830	6.0	5,176	5.9	5,201	2.4	5,088	2.3
유 가 증 권	2,359	17.0	21,593	24.8	48,709	22.1	51,276	23.0
대 출 금	10,374	75.0	52,514	60.3	144,918	65.9	148,336	66.4
기 타 자 산	275	2.0	7,761	8.9	21,171	9.6	18,609	8.3

주 : 1) 농업협동조합, 수산업협동조합 및 산림조합(1995년부터)의 신용사업 부문
2) 1990년의 경우 저축성예금에 포함
자료 : 한국은행 조사통계월보

제4절 우체국예금

1. 연혁

1960년대 경제개발 초기에 국가정책사업에 소요되는 자금을 조달하고 농어촌 등 민간금융 취약지역 주민들의 편의를 도모하기 위해 도입된

우체국예금업무는 1961년 12월 "우편저금법"의 제정 이후 체신업무의 부대업무로 운영되다가 1977년 3월 "우편저금법 폐지 법률"이 발효됨에 따라 신규 취급이 중지되고 잔액 관리업무는 농업협동조합으로 이관되었다. 그 후 우체국예금은 1982년 12월에 제정된 "체신예금·보험에 관한 법률"에 의거해 1983년 7월부터 재개되었다. 1990년 6월에 전국 우체국의 온라인망이 구축되고 1995년에는 우체국 전산망과 은행 전산망이 연결되어 체신관서의 금융서비스 이용이 한층 편리하게 되었다. 한편 2000년 7월부터는 우정사업의 책임경영체제 확립을 위해 정보통신부 산하에 우정사업본부를 설치하여 우체국금융 등 우정사업을 총괄하게 하고 있다.

2. 업무 내용

우체국예금은 요구불예금과 저축성예금으로 구분되며 구체적인 종류 및 가입 대상, 금리 등은 지식경제부장관이 정한다. 우체국예금은 국가가 경영하므로 원리금에 대하여 정부가 지급 책임을 지고 있다. 우체국예금은 그 외 환매조건부 국공채 매도를 통해서도 자금을 조달한다.

자금운용은 과거 금융기관 예탁, 국공채 매입 등으로 한정되어 있었으나 2004년 및 2009년 법 개정으로 "자본시장법"에 따른 증권의 매매 및 대여, 자금중개회사를 통한 금융기관 대여, 파생금융거래 등으로 확대되었다. 그러나 일부 금융거래에 대해서는 자금운용의 안정성이 저해되지 않도록 지식경제부령으로 매입 한도 등을 정하여 운영하고 있다. 한편 1994년부터는 "공공자금관리기금법"에 의해 예금의 지급에 필요한 자금을 제외한 여유자금을 공공자금관리기금에 예탁하도록 하고 있다.

우체국예금 이외에도 체신관서에서 취급하는 금융관련 업무로는 우체국보험, 우편환, 우편대체가 있다. 우편환은 온라인 또는 증서의 이동에 의한 송금 수단으로 금융기관의 온라인망이 설치되어 있지 않은 지역에 대한 송금을 위해 이용된다. 우편대체는 우체국에 개설한 우편대체계좌를 통하여 자금결제를 할 수 있는 제도로서 이를 통하여 세금·공과금·할부금 등 수납, 각종 연금·급여 지급, 공과금 자동 이체 및 수표 발행 등의 서비스가 제공된다.

제5절 종합금융회사

1. 연혁

종합금융회사는 1975년 12월 "종합금융회사에 관한 법률"이 제정·공포되면서 제도적 기반이 갖추어졌다. 종합금융회사는 영국의 머천트뱅크(merchant bank)와 미국의 투자은행(investment bank) 기능에 중장기 설비금융기능을 혼합한 기업금융 전문 금융기관이다. 종합금융회사의 설립 배경은 민간부문의 원활한 외자 조달을 위한 새로운 창구를 마련하고 당시 은행과 증권회사로 분화되어 있던 금융체제를 보완하여 종합적인 금융서비스를 제공하는 금융기관을 도입하기 위한 것이었다.

1976년 4월 한국종합금융이 최초의 종합금융회사로 설립되었으며 1979년까지 5개 종합금융회사가 추가로 설립되어 1990년대 초반까지 6개 회사 체제가 유지되었다. 이들은 모두 외국 금융기관과 국내 기업 또는 국내 금융기관과의 합작 회사였다. 1990년대 들어서는 금융산업 개편의 일환으로 투자금융회사가 종합금융회사로 전환하였고 "종합금융회사에 관한 법률"도 전면 개정되었다. 1994년에 지방소재 9개 투자금융회사가, 1996년에는 15개 투자금융회사가 종합금융회사로 전환하여 종합금융회사는 1997년 말에 30개에 달하였다. 그러나 이 후에 무모한 자산 확장 등으로 부실해진 종합금융회사들이 외환위기의 주범으로 지목되면서 퇴출·합병됨에 따라 1998년 16개 부실 회사가 퇴출되었고 이어 1999년부터 2003년 기간 중 추가로 13개사가 퇴출 또는 합병되었다. 그리고 2010년 4월 메리츠종합금융이 메리츠증권과 합병하여 메리츠종합금융증권이 되면서 2011년 6월말 현재 전업 종합금융회사는 금호종합금융 1개사만 남아 있으며 신한·외환·우리은행 등 3개 겸영은행 및 메리츠종합금융증권 등 겸영증권사와 함께 그 명맥을 유지하고 있다.

2. 업무 내용

종합금융회사는 법률에 규정되어 있는 기본업무와 대통령령이 정한 부수업무, 그 밖에 겸영업무를 관련 법률에 의하여 인가를 받아 겸영을 할 수 있다. 우선 단기금융업무로는 만기 1년 이내 어음의 발행·할인·매매·중개·인수 및 보증, 어음관리계좌(CMA) 업무, 팩토링, CD 및 공개시장조작 대상증권의 인수·매매 및 중개 등이 있다. 이 중에 어음발행 및 CMA업무는 종합금융회사의 주요 자금조달 수단이다. 또한 장단기 외자의 차입 및 전대, 해외투자 및 기타 국제금융의 주선, 외화표시 지급보증, 외화증권 투자, 외국환 및 연불수출어음의 매매 등의 국제금융·외국환업무도 수행한다.

외자 차입은 1980년대 이후 시장개척의 어려움 등에 따른 해외 합작법인에 대한 의존에서 벗어나 외자를 직접 도입하게 됨에 따라 그 실적이 크게 신장되기도 하였다. 그러나 1997년 말 금융·외환위기 발생 이후 종합금융회사의 신용도가 저하되고 다수 종합금융회사가 퇴출됨에 따라 외자 도입이 대폭 감소하고 국제금융업무의 비중이 크게 축소되었다. 한편 종합금융회사는 자기자본의 10배까지 채권을 발행할 수 있으며 이미 발행한 채권의 상환을 위해 필요한 경우에는 일시적으로 동 한도를 초과할 수 있다.

그 외에도 종합금융회사는 증권업무로서 유가증권 발행 시장에서 간사단 또는 인수단으로 참여하여 유가증권의 인수·매출·모집 또는 매출의 주선업무를 영위할 수 있으며 유가증권의 매매·위탁매매·매매의 중개 또는 대리 등의 업무를 겸영할 수 있다. 그 밖의 겸영업무로서는 시설대여(리스) 및 투자신탁의 설정·해지 및 투자신탁재산의 운용업, 투자매매·중개업 등이 있다.

제11장

금융투자업자

제1절 개 요

금융투자상품이란 이익추구나 손실회피를 목적으로 특정 시점에 금전 등을 지급 또는 지급하기로 약정함으로써 취득하는 '투자성'[1] 있는 권리를 말하며, 증권과 장내·장외파생상품으로 분류된다. 그리고 금융투자업자는 이러한 금융투자상품의 거래와 관련된 업무를 주된 업무로 하는 금융기관이다. 종래에는 금융투자업자가 개별 증권관련법에 따라 각각 규제됨에 따라서 증권회사·선물회사·자산운용회사 등 기관중심으로 분류하였다. 하지만 2009년 2월 대형 투자은행 육성 및 자본시장 활성화 등을 위해 대부분의 증권관련 법률을 통합·정비한 "자본시장과 금융투

1) '투자성'이란 권리취득을 위해 지급하였거나 지급할 금액이 그 권리로부터 회수하였거나 회수할 수 있는 금액을 초과하게 될 위험이 있는 것을 말한다.

자업에 관한 법률"이 시행됨에 따라 이들 기관들을 금융투자업자로 통칭하고 경제적 실질을 기준으로 한 금융기능에 따라 투자매매·투자중개·집합투자·투자자문·투자일임·신탁업자 등으로 재분류하고 있다.[2)]

먼저 투자매매업자란 누구의 명의로 하든지 자기의 계산으로 금융투자상품의 매도·매수, 증권의 발행·인수 또는 그 청약의 권유, 청약, 청약의 승낙을 영업으로 하는 금융투자업자를 말한다. 그리고 투자중개업자란 타인의 계산에 의해 영업이 이루어진다는 점에서 투자매매업자와 구분된다. 집합투자업자는 투자권유를 통해 2인 이상으로부터 모은 금전 등을 투자자의 일상적인 운용지시 없이 투자대상자산에 운용하고 그 결과를 투자자에게 배분 및 귀속시키는 집합투자를 영업으로 한다. 따라서 사모단독펀드는 투자자가 1인이고 사실상 투자자가 운용에 개입하게 되므로 집합투자업자가 아닌 신탁업이나 투자일임업에 포함이 된다. 다만 "국가재정법" 제81조에 따라 이루어지는 연기금 풀(pool)의 경우는 1인으로부터 자금을 모아 운영하게 되나 정책상 집합투자에 포함시키고 있다. 투자자문업자는 금융투자상품의 가치 또는 금융투자상품에 대한 투자판단에 관해 자문하고, 투자일임업자는 투자자로부터 투자판단의 전부 또는 일부를 일임을 받아 투자자별로 금융투자상품을 구분하여 운용하는 것을 영업으로 한다. 마지막으로 신탁업자는 금전 또는 재산을 고객(위탁자)로부터 수탁을 받아 수익자의 이익을 위해 운영·관리·처분하는 기능을 담당한다. 한편 "자본시장법"의 신탁업자는 이전 "신탁업법"의 신탁회사의 업무범위를 그대로 채택함에 따라 신탁의 수익권이 금융투자상품인지 여부를 떠나 금융투자업자로 분류된다.

한편 이러한 금융투자업자에 대한 분류와 관련하여 종래의 증권회사·선물회사·종합금융회사는 투자매매중개업자로, 자산운용회사는 집합투자업자로, 투자자문회사 및 투자일임회사는 투자자문업자 및 투자일입업자로, 그리고 신탁회사는 신탁업자로 단순히 명칭만 변경된 것으로 오해될 수도 있다. 실제 "자본시장법" 시행 이후에도 대다수 금융투자업자는 증권회사, 선물회사, 자산운용회사 등 종래의 명칭을 그대로 유지하고 있으며 영위하는 업무도 기존과 거의 유사하기 때문이다. 하지만

---

2) 한국은행, 「한국의 금융제도」, 2011년

금융투자업자로의 명칭 변경은 종래와는 다른 큰 차이를 반영하고 있다. 왜냐하면 "자본시장법"은 금융투자업자의 진입규제와 관련하여 금융기능별로 진입요건을 정해 놓고 그 요건의 부합 여부를 심사하는 add-on 방식을 취함에 따라 금융투자업자가 복수의 업무단위를 자유롭게 선택하여 영위할 수 있기 때문이다. 예컨대, 종래의 증권회사는 유가증권의 매매, 위탁매매, 인수·주선 등의 투자매매 및 투자중개 업무를 주로 영위하였으나 현재의 증권회사는 원칙적으로 인가취득에 따라 집합투자업 등의 모든 금융투자관련 업무를 영위할 수 있다. 선물회사, 자산운용회사 등도 동일하다.

금융기관이 금융투자업을 영위하기 위해서는 금융투자업의 종류(6종), 금융투자상품의 범위(3종), 투자자의 유형(2종) 등 총 36가지 금융기능 조합으로부터 설정되는 1단위의 금융기능을 '인가업무 단위'로 하여 인가업무 단위의 전부나 일부를 선택하여 금융위원회로부터 인가를 받아야 한다. 다만 "자본시장법"은 각 금융기능별로 투자자가 부담하는 위험의 크기에 따라 인가제와 등록제로 구분하고 있다. 이에 따라 고객과 직접 채무관계를 갖거나 고객의 자산을 수탁하는 투자매매·투자중개·집합투자·신탁업은 인가대상으로 하고 투자자의 재산을 수탁하지 않는 투자일임·투자자문업은 등록만으로 영위할 수 있도록 하고 있다. 한편 "자본시장법" 시행령은 금융투자업의 위험과 투자자 보호의 필요성 등에 따라 인가 및 등록단위별 최저 자본요건을 다르게 설정하고, 취급하려는 인가업무가 늘어나면 그에 해당하는 자기자본을 추가로 보유하도록 함으로써 금융투자업자의 대형화, 겸업화, 전문화 및 진입완화를 유도하고 있다.

제2절 투자매매·중개업자

1. 증권회사

1-1. 연혁

증권회사는 직접금융시장에서 기업이 발행한 증권을 매개로 하여 투자자의 자금을 기업에게 이전시켜 주는 기능을 수행하는 금융기관이다. 기업과 투자자를 직접 연결시킨다는 점에서 저축자의 예금을 받아 기업에 대출하는 은행과는 업무 성격이 다르다. 최초로 설립된 증권회사는 1949년 11월 영업을 개시한 대한증권이었다. 1962년 1월 "증권거래법" 제정으로 증권시장의 제도적 기반이 갖추어지면서 증권회사의 설립이 급증하여 같은 해 8월에는 회사 수가 60개까지 늘어나기도 하였다. 이후 1980년대까지는 증권회사가 신설되지 않다가 1990년대에 들어 증권업의 대외개방과 함께 국내 증권회사의 신규 설립도 허용되었다.

우리나라 증권산업의 구조는 1997년의 외환위기를 계기로 크게 바뀌었다. 먼저 기존 투자신탁회사의 운용·판매조직을 분리하고 본체를 증권회사로 전환하는 증권산업 개편방안에 따라 1998~2000년 중 7개 투자신탁회사가 증권회사로 전환하였다. 또한 같은 기간 중에 6개 증권회사가 구조조정의 결과 퇴출되었으며 이후에도 부실누적 등으로 2개 증권회사가 추가로 퇴출되고 6개 증권회사가 여타 증권회사에 합병되었다. 다른 한편으로 온라인증권회사와 중개전문증권회사를 중심으로 1998~2003년 중에 총 19개의 증권회사가 신설되었다. 이후에 다소 감소되는 추세를 보였으나 2008년에는 자본시장법 시행을 앞두고 다수 증권회사가 신설·합병됨에 따라 2011년 6월말 현재 50개 증권회사가 영업 중이다.

1-2. 업무 내용

증권회사는 증권 및 채권과 관련된 위탁매매, 발행 및 인수, 그리고

자기매매 등을 영위하며 이외에도 펀드 및 신종증권 판매, CMA 등 자산관리 서비스를 제공하고 있다. 증권회사의 영업부문별 수익비중을 보면 2000년대에 걸쳐 큰 변화 없이 위탁매매, 자기매매, 펀드판매 및 자산관리, 인수·주선 및 자문 순으로 나타나고 있다.

(1) 위탁매매업무

위탁매매업무(brokerage)는 증권 및 파생상품 등 금융투자상품에 대한 투자중개업무로서 고객의 매매주문을 성사시키고 수수료를 받는 업무이다. 이와 같은 위탁매매업무는 위탁매매, 매매의 중개·대리 및 위탁의 중개·주선·대리 세 가지 형태로 이루어진다. 위탁매매업무는 고객의 매매주문을 받아 증권회사의 명의와 고객의 계산으로 금융투자상품의 매매를 행하는 업무이다. 매매거래에 따른 손익은 위탁자인 고객에게 귀속되며 증권회사는 고객으로부터 일정한 위탁수수료를 받는다. 매매의 중개·대리는 타인 간의 금융투자상품의 매매가 성립되도록 노력하거나 고객을 대리하여 매매를 하고 일정한 수수료를 받는 업무를 말한다. 이러한 업무는 증권회사가 명의상으로나 계산상으로 매매당사자가 되지 않는다는 점에서 위탁매매와 구별된다.

마지막으로 위탁의 중개·주선·대리는 한국거래소의 회원이 아닌 증권회사가 수행하는 업무로서 비회원인 증권회사는 회원인 증권회사를 통하여 고객의 위탁매매주문을 중개·주선·대리해주고 고객으로부터 받은 수수료를 회원인 증권회사와 배분한다.

(2) 자기매매업무

자기매매업무(dealing)는 투자매매업무로서 자기명의와 자기계산으로 인적·물적 시설을 갖추고 지속적·반복적으로 금융투자상품을 매매하는 업무를 말한다. 증권회사는 자기매매업무를 통해 증권시장 또는 장외거래에서 일시적인 수급불균형을 조정하는 한편 금융투자상품 가격의 연속성을 확보함으로써 시장조성자(market maker)로서의 역할을 수행한다.

(3) 인수·주선업무

증권의 인수업무(underwriting)는 투자매매업무로서 증권회사가 신규

발행된 증권을 매출할 목적으로 취득하는 업무를 말하며 모집, 사모, 매출의 세 가지 형태가 있다. 모집이란 50인 이상의 투자자에게 새로 발행되는 증권에 대하여 취득의 청약을 권유하는 것을 말한다. 반면, 사모란 49인 이하의 투자자를 대상으로 취득의 청약을 권한다는 점에서, 매출은 이미 발행된 증권을 대상으로 매도청약을 하거나 매수청약을 권유한다는 점에서 각각 구분된다. 한편 주선업무는 증권회사가 제3자의 위탁에 의해 모집·매출을 주선하는 업무를 말한다.

(4) 펀드판매 및 자산관리업무

펀드는 "자본시장법"의 집합투자기구를 지칭하며, 펀드판매업무는 증권회사가 투자중개업자로서 펀드에서 발행하는 수익증권 등을 투자자에게 판매하는 업무이다. 2010년 말 현재 투자중개업자별 펀드 판매비중을 보면 증권회사 60%, 은행 31.7%, 보험회사 4.2%, 기타 4.1%로 국내에서 판매되는 대부분의 펀드는 증권회사 및 은행을 통해 판매되고 있다. 한편 증권회사는 채권형 및 MMF의 판매비중이 높고 은행은 주식형펀드 및 MMF의 판매비중이 높다.

자산관리업무는 투자자문 및 투자일임업자로서 투자자에게 랩어카운트 및 CMA 서비스 등을 제공하는 업무이다. 랩어카운트는 증권회사가 고객의 증권거래, 고객에 대한 자문 등의 서비스를 통합해 제공하고 그 대가로 고객예탁재산의 평가액에 비례하여 연간 단일보수율로 산정한 요금을 징수하는 업무이다. 랩어카운트에는 자문형과 일임형 두 가지가 있는데 자문형은 예탁재산의 운용에 대하여 자산관리자가 투자자문서비스를 제공하고 최종결정은 고객이 내리는 반면, 일임형은 증권회사가 고객의 성향에 따라 주식이나 채권, 주식형 펀드 등 투자자의 자산 포트폴리오 구성에서 운용까지 모든 자산운용 업무를 대신한다.

한편 CMA 업무는 고객과 사전 약정에 따라 예치자금이 MMF, RP 등의 특정 단기금융상품에 투자되도록 설계한 CMA 계좌를 고객예탁금 계좌와 연계해 수시입출, 급여이체, 신용카드 결제대금 납부 등의 부가서비스를 제공하는 업무이다.

(5) 신용공여업무

신용공여업무는 증권회사가 증권거래와 관련하여 고객에게 금전을 융자하거나 유가증권을 대부하는 업무이다. 현재 증권회사가 취급할 수 있는 신용공여업무에는 고객의 증권 매수에 대해서는 융자를 해주고 매도에 대해서는 대주를 해주는 신용거래업무, 예탁된 증권을 담보로 하는 대출업무 등이 있다.

1-3. 자금의 조달 및 운용

증권회사는 직접금융시장에서의 중개기능을 고유업무로 영위하고 있기 때문에 자금조달 및 운용에서 은행 등 여타 금융기관과 상당히 다른 모습을 보이고 있다. 2011년 6월 말 현재 증권회사의 자금조달 내역을 보면 RP, 파생결합증권 등 차입부채의 비중이 전체 자금조달액의 52.4%로 가장 크고 이어 투자자예수금이 10.2%를 차지하고 있다. 자금운용에서는 증권이 49.1%를 차지하였으며 현금·예금 비중도 17.6%로 높은 것으로 나타났다.

표 11-1 증권회사의 자금조달 및 운용 추이

(단위: 10억원, %)

〈조 달〉			〈운 용〉		
예수부채	25,830	(10.4)	현금 및 예치금	43,894	(17.6)
(투자자예수금)	25,497,	(10.2)	증권	122,443	(49.1)
차입부채	130,515	(52.4)	파생상품자산	4,105	(1.7)
(콜머니)	9,080	(3.6)	대출채권	22,151	(8.9)
(차입금)	9,028	(3.6)	(콜론)	2,838	(1.1)
(RP매도)	58,698	(23.6)	(신용공여금)	13,124	(5.3)
(매도증권)	10,435	(4.2)	(RP매수)	2,160	(0.9)
(매도파생결합증권)	33,681	(13.5)	유형자산	2,456	(1.0)
파생상품부채	5,011	(2.0)	(감가상각누계액(－))	2,081	(0.8)
기타부채	50,872	(20.4)	CMA운용자산(종금계정)	169	(0.1)
(미지급금)	46,114	(18.5)	리스자산(종금계정)	314	(0.1)
부채총계	212,228	(85.2)	기타자산	53,681	(21.5)
자본총계	36,985	(14.8)	(미수금)	46,468	(18.7)
합 계	249,213	(100.0)	합 계	249,213	(100.0)

주 :1) 2011년 4월부터 적용된 K-IFRS 기준
자료 : 금융감독원 금융통계정보시스템

2. 선물회사

2-1. 연혁

선물회사는 선물거래 및 해외선물거래에 대한 위탁매매 등 장내파생상품에 대한 투자매매 및 투자중개업무를 영위하는 금융기관이다. "자본시장법"에서는 파생상품을 선도, 옵션, 스왑 중 어느 하나에 해당하는 투자성 있는 것으로 정의하고, 파생상품시장에서 거래되는 것 또는 해외 파생상품시장에서 거래되는 것을 장내파생상품으로 규정하고 있다. 선물회사는 1996년 7월 "선물거래법" 시행으로 우리나라에 본격적으로 도입되었다. 당초에는 국내 선물시장 개설을 염두에 두고 동 법에 의거 35개 회사가 설립 내허가를 받았다. 그러나 금융·외환위기 이후 선물회사의 주요 출자자인 금융기관의 구조조정이 추진되고 선물거래소의 위치 선정 지연 등으로 선물시장 개설 일정이 늦춰지면서 많은 업체가 선물회사 설립을 포기한 데다 일부 선물회사가 대주주의 경영난 등으로 해산됨에 따라 1999년 4월 선물거래소 개장 당시에는 11개 회사가 선물거래업을 영위하였으며, 이후 1999~2000년 중 3개 선물회사가 선물거래업 허가를 신규 취득하였다. 그러나 2009년 "자본시장법" 시행 이후 일부 선물회사가 증권회사와 합병, 증권회사로 전환, 영업폐지 등으로 감소함에 따라 2011년 6월말 현재 7개 선물회사가 영업 중이다.

2-2. 업무 내용

선물회사는 선물거래(해외선물거래 포함)의 자기거래, 위탁거래, 위탁의 중개·주선·대리 업무를 영위한다. 선물회사는 위탁자로부터 선물거래의 위탁을 받는 경우에 수량·가격 및 매매의 시기에 한하여 그 결정을 일임 받아 선물거래를 할 수 있다. 또한 선물회사는 선물거래 등과 관련한 고객예탁금을 자기재산과 구분하여 증권금융회사에 예치하여야 하며, 채무불이행이나 임직원의 위법·위규 등에 의하여 위탁자가 입은 손실을 보전하기 위하여 책임준비금을 적립하여야 한다.

현재 취급하고 있는 주요 선물상품으로는 KOSPI200 선물 및 옵션을 포함한 주식상품, 금리상품(3년 국채선물), 통화상품(달러선물, 엔선물), 금 및 돈육선물과 같은 일반상품이 있다. 해외상품으로는 Dow Jones, S&P500, T-Note, T-Bond, FX Margin Trading, Euro FX 등이 있다. 한편 1999년 4월 선물거래소가 개장한 이래 선물 및 옵션거래 실적을 보면 초기에는 거래량(계약기준)이 그리 많지 않았으나 2000년 이후 선물상품 다양화 등을 통해 선물시장이 정비되면서 크게 증가하고 있다.

표 11-2 선물거래 실적

(단위: 계약)

	선물거래[1]	옵션거래[2]	합 계
1999	18,298,070	79,936,658	98,234,728
2000	21,813,774	193,829,070	215,642,844
2005	57,846,449	2,535,205,348	2,593,051,797
2010	225,990,909	3,525,910,164	3,751,901,073
2011.6	113,674,986	2,008,082,595	2,121,757,581

주 : 1) 코스피200선물, 스타선물, 주식선물, 금리선물, 통화선물 미 기타선물 계약수의 합

2) 코스피200, 주식 및 국채의 콜옵션과 풋옵션 계약수의 합

자료 : 한국거래소

제3절 집합투자업자

1. 연혁

집합투자업자는 "자본시장법" 시행에 따라 집합투자를 수행하는 자로서 2003년 12월 "간접투자자산운용업법" 제정을 계기로 종래의 "증권투자신탁업법"에 의한 투자신탁회사와 "증권투자회사법"에 의한 자산운용회사를 통합·개편함으로써 새롭게 도입된 자산운용회사가 이에 해당된다. 종래의 증권투자신탁제도는 1969년 9월 제정된 "증권투자신탁업법"

에 그 법적 기반을 두고 있었다. 증권투자신탁업무를 처음으로 취급한 기관은 "자본시장육성에 관한 법률"에 의거 1968년 12월에 설립된 한국투자공사였다. 한국투자공사는 비영리법인으로서 증권시장 육성을 위한 정책업무에 역점을 두었기 때문에 증권투자신탁업무는 부진을 면치 못하였다. 본격적으로 증권투자신탁업무가 시행된 것은 1974년 9월 최초의 전업 투자신탁회사인 한국투자신탁이 발족한 이후였다. 1977년 2월에는 한국투자공사가 증권감독원과 대한투자신탁으로 분리되면서 증권투자신탁업의 성장은 한층 가속화되었다. 이어서 1982년 7월 국민투자신탁이 설립되고 1989년 11월에는 5개 지방투자신탁회사가 신설되었다. 그리고 1996~97년에는 투자자문회사에서의 전환 등으로 23개 투자신탁운용회사가 신설되었다. 그러나 1990년대 후반의 금융·외환위기를 계기로 자산운용업계는 큰 구조적 변화를 겪게 되었다. 경영부실로 인해 2개의 기존 투자신탁회사가 퇴출되고 신설 투자신탁운용회사 가운데에서도 5개 투자신탁운용회사가 인가 취소되거나 정리되었다. 다른 한편으로는 증시 활황 등을 배경으로 1998~2004년 중 11개 투자신탁회사가 새로이 설립되기도 하였다

회사형 증권투자신탁인 투자회사는 1998년 9월 "증권투자회사법" 제정을 통해 도입되었다. 도입 당시 기존의 투자신탁운용회사에 대해서는 재정경제부장관의 인가를 통하여 회사형 증권투자신탁업무를 겸영할 수 있도록 하였다. 2003년 12월 "간접투자자산운용업법"으로 통합되기 전까지 증권투자회사법에 의해 설립·운영되었던 자산운용회사는 13개에 이르렀다. 이후에 간접투자기구가 투자신탁, 주식회사, 합자회사(PEF)로 한정되어 법상 다양한 투자기구 활용이 곤란하고 법령에 규제되지 않은 간접투자기구에 대해서는 투자자 보호장치가 발동되지 않았기 때문에 자본시장법에서는 간접투자기구를 집합투자기구로 새로 변경하고 유한회사, 민법상 조합, 상법상 익명조합 등 민·상법상 설립 가능한 모든 기구로 그 범위를 확대하였다. 투자대상자산의 경우도 종래에는 투자증권, 장내·외 파생상품, 부동산, 실물자산 등으로 한정되었으나 "자본시장법"에서는 '재산적 가치가 있는 투자대상자산'으로 포괄적으로 규정하였으며 집합투자기구 종류별 투자대상자산 또한 완화하였다.

집합투자기구는 설립형태에 따라 계약형(contractual type)과 회사형(corporate type)으로 나눌 수 있다. 우리나라의 집합투자기구 가운데 투자신탁은 계약형 집합투자기구이며 투자회사, 투자유한회사, 투자합자회사 등은 회사형 집합투자기구이다. 계약형은 위탁자인 집합투자업자가 수탁회사와의 신탁계약에 의거 발행하는 수익증권을 수익자인 투자자가 취득하는 형태의 신탁제도로서 일본과 유럽 국가들이 주로 채택하고 있다. 회사형은 투자전문가가 투자전문회사를 설립하고 이 회사의 주식(또는 지분증권)을 투자자가 매입하는 형태로 미국의 뮤추얼펀드에서 발전된 제도이다. 한편 최근 들어서는 다양한 형태의 집합투자기구가 활용되고 있음에 따라 현재의 "자본시장법"에서는 자금조성(pooling)이 가능한 모든 기구로 확대하였다.

2. 업무 내용

집합투자업자는 투자신탁, 투자회사 등의 방식으로 설정·설립되는 집합투자기구의 재산을 운용하는 것을 주된 업무로 한다. 먼저 집합투자기구의 설립형태를 보면 투자신탁은 수익증권을 발행하고 이를 통해 다수의 투자자로부터 자금을 모아 증권 등의 자산에 투자하여 그 수익을 투자자에게 분배하는 방식이며 국내 집합투자기구 대부분이 투자신탁방식으로 이루어지고 있다. 투자신탁의 조직은 위탁회사(투자신탁재산 운용)·수탁회사(신탁재산 보관)·판매회사(수익증권 판매)로 구성된다. 집합투자업자는 이 가운데 위탁회사의 역할을 담당한다. 수탁회사는 신탁회사이며 판매회사는 은행, 증권회사 등이다. 한편 집합투자업자는 투자신탁을 통해 주식을 제외한 유가증권을 인수할 수 있다. 이에 따라 집합투자업자가 투자신탁재산을 편입할 경우에 주식은 유통시장 매매를 통해야 하지만, 채권은 유통시장 매매 이외에 발행시장에서의 인수로도 가능하다.

회사형 집합투자기구는 대표적으로 증권 등의 자산으로 운용하고 그 수익을 주주에게 배분하는 투자회사 방식이 있다. 투자회사는 상법상의 주식회사이나 본점 이외의 영업점을 설치하거나 직원의 고용 또는 상근 임원을 둘 수 없는 서류상의 회사이다. 투자회사는 자산의 운용, 보관, 모집·판매, 기타 일반사무를 각각 별도의 자산운용회사, 자산보관회사, 판매회사, 일반사무관리회사에 위탁하여야 한다. 투자회사의 위탁을 받아 자산을 운용하는 자산운용회사는 서류상 회사인 투자회사의 설립 및 주식 모집을 실질적으로 주관한다. 자산보관회사는 투자회사의 위탁을 받아 자산을 보관하는 회사로 투자회사의 자산을 자신의 고유재산 및 다른 수탁자산과 구분·관리한다. 자산보관회사는 투자신탁에서의 수탁회사와 마찬가지로 신탁회사 또는 신탁업을 겸영하는 금융기관으로 제한되어 있다. 판매회사는 투자회사의 위탁을 받아 주식의 모집 또는 판매를 담당하는데 주로 은행, 증권회사, 보험회사 등이 동 업무를 수행한다. 일반사무관리회사는 투자회사의 위탁을 받아 주식명의개서, 주식발행 사무, 증권투자회사의 운영에 관한 사무 등을 담당하는 회사로 주로 자산운용회사가 맡고 있다.

한편 사모투자전문회사(PEF; Private Equity Fund)는 소수의 투자자에 의해 사모방식으로 자금을 조달한 다음 인수·합병(M&A) 등 특정 기업의 구조조정을 통해 투자이익을 창출하고자 하는 회사이다. 사모투자전문회사는 1인 이상의 무한책임사원과 1인 이상의 유한책임사원으로 구성되는데 사원의 총수는 49인 이하로 제한된다. 무한책임사원 중 1인 이상은 정관에 의하여 사모투자전문회사의 업무를 집행할 권리와 의무를 가진 업무집행사원이 된다.

적격투자자대상 사모집합투자기구(헤지펀드)는 일정 범위의 전문투자자로부터 사모로 자금을 조달하여 보다 공격적인 방식으로 자산을 운용할 수 있도록 한 기구이다. "자본시장법"의 헤지펀드는 금전차입 제한 규제 및 파생상품 투자한도 규제 등을 완화하여 보다 적극적인 자산운용을 가능하게 하는 한편 헤지펀드의 신규 설정·금전차입·파생상품 매매현황 등에 대한 보고의무를 부과하고 금전 차입 등에 대해 법령상 명시적인 한도(차입 당시 집합투자재산 총액의 4배) 등을 규정하고 있다.

집합투자기구를 투자대상별로 보면 증권, 부동산, 특별자산, 단기금융상품(MMF), 혼합자산 등 5종류로 구분하고 집합투자업자가 집합투자기구의 재산으로 운용할 수 있는 자산은 재산적 가치가 있는 모든 재산을 대상으로 하고 그 편입비율에 대한 제한만 두고 있다. 증권집합투자기구는 집합투자재산의 50%를 초과하여 증권 및 이를 기초자산으로 하는 파생상품에 투자를 하는 집합투자기구이다. 부동산집합투자기구는 집합투자재산의 50%를 초과하여 부동산, 이를 기초자산으로 한 파생상품, 부동산 개발과 관련된 법인에 대한 대출, 신탁재산·집합투자재산·유동화자산의 50% 이상이 부동산관련 자산 및 특별자산인 수익증권·집합투자증권·유동화증권, 부동산투자회사가 발행한 주식 등에 투자하는 집합투자기구이다. 특별자산집합투자기구는 집합투자재산의 50%를 초과하여 특별자산(증권 및 부동산을 제외한 투자대상자산을 말한다)에 투자하는 집합투자기구이다. 혼합자산집합투자기구는 집합투자재산을 운용함에 있어서 증권, 부동산, 특별자산집합투자기구관련 규정의 제한을 받지 않는 집합투자기구이다. 마지막으로 단기금융집합투자기구는 집합투자재산 전부를 단기금융상품에 투자하는 집합투자기구로서 대통령령으로 정하는 방법으로 운용되는 집합투자기구이다.

표 11-3 집합투자기구 투자대상별 설정잔액

(단위: 10억원)

	2009	2010	2011.6
증 권	236,403(71.2)	227,586(70.0)	225,333(72.3)
주식	124,752(37.6)	100,127(30.8)	100,389(32.2)
채권	46,710(14.1)	55,512(17.1)	50,794(16.3)
혼합주식	12,582(3.8)	11,515(3.5)	11,887(3.8)
혼합채권	19,217(5.8)	22,645(7.0)	20,780(6.7)
파생	18,504(5.6)	18,139(5.6)	20,018(6.4)
기타	14,638(4.4)	19,648(6.0)	21,465(6.9)
부동산	13,374(4.0)	15,615(4.8)	16,438(5.3)
특별자산	12,023(3.6)	15,158(4.7)	16,277(5.2)
혼합자산	3(0.0)	2(0.0)	1(0.0)
단기금융	70,156(21.1)	66,918(20.6)	53,828(17.3)
합계	331,959(100.0)	325,279(100.0)	311,877(100.0)

주 : 1) 설정원본 기준, ( ) 내는 %
자료 : 금융감독원 금융통계월보

2011년 6월 말 현재 집합투자기구 투자대상별 수탁고 현황을 보면 증권집합투자기구가 225.3조원으로 전체 설정잔액의 72.3%, 단기금융집합투자기구가 53.8조원으로 17.3%를 차지하고 있다. 증권집합투자기구 내에서는 주식형이 2009년 이후 감소세를 보임에도 불구하고 100.4조원으로 전체 설정잔액의 32.2%를 차지해 가장 크다.

제12장 보험회사

제1절 개 요

보험회사는 보험의 인수, 보험료 수수 및 보험금 지급 등을 영위하는 금융회사를 말한다. "보험업법"은 생명보험업, 손해보험업, 제3보험업을 영업대상으로 규정하고 있는데, 각 보험업은 보장해주는 위험의 종류에 차이가 있다. 즉 생명보험업은 사람의 생존 또는 사망과 관련된 보험금을, 손해보험업은 우연한 사건으로 발생하는 손해에 관한 보험금을, 제3보험업은 질병, 상해 및 간병에 관한 보험금을 지급한다.[1] 또한 생명보험은 미리 약정한 금액을 보험금으로 지급하는 정액보상인 반면 손해보험은 피보험자가 사고로 입은 손해를 보험금으로 지급하는 실손보상이라는 데에 차이가 있다.

1) 한국은행, 「한국의 금융제도」, 2011년

우리나라의 경우 생명보험업과 손해보험업의 상호 겸영을 원칙적으로 금지하고 있으나 제3보험업은 겸영이 가능하다. 또한 일반 민영보험과 달리 국가기관이 취급하는 국영보험인 우체국보험이 있다. "우체국예금·보험에 관한 법률"에서는 우체국보험의 목적을 보험의 보편화를 통하여 재해의 위험에 공동으로 대처하게 함으로써 국민의 경제생활 안정과 공공복리의 증진에 기여하는 데 두고 있다.

이밖에도 보험기능을 하는 기관으로 공제기관이 있다. 공제란 원래 공통적 유대를 가진 특정 회원을 상대로 상호부조 차원에서 다수의 조합원이 일정금액을 갹출하여 보험과 저축기능을 수행하는 데서 출발하였다. 이러한 점에서 공제는 다수의 일반인을 대상으로 하는 민영보험과 차이가 있으나 공제기관의 자산규모의 확대와 가입자 증가 등에 따라 점차 업무범위를 넓혀 일반인을 대상으로 한 공제업무도 취급하게 되었다. 일반인을 대상으로 공제업무를 영위하고 있는 기관은 농업협동조합공제, 수산업협동조합공제, 신용협동조합공제 및 새마을금고공제 등 총 4개 기관이 있다.

제2절 생명보험회사

1. 연혁

생명보험회사는 사망, 질병, 노후 등에 대비한 보험의 인수 및 운영을 주된 업무로 하는 금융회사이다. 우리나라의 생명보험업은 19세기 말 국내에 진출한 유럽계와 일본계 금융회사 및 상사들이 자국 보험회사의 대리점 역할을 겸하는 형태로 시작되었다. 한국계 회사로는 1921년에 조선생명보험주식회사가 처음 설립되었으며 1946~59년 중 8개의 생명보험회사가 차례로 설립되었으나 정치·경제의 불안정으로 제대로 발전하지 못하였다. 그 후 1962년 들어 정부는 경제개발계획 추진에 필요한 내자동원 기반 확충 방안의 일환으로 보험업 정비에 착수하였다. 그 결과 "보험업법", "보험모집단속법" 및 "외국보험사업자에 관한 법률"이 제정되었고, 생명보험업의 제도적 기반이 마련되었다. 그러나 보험에 대한 일반의 인식부족과 보험회사 공신력의 취약 등의 구조적 제약요인으로 1970년대 중반까지 생명보험업은 부진을 면치 못하였다. 그 후 1980년대에 들어 소득수준 향상 및 인구 고령화 등으로 보험에 대한 수요가 증대되고 보험서비스에 대한 인식이 크게 높아지면서 보험회사의 신설 필요성이 점증하는 한편 미국 등 외국으로부터의 보험업 개방요구도 증대되었다. 이에 따라 정부는 1986년 12월 외국생명보험회사 설립기준을 제정한 데 이어 1987년 6월 외국생명보험회사의 국내지점 설치허가 기준을, 1988년 3월에는 합작생명보험회사 설립허가 기준을 각각 마련하였다. 이와 함께 외국생명보험회사의 국내지점 설치와 합작회사 및 현지법인 설립을 허용하고 국내생명보험회사 신설을 대거 인가함으로써 대내외 시장개방이 동시에 이루어지게 되었다.

2000년대 들어서는 금융의 자유화 및 겸업화 진전과 더불어 소비자의 권익이 중요시됨에 따라 보험업에 대한 전반적인 개정논의가 진행되었다. 그 결과 2003년 5월 개정된 "보험업법"에서는 보험사 신규진입제도 개선, 운용가능자산에 대한 열거주의(positive system) 폐지, 공시제도 개선, 제3보험 및 방카슈랑스 도입 등이 이루어졌다. 또한 2010년 7월 개정된 "보험업법"에서는 보험산업의 경쟁력 강화와 소비자 보호를 위해 자산운용규제 완화, 보험상품개발절차 간소화, 보험상품설명의무 부과 등이 반영되었다.

2. 업무 내용

2-1. 보험상품

생명보험상품은 피보험자를 기준으로 개인보험과 단체보험으로 구분되며 개인보험은 다시 보험금 지급조건에 따라 사망보험, 생존보험 및 생사혼합보험으로 세분된다. 개인보험 가운데 사망보험은 피보험자가 보험기간 중에 장해 또는 사망 시 보험금이 지급되는 전형적인 보장성 보험으로서 정기보험 및 종신보험이 있다. 정기보험은 보험기간을 미리 정해놓고 피보험자가 보험기간 내에 사망하였을 때 보험금을 지급하는 보험이며 종신보험은 보험기간이 피보험자의 일생 동안에 걸쳐 있는 보험상품을 말한다. 생존보험은 피보험자가 보험기간 만기일까지 생존하는 경우에만 보험금이 지급되는 형태로서 저축성기능이 강한 보험이다. 그러나 실제로는 이와 같은 순수한 형태의 생존보험상품은 없고 피보험자가 사망 시 별도의 보험금을 지급하는 보장내용을 부가하는 것이 일반적이다. 현재 생명보험의 주요상품으로는 연금보험과 교육보험이 있다. 생사혼합보험은 양로보험이라고도 부르는데 생존보험의 저축기능과 사망보험의 보장기능을 겸비한 절충형 보험이다. 즉 피보험자가 보험기간 중에 사망 또는 상해를 당할 경우 사망보험금이, 생존 시에는 생존보험금이 각각 지급된다.

개인보험과 달리 단체보험은 일정한 요건을 갖춘 단체의 구성원 일부 또는 전부를 피보험자로 하여 단체의 대표자가 가입하는 보험이다. 이 보험은 고용주가 보험기간 중에 피고용자의 사망, 질병 또는 퇴직 등과 같은 예기치 않은 손해발생 위험을 보험회사에 전가하는 방법으로 널리 이용되며 단체정기보험, 단체저축보험 등이 이에 해당된다. 단체보험은 동질의 위험을 대상으로 하기 때문에 보험계약체결이 편리하며 보험료 일괄납입 등의 계약관리가 편리하기 때문에 보험료가 비교적 저렴한 특징이 있다.

한편 대부분의 보험상품은 일반계정에서 운용되고 있으며 퇴직연금, 연금저축, 변액보험 등 일부 보험상품은 특별계정에서 별도로 관리되고 있다. 생명보험 계약잔액의 구성을 보면 개인보험이 전체 생명보험의 대부분을 차지하고 있다. 개인보험에서는 사망보험 비중이 2010년 말 현재 75.9%로 가장 높은 가운데 연금보험 가입 증가 등으로 생존보험 비중은 최근 들어 상승하였다. 특별계정에서 운용되는 보험의 비중은 2010년 말 현재 1%로 아직은 미미한 수준에 머물고 있다.

표 12-1 생명보험회사 보험종목별 보험계약 추이

(단위: 10억원, %)

	1995		2000		2005		2010	
	금액	구성비	금액	구성비	금액	구성비	금액	구성비
일반계정	426,939	100.0	821,807	99.2	1,422,623	99.0	1,749,013	99.0
개인보험	380,563	88.7	769,598	92.9	1,350,212	94.0	1,700,596	96.2
사망보험	140,980	32.9	512,567	61.8	1,095,727	76.3	1,327,708	75.1
생존보험	213,923	49.9	153,577	18.5	173,005	12.0	266,799	15.1
생사혼합보험	25,659	6.0	103,454	12.5	81,480	5.7	106,089	6.0
단체보험	48,376	11.3	52,209	6.3	72,411	5.0	48,416	2.7
특별계정	–	–	7,026	0.8	14,115	1.0	18,205	1.0
합계	428,939	100.0	828,833	100.0	1,436,737	100.0	1,767,217	100.0

주 : 1) 회계년도말(익년 3월) 기준
자료 : 생명보험협회 생명보험통계

2-2. 계약자배당

생명보험의 계약자배당이란 보험계약자로부터 납입된 보험료를 운용하여 약정된 보험금을 적립·지급하고 남은 잉여금의 일정 부분을 보험계약자에게 환원하는 것을 말한다. 보험료와 약정보험금은 예정이율, 예정위험률 및 예정사업비율에 근거하여 사전적으로 결정되는데 이때 예정률과 실제발생률과의 차이에 의해 잉여금이 발생할 수 있다. 계약자배당에는 이자율차익 배당, 위험률차익 배당, 사업비차익 배당이 있다. 이자율차익 배당은 예정이율보다 실제 운용수익률이 높을 경우 생기는 이자차익을, 위험률차익 배당은 예정위험률에 비해 실제 사망이나 재해, 질병 등이 작을 경우 생기는 위험률차익을 계약자에게 지급하는 것을 말한다. 그리고 사업비차익 배당은 예정사업비보다 실제 사업비가 작을 경우 발생하는 차익을 배당하는 것이다. 이외에도 장기유지특별배당이 있는데 이는 보험계약의 장기화를 유도하기 위한 제도로서 일반화된 배당제도로 보기는 힘들고 현재 우리나라, 일본 등 일부 국가에서만 이용되고 있다.

한편 배당제도는 과거 모든 생명보험회사가 동일한 배당률을 적용하

였으나 2000년 4월에 보험가격 자유화와 함께 2002년 3월 사업비차익 배당이 자유화됨에 따라 현재 배당률에 대한 제한이 없다. 또한 2002년 3월부터는 계약자 배당준비금 적립방법이 사전에 배당재원을 적립한 회사에 한하여 계약자 배당을 실시하는 선적립 후배당제로 변경됨에 따라 회사의 배당능력이 보험회사를 선택하는 기준 중 하나가 되고 있다.

3. 자금의 조달 및 운용

생명보험회사의 영업규모는 급신장세를 보여 1995회계년도에 35조원 이었던 연간 수입보험료가 2009회계년도에는 77조원에 이르고 있다. 수입보험료에 대한 지급보험금의 비율은 1995회계년도 중 63.5%에서 금융위기 이후인 2000회계년도 말에는 보험해약이 늘어나면서 76.0%까지 높

표 12-2 생명보험회사 자금조달 및 운용 추이[1)]

(단위: 10억원, %)

	1995		2000		2005		2010	
	금액	구성비	금액	구성비	금액	구성비	금액	구성비
<조 달>								
보험계약준비금	68,658	98.5	106,500	88.2	184,444	77.1	278,754	68.2
기타부채	1,318	1.9	12,902	10.7	37,856	15.8	92,348	22.6
자본금	788	1.1	3,972	3.3	6,103	2.5	8,554	2.1
잉여금	−1,087	−1.6	−2,644	−2.2	10,959	4.6	28,838	7.1
합계	69,677	100.0	120,730	100.0	239,362	100.0	408,495	100.0
<운 용>								
운용자산	65,484	94.0	99,813	82.7	186,098	77.7	304,696	74.6
현금·예금	9,585	13.8	3,701	3.1	4,232	1.8	12,109	3.0
유가증권	19,202	27.6	48,271	40.0	125,190	52.3	214,178	52.4
대출금	31,581	45.3	38,342	31.8	47,392	19.8	66,332	16.2
부동산	5,116	7.3	9,450	7.9	9,284	3.9	12,077	3.0
기타자산	4,193	6.0	20,917	17.3	53,264	22.3	103,800	25.4

주 : 1) 회계년도말(익년 3월말) 기준
자료 : 생명보험협회 생명보험통계

아졌다. 이후 보험해약 환급금 지급이 감소한 데다 변액보험, 연금보험 등 다양한 보험상품이 개발되고 장기 보장성보험 가입이 증가한 데 힘입어 2009회계년도 말에는 61.6%로 하락하였다.

2010년 말 현재 생명보험회사의 자금조달 내역을 보면 보험료 수입의 적립금인 보험계약준비금이 총자금 조달액의 68.2%를 차지하였다. 자금운용 면에서는 2000년 이후 유가증권투자 비중이 크게 증가하여 2010년 말 현재 전체 자산 중 52.4%가 유가증권 투자로 운용된 반면 대출 비중은 16.2%로 1995년에 비해 크게 낮아졌다.

제3절 손해보험회사

1. 연혁

손해보험회사는 화재, 자동차 및 해상사고 등에 대비한 보험의 인수 및 운영을 고유업무로 하는 금융기관이다. 손해보험회사는 1922년 10월에 설립된 조선화재보험을 효시로 하여 1940년대에 5개 회사, 1950년대 4개 회사가 각각 설립되어 종합적인 손해보험업무를 영위해 왔다. 1960년대에는 재보험만을 전문적으로 취급하는 대한재보험, 자동차보험을 전문적으로 취급하는 한국자동차보험, 그리고 대한보증보험이 설립되었으며 AHA(American Home Assurance) 및 AFLA(American Foreign Insurance Association의 2개 미국계 손해보험회사가 국내에 지점을 설치하였다. 이후 1980년대 말까지는 손해보험회사의 추가 설립이 이루어지지 않다가1989년 11월 한국보증보험이 설립되고 1992년 7월에는 미국계의 VIGILANT사가 국내에 지점을 설치하였다. 1998년 11월에는 적자누적으로 심각한 부실에 직면하였던 한국보증보험과 대한보증보험이 서울보증보험으로 합병하였다. 2000년대 들어서는 손해보험사에 대한 자동차보험사업 규제가 철폐됨에 따라 국내 자동차보험사 2개사가 신설되었고 재보험사를 중심으로 8개의 외국계 보험사가 국내지점을 개설하였으며 2000년대 중반 이후에는 국내 보험사 2개가 추가 설립되었다.

2. 업무 내용

손해보험은 각종 사고발생에 따른 재산상의 손실위험에 공동 대처하기 위한 상호보장적 성격의 사회제도로서 장기저축 기능과 상호보장 기능이 혼합된 생명보험과는 그 성격이 다르다. 손해보험회사가 취급하고 있는 보험종목은 부보위험의 대상에 따라 화재, 해상, 자동차, 보증, 특종, 연금, 장기저축성 및 해외원보험 등 8가지로 구분된다.

보험종목별 보험상품 내용을 보면 해상보험에는 적하보험, 선박보험, 운송보험 등이 있으며 자동차보험(개인용, 업무용, 영업용)에는 자동차종합보험과 운전자보험이 있다. 보증보험에는 신원보증, 계약이행보증, 할부판매보증 및 납세보증 등이 있으며 특종보험에는 상해보험, 도난보험, 배상책임보험 및 원자력보험 등이 포함된다. 보험기간 중 보험사고가 없더라도 만기에 보험금을 지급하는 장기저축성보험에는 장기화재, 장기상해, 장기질병, 장기종합보험 등이 있고, 개인연금보험 및 퇴직보험은 대표적인 연금보험이다. 이 밖에 해외원보험은 해외에 진출한 국내 손해보험회사가 외국인과 체결한 각종 보험을 말한다.

3. 자금의 조달 및 운용

손해보험회사의 보험종목별 수입보험료 추이를 보면 자동차보험과 장기저축성보험이 가장 높은 비중을 차지하고 있다. 자동차보험의 경우 2001년 8월 자동차보험료 완전자유화, 자동차 등록대수의 증가세 둔화, 온라인 자동차보험 판매 등에 따른 가격경쟁 심화로 비중이 하락해 온 반면 장기저축성 보험은 신상품 개발, 모집조직 확대 등으로 큰 폭의 성장세를 지속하고 있다.

손해보험회사의 자금조달 내역을 보면 보험계약준비금이 2010년 12월 말 현재 총자금 조달액의 73.7%를 차지하고 있다. 자금운용 면에서는 총자금 운용액 중 유가증권투자 비중이 52.3%로 가장 크고 대출금이 17.5%로 그 다음을 차지하고 있다.

표 12-3 손해보험회사 자금조달 및 운용 추이

(단위: 10억원, %)

	1995		2000		2005		2010.12	
	금액	구성비	금액	구성비	금액	구성비	금액	구성비
<조 달>								
보험계약준비금	10,305	81.1	25,410	90.6	34,538	70.3	72,972	73.7
기 타 부 채	1,724	13.6	4,895	17.5	7,206	14.7	11.342	11.5
자 본 금	421	3.3	5,301	18.9	2,078	4.2	3,318	3.4
잉 여 금	261	2.1	−7,558	−26.9	5,277	10.7	11,355	11.5
합 계	12,711	100.0	25,049	100.0	49,100	100.0	98,987	100.0
<운 용>								
운 용 자 산	10,448	82.2	22,137	78.9	40,257	82.0	79,490	80.3
현 금 · 예 금	2,390	18.8	2,809	10.0	1,831	3.7	4,890	4.9
유 가 증 권	4,155	32.7	12,648	45.1	26,405	53.8	51,729	52.3
대 출 금	2,788	21.9	3,816	13.6	8,487	17.3	17,321	17.5
부 동 산	1,115	8.8	2,864	10.2	3,535	7.2	5,551	5.6
기 타 자 산	2,263	17.8	5,913	21.1	8,843	18.0	19,496	19.7

주 : 1) 회계년도말(익년 3월말) 기준
자료 : 손해보험협회 손해보험통계

제4절 우체국보험

1. 연혁

우체국보험은 1929년 10월 설립된 공영보험인 조선간이생명보험에서 시작이 되었다. 해방 이후에는 국민생명보험으로 명칭을 바꾸었으나 불안한 정치·경제적 여건으로 영업규모는 해방 전보다 오히려 위축되었

다. 국민생명보험은 1952년 12월 국민생명보험법이 제정되면서 지식경제부(당시 체신부)의 부대업무로 되었다. 그러다가 농업협동조합, 새마을금고 등 농어촌지역 저축기관과의 업무 경합 등이 문제가 되자 정부는 1977년 1월 "국민생명보험법"을 폐지하고 체신관서의 보험사업을 중단하였다. 이후 1982년 12월에 "체신예금·보험에 관한 법률"의 제정으로 체신관서의 보험업 겸영근거가 다시 마련됨에 따라 1983년 7월부터 우체국보험이 재개되었다.

2. 업무 내용

우체국보험은 생명보험만을 취급하고 있다. 보험의 종류와 계약보험한도액은 금융위원회와 협의하여 지식경제부장관이 결정하며 그 밖의 사항은 지식경제부장관이 정하도록 되어 있다. 현재 우체국보험은 민영생명보험회사와 마찬가지로 교육보험, 연금보험, 보장성보험 및 생사혼합보험을 모두 취급하고 있다.

표 12-4 우체국보험의 보험종목별 보험계약 추이

	1998		2000		2005		2009	
	금액	구성비	금액	구성비	금액	구성비	금액	구성비
교육보험	96	2.3	392	0.8	313	0.3	243	0.2
연금보험	475	11.2	861	1.8	10,848	9.8	12,878	9.9
보장성보험	1,089	25.7	22,303	46.6	89,821	81.2	106,484	82.0
생사혼합보험	2,581	60.8	24,356	50.8	9,677	8.7	10,261	7.9
합계	4,241	100.0	47,912	100.0	110,659	100.0	129,866	100.0

자료 : 보험개발원 보험통계연감

우체국보험은 정부가 보험금 등의 지급책임을 지며 수급권 보호를 위하여 보험금 또는 환급금을 지급받을 권리의 양도를 제한하고 있다. 또한 우체국보험은 민영보험에 비해 보험료가 상대적으로 저렴하게 책정되어 있을 뿐만 아니라 그 가입대상이 주로 저소득층인 점을 감안하여 보험계약 체결 시 피보험자에 대한 신체검사를 면제하고 있다. 계약보

험금 한도 역시 1인당 4천만 원 이내로 비교적 소액으로 되어 있다. 한편 납입된 보험료는 "우체국보험특별회계법"에 따라 설치된 우체국보험적립금으로 운용된다. 자금운용 방법에는 금융기관 예탁, "자본시장법"에 따른 증권(주식 및 채권 등)의 매입 및 파생상품 거래, 보험계약자에 대한 대출, 국가·지방자치단체 및 정부투자기관에 대한 대출, 업무용 부동산의 매입·임대, 벤처기업 투자, 재정자금 예탁 등이 있다. 2009년 말 현재 보험종목별 계약잔액의 구성을 보면 보장성보험, 연금보험, 생사혼합보험 순으로 높게 나타났다. 최근 들어 보장성보험 비중이 크게 높아지고 생사혼합보험의 비중이 크게 낮아졌다.

3. 자금의 조달 및 운용

우체국보험은 안정성 등을 배경으로 신규계약이 꾸준히 늘어나면서 1995년 2.1조원에 불과했던 연간 수입보험료가 2000년에 8.7조원까지 확대되기도 하였다. 그러나 이러한 증가세는 외국계 생명보험사 진입 확대, 방카슈랑스 도입 등으로 시장 경쟁이 심화되면서 2009년 연간 수입보험료는 7.5조원으로 다소 감소하였다.

표 12-5 우체국보험의 자금조달 및 운용 추이

(단위: 10억원, %)

	1995		2000		2005		2009	
	금액	구성비	금액	구성비	금액	구성비	금액	구성비
<조 달>								
보험계약준비금	4,127	98.4	14,957	101.2	18,469	91.9	26,760	93.6
기타부채	69	1.6	−175	−1.2	1,622	8.1	1,826	6.4
합계	4,196	100.0	14,782	100.0	20,090	100.0	28,586	100.0
<운 용>								
현금·예금	2,042	48.7	10,583	71.6	2,741	13.6	4,001	14.0
유가증권	739	17.6	2,239	15.1	13,547	67.4	21,580	75.5
대출금	612	14.6	632	4.6	1,153	5.7	1,730	6.1
기타자산	803	19.1	1,326	9.0	2,649	13.2	1,275	4.5

자료 : 보험개발원 보험통계연감

한편 우체국보험의 자금운용 구성을 보면 2009년 말 현재 유가증권에 대한 투자가 75.5%로 가장 큰 비중을 점하였고 이 밖에 현금·예금이 14.0%, 대출금이 6.1%를 각각 차지하였다.

제5절 공제기관

1. 연혁

공제기관이란 개별 특별법에 근거하여 생명공제, 보험공제 등 유사보험(quasi-insurance)을 취급하는 기관이다. 공제기관은 농업협동조합공제와 같이 일반인을 대상으로 하는 공제기관과 특정업종에 종사하는 조합원만을 대상으로 하는 공제기관으로 구분된다. 우리나라 공제업무는 1915년 지방금융조합의 화재공제와 1919년 경북축산조합연합회의 가축공제에서 시작되었다. 이후 1961년에 농업협동조합법 제정으로 농업협동조합공제가 설립되면서 공제사업이 본 궤도에 오르기 시작하였다. 처음에는 화재공제, 농경우공제사업 등의 손해공제업무만 취급하였으나 1965년부터는 일반인 대상의 생명공제업무까지 그 업무범위가 확대되었다. 수산업협동조합공제도 1962년 수산업협동조합법이 제정되면서 설립되어 어민들을 위한 손해공제업무가 시작되었고 1978년에는 일반인을 대상으로 하는 생명공제업무가 도입되었다. 한편 새마을금고공제는 조합원 대상의 손해공제 및 생명공제사업을 각각 1991년 및 1992년에 시작한 후 1998년부터는 공제사업을 일반인으로 확대·운영하고 있다. 신용협동조합공제도 1995년부터 생명 및 손해공제업무를 취급하고 있다.

한편 공제기관은 신용협동조합공제를 제외하고는 개별 근거법률에 따라 금융위원회가 아닌 해당 주무부서로부터 설립인가 및 감독을 받고 있다. 개별공제기관의 근거법률은 "보험업법" 적용을 배제하는 경우가 많아 민영보험사에 비해 모집인 규제, 상품공시 의무 등에서 규제가 적은 편이다.

2. 업무 내용

공제기관은 모두 조합원과 일반인을 대상으로 질병과 사망 등에 대한 보장을 제공하는 생명공제와 화재·도난 등에 대한 보장을 제공하는 손해공제를 취급하고 있다. 수산업협동조합공제는 어민보호를 위한 정부의 정책보험인 어선 및 어선원에 대한 보험, 양식수산물 재해에 대한 양식보험을 추가로 취급하고 있다. 공제기관의 보유계약규모는 2009년 말 현재 615조원 내외인데 이중 농업협동조합공제가 288조원으로 가장 크고 수산업협동조합공제가 191조원으로 그 다음을 차지하고 있다. 공제유형별로는 손해공제가 440조원으로 전체 보유계약의 71.6%를 차지하고 있다.

3. 자금의 조달과 운용

공제기관의 주요 자금조달원인 공제료 수입은 2009년 10.7조원이며 이중 농업협동조합공제가 8.5조원으로 가장 크다. 공제유형별로는 생명공제가 전체 공제료 수입의 93.3%를 차지하고 있다.

표 12-6 우체국보험의 자금조달 및 운용 추이

(단위: 10억원, %)

	농협공제		수협공제		새마을금고공제		신협공제		합계	
	금액	구성비	금액	구성비	금액	구성비	금액	구성비	금액	구성비
<조 달>										
책임준비금	28,556	95.2	1,043	90.8	3,007	95.5	1,569	96.3	34,175	95.1
공제복지기금	370	1.2	64	5.6	20	0.6	47	2.9	501	1.4
기 타	1,080	3.6	42	3.6	124	3.9	13	0.8	1,259	3.5
합 계	30,006	100.0	1,148	100.0	3,151	100.0	1,629	100.0	35,934	100.0

	농협공제		수협공제		새마을금고 공제		신협공제		합계	
	금액	구성비	금액	구성비	금액	구성비	금액	구성비	금액	구성비
<운 용>										
현금 · 예금	1,114	3.7	30	2.6	84	2.7	29	1.8	1,257	3.3
유 가 증 권	22,152	73.8	866	75.4	2,273	72.1	1,451	89.1	26,742	74.4
대 출 금	5,160	17.2	7	0.6	416	13.2	70	4.3	5,653	15.7
기 타	1,579	5.3	245	21.4	378	12.0	79	4.9	2,281	6.6

자료 : 보험개발원 보험통계연감

제13장

기타 금융기관

제1절 금융지주회사

금융지주회사(financial holding company)는 주식 또는 지분의 소유를 통하여 금융업을 영위하는 회사 또는 금융업과 밀접한 관련이 있는 회사를 지배하는 것을 주된 사업으로 하는 회사를 말한다. 우리나라에서는 금융회사의 대형화·겸업화 추세를 반영하여 2000년 10월 "금융지주회사법"이 제정되었으며 이 법에 따라 2001년 4월 우리금융지주회사가 최초로 설립이 되었다. 2011년 6월말 현재 인가된 금융지주회사는 은행지주회사 9개, 비은행지주회사 3개 등 총 12개이다.

이들 금융지주회사는 금융업과 관련이 없는 회사를 지배하는 것을 주된 사업으로 하는 일반지주회사와 달리 "공정거래법" 외에 "금융지주회사법"의 규율도 받는다. 미국과 일본의 경우도 금융지주회사는 일반지주회사와 별도로 규율을 받고 있다. 한편 규제측면에서 볼 때 금융지주회사는 일반지주회사와 몇 가지 공통점을 갖고 있다. 먼저 금융 자회사와 비금융 자회사를 동시에 보유할 수 없다는 점이다. 금융지주회사는 비금융회사를 자회사로 지배할 수 없고 일반지주회사는 금융회사를 자회사로 둘 수 없는 이른바 '금산분리의 원칙'이 적용되고 있다. 또한 지주회사의 자회사는 다른 자회사 또는 지주회사의 주식을 소유할 수 없도록 되어 있다. 이는 순환출자, 상호출자 등을 통해 자회사간 위험이 전이되는 등의 부작용을 방지하기 위한 것이다.

반면에 금융지주회사와 일반지주회사 간에는 다음과 같은 차이점도 있다. 우선 지주회사가 자회사 지배 이외의 사업을 영위하는지 여부에 따라 사업지주회사와 순수지주회사로 구분할 수 있는데, 금융지주회사는 자회사 지배에 관한 업무만을 수행하는 순수지주회사만 허용되는 반면 일반지주회사는 사업지주회사와 순수지주회사 모두 설립이 가능하다. 설립절차 면에서도 차이가 있는데, 일반지주회사는 설립 후 공정거래위원회에 대한 사후신고로 충분하지만 금융지주회사는 설립 전에 미리 금융위원회의 사전 승인을 얻어야 하고 금융회사를 자회사 및 손자회사로 편입하는 경우에도 금융위원회의 사전 인가를 받아야 한다. 또한 동일한 지주회사 내의 자회사간 위험 전이를 방지하기 위해 자회사 간 신용공여 등의 거래가 제한된다. 자회사간 신용공여는 자기자본의 10% 이내에서 허용되며 이 경우에도 국채 등 적정담보를 확보해야 한다. 자회사의 지주회사에 대한 신용공여와 자회사 상호간 또는 자회사와 지주회사간 불량자산거래는 금지된다. 손자회사는 자회사의 업무와 관련성이 있는 경우에만 예외적으로 허용되며 증손자회사는 둘 수 없다.

이와 같이 금융지주회사는 많은 규제를 받는 반면 혜택도 누릴 수 있다. 우선 금융지주회사 소속 금융회사 간에는 고객의 금융거래정보와 신용정보를 공유할 수 있다. 또한 지주회사와 자회사간, 자회사간 임원겸직이 폭넓게 인정된다. 개별 업권을 규율하는 법률에 따른 겸직금지에 대한 예외를 상당 폭 두고 있는 것이다. 지주회사 임직원은 자회사 임원 겸직이 가능하고, 자회사 임원은 같은 업종의 다른 자회사의 임원을 겸직할 수 있다. 아울러 주식양도차익에 대한 과세 이연 등의 세제 혜택도 적용된다.

금융기관의 대형화·겸업화를 추진하는 과정에서 금융기관 간 합병의 경우에 조직문화, 인사문제 등으로 부작용을 겪을 가능성이 큰데 금융지주회사가 자회사를 두는 방식을 활용하면 이를 예방할 수 있는 이점이 있다. 또한 금융지주회사는 자기자본 대비 출자한도가 은행 등에 비해 높다는 점도 대형화 등에 유리하다. 이러한 순기능으로 금융지주회사 제도가 금융산업 발전에 기여하려면 자회사 간 위험 전이 가능성을 차단하는 수단을 지속적으로 점검해 나가야 한다.[1] 또한 부문별한 자회사 편입 제한, 금융지주회사 및 자회사를 포괄하는 연결기준에 의한 건전성감독 등을 통하여 금융지주회사로 인한 부작용이 발생하지 않도록 할 필요가 있다고 하겠다.

제2절 기타 민간금융기관

1. 여신전문금융회사

1-1. 개요

여신전문금융회사는 수신기능 없이 여신업무만을 취급하는 금융기관이다. 여신전문금융회사는 주로 채권 발행과 금융기관 차입금 등에 의해 자금을 조달하여 다른 금융기관이 거의 취급하지 않는 소비자금융, 리스, 벤처금융 등에 운용한다. 1997년 8월 제정된 "여신전문금융업법"은 신용카드업, 시설대여(리스)업, 할부금융업 및 신기술사업금융업을 영업 대상으로 규정하고 있다. "여신전문금융업법" 제정 이전에는 "신용카드업법", "시설대여업법" 등 개별 사업법이 세부 업종 사이에 칸막이를 엄격히 규정하고 있었다. 그러나 여신업무만 영위하는 금융기관을 상품

1) 한국은행, 「한국의 금융제도」, 2011년

별로 나누어 규제하는 것은 규모의 영세성을 초래하여 수요증가에 부응하기 어렵게 하였으며 금융겸업화 추세와도 맞지 않았다. 그리고 금융시장 개방 확대로 자본력과 선진 금융기법을 갖춘 외국계 회사들이 국내시장에 진출하는 데에 대비할 필요가 있었다. 이에 정부는 전문회사가 이들 유사 여신업무를 함께 영위할 수 있도록 개별 사업법을 통합하여 "여신전문금융업법"을 제정하였다.

여신전문금융회사는 수신기능이 없어 건전성 확보를 위한 진입 규제의 필요성이 크지 않아 금융위원회 등록만으로 설립할 수 있다. 다만 지급결제 기능을 가진 신용카드업의 경우에는 신용질서 유지와 소비자 보호를 위해 금융위원회의 허가를 받아야 한다. 그렇지만 "유통산업발전법" 상의 대규모 점포 운영업자 등은 금융위원회 등록만으로도 신용카드업을 영위할 수 있다. 2011년 6월말 현재 여신전문금융회사로 등록하였거나 허가받아 영업 중인 회사는 모두 64개이다. 여신전문금융회사의 총자산 규모는 149조원이며 이 가운데 신용카드회사가 76조원으로 가장 크고 그 다음으로 할부금융회사(42조원), 리스회사(26조원) 및 신기술사업금융회사(5조원) 순이다.

여신전문금융회사는 등록 또는 허가받은 고유업무 이외에 대출, 어음할인, 매출채권의 양수·관리·회수, 신용 조사, 다른 금융기관 보유 채권 또는 이를 근거로 발행된 유가증권의 매입, 지급보증, 유동화자산 관리 등을 영위할 수 있다. 여신전문금융회사의 자금조달 방법은 금융기관 차입, 회사채 또는 어음 발행, 보유 유가증권의 매출, 보유 대출채권의 양도 등으로 제한되어 있다. 회사채 발행에 대해서는 특례를 인정하여 자기자본의 10배까지 가능하다.

여신전문금융회사는 자금운용에 있어서 동일인에 대한 여신 한도는 설정되어 있지 않으나 자기 계열사에 대한 여신은 자기자본의 100% 이내로 제한된다. 또한 대출 취급과 관련해서는 대출 취급으로 발생한 채권액의 분기 중 평균잔액이 고유의 여신전문금융 및 매출채권의 양수·관리·회수업무 수행으로 발생한 채권액의 분기 중 평균잔액을 초과하지 않는 범위 내에서 운용하여야 한다. 한편 업무용 부동산 취득의 경우 금융위원회가 자기자본의 100% 이상 일정 비율 이내로 제한할 수 있으며 시설대여·연불판매 목적물인 부동산과 담보권의 실행으로 취득한 부동산을 제외하고는 비업무용 부동산을 취득할 수 없다.

여신전문금융회사는 주로 차입금과 회사채 발행을 통해 자금을 조달하고 있다. 자금운용은 허가를 받거나 등록한 고유업무를 중심으로 이루어지고 있다. 2011년 6월 말 현재 총자금 운용액 중 고유업무가 차지하는 비중은 리스회사 및 신용카드회사가 각각 33.8% 및 75.4%이며 할부금융회사 및 신기술사업금융회사는 각각 24.1% 및 7.4%이다. 한편 대출채권도 신기술사업금융회사 45.2%, 할부금융회사 45.0%, 리스회사 40.9%로 높은 비중을 차지하고 있다.

표 13-1 여신전문금융회사의 자금조달 및 운용 현황(2011년 6월 말 현재)

(단위: 10억원, %)

	리스회사		신용카드회사		할부금융회사		신기술사업 금융회사	
	금액	구성비	금액	구성비	금액	구성비	금액	구성비
<조 달>								
단기차입금	3,268	13.0	4,220	7.8	5,713	15.7	1,573	32.4
유동성장기차입금	425	1.7	176	0.3	752	2.1	5	0.1
장기차입금	4,361	17.3	1,125	2.1	1,771	4.9	1	0.0
회사채	11,358	45.2	24,374	44.8	19,861	54.7	1,353	27.9
기타부채	2,223	8.8	9,468	17.4	3,453	9.5	364	7.5
자본	3,518	14.0	15,097	27.7	4,760	13.1	1,555	32.1
합계	25,153	100.0	54,461	100.0	36,310	100.0	4,851	100.0
<운 용>								
현금 및 예치금	1,507	6.0	2,996	5.5	2,242	6.2	210	4.3
유가증권	1,523	6.1	8,579	15.8	3,785	10.4	1,884	38.9
리스자산	8,504	33.8	1,335	2.5	7,946	21.9	117	2.4
카드자산	73	0.3	35,297	64.8	0	0.0	0	0.0
할부금융자산	2,369	9.4	1,476	2.7	6,950	19.1	145	3.0
신기술금융자산	393	1.6	2	0.0	11	0.0	417	8.6
대출채권	9,997	39.7	1,191	2.2	13,613	37.5	1,974	40.7
유형자산	110	0.4	1,159	2.1	412	1.1	17	0.4
기타자신	727	2.9	3,106	5.7	1,516	4.2	94	2.0

자료 : 금융감독원 금융통계정보시스템

1-2. 리스회사

(1) 연혁

리스회사(시설대여회사)는 시설대여 방식으로 기업의 설비자금을 공급하는 금융기관이다. 2011년 6월말 현재 27개 리스회사가 영업 중이며 총자산 규모는 26조원 수준이다. 우리나라의 리스회사는 1972년 12월 한국산업리스가 처음 설립된 데 이어 1973년 12월 "시설대여육성법"이 제정되면서 제도적 기틀이 마련되었다. 그 후 1988년까지 8개 리스회사가 영업하다가 1989~1991년 중 17개 리스회사가 신설되었다. 또한 종합금융회사는 1978년부터 시설대여업무를 겸영하였고, 신기술사업금융회사는 1989년부터 시설대여업무를 겸영하였다. 1994~1996년 중 투자금융회사가 종합금융회사로 전환하면서 겸영회사가 크게 증가하여 1997년 말에는 전업 리스회사가 25개, 겸영회사가 34개에 달하였다. 이와 같이 경쟁이 심화된 가운데 외환위기를 겪으면서 거래기업 부도 등으로 많은 리스회사가 동반 부실화되었다. 이에 대주주인 은행들은 자율적인 구조조정을 통하여 15개 전업 리스회사를 가교금융기관[2])으로의 자산·부채 이전(P&A: Purchase & Assumption), 합병, 등록말소 등의 방법으로 정리하였다.

(2) 업무 내용

리스회사는 시설대여와 연불판매업무를 취급하고 있다. 시설대여업무는 특정 물건을 새로이 취득하거나 대여 받아 고객에게 일정기간 이상 사용하게 하고 그 기간 중 사용료(리스료)를 정기적으로 분할하여 받는 금융이다. 연불판매업무는 새로이 취득한 특정 물건을 고객에게 인도하고 그 물건의 대금·이자 등을 일정기간 이상에 걸쳐 정기적으로 분할하여 받는 금융이다. 시설대여 기간 종료 후 물건의 처분 및 연불판매시 물건의 소유권 이전에 관한 사항은 당사자 간의 약정에 따르게 되어 있다.

---

2) 다수 부실 금융기관의 자산·부채를 인수하여 이를 합리적으로 관리·정리함으로써 정리 대상 금융기관의 거래자와 채권자를 보호하고 금융제도의 안정을 도모하기 위해 한시적으로 설립되는 금융기관을 말한다.

1-3. 신용카드회사

(1) 연혁

신용카드회사는 신용카드의 이용과 관련한 소비자금융을 영위하는 금융기관이다. 2011년 6월말 현재 7개 신용카드회사가 영업 중이며 총자산 규모는 76조원 수준이다. 우리나라의 신용카드는 1969년 백화점에서 처음 도입한 이래 1980년대 들어 은행이 신용카드업을 겸영하면서 그 보급 및 이용이 크게 확대되었다. 그 후 1987년 5월 "신용카드업법"이 제정됨으로써 신용카드업의 제도적 기반이 마련되었다. 이 법이 제정된 이후에 신용카드업을 겸영하던 은행 중 일부는 자회사를 설립하여 업무를 이관하였으나 많은 은행이 종래의 직접 겸영체제를 유지하고 있으며 이후 비은행계 전업회사들도 추가로 설립되었다.

(2) 업무 내용

신용카드업은 신용카드 이용과 관련된 대금의 결제, 신용카드의 발행 및 관리, 신용카드 가맹점의 모집 및 관리를 기본 업무로 한다. 신용카드업자는 기본 업무와 함께 신용카드 회원에 대한 자금의 융통, 직불카드의 발행·대금결제, 선불카드의 발행·판매·대금결제와 같은 부수업무를 영위할 수 있다.

1-4. 할부금융회사

(1) 연혁

할부금융회사는 할부금융 이용자에게 재화와 용역의 구매자금을 공여하는 소비자금융을 취급하는 금융기관이다. 2011년 6월말 현재 18개 할부금융회사가 영업 중이며 총자산 규모는 42조원이다. 우리나라의 할부금융업은 1995년 "신용카드업법"에 인가기준 등이 마련되면서 도입되었으며 영업은 1996년부터 시작되었다. 할부금융업 도입 당시에는 할부금융회사를 취급 품목에 따라 일반할부금융회사, 주택할부금융회사 및 기계할부금융회사의 세 종류로 구분하여 인가하였고 취급 품목도 종류별로 제한하였다. 그러나 이러한 인가 구분 및 취급 품목의 제한은 "여신전문금융업법"이 제정되면서 폐지되었다. 1996년 3월 할부금융업이 출범할 당시에는 31개 회사가 영업을 시작하였으나 그동안 신용카드회사와의 합병, 일부 주택할부금융회사의 폐업 등으로 전업사의 수가 크게 감소하였다.

(2) 업무 내용

할부금융은 할부금융회사가 재화와 용역의 매도인 및 매수인과 각각 약정을 체결하여 재화와 용역의 구매자금을 매도인에게 지급하고 매수인으로부터 그 원리금을 분할하여 상환 받는 방식의 금융이다. 따라서 할부금융회사는 할부금융의 대상이 되는 재화 및 용역의 구매액을 초과하여 할부금융 자금을 대출할 수 없다. 또한 할부금융자금은 목적 이외의 전용을 방지하기 위해 매도인에게 직접 지급한다. 그밖에도 할부금융회사는 기업의 외상판매로 발생한 매출채권을 매입함으로써 기업에 자금을 빌려주고 채권의 관리·회수 등을 대행하는 팩토링업무와 가계의 학자금, 결혼자금, 전세자금 등을 신용이나 담보 조건으로 대여하는 가계대출업무를 영위한다.

2. 벤처캐피탈회사

2-1. 개요

벤처캐피탈회사는 고수익·고위험 사업을 시작하는 기업에 지분 인수를 대가로 투자자금을 공급하거나 기업 인수·합병·구조조정 등을 통해 수익을 추구하는 금융회사를 말한다. 이러한 벤처캐피털회사는 단순히 자금을 지원하는 데 그치는 것이 아니라 투자기업의 사업계획 수립, 마케팅, 경영관리 등에 능동적으로 개입하여 기업 가치를 제고시킴으로써 수익을 창출한다. 우리나라의 벤처캐피탈회사로는 신기술사업금융회사와 중소기업창업투자회사가 있으며 이들은 신생 기업에 대한 자본투자를 주된 업무로 한다. 신기술사업금융회사와 중소기업창업투자회사는 업무내용이 유사하나 설립근거법, 지원 대상, 업무 규제 등에서 다소 차이가 있다.

신기술사업금융회사는 "여신전문금융업법"에 근거하여 "기술신용보증기금법"에서 정한 신기술사업자를 지원 대상으로 하며 리스, 할부금융 등 다른 여신금융업무를 겸업할 수 있다. 반면 중소기업창업투자회사는 중소기업창업지원법의 규제를 받고 "벤처기업 육성에 관한 특별조치법"에 의한 벤처기업과 창업자를 주된 지원 대상으로 하며 중소기업 창업 관련 벤처캐피탈업무에 특화하고 있다.

2-2. 신기술사업금융회사

(1) 연혁

신기술사업금융회사는 기술력과 장래성은 있으나 자본과 경영기반이 취약한 기업에 대하여 자금 지원, 경영·기술지도 등의 서비스를 제공하고 수익을 추구하는 회사이다. 2011년 6월말 현재 12개 신기술사업금융회사가 영업 중이며 전업사의 총자산 규모는 4.9조원 정도이다. 1974년 한국기술진흥이 설립된 이후 1981년 한국종합기술금융, 1982년 한국개발투자금융, 1984년 한국기술금융이 차례로 설립되었다. 이들 4개 회사 가운데 한국종합기술금융을 제외한 3개 회사가 1986년 12월에 "신기술사업 금융지원에 관한 법률"이 제정되면서 신기술사업금융회사로 전환하였다. 1999년 한국종합기술금융은 민영화와 함께 여신전문금융회사로 등록하였으며 한국기술금융은 한국산업리스에 흡수·합병되었다. 이후 5개의 신기술사업금융회사가 새로 설립되었다.

(2) 업무 내용

신기술사업금융회사는 신기술사업자에 대한 투·융자 및 경영·기술지도, 신기술사업투자조합의 설립 및 자금의 관리·운용 등을 주된 업무로 한다. 신기술사업자에 대한 투자는 주식 인수나 전환사채·신주인수권부사채 등의 회사채 인수를 통해 이루어진다. 한편 융자는 일반융자 또는 조건부융자방식으로 이루어진다. 조건부융자는 계획한 사업이 성공하는 경우에는 일정 기간 사업성과에 따라 실시료를 받지만 실패하는 경우에는 대출원금의 일부만을 최소 상환금으로 회수하는 방식이다. 신기술사업금융회사는 다른 여신전문금융회사와 마찬가지로 금융기관 차입, 회사채 또는 어음 발행, 보유 유가증권 매출, 보유 대출채권 양도 등을 통해 자금을 조달한다. 이 밖에 공공자금관리기금, 신용보증기금 등 정부기금으로부터 신기술사업 투·융자에 필요한 자금을 차입할 수 있다.

2-3. 중소기업창업투자회사

(1) 연혁

중소기업창업투자회사는 중소기업 창업자 및 벤처기업에 대한 투자, 창업투자조합의 결성 및 업무 집행, 해외기술의 알선·보급을 위한 해외투자 등을 영위하는 회사이다. 중소기업창업투자회사는 "중소기업창업지원법"에 의거 납입자본금이 50억원 이상인 상법상의 주식회사로 설립되고 중소기업청에 등록하여야 한다. 중소기업창업투자회사는 1990년대 말 벤처기업 육성 시책, 코스닥시장 활성화 등에 힘입어 2000년 말 147개에 달했으나 이후 수익성 악화 등으로 감소하여 2011년 6월말 현재 108개가 영업 중이다.

(2) 업무 내용

중소기업창업투자회사는 주식, 전환사채, 신주인수권부사채를 인수하거나 약정투자 등을 통하여 중소기업 창업자 등에게 자금을 지원하는 투자업무를 주로 하고 있다. 중소기업창업투자회사는 등록 후 3년 이내에 납입자본금의 50%를 창업자나 벤처기업, 창업투자조합 등에 투자하여야 한다. 이 밖에도 중소기업창업투자회사는 투자기업의 경영상담, 정보제공, 마케팅·기업공개·해외진출 지원 등 기업가치 제고를 위한 활동을 영위한다. 한편 중소기업창업투자회사는 당초 경영지배 목적의 투자를 제한하였으나 창업 초기 기업의 자금조달 및 부실징후 기업의 구조조정 원활화를 위해 2005년 10월 경영지배 목적투자를 허용하였다. 이와 함께 창업투자회사의 사모투자전문회사[3] 사원참여도 허용되었다. 중소기업창업투자회사는 사업 수행에 필요한 자금조달을 위해 정부, 정부기금, 금융기관 등으로부터 차입할 수 있으며 자본금과 적립금 총액의 10배 이내에서 회사채를 발행할 수 있다.

3. 대부업자

대부업자는 주로 소액자금을 신용도가 낮은 소비자에게 대부하거나 이러한 금전의 대부를 중개하는 자를 말한다. 대부업은 외환위기 이후 저금리 기조, 가계의 자금수요 증가 등으로 크게 성장하였으나 불법적인 채권추심행위, 고금리 부과 등이 사회문제로 부각되었다. 이에 따라 대부업의 투명성을 확보하고 금융이용자를 보호하기 위해 2002년 8월 "대부업 등의 등록 및 금융이용자 보호에 관한 법률"이 제정되어 대부업이 양성화되기 시작하였다. 대부업자는 영업소를 관할하는 시·도지사에 등록하고 대부업 등의 준수사항 등에 관한 교육을 받아야 한다. 금융위원회, 금융감독원 및 행정안전부가 공동으로 실시한 대부업 실태조사에 따르면 2010년 말 현재 14,014개의 등록 대부업자가 영업 중이다.

대부업은 최저자본금 등의 진입요건이 없고 영업지역도 제한이 없으며 자금조달에 관한 규제도 없다. 대부업자는 3년마다 등록을 갱신하여야 하며 미등록 대부업자에 대부중개를 하거나 동 업체로부터 채권을 양도받아 추심하는 행위가 금지되어 있다. 또한 대부 금리는 연 50%를 상한으로 하되 대통령이 정하는 이율을 초과할 수 없도록 하였다. 한편 대부업자에 대한 감독권은 시·도지사가 보유하고 있다. 시·도지사는 대부업자에 대한 자료제출요구, 검사, 영업정지 및 등록취소 등의 권한이 있으며 전문적인 검사가 필요한 경우에 금융감독원장에게 검사를 요청할 수 있다.

---

3) 소수(30인 미만)의 투자자에게서 자금을 모아 그 재산을 주식 또는 지분에 투자하고, 투자한 회사의 기업 가치를 제고하여 수익을 사원에게 배분하는 것을 목적으로 하는 간접투자기구(펀드)를 의미한다.

4. 증권금융회사

4-1. 연혁

증권금융회사는 증권의 취득, 인수, 보유 및 매매와 관련하여 증권회사와 일반투자가에게 자금을 공급하거나 증권을 대여하는 증권금융업무를 전문적으로 취급하는 금융기관이다. 미국과 유럽에서는 은행 등 금융기관이 일반금융의 일환으로 증권금융을 취급하고 있으나 우리나라와 일본에서는 증권금융 전담기관을 두고 있다. 2011년 3월말 현재 우리나라의 증권금융 전담기관은 한국증권금융이며 동 회사의 총자산은 25조원이다.

한국증권금융은 1955년 10월 증권회사의 공동출자로 한국연합증권금융으로 설립되었다가 1962년 "증권거래법" 상의 금융기관으로 지정되면서 현재의 명칭으로 바뀌었다. 1968년에는 자본시장육성책의 일환으로 한 때 정부투자기업으로 운영되기도 하였으나 이후 순수 민간영리법인으로 바뀌었으며 현재는 "자본시장법"에 의거해 금융위원회 인가를 받아 증권금융업무를 영위하고 있다.

4-2. 업무 내용

증권금융회사는 증권인수자금 대출, 증권유통금융, 증권담보대출, 금전신탁, 집합투자재산의 수탁업무 등을 영위하고 있다. 증권인수자금대출은 대표적인 증권금융으로서 발행시장에서 증권을 매입하는 증권인수인에게 증권 인수 및 취득에 소요되는 자금을 대출하는 것이다. 증권유통금융은 증권회사의 고객이 신용거래에 의해 증권을 매입하는 경우 소요자금을, 신용거래에 의해 증권을 매도할 경우 이에 필요한 증권을 각각 증권회사를 차주로 하여 대출해 주는 결제금융을 말한다. 여기서 전자를 융자, 후자를 대주라고 한다. 증권담보대출은 개인이나 법인이 보유한 유가증권을 담보로 자금을 대출하는 제도이다. 또한 한국증권금융은 실권주청약예수금 등 일반수신업무와 금융투자업자 등의 투자자예탁금 등의 금융기관으로부터 예수하는 법인예수업무 등의 수신업무도 취급하고 있다.

4-3. 자금의 조달 및 운용

한국증권금융은 예수금과 발행어음, 차입금에 의해 소요자금을 주로 조달한다. 2010년 중 예수금 비중은 59.9%로 가장 높고 발행어음이 16.7%로 그 다음을 차지하고 있다. 자금운용 면에서는 기타자산(32.7%), 유가증권(28.7%), 대출금(15.9%) 등의 순이며, 기타자산은 대부분 현금 및 예치금이다.

표 13-2 한국증권금융의 자금조달 및 운용 추이[1]

(단위: 10억원, %)

	2005		2010	
	금액	구성비	금액	구성비
<조 달>				
예 수 금	3,966	39.5	18,515	72.0
차 입 금	200	2.0	980	3.8
사 채	1,050	10.5	921	3.6
조건부매도채권	235	2.3	1,840	7.2
콜 머 니	804	8.0	1,163	4.5
기 타 부 채[2]	3,221	32.1	1,163	4.5
자 기 자 본	570	5.7	1,137	4.4
합 계	10,046	100.0	25,718	100.0
<운 용>				
현금및예치금	2,814	28.0	10,866	42.3
대 출 금	1,014	10.1	5,169	20.1
유 가 증 권	4,502	44.8	8,264	32.1
조건부매수채권	1,086	10.8	1,195	4.6
할 인 어 음	122	1.2	70	0.3
기 타 자 산[3]	508	5.1	154	0.6

주 : 1) 회계연도말(익년 3월말) 기준
2) 담보금, 신탁계정차 등
3) 콜론, 유형자산 등
자료 : 한국증권금융

제3절 공적 금융기관

1. 한국무역보험공사

1-1. 개요

무역보험은 수출보험과 수입보험으로 나누어진다. 수출보험은 국내 수출회사가 물품을 수출하고 수출대금을 지급받지 못함으로써 입게 되는 손실을 보상하는 보험이다. 수입보험은 국내 수입회사가 해외 수출회사의 계약불이행으로 적기에 화물을 인도받지 못하거나 선불금을 회수하지 못하는 경우 발생하는 손실을 보상하는 보험이다. 무역보험은 무역거래의 불안을 해소하고 수출·수입 대금 미회수에 따른 손실위험을 부담함으로써 금융기관으로 하여금 무역금융을 공여하게 하는 기능을 수행한다.

수출보험제도는 1968년 12월 “수출보험법”의 제정으로 도입되어 처음에는 대한재보험공사가 관련 업무를 담당하였으나 1977년 1월부터 한국수출입은행이 수출보험 업무를 대행하기 시작하였다. 이후 1981년 3월 “수출보험법”의 개정으로 한국수출보험공사의 설립근거가 마련되었으며 1992년 7월 한국수출보험공사가 신설되었다. 2010년 7월에는 한국무역보험공사로 명칭을 변경하고 수입보험제도를 도입하였다.

1-2. 업무 내용

한국무역보험공사는 수출 및 수입 보험, 수출신용보증, 수입자 및 수입국에 대한 신용조사 등과 관련된 업무를 수행한다. 수출보험은 수출에 수반하여 발생하는 위험 가운데 해상보험과 같은 통상적인 보험으로는 구제하기 곤란한 위험, 즉 수입자의 계약파기·파산·대금지급 지연 또는 거절 등의 신용위험(commercial risk)과 수입국의 전쟁·내란·환거래

제한 등의 비상위험(political risk)으로 인해 수출회사, 생산회사 또는 수출자금을 공여한 금융기관이 입게 되는 손실을 보상하는 비영리 정책보험이다. 수출보험의 종류에는 단기수출보험, 중장기수출보험, 수출보증보험, 환변동보험 등 15개의 보험이 있다.

무역보험공사는 수출기업, 금융기관 등으로부터 보험금의 청구가 있으면 수출대금을 먼저 지급하여 수출기업을 보호하고 사후에 수입자로부터 수출대금을 회수한다. 보험금은 수출 계약금액의 100% 이내에서 보험 종류별로 차등 지급을 하며 잔여금액은 수출기업이 부담한다. 수출보험 이용에 따른 보험료는 결제조건, 결제기간, 수입국 및 수입회사의 신용등급에 따라 정해지는데 수출경쟁력을 위해 비교적 저율의 보험료율을 유지하고 있으며 중소기업인 경우 일정한 할인료율을 적용한다.

수입보험에는 수입자용 보험과 금융기관용 보험이 있다. 수입자용 수입보험은 수입회사가 선급금 지급조건 수입거래에서 신용위험 또는 비상위험으로 인하여 선급금을 회수할 수 없게 된 경우에 발생하는 손실을 보상하는 보험이다. 금융기관용 수입보험은 금융기관이 주요자원 등의 수입에 필요한 자금을 수입기업에 대출한 후 대출금을 회수할 수 없게 된 경우에 발생하는 손실을 보상한다.

수출신용보증은 수출계약과 관련하여 중소기업이 어음할인이나 대출을 받은 후 수출이 불가능하게 되거나 수출대금을 받지 못하게 되어 자금을 상환하지 못하는 경우에 중소기업이 금융기관에 부담하는 금전채무에 대해 무역보험공사가 연대하여 보증하는 제도이다. 수출계약을 체결하였으나 물품 생산자금이 부족할 때, 또는 수출물품을 선적한 후에 금융기관에 수출신용보증서를 담보로 대출할 때 수출기업은 수출신용보증을 이용하여 자금을 조달하거나 담보부족을 해소할 수 있다.

무역보험공사의 운영 재원은 정부 등이 출연한 무역보험기금과 수입보험료 및 회수금, 투자이익 등이다.

2. 한국주택금융공사

한국주택금융공사는 장기 안정적인 주택금융 공급을 촉진하기 위해

2004년 3월 "한국주택금융공사법"에 따라 설립되었다. 2011년 3월 말 현재 납입자본금은 1조 766억원이며 정부, 한국은행, 국민주택기금이 출자하고 있다.

한국주택금융공사는 은행, 보험회사 등 금융기관으로부터 주택저당채권을 양도받아 이를 담보로 주택저당채권담보부채권 또는 주택저당증권(MBS)[4]을 발행하고, 양도받은 주택저당채권의 관리·운용·처분으로 발생한 수익으로 채권 원리금 또는 증권 배당을 지급한다. 또한 공사 내에 설립된 주택금융신용보증기금은 주택 수요자가 주택 건축, 구입 등에 필요한 자금을 금융기관으로부터 대출받을 때 신용보증을 제공하는 주택금융 신용보증과 노후생활자금의 원활한 공급을 위한 주택담보노후연금보증업무를 수행한다. 이 밖에도 학자금대출채권 유동화, 주택저당증권 및 학자금대출증권에 대한 지급보증, 금융기관에 대한 신용공여, 주택금융신용보증기금 관리·운용, 신용보증채무의 이행 및 구상권 행사 등의 업무를 수행한다.

한국주택금융공사의 주택저당채권담보부채권의 발행과 주택저당증권 등에 대한 지급보증은 각각 자기자본의 50배 이내로 제한되어 있다. 또한 공사의 금융기관에 대한 신용공여는 금융기관이 이를 장기주택저당채권을 발생시키기 위한 대출로 사용하는 경우에만 허용된다. 공사는 자금조달을 위해 자기자본의 10배 범위 내에서 회사채 또는 기업어음을 발행할 수 있으며 정부, 금융기관, 국제금융기구로부터 차입할 수 있다. 여유자금 운용은 금융기관 예치, 국공채 매입, 금융위원회의 승인을 얻은 유가증권 인수·매입 등으로 제한되어 있다.

---

4) 주택저당증권은 금융기관이 주택을 담보로 장기대출을 해준 주택저당채권을 대상자산으로 하여 발행한 증권으로 자산담보부증권(ABS)의 일종이다. 은행, 보험회사, 할부금융사 등의 금융회사는 주택을 담보로 길게는 20-30년의 자금을 대출해 준 뒤, 이 담보권을 기초로 주택저당채권(주택에 근저당이 설정된 대출채권)을 보유하게 된다. 은행 등 금융회사들은 그 주택저당채권을 유동화중개회사(SPC)에 팔고, 유동화중개회사(SPC)는 이를 담보로 하여 MBS라는 상품을 발행하며, 자본시장의 투자자들에 의해 이 MBS 상품이 판매가 되고 현금화됨으로써 금융회사에게 그 돈을 지급한다.

3. 한국자산관리공사

3-1. 개요

한국자산관리공사는 1999년 12월 금융기관의 부실자산 정리 및 부실징후기업의 경영정상화 지원을 위해 종전의 성업공사를 확대·개편하여 설립되었다. 당초 성업공사는 1962년 4월 한국산업은행이 연체대출금 회수 업무를 수행할 목적으로 "한국산업은행법"에 의거 설립한 기관이었다. 이후 취급 업무의 범위를 점차적으로 넓혀오다가 1997년 8월 "금융기관 부실자산 등의 효율적 처리 및 성업공사의 설립에 관한 법률"의 제정으로 설립 근거법이 변경이 되고 기구도 확대·개편되었다.

3-2. 업무 내용

한국자산관리공사는 부실자산 인수·정리를 위한 기금 운용, 부실징후기업 정상화 지원, 국유재산 관리, 개인신용 지원 등의 업무를 수행한다.

(1) 부실자산 인수·정리를 위한 기금 운용

한국자산관리공사는 금융기관으로부터 인수하거나 수탁 받은 부실채권 및 부실자산을 정리하는 업무를 수행한다. 이를 위해 부실채권정리기금[5] 및 구조조정기금[6]을 관리·운용한다.

---

5) 부실채권정리기금은 1997년 외환위기 당시 금융기관 부실채권을 신속하게 인수·정리하고자 설치되었다. 부실채권정리기금의 부실채권인수업무는 2002년 11월 종료되었으며 이후에는 공사 고유계정으로 금융회사 부실채권을 인수·정리하였다.

6) 구조조정기금은 2008년 글로벌 금융위기 이후 금융회사의 연체율이 상승함에 따라 공사자금만으로는 향후 발생할 부실채권의 효율적 처리가 어려울 것으로 예상되어 설치되었다. 구조조정기금의 재원은 금융회사 등의 출연금, 한국자산관리공사의 전입금, 정부출연금, 구조조정기금채권 발행, 한국은행 등으로부터의 차입금, 기금운용수익 등으로 조성된다. 구조조정기금은 부실채권 인수, 부실징후기업 및 구조개선기업 자산의 인수, 부실채권 및 자산을 취득하기 위해 설립하는 회사에 대한 출자, 구조조정기금채권 및 차입금의 원리금 상환 등으로 사용 된다

(2) 부실징후기업 정상화 지원

한국자산관리공사는 금융회사 등의 요청에 따라 부실징후기업의 자구계획 대상자산을 관리·매각 또는 인수·정리하며 경영진단 및 정상화를 위한 자문 업무도 수행한다. 아울러 구조개선기업의 자산을 관리·매각하거나 매매를 중개하며, 금융기관의 건전성 제고를 위하여 기업에 대한 인수·정리 업무도 실시한다.

(3) 기타 업무

한국자산관리공사는 국가 압류재산의 매각, 국유재산의 관리·처분, 국가귀속 법인의 청산 등 정부대행 업무를 수행한다. 그리고 부실채권 채무관계자에 대한 재산조사, 부동산 담보신탁, 구조개선기업 부동산의 관리·처분 신탁 등의 업무를 수행한다. 이외에 신용불량자의 신용회복지원을 위한 개인신용지원 사업도 실시하고 있다.

4. 한국투자공사

한국투자공사는 외환보유액 및 공공기금의 효율적 운용을 위해 2005년 7월 "한국투자공사법"에 따라 설립되었다. 2010년 말 현재 납입자본금은 1,000억원이며 정부가 전액 출자하였다. 한국투자공사는 정부, 한국은행 및 각종 기금 등으로부터 자산을 위탁받아 관리·운용한다. 한국투자공사는 위탁받은 자산을 증권 및 외국환, 파생금융거래, 국내외 금융기관 예치, 국내외 부동산 등에 직접 운용하며 외부 자산운용사에 재위탁할 수 있다. 위탁자산의 운용수익은 위탁기관에 귀속되며 운용수수료는 위탁기관과 한국투자공사가 협의하여 결정한다.

2010년 말 현재 한국투자공사의 전체 운용자산규모는 약 375억 달러이다. 자산운용 내역을 보면 주식, 채권 등 전통 자산뿐만 아니라 에너지자원, 농산물 등의 상품, 사모투자펀드, 헤지펀드, 부동산 등 대체자산에도 투자하고 있다. 투자 비중은 채권이 45.9%로 가장 높고 주식이 41.8%로 그 다음을 차지하고 있다. 전략적 투자는 외부에 위탁을 하지 않고 한국투자공사가 직접 운영하는 대체투자로서 2010년부터 에너지 부문을 중심으로 투자가 이루어지고 있다.

5. 한국정책금융공사

한국정책금융공사는 한국산업은행이 수행하던 정책금융기능을 전담할 목적으로 정부가 전액 출자하여 2009년 10월에 "한국정책금융공사법"에 따라 설립되었다. 한국정책금융공사는 간접대출(on-lending) 방식을 이용하여 기업에 자금을 공급한다. 간접대출은 한국정책금융공사가 금융기관에 대출자금을 제공하고 금융기관이 대상기업을 선별하여 자금을 지원하는 방식이다. 이와 함께 공사가 간접대출금의 일정비율 내에서 중개금융기관과 함께 신용위험을 분담하는 신용위험분담 방식과 중소기업 지원을 위해 설립된 투자조합의 주식을 취득함으로서 개별기업에 투자하는 간접투자 방식도 활용된다. 또한 한국정책금융공사는 시설자금대출, 지분참여 및 보증 등 금융지원을 통해 사회기반시설 확충과 지역개발 사업에 참여하고 있으며 신성장동력산업육성을 위해 연기금, 금융기관 등과 함께 신성장동력산업육성 펀드를 결성하여 개별기업에 투자하고 있다.

한국정책금융공사의 정책금융 업무를 위한 재원은 정부, 한국은행 및 금융기관 등으로부터의 차입, 외국자본의 차입, 정책금융채권 발행 등을 통해 마련한다. 정책금융채권 발행 시 발행액은 공사의 납입자본금과 적립금을 합한 금액의 30배를 초과할 수 없으며 원리금 상환은 정부가 보증할 수 있다. 한편 한국정책금융공사는 금융시장 불안정 시 긴급지원을 위해 한국정책금융공사 내에 설치된 금융안정기금을 관리·운용한다. 금융안정기금은 유동성 경색 등의 사유로 금융의 중개기능이 원활하지 않아 해당 기관의 재무구조 개선 또는 자본 확충이 필요하다고 인정될 때 금융기관의 신청에 따라 자금을 지원하기 위한 용도로 사용된다.

제 14 장

금융보조기관

제1절 예금보험공사

1. 개요

예금보험공사는 금융기관이 경영부실 등으로 예금 원금이나 이자를 지급할 수 없을 때 해당 금융기관을 대신하여 예금주에게 원리금의 전부 또는 일부를 지급하는 역할을 담당한다. 예금보험공사는 1995년 12월에 제정된 "예금자보호법"에 의거하여 1996년 6월 설립되었다. 설립 당시에는 은행만을 대상으로 한 예금보험기구였으나 1997년 12월 "예금자보호법" 개정으로 금융권별로 분산되어 있던 예금보험관련 기금이 예금보험공사내의 예금보험기금으로 통합이 되었다. 이후 수산업협동조합의 회원조합과 신용협동조합이 각각 2003년 1월과 2004년 1월에 예금보험

적용대상기관에서 제외되어 현재 예금보험 적용대상 부보금융기관은 은행, 투자매매·중개업자, 보험회사, 종합금융회사, 상호저축은행 및 상호저축은행중앙회 등이다. 외국은행 국내지점 및 농업·수산업협동조합중앙회도 부보금융기관에 포함된다.

부보대상 은행에는 "은행법"에 의한 일반은행과 한국수출입은행을 제외한 특수은행이 해당된다. 투자매매·중개업자의 경우 증권을 대상으로 투자매매업·투자중개업의 인가를 받은 회사, 보험회사는 재보험회사를 제외한 모든 보험회사가 포함된다. 보호대상 금융상품은 예금, 보험계약, 예탁금 등의 원금 및 이자이며 양도성예금증서(CD), 금융투자상품, 금융채 등은 보호대상에서 제외된다.

2011년 6월 말 현재 예금보험공사가 지급하는 보험금의 한도는 동일 금융기관 내 원금과 이자를 합쳐 예금자 1인당 5천만 원이다. 1996년 6월 출범 당시에는 한도가 1인당 2천만 원이었으나 외환위기 발생 직후인 1997년 12월 5일 "예금자보호법", "신용관리기금법", "증권거래법", "보험업법" 등의 시행령을 개정하여 2000년 말까지 한시적으로 부보금융기관이 파산하는 경우 이들 기관의 예금에 대해 원리금 전액을 보장하기로 하였다. 그 후 유동성 부족에 직면한 일부 금융기관들이 높은 금리로 무리하게 예금을 유치하는 등 부작용이 발생함에 따라 1998년 7월 "예금자보호법" 시행령을 개정하여 1998년 8월 이후 가입한 예금 등에 대해서는 원금이 2천만 원 이내일 때에는 2천만 원 한도 내 원리금을, 원금이 2천만 원을 초과할 때에는 원금만을 보장하도록 하였다. 2001년부터는 예금보험제도를 전액보호제도에서 부분보호제도로 환원하면서 금융시장에 미치는 충격을 완화하기 위하여 보호한도를 종전의 2천만 원에서 5천만 원으로 상향 조정하여 현재에 이르고 있다.

2. 업무 내용

예금보험공사는 예금보험기금의 관리·운용, 보험료의 수납 및 보험금 지급, 부실금융기관의 정리 및 자금지원 등의 업무를 수행한다.

2-1. 예금보험기금의 관리·운용

예금보험기금은 보험료 수납 및 보험금 지급, 예금 등 채권의 매입, 정리금융기관에의 출자 및 자금지원, 부실금융기관의 정리 등을 지원하기 위하여 예금보험공사 내에 설치되어 있다. 설립 당시에는 하나의 기금만 설치하였으나 1997년 외환위기를 수습하는 과정에서 공적자금의 손실누적과 이의 상환에 대한 우려가 확산되자 정부는 2002년 9월에 공적자금 상환대책을 발표하고 2002년 12월에는 이를 토대로 "예금자보호법"을 개정하여 예금보험기금채권상환기금을 추가로 설치하였다. 즉 예금보험기금채권상환기금은 2003년 1월 1일 이전에 발생한 기존 예금보험기금의 자산·부채 및 그 밖의 권리나 의무를 포괄 승계하여 기존 기금의 채무를 정리하도록 하였고, 새로 조성된 예금보험기금은 2003년 이후 발생하는 보험사고 등에 대한 예금보험업무만을 담당하도록 하였다. 또한 금융권별로 부실이 이전되지 않도록 예금보험기금과 상환기금 내에 금융권별로 계정을 설치하여 구분 계리하고 있다.

2-2. 보험료의 수납 및 보험금 지급

예금보험공사는 부보금융기관으로부터 매년 예금 잔액의 0.5%를 초과하지 않는 범위 내에서 대통령령이 정한 보험료율을 적용하여 산출된 보험료를 징수한다. 현재 보험료율은 업종별로만 0.08%~0.4% 범위 내에서 차등 적용하고 있으나, 2008년 9월 "예금자보호법" 개정 등에 따라 예금보험공사가 동일업종 내에서 보험료율을 기관별로 10%이내에서 차등 적용할 수 있게 되었다. 예금보험공사는 부보금융기관에서 보험사고가 발생하면 당해 금융기관 예금자 등의 청구에 의하여 보험금을 지급한다. 또한 보험사고 발생으로 상당 기간 보험금 지급이 정지됨에 따라 예금자가 겪는 불편을 덜어주기 위해 보험금의 지급한도 내에서 예금보험위원회가 정하는 금액을 가지급금으로 미리 지급할 수 있다. 이 밖에 예금보험공사는 보험사고 발생 시 금융기관의 청산 또는 파산절차가 종료되기 전이라도 예금자가 예금을 조속히 변제받을 수 있도록 하기 위하여 예금자로부터 예금을 매입할 수 있다. 이 경우 예금보험공사는 예금자 등의 청구에 의하여 예금채권의 가치를 개산한 금액을 예금자에게 지급한다.

2-3. 부실금융기관의 정리 및 자금지원

예금보험공사는 부실금융기관 또는 부실금융기관을 자회사로 두는 금융지주회사를 당사자로 하는 합병이나 영업의 양도 또는 제3자에 의한 인수를 알선할 수 있으며 금융위원회에 대하여 부실금융기관에 대한 계약이전의 명령, 파산신청 등의 필요한 조치를 취할 것을 요청할 수 있다. 아울러 예금보험공사는 금융위원회의 승인을 얻어 부실금융기관의 영업 또는 계약을 양수하거나 정리업무를 수행하기 위한 주식회사 형태의 정리금융기관을 설립할 수 있다. 정리금융기관의 자본금은 예금보험기금 부담으로 예금보험공사가 전액 출자한다. 정리금융기관은 예금채권의 지급, 대출채권의 회수 등의 업무를 수행하며 영업기간은 5년 이내이나 금융위원회의 승인을 얻어 연장할 수 있다.

예금보험공사는 금융기관이 부실금융기관을 인수하는 경우 등에는 자금지원을 할 수 있다. 자금지원은 대출 또는 예치, 자산의 매수, 채무의 보증·인수, 출자 또는 출연을 포함하며 최소비용의 원칙과 공평한 손실분담의 원칙에 따라 이루어진다. 자금지원을 받는 부보금융기관은 예금보험공사와 경영정상화계획의 이행을 위한 서면약정을 체결해야 한다.

예금보험공사는 부실 또는 부실우려 금융기관 결정 등의 업무 수행을 위하여 부보금융기관과 부보금융기관을 자회사로 둔 금융지주회사에 대하여 필요한 범위 내에서 업무 및 재산상황에 관련된 자료의 제출을 요구할 수 있다. 또한 제출된 자료 등을 기초로 부실우려가 있다고 인정되는 부보금융기관 등에 대하여는 업무 및 재산상황을 조사할 수 있다. 아울러 예금자 보호 등을 위하여 필요하다고 인정되는 경우 부보금융기관등과 관련된 구체적인 자료의 제공을 금융감독원장에게 요청할 수 있다. 또한 부보금융기관의 보험사고 위험 여부 판단에 금융감독원 제공 자료의 사실 확인이 필요하다고 인정되는 경우 금융감독원장에게 해당 부보금융기관에 대한 검사 등을 통한 사실 확인을 요청할 수 있으며 확인이 이루어지지 않은 경우 부보금융기관 등의 업무 및 재산상황을 직접 조사할 수 있다. 조사결과 보험사고의 위험이 있다고 판단되는 때에는 이를 금융위원회에 통보하고 적절한 조치를 취하여 줄 것을 요청할 수 있다.

예금보험공사는 부실 또는 부실우려 금융기관으로 하여금 그 부실에 책임이 있는 당해 금융기관의 전·현직 임직원과 당해 금융기관에 채무를 이행하지 아니한 채무자 등 부실관련자에 대하여 손해배상청구를 하도록 요구할 수 있다. 만일 금융기관이 이에 응하지 않을 경우에는 당해 금융기관을 대위하여 손해배상 청구가 가능하다.

제2절 한국거래소

1. 개요

한국거래소는 증권 및 장내파생상품의 공정한 가격형성과 매매 등 거래의 안정성 및 효율성을 도모하고자 설립된 상법상의 주식회사이다. 한국거래소(KRX, Korea Exchange)는 2005년 1월 기존의 한국증권거래소, 한국선물거래소 및 ㈜코스닥증권시장과 한국증권업협회의 코스닥위원회를 합병하여 한국증권선물거래소로 설립되었으며 2009년 2월에 한국거래소로 상호를 변경하였다.

한국증권거래소는 당초 1956년 2월 비영리법인인 대한증권거래소로 설립되었다가 1962년 4월 "증권거래법" 제정에 의해 주식회사로 개편되었다. 그러나 증권파동으로 인해 1년 후인 1963년 5월 정부 및 증권회사가 공동출자한 공영제 조직인 한국증권거래소로 개편이 되었다. 그 후 증권시장 규모의 확대 및 자본시장의 국제화 진전 등 증권시장 환경의 변화에 대처하기 위해 "증권거래법" 개정이 이루어지면서 1988년 3월부터 증권회사를 회원으로 하는 회원제 조직의 사단법인으로 개편이 되어 유가증권시장의 개설 및 관리, 유가증권 상장 및 관리, 공정거래질서 유지 등의 업무를 수행해 왔다.

한국선물거래소는 개방경제 하에서 환율 및 금리의 급격한 변동에 적절히 대응하기 위하여 국내 선물거래소의 필요성이 대두됨에 따라 1995년 12월 "선물거래법" 제정을 거쳐 1999년 2월에 설립되었다.

㈜코스닥증권시장은 증권거래소에 상장되지 않은 장외거래 대상종목으로 증권업협회에 등록된 주식들의 중개를 목적으로 1996년 5월 설립되었다. 1998년에는 코스닥시장 운영의 공정성과 투명성을 확립하기 위해 시장운영에 관한 의사결정기구인 코스닥위원회가 증권업협회 내에 설치되었다.

한편 한국거래소를 통해 증권 및 파생상품의 매매거래에 참가하기 위해서는 한국거래소의 이사회로부터 회원가입 승인을 받아야 하며 회원의 자격을 갖추기 위해서는 투자매매업 또는 투자중개업 인가를 받아야 한다. 2011년 6월 말 현재 전체회원은 총 94개 기관이며 이 중에 증권거래회원은 87개, 파생상품거래회원은 61개이다.

2. 업무 내용

2-1. 유가증권시장 및 코스닥시장 개설·운영

한국거래소는 유가증권의 상장, 매매거래 체결, 시세공표, 시장의 제도개선 등에 관한 업무를 담당한다. 한국거래소는 유가증권의 상장 여부를 심사하는 업무를 수행하고, 유가증권을 발행한 회사의 경영상 문제로 인해 공익 또는 투자자 보호에 문제가 있거나 당해 유가증권의 공정한 가격 형성과 유통에 지장이 초래되는 경우 일정 기간 매매거래를 정지하거나 상장을 폐지하는 등의 조치를 취한다. 다만 상장폐지의 경우 상장폐지 기준에 해당된다고 해서 바로 시행하면 당해종목 투자자들의 재산상 손실이 클 수 있으므로 일단 관리종목으로 지정한 후 일정한 상장폐지 유예기간을 부여한다.[1] 관리종목 지정사유를 해소할 경우에는

1) 감사의견이 부적정이나 거절, 최종부도, 은행거래 정지, 주식양도 제한, 자본 전액

관리종목 지정을 해제한다.

한국거래소는 유가증권시장으로 주식시장, 채권시장, ETF[2])시장, ELW[3]) 시장 및 기타시장을 개설·운용하며 각 시장의 종합시세, 매매동향, 거래실적 등의 정보와 해외시장의 정보를 제공한다. 코스닥시장은 유가증권시장 내의 주식시장보다 상장조건을 완화하여 기업규모는 작지만 성장잠재력이 높은 벤처기업이나 유망 중소기업들의 원활한 자금조달을 도모하고자 개설·운영되고 있다.

2-2. 파생상품시장 개설·운영

한국거래소는 파생상품시장의 개설·운영 및 시장관리, 장내 파생상품 거래의 체결 및 결제, 시세공표, 장내 파생상품의 매매유형 및 품목 결정에 관한 업무 등을 수행한다. 파생상품시장은 현물시장에서의 가격 및 금리변동위험 등을 효과적으로 제거하기 위한 시장으로 현재 주가지수 및 개별주식을 대상으로 하는 선물 및 옵션, 국채선물, 통화선물 및 옵션, 금 및 돈육을 대상으로 하는 선물 등 다양한 파생상품을 거래하고 있다.

2-3. 시장 감시

한국거래소는 유가증권시장, 코스닥시장, 파생상품시장에서의 불공정거래행위를 예방하거나 규제하고 회원 및 투자자, 회원 상호간의 분쟁을 조정하기 위해 시장감시위원회를 두고 있다. 시장감시위원회는 시장감시, 이상거래 심리 및 회원에 대한 감리, 시장 간의 연계 감시, 거래관련 분쟁의 자율조정 및 회원 또는 관련 임직원에 대한 징계결정, 관련 규정의 제정 및 개정 업무 등을 수행한다.

잠식 등의 사유에 해당할 경우에는 관리종목의 기간 없이 상장이 폐지된다.

2) ETF(Exchange Traded Fund)는 특정지수 및 자산가격의 움직임에 수익률이 연동이 되도록 설계된 상품으로 거래소에 상장되어 주식처럼 거래되는 펀드를 말한다.

3) ELW(Equity Linked Warrant)는 특정 주가 또는 주가지수의 변동과 연계되어 미리 정해진 방법에 따라 만기에 주권의 매매 또는 현금을 수수하는 권리가 부여된 신종증권이다.

제3절 기타 금융보조기관

1. 신용보증기관

1-1. 신용보증기금

(1) 개요

신용보증기금은 담보능력이 미약한 기업의 채무를 보증하여 자금 융통을 원활히 하고 신용정보의 효율적인 관리·운용을 통하여 건전한 신용질서를 확립하고자 "신용보증기금법"에 의해 설립되었다. 신용보증기금은 1975년 3월 특수법인으로 신설되었으나 초기에 잠정적으로 중소기업은행이 그 업무를 대행하다가 1976년 6월 독립기구로 발족하였다. 우리나라의 신용보증제도는 1961년 8월 중소기업은행의 설립과 함께 도입된 신용보증준비금제도가 그 효시라고 할 수 있다. 그 후 신용보증제도는 1967년 3월 "중소기업신용보증법"의 제정과 1972년 8월 8·3긴급경제조치 등을 통한 확충 시기를 거쳐 1974년 12월 "신용보증기금법"이 제정됨으로써 현재와 같은 제도적 기반을 구축하게 되었다.

(2) 업무 내용

① 신용보증

신용보증기금이 취급하는 보증에는 대출보증, 지급보증의 보증, 사채보증, 납세보증, 어음보증, 제2금융보증, 시설대여보증, 이행보증, 무역어음인수보증, 상거래담보용보증의 10종류가 있다. 2010년 말 현재 보증잔액은 47.3조원이고, 이 가운데 대출보증이 전체의 69.5%로 가장 큰 비중을 차지하고 있다.

신용보증기금은 사치향락업종 등을 제외한 모든 업종에 대해 보증이 가능하나 총보증금액의 60% 이상을 중소기업에 보증하도록 의무화되어 있다. 2010년 말 현재 기업규모별 취급실적을 보면 중소기업에 대한 보증이 총보증잔액의 99.9%에 달하고 있다. 신용보증기금의 보증한도는 기금의 기본재산과 이월 이익잉여금 합계액의 20배이며, 동일기업에 대한 최고 신용보증한도는 30억원에서 자금의 용도 등을 감안하여 일정 금액을 차감하는 방식으로 정한다. 보증료는 보증금액에 대해 신용등급별 차등보증료율, 보증비율 미충족 등에 의한 가산보증료율, 각종 우대 대상에 대한 차감보증료율 등을 차례대로 적용하여 계산하며 최종 적용되는 보증료율은 최저 0.5%, 최고 3.0%(대기업은 3.5%) 범위 내에서 결정된다.

② 대위변제

신용보증기금은 보증기업이 채무상환능력을 상실하게 되면 금융기관 등 채권자의 보증채무이행 청구에 의하여 보증채무를 대위변제하고 채권자로부터 채무자에 대한 구상권을 취득하여 행사한다. 대위변제액은 외환위기 이후 크게 증가하였으며 2010년 대위변제 회수율은 31.1%를 기록했다.

③ 신용보험

신용보험이란 기업 간 상거래에 있어서 물품 또는 용역을 신용(외상)으로 공급하는 채권자가 채무자의 지급불능이나 채무불이행 등의 예측하지 못한 손해 발생에 대비하여 가입하는 손해보험을 말한다. 외환위기 당시 기업들의 연쇄도산 우려가 커지면서 1997년 9월에 물품·용역을 제공한 중소기업이 구매자로부터 수취한 어음의 부도로 인하여 입는 재산상의 손해를 보상하는 어음보험제도가 도입되었다. 2004년 3월에는 어음 이외에 외상매출금까지도 보상하는 매출채권보험제도가 도입되었다. 이후 어음보험과 매출채권보험의 보다 효율적인 운영을 위해 2009년 "중소기업진흥에 관한 법률"에 따라 신용보증기금 내에 중소기업매출채권보험계정이 설치되었다.

1-2. 기술신용보증기금

(1) 개요

기술신용보증기금은 1989년 4월 중소기업의 기술개발을 촉진하고 담보력이 미약한 기업의 자금조달을 지원하기 위하여 "신기술사업 금융지원에 관한 법률"에 의거해 설립되었다. 기술신용보증기금은 담보능력이 부족한 기업의 채무를 보증한다는 면에서 신용보증기금과 유사한 업무를 수행하지만, 보증의 중점 대상을 신기술사업자로 한다는 점에서 차이가 있다. 즉 기술신용보증기금은 기술개발에 대한 높은 위험과 담보부족 때문에 금융기관이 대출을 기피하는 기업에 보증을 제공하는 것을 주된 업무로 한다.

(2) 업무 내용

① 기술신용보증

기술신용보증은 신기술사업자가 부담하는 금전채무에 대한 보증을 말한다. 중소기업의 기술개발지원이라는 기금 본래의 설립취지를 살려 기금의 총보증금액의 75% 이상을 기술신용보증에 투입하도록 의무화하고 있다. 주요 보증상품으로는 대출보증, 담보어음보증, 회사채보증, 지급보증의 보증, 이행보증, 무역금융보증, 전자상거래보증, 네트워크론보증, 상거래담보보증 등이 있다.

기술신용보증기금의 보증대상이 되는 신기술사업자는 신기술사업을 영위하는 중소기업, 신기술사업을 영위하며 상시종업원 및 총자산액이 각각 1,000명, 1천억 원 이하인 중소기업 이외의 기업, 그리고 산업기술연구조합으로 한정된다. 기술신용보증기금의 보증한도는 기금의 기본재산과 이월 이익잉여금 합계액의 20배이며 동일기업에 대한 최고 신용보증한도는 30억 원에서 자금의 용도 등을 감안하여 일정금액을 차감하는 방식으로 정한다. 보증료율은 기업의 기술평가 등급별 보증료율에서 기업 및 보증상품의 특성에 따라 일정 요율을 가산·차감하여 최저 0.5%, 최고 3.0% 범위 내에서 결정된다.

② 기술평가

기술평가란 해당 기술의 기술성, 시장성, 사업성 등을 평가하고 그 결과를 금액, 등급, 의견 등으로 표시하는 제도를 말한다. 기술신용보증기금은 1997년 3월 기술평가센터를 설치하여 기술평가 업무를 시작하였으며, 1999년 2월에는 보증심사에 기술평가 결과를 반영하는 기술평가 보증제도를 시작하였다. 2004년 9월에는 기술평가를 통한 중소기업 지원 확대를 위해 기술평가 인증제도를 도입하였다.

2. 신용정보회사

2-1. 개요

신용정보란 금융거래 등의 상거래시 상대방의 신용도, 신용거래능력 등을 판단할 수 있는 정보를 말한다. 신용정보업의 종류에는 신용평가업, 신용조회업, 신용조사업, 채권추심업 등이 있다. 신용정보업을 영위하려는 자는 "신용정보의 이용 및 보호에 관한 법률"에 따라 각 업무별로 금융위원회의 허가를 받아야 한다. 한 업체가 두 개 이상의 신용정보업을 허가받을 수 있으며, 4개의 신용정보업을 전부 영위하는 기관으로는 서울신용평가정보가 있다. 2011년 6월 말 현재 36개의 기관이 신용정보회사로 등록되어 있다.

2-2. 업무 내용

(1) 신용평가

신용평가는 유가증권 및 특정 채무의 원리금이 상환될 가능성 또는 기업의 신용도를 평가하는 행위를 말한다. 우리나라에서는 1985년 9월에 기업어음에 대한 신용평가제도가 처음 도입되었고 1986년 3월에 무보증채권 평가제도가 도입되었다. 2011년 6월 말 현재 신용평가업 허가를 받은 회사로는 한국기업평가, 한국신용평가, 한신정평가 및 서울신용평가정보 등 4개가 있다.

신용평가회사는 유가증권, 채무발행 기업 및 보증기관에 대한 평가 업무를 주로 영위하고 있고 보험금지급능력 평가, PF원리금상환능력 평가, 주식가치 평가, 기업의 사업성 평가 등의 부수업무도 취급한다. 유가증권 평가는 기업, 금융기관 등이 발행하는 기업어음, 무보증채권, 자산유동화증권의 신용등급을 평가하는 업무이다. 우선 기업어음(CP)은 종합금융회사가 매출할 경우 2개 이상의 신용평가회사로부터 신용등급을 받아야 한다. 증권회사가 장외시장에서 기업어음을 매매, 중개 또는 대리하는 경우에도 2개 이상의 신용평가회사로부터 평가를 받은 기업어음만을 대상으로 할 수 있다. 무보증채권은 2개 이상의 신용평가회사에서 신용등급을 받은 경우에만 금융기관에 의해 인수가 가능하고 은행 등의 신탁재산에 편입될 수 있다. 자산유동화증권의 신용등급은 유동화전문회사가 자산보유자로부터 양도받은 자산을 기초로 증권을 발행할 때 필요하다.

신용평가등급은 기업어음의 경우 A1에서 D까지 6개의 등급으로 이루어져 있다. A1에서 A3까지는 적기상환능력이 인정되는 투자등급으로, B에서 C까지는 환경변화에 따라 적기상환능력이 크게 영향을 받을 수 있는 투기등급으로 분류되며 D는 상환불능상태를 나타낸다. A2에서 B까지는 동일 등급 내에서의 우열을 나타내기 위하여 +, − 부호를 부가한다. 또한 채권의 신용등급은 원리금에 대한 적기상환능력 여부에 따라 AAA부터 D까지의 10개의 등급으로 구성되어 있다. 이 중 AAA에서 BBB까지는 원리금 상환능력이 인정되는 투자등급으로, BB에서 C까지는 환경변화에 따라 크게 영향을 받는 투기등급으로 분류되며 D는 상환불능상태를 나타낸다. AA에서 B까지는 동일 등급 내에서의 우열을 나타내기 위하여 +, − 부호를 부가한다. 자산유동화증권의 신용평가등급은 채권의 신용평가등급체계를 따르고 있다.

신용평가회사는 채무발행 기업 및 보증기관에 대한 평가 업무도 수행한다. 기업신용평가(issuer rating)란 기업의 모든 금융채무에 대해 전반적인 채무상환능력을 평가하여 신용등급을 부여하는 것이다. 보증기관 평가는 보증금융기관의 사업위험, 재무위험 등을 평가하여 보증채무의 지급능력을 신용등급으로 표시한다. 신용등급이 있는 보증기관으로부터 원리금 지급을 보증 받은 채권만 신탁재산으로 운용될 수 있으므로 보증을 하고자 하는 금융기관은 신용평가를 받아야 한다.

(2) 신용조회

신용조회업은 개인 및 기업의 신용정보를 수집·정리하고 의뢰인의 요청에 따라 동 정보를 제공하는 업무를 말한다. 신용정보의 종류에는 신용개설정보, 대출거래내역, 채무불이행정보, 채무보증내역, 공공기록정보 등이 있다. 2011년 6월 현재 신용조회업 허가를 받은 회사는 나이스신용평가정보, 코리아크레딧뷰, 서울신용평가정보, 이크레더블, 나이스디앤비, 한국기업데이터 등 6개가 있다. 이 중 나이스신용평가정보와 코리아크레딧뷰로는 금융회사, 기업, 공공기관으로부터 개인신용정보를 제공받은 뒤 이를 신용평점 등의 형태로 가공하여 다시 금융회사 등 회원사에 제공하는 크레딧뷰로(CB; Credit Bureau) 기능도 하고 있다.

(3) 신용조사

신용조사업이란 고객의 의뢰를 받아 개인이나 기업의 신용정보를 조사하여 제공하는 업무를 말한다. 의뢰인은 신용조사 서비스를 통해 거래상대방의 신용상태 및 지불능력을 사전에 확인할 수 있으며, 부실채무가 발행한 경우 채무자의 은닉재산 확인, 채권보전조치 등을 위한 재산조사를 실시할 수 있다. 의뢰를 받은 신용조사회사는 서면자료 조사, 면담 및 실사를 포함한 현장조사 등을 통해 수집한 신용정보를 분석·정리하여 신용조사보고서를 작성한다.

(4) 채권추심

채권추심업은 채권자의 위임을 받아 채무불이행자에 대한 재산조사, 변제촉구, 변제금 수령 등을 통해 채권자를 대신하여 채무에 대한 권리를 행사하는 업무를 말한다. 채권자가 채무자와의 사이에서 발생한 미수채권에 대한 추심을 채권추심회사에 위임하면 동 회사는 채무자에 추심위임사실을 통보하고 채무금을 회수하여 채권자에게 반환한다. 추심

대상이 되는 채권은 기업과 기업, 기업과 개인 간의 금융거래 및 상거래에서 발생하는 금전채권이며 금융채무나 물품·용역대금 등이 이에 해당된다. 채권추심회사는 채무금 회수를 위해 채무자에 대한 소재파악, 재산조사 및 신용정보조사, 우편·전화·방문 등을 통한 변제촉구, 재산처분을 위한 법적조치 등을 실시한다.

3. 자금중개회사

3-1. 개요

자금중개회사는 금융기관 간의 자금거래 중개를 전문으로 하는 회사이다. 자금중개회사를 설립하기 위해서는 금융위원회의 인가를 받아야 하며 2011년 6월 말 현재 한국자금중개, 서울외국환중개, KIDB자금중개의 3개 국내사와 ICAP외국환중개, Tullett Prebon외국환중개 등 6개 외국사가 영업 중이다.

한국자금중개는 1996년 7월 당시 콜거래 중개를 맡고 있던 서울소재 8개 투자금융회사의 종합금융회사 전환 추진으로 콜시장을 비롯한 금융기관 간 단기자금시장을 정비하면서 설립이 되었다. 한국자금중개는 1996년 11월 콜거래 중개업무를 개시한 이래 양도성예금증서(CD) 매매중개업무(1996년 12월), 환매조건부채권매매(RP) 중개업무(1997년 5월), 어음매매 중개업무(1997년 6월) 및 외국환 매매중개업무(1999년 2월)를 차례로 취급하였다. 그리고 2000년 6월부터는 장외시장채권매매 중개업무를, 2003년 7월부터는 면세금지금[4] 중개업무를 취급하고 있다.

서울외국환중개는 2000년 5월에 금융결제원의 외국환 중개업무를 승계하여 설립되었으며 2001년 2월부터는 원화자금 거래의 중개업무도 취급하고 있다. KIDB자금중개는 2006년 3월 KIDB채권중개가 전액 출자하여 설립을 하였으며 콜거래, 환매조건부채권 및 양도성예금증서 매매

4) 금지금이란 금괴·골드바 등 원재료 상태로서 순도가 99.5% 이상인 금을 말하며 원칙적으로 부가가치세과세대상으로 분류되어 왔으나, 금시장 양성화 방안의 일환으로 일정요건의 금지금에 대하여 부가가치세를 면세하는 특례제도를 도입하였는데, 부가가치세가 면제되는 금지금을 면세금지금이라 한다.

등 원화자금 거래 중개업무를 영위하고 있다.

한편 2004년에는 KIDB채권중개가 영국계 외국환 중개회사인 ICAP (Inter-Capital Plc.)와 합작하여 KIDB-ICAP외국환중개를 설립하였으나 2006년 11월에 보유지분을 전액 매각함에 따라 ICAP외국환중개로 변경되었다. 그 외에 2005년에는 Tullett Prebon(영국계)이, 2007년에는 GFI(미국계), Nittan Capital(일본계), Tradition Korea(스위스계), BGC Capital Markets (영국계)가 각각 인가를 받아 외국환 중개업무를 시작하였다.5)

3-2. 업무 내용

자금중개회사가 중개하는 금융기관 간 자금거래의 종류는 90일 이내의 금융기관 간의 단기자금거래(콜거래), 양도성예금증서매매, 환매조건부채권매매, 어음매매, 외국환매매 등이다. 이 밖에 외화콜 및 외환파생상품거래, 장외시장채권매매 등도 중개대상으로 하고 있다. 자금중개회사의 자금중개는 일정 수수료만 받고 자금 대여자와 자금 차입자간의 거래를 연결하는 단순중개를 원칙으로 한다. 다만 콜거래 중개의 경우에는 거래의 원활화를 위하여 자기 계산으로 거래에 직접 참여하는 매매중개도 최소한의 범위에서 허용된다.

자금중개회사는 건전성 유지를 위해 자기자본의 10배를 초과하여 자금을 차입할 수 없으며 소유자산을 타인을 위한 담보로 제공할 수 없도록 하고 있다. 자금중개회사의 자금중개 실적을 보면 매년 일평균 25조원 내외의 콜거래 중개가 이루어지고 있으며, 외국환 매매중개도 그 금액이 지속적으로 증가하고 있다.

5) 한국은행, 「한국의 금융제도」, 2011년.

제 5 편

금융시장의 이해

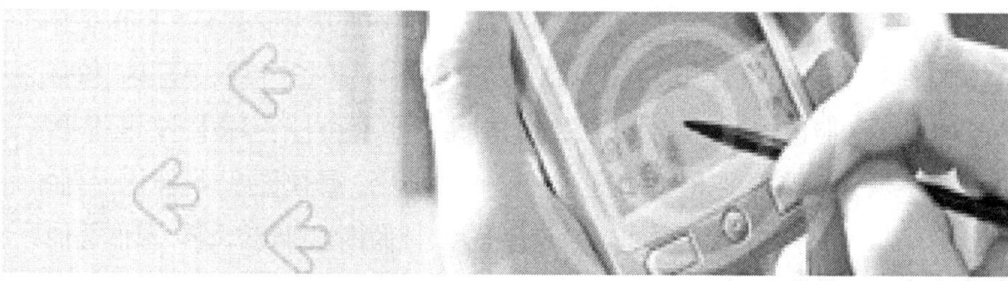

제 15 장 _ 금융시장

제15장 금융시장

제1절 개 요

금융시장(financial market)이란 자금공급자와 자금수요자간에 금융거래가 조직적으로 이루어지는 장소를 말한다. 우리나라의 금융시장은 크게 전통적인 금융시장과 외환시장, 파생금융상품시장으로 나누어 볼 수 있는데, 전통적 금융시장은 거래되는 금융상품의 만기를 기준으로 다시 자금시장과 자본시장으로 구분하는 것이 일반적이다.

자금시장은 만기가 1년 이내의 금융상품이 거래되는 시장을, 자본시장은 만기 1년 이상의 채권 또는 만기가 없는 주식 등이 거래되는 시장을 의미한다. 자금시장은 단기금융시장이라고도 하는데 시장참가자들이 일시적인 자금수급의 불균형을 조정하기 위해 활용한다. 콜시장, 한국은행 환매조건부증권매매시장, 환매조건부매매시장, 양도성예금증서시장,

기업어음시장 등이 자금시장에 해당된다.

한편 자본시장은 장기금융시장이라고도 하며 주로 기업, 금융기관, 정부 등이 장기자금을 조달하는 시장이다. 주식시장과 국채, 회사채, 금융채 등이 거래되는 채권시장 그리고 통화안정증권시장 등이 여기에 속한다.

외환시장은 서로 다른 종류의 통화가 거래되는 시장이다. 외환시장은 거래당사자에 따라 외국환은행간 외환매매가 이루어지는 은행간시장과 은행과 비은행 고객 간에 외환매매가 이루어지는 대고객시장으로 구분할 수 있다. 은행간시장은 금융기관, 외국환중개기관, 한국은행 등이 참여하여 대량으로 외환거래가 이루어지는 도매시장의 성격을 가진다. 일반적으로 외환시장이라 할 때는 은행간시장을 뜻한다.

파생금융상품시장은 전통 금융상품과 외환의 가격변동위험과 신용위험 등 위험을 관리하기 위해 고안된 파생금융상품이 거래되는 시장이다. 파생금융상품의 현금흐름은 다른 자산(기초자산)의 가치 변화에 좌우된다. 우리나라의 파생금융상품시장은 외환파생상품을 중심으로 발전되어 왔으나, 1990년대 중반 이후 주가지수 선물 및 옵션, 채권선물 등이 도입되면서 거래수단이 다양화되고 거래규모도 크게 확대되고 있다.[1)]

제2절 자금시장

1. 개요

자금시장(money market)은 기업, 가계, 정부, 금융기관 등 경제주체들이 단기적인 자금 과부족을 조절하기 위해 보통 만기 1년 이내의 단기 금융상품을 거래하는 시장을 말한다. 현재 우리나라의 주요 자금시장으로는 콜시장, 기업어음시장, 양도성예금증서시장, 환매조건부매매시장이 있다.

1) 한국은행, 「한국의 금융제도」, 2011년.

표 15-1 자금시장 규모 추이

(단위: 10억원, %)

	1990		2000		2010		2012.6	
	금액	구성비	금액	구성비	금액	구성비	금액	구성비
콜	3,397	7.7	16,058	11.6	22,501	8.4	20,006	6.5
환매조건부매매	3,377	7.6	26,115	18.8	76,871	28.7	90,270	29.5
기업어음[1)]	12,740	28.7	44,677	32.2	80,916	30.2	106,175	34.8
양도성예금증서	6,804	15.3	14,218	10.2	44,472	16.6	29,653	9.7
표지어음	277	0.6	11,201	8.1	1,604	0.6	1,671	0.5
통화안정증권[2)]	15,241	34.4	26,488	19.1	41,140	15.4	49,550	16.2
재정증권	2,500	5.7	0	0.0	0	0.0	8,161	2.7
계	44,335	100.0	138,757	100.0	267,504	100.0	305,486	100.0

주 : 1) 자금순환표 기준

2) 2년물 이하 단기물 기준

자료 : 한국은행, 통화금융 통계 및 자금순환표 각호, 한국예탁결제원

자금시장은 자금의 수급 불균형을 조절한다는 점에서 자본시장과 같은 기능을 수행하지만 다음과 같은 특징을 갖고 있다.

첫째로 자금시장은 경제주체들이 단기자금을 효율적으로 조달·운용할 수 있는 기회를 제공하여 유휴현금 보유에 따른 기회비용을 절감할 수 있도록 해준다. 자금시장이 발달한 경우에 경제주체들은 여유자금이 생기면 안전성과 유동성이 높은 단기금융상품에 운용을 하고 자금이 부족해지면 단기채무증서를 발행하여 조달함으로써 유휴현금 보유규모를 최소한으로 줄일 수 있게 된다.

둘째로 자금시장은 경제주체들이 금융자산 위험을 관리할 수 있는 수단을 제공한다. 일반적으로 단기금융상품은 장기상품에 비하여 금리변동에 따른 가격변동 폭이 크지 않으므로 자본손실 위험이 작으며 만기 이전에도 쉽게 자금을 회수할 수 있어 유동성 위험도 크지가 않다. 그러므로 경제주체들은 장기채권 또는 주식가격이 하락할 것으로 예상될 때 이들 자산을 매각하고 단기금융상품을 매입함으로써 자본손실 위험을 줄일 수 있다. 또한 금융시장의 불확실성이 높아진 시기에는 장기금융상품을 축소하는 대신 단기금융상품 보유를 확대함으로써 유동성 위

험을 줄일 수 있다.

셋째로 자금시장은 중앙은행의 통화정책 수행의 대상이 되는 시장이며 정책효과가 파급되는 시발점이다. 중앙은행은 정책금리를 조정함으로써 단기금융시장금리를 변동시키며 이는 장기금융시장금리, 통화량, 환율, 주가 등 금융시장 전반에 영향을 미치고 종국적으로는 실물경제와 물가의 변동을 가져온다. 일반적으로 자금시장이 발달되어 있으면 재정거래가 활발해지고 시장간 상호연계성도 높아져서 통화정책효과의 파급이 원활하게 이루어진다.

2. 콜시장

콜시장은 금융기관 상호간에 일시적인 자금과부족을 조절하기 위한 초단기자금의 거래가 이루어지는 시장이다. 현재 콜거래의 최장만기는 90일 이내로 제한하고 있는데 1일물이 대부분을 이루고 있다. 콜거래 금액은 최저 1억원이며 거래단위는 억원이다. 콜거래는 국채, 지방채, 통화안정증권, 특수채, 금융채, 회사채, CD, 현금 등을 담보로 거래되기도 하나 무담보 신용거래가 대부분이다.

콜거래는 계약체결 방식에 따라 중개거래와 직거래로 구분되는데 대부분의 거래는 중개거래로 이루어진다. 중개거래는 자금중개회사가 거래조건에 따라 자금의 공급자와 수요자를 연결시켜 주는 거래이다. 직거래는 거래당사자들이 직접 거래조건에 합의하여 계약을 체결하는 거래이다. 콜거래 현황을 보면 콜자금을 공급하는 콜론(call loan)기관은 주로 집합투자업자(자산운용회사) 및 은행신탁이다. 이는 집합투자업자 및 은행신탁의 경우 수탁재산의 일정비율을 유동성 자산으로 운용하도록 약관에서 명시하고 있는 데다 자금운용 과정에서 일시적인 자금잉여가 자주 발생하기 때문이다.

콜자금을 차입하는 콜머니(call money)기관은 주로 국내은행, 외국은행 국내지점 및 증권회사 등이다. 국내은행은 콜시장을 통해 지준자금을 조절하는 순콜머니(콜머니>콜론) 기관이다. 국내은행은 일시적으로 시장에 자금이 부족할 경우에는 콜차입을 축소(또는 콜론 확대)하고 자금이 남을 경우에는 콜차입을 확대(또는 콜론 축소)하면서 자금수급상의 불균형을 완화하는 기능도 수행하고 있다. 외국은행 국내지점은 원화수신 기반이 약하기 때문에 원화자금조달을 콜차입에 크게 의존하고 있으며, 투자매매중개업자(증권회사)는 자금조달 수단이 고객예탁금, RP매각 등으로 제한됨에 따라 콜시장에서 영업자금을 조달하고 있다.

자금중개회사의 콜중개는 자금 대여자와 차입자간의 거래를 연결시켜주고 일정한 수수료만 받는 단순중개(brokerage)를 원칙으로 한다. 다만 소액거래나 신용도가 낮은 기관의 콜거래를 원활히 하기 위하여 최소한의 범위에서 자기 계산으로 거래에 직접 참여하는 매매중개도 허용된다.

3. 기업어음시장

기업어음(CP: Commercial Paper)은 기업이 단기자금을 조달하기 위해 자기신용을 바탕으로 발행하는 융통어음이다. CP는 발행절차가 간편한데다 통상 담보 없이 신용으로 발행되기 때문에 신속한 자금조달수단으로 이용되고 있다. CP시장은 발행기업, 할인·매출기관 및 매수기관으로 구성된다. 할인·매출기관은 발행기업으로부터 CP를 할인 매입한 후 이를 매수기관에 매출함으로써 매매차익을 얻으며 매수기관은 주로 단기자금의 운용수단으로 CP를 활용하고 있다.

CP의 할인 및 매출은 주로 투자매매중개업자(증권회사)와 종합금융회사가 담당하고 있다. 증권회사는 수신 기능이 없기 때문에 CP를 할인한 후 자체로 보유하지 않고 무담보형식으로 매출하며 종합금융회사는 매출뿐만 아니라 보유할 목적으로 CP를 할인한다. 은행, 보험회사, 집합투자업자, 여신전문금융회사의 CP 할인업무는 아직 활발하지 않다. 그리고 할인된 CP는 주로 자산운용회사 및 은행(신탁계정)이 신탁재산에 편입하기 위해 매수하고 있다. 개인은 CP 발행단위가 거액이고 예금보호 대상도 아니기 때문에 직접적인 CP 매입보다는 은행의 특정금전신탁 또는 증권사 종금형 CMA 가입 등을 통해 간접적으로 CP매입에 참여하고 있다.

한편 증권회사 고유계정이 장외시장에서 CP를 매매, 중개 또는 대리하는 경우 2개 이상의 신용평가기관으로부터 신용평가를 받은 CP만을 대상으로 하는데 거래 관행상 신용등급 B등급 이상의 기업이 액면금액 1억 원 이상인 CP를 대상으로 하고 있다. 또한 종합금융회사가 기업어음을 매출하는 경우 2개 이상의 신용평가회사로부터 신용평가를 받고 그 중 최저 신용등급이 B등급 이상인 어음을 대상으로 해야 한다. CP발행조건을 보면 CP의 최소액면금액에 대한 명백한 제한이 있는 것은 아니지만 통상 100억원 단위로 3개월물이 가장 많이 거래가 되고 있다.

4. 양도성예금증서시장

양도성예금증서(CD: Negotiable Certificate of Deposit)는 은행 정기예금증서에 양도성을 부여한 것이다. CD는 매수주체에 따라 대고객 CD와 은행간 CD로 구분이 된다. 대고객 CD는 은행 창구에서 직접 또는 투자매매중개업자(증권회사) 등 중개기관을 통해 발행이 되며 개인, 일반법인 등이 매입한다. 은행간 CD는 일반적으로 은행간 자금의 과부족을 해소하기 위하여 중개기관을 통하지 않고 발행은행과 매수은행간 직접 교섭에 의해 발행된다. 은행간 CD는 지급준비금 예치대상에서 제외되는 대신 은행 이외의 금융기관 및 일반 개인·법인에게 매도하는 것이 금지되어 있다.

CD의 최장만기는 제한이 없고 최단만기만 30일 이상으로 제한이 되고 있으나 금융기관간 거래에서는 1년물 이내가, 대고객 거래의 경우 1년물이 주종을 이루고 있다. 최저발행금액에 대한 제한은 없으나 고객이 기관이나 법인인 경우 1억 원 이상, 개인인 경우 1천만 원 이상이 일반적이다.

5. 환매조건부매매시장

환매조건부매매(RP 또는 Repo: repurchase agreement)는 일정 기간이 경과한 후 정해진 가격으로 환매매하는 조건으로 증권을 매매하는 것을 말한다. RP거래는 증권매매의 형태로 이루어지나 실제로는 단기자금의 조달과 운용수단으로 이용되고 있어 단기자금거래의 성격을 지니고 있다.

환매조건부매매의 대상으로는 채권뿐만 아니라 주식 및 부동산 등도 가능하나, 시세변동이 크지 않아 안정적인 채권이 담보증권으로 주로 활용되고 있다. 채권보유자는 RP거래를 통해 채권을 담보로 손쉽게 단기자금을 조달할 수 있어 채권매각에 따른 자본손실 위험을 회피할 수 있으며 단기여유자금을 보유하고 있는 투자자로서도 채권투자에 따른 위험부담 없이 비교적 높은 금리로 자금을 운용할 수 있게 된다. RP거래는 채권을 매개로 하기 때문에 채권시장의 수급에 영향을 주며 RP시장과 채권시장간의 차익거래 기회를 제공하여 채권가격이 보다 합리적으로 형성되도록 한다.

RP는 거래주체를 기준으로 금융기관과 일반고객간에 이루어지는 대고객 RP, 금융기관간에 이루어지는 기관간 RP, 그리고 공개시장조작 수단으로 한국은행과 금융기관간에 이루어지는 RP로 구분할 수 있다. 또한 담보대상 증권을 누가 보관하느냐에 따라서 RP 매도자가 매수자에게 증권을 넘겨주는 인도형 RP, 매도자가 대상증권을 보관하는 점유개정형 RP, 한국예탁결제원 등 제3의 환매서비스기관을 통해 증권을 보관·관리하는 3자간 RP로 구분할 수 있다.

RP거래는 만기에 대한 제한이 없으나 대체로 기관간 거래의 경우 1일물, 대고객 거래의 경우 1개월물 및 3개월물 위주로 거래되고 있으며 만기 이전에 중도환매가 가능하다. 최저거래금액에 대해서도 원칙적으로 제한이 없으나 고객이 금융기관이나 법인인 경우 10억 원 이상, 개인인 경우에는 1천만 원 이상이 일반적이다.

제3절 자본시장

1. 개요

자본시장(capital market)이란 기업, 정부 또는 지방자치단체 등이 장기성자금을 조달하는 시장으로서 넓은 의미에서는 은행의 시설자금대출 등 장기대출시장을 포함하기도 하나 좁은 의미로는 국채, 회사채, 주식 등이 발행·유통되는 시장을 의미한다.

자본시장의 가장 중요한 기능은 가계 등의 여유자금을 투자수익이 높은 기업 등에 장기투자재원으로 공급함으로써 국민경제의 자금부족부문과 자금잉여부문의 자금수급 불균형을 조절하는 데 있다. 자본시장은 회사채 수익률과 주가 등 금융자산 가격을 결정함으로써 기업의 투자와 내부경영에 영향을 미친다. 기업은 회사채나 주식 발행을 통한 자금조달비용이 예상 투자수익률 보다 낮을 경우 투자를 확대하고 그렇지 않을 경우 투자를 기피하게 된다. 그러므로 회사채나 주식 등의 금융자산 가격 변동에 따라 기업의 투자가 영향을 받게 된다. 또한 기업은 회사채나 주식 등의 자금조달비용 등을 감안하여 최적의 자본구조를 선택하게 되는데 이는 기업의 내부경영 및 지배구조에 영향을 미치게 된다.

투자자의 입장에서 볼 때 자본시장은 높은 수익률의 금융자산을 제공함으로써 자산운용상의 효율성을 높여준다. 회사채, 주식 등 자본시장에서 거래되는 금융자산은 금리변동에 따른 자본손실 위험 및 신용위험이 비교적 커서 이들 자산의 수익률은 단기금융상품에 비해 높은 것이 일반적이다.

마지막으로 자본시장은 중앙은행의 통화정책이 실물경제에 영향을 미치는 매개기능을 수행한다. 중앙은행이 정책금리를 변경하면 여러 경로를 통해 자본시장의 수익률에 영향을 미치고 기업의 자본조달비용을 변동시킴으로써 궁극적으로 기업의 투자결정에 영향을 미친다. 동시에 채권 및 주식의 자산가치 변동으로 인한 부의 효과(wealth effect)를 통해 가계소비에도 영향을 미치게 된다.

기업은 자본시장에서 회사채나 주식을 발행하여 자금을 조달함으로써 금융투자상품의 공급자 역할을 한다. 정부나 지방자치단체는 세수(稅收)로 충당하기 어려운 대규모 사회간접자본 투자자금 등을 조달하기 위하여 자본시장에 참여하고 있다. 자본시장의 투자자들은 집합투자업자, 보험회사, 연기금 등 기관투자가와 개인이 주종을 이루고 있다.

표 15-2 자본시장의 규모 추이

(단위: 10억원, %)

	1990		2000		2010		2012.6	
	금액	구성비	금액	구성비	금액	구성비	금액	구성비
채권[1]	35,005	100.0	423,603	100.0	1,112,873	100.0	1,236,161	100.0
국채	3,123	8.9	73,295	17.3	362,587	32.6	422,889	34.2
지방채	1,060	3.0	9,765	2.3	15,792	1.4	17,637	1.4
금융채	6,626	18.9	49,093	11.6	217,329	19.5	204,653	16.6
통화안정증권	0	0	66,378	15.7	122,390	11.0	115,030	9.3
특수채	2,128	6.1	97,195	22.9	204,177	18.3	255,801	20.7
회사채	22,068	63.0	127,878	30.2	190,598	17.1	220,151	17.8
주식[2]	79,020	100.0	217,057	100.0	1,239,858	100.0	1,174,322	100.0
유가증권	79,020	100.0	188,041	86.6	1,141,885	92.1	1,068,289	91.0
코스닥	–	–	29,016	13.4	97,972	7.9	106,033	9.0
전체	114,025	–	640,660	–	2,352,731	–	2,410,483	–

주 : 1) 예탁채권 기준(단 통화안정증권은 만기 1년이하 단기물 제외)
2) 유가증권시장 및 코스닥시장 상장주식의 시가총액

자료 : 한국예탁결제원, 한국거래소

2. 주식시장

2-1. 발행시장

주식 발행은 주식회사가 설립자본금을 조달하거나 자본금을 증자할 때 이루어진다. 자본금 증액을 위한 주식발행에는 금전의 출자를 받아 자본금을 증가시키는 유상증자 이외에 금전의 출자를 받지 않고 행하는 무상증자, 주식배당 및 전환사채의 주식전환 등이 포함된다. 주식의 발행시장은 광의로는 신규발행 주식이 최초의 투자자에게 매출되는 모든 시장을 의미하지만 통상 유상증자나 신규공개 기업의 주식매각 등을 대상으로 조직된 시장을 말한다. 발행시장(issuing market)은 새로운 주식이 최초로 출시되는 시장이라는 점에서 제1차 시장(primary market)이라고도 한다.

(1) 발행시장의 구조

발행시장은 신규증권을 발행하여 자금을 조달하려는 발행자(발행주체)와 신규증권을 매입하려는 투자자, 그리고 발행자와 투자자 사이에서 발행사무와 발행위험을 부담하는 발행기관으로 구성된다.

발행주체(발행자)는 신규증권을 발행하여 자금을 조달하려는 자로서 주식이나 사채를 발행하는 주식회사, 국공채를 발행하는 국가 및 지방자치단체, 특수한 목적으로 채권을 발행하는 공기업이나 특수은행 등이 발행자가 된다.

발행기관은 발행자와 투자자 사이에 개입하여 증권발행에 따른 사무처리와 증권발행에 따르는 여러 가지 위험을 부담하는 역할을 한다. 발행기관은 증권을 모집하거나 매출할 때 인수기능을 수행하게 된다. 인수(underwriting)란 발행기관이 발행자로부터 유가증권의 전부 또는 일부를 매입하는 것을 말한다. 우리나라에서는 증권회사와 은행이 이러한 발행기관의 역할을 주로 수행하고 있고 종합금융회사, 투자신탁회사에서도 발행기관의 역할을 한다.

투자자는 발행주체 또는 발행기관의 모집 또는 매출에 응하여 최종적으로 유가증권을 취득하는 자를 말한다. 투자자는 기관투자가와 개인투자가로 구분되는데, 개인투자자는 개인자격으로 증권투자를 하는 자를 말하고, 기관투자자는 대부분 법인형태의 투자기관으로서 금융기관, 보험회사, 투자신탁회사, 증권회사, 연금기금, 각종 재단 등이 있다.

(2) 증권발행의 방법

증권의 발행은 그 증권을 공급하는 방법에 따라 공모(public offering)

와 사모(private placement)로 구분되고, 공모는 다시 증권발행에 따르는 위험을 누가 부담하느냐에 따라 직접발행과 간접발행으로 구분된다.

① 공모와 사모

공모(또는 공개모집)란 발행자가 불특정 다수의 투자가들을 대상으로 증권을 발행하는 방법을 말하고, 사모(직접모집)란 발행자가 특정 또는 소수의 투자가를 대상으로 증권을 발행하는 방법을 말한다. 일반적으로 직접모집의 경우 신용도가 낮고 규모가 작은 기업에서 증권을 발행할 때 이용하고, 공개모집은 신용도가 높은 대규모 기업이 증권을 발행할 때 많이 이용한다.

② 직접발행과 간접발행

직접발행은 증권의 발행자가 발행기관을 거치지 않고 일반대중에게 직접 증권을 매출하는 방법이다. 직접발행은 발행자가 발행사무를 담당하는 자기모집과 제3자가 발행사무를 대행하는 위탁모집이 방법이 있다. 직접발행은 증권발행에 따르는 위험을 발행자가 부담한다.

간접발행은 발행기관(인수단)이 증권의 발행과정에 개입하여 증권발행에 따르는 위험을 부담하고 발행사무도 담당하게 된다. 간접발행의 방법에는 발행기관이 발행자가 발행한 증권을 모두 매입한 후 발행기관의 책임 하에 일반투자자에게 매출하는 총액인수의 방법과, 발행한 증권을 먼저 일반투자자에게 매출하고 매출이 안 된 증권만을 발행기관이 매입하는 잔액인수의 방법이 있다.

③ 액면발행과 시가발행

주식의 발행방식은 주당 발행가액에 따라 액면발행과 시가발행으로 구분된다. 시가발행은 다시 발행시점의 시장가격 그대로 발행하는 방식과 시가에서 일정률을 할인하여 발행하는 방식으로 나누어진다. 우리나라에서는 1983년 12월 시가발행제도가 도입된 이후 모든 상장법인이 시가방식에 의하여 유상증자를 할 수 있게 되었으며 시가발행 할인율은 1991년 6월부터 자율화되었다.

④ 유상증자, 무상증자, 주식배당

유상증자란 신주를 발행하여 회사의 자본금을 늘리는 것으로 기업의 재무구조를 개선하고 타인자본 의존도를 낮추는 가장 대표적인 방법이다. 유상증자 시 신주인수권의 배정 방법에는 주주배정증자방식, 주주우선공모증자방식, 제3자배정증자방식, 일반공모증자방식 등이 있다. 주주배정증자방식은 주주와 우리사주조합에게 신주를 배정하고 실권주가 발생하면 이사회의 결의에 따라 그 처리방법을 결정하는 것이다. 주주우선공모증자방식은 주주배정방식과 거의 동일하나 실권주 발생 시 불특정다수인을 대상으로 청약을 받은 다음 청약이 미달되면 이사회의 결의에 따라 그 처리방침을 정한다는 점에서 다르다. 제3자배정증자방식은 주주 대신 관계회사나 채권은행 등 제3자가 신주를 인수하도록 하는 방식이며 일반공모증자방식은 주주에게 신주인수권을 주지 않고 불특정다수인을 대상으로 청약을 받는 방식이다. 유상증자 시 신주 발행가액은 기준주가에 기업이 정하는 할인율을 적용하여 산정한다.

무상증자란 주금의 납입이 없이 이사회의 결의로 준비금 또는 자산재평가적립금을 자본에 전입하고 전입액만큼 발행한 신주를 기존 주주에게 소유주식수에 비례하여 무상으로 교부하는 것이다. 무상증자의 절차는 주주배정방식에 의한 유상증자의 절차와 유사하나 주금 납입절차가 필요 없고 유가증권신고서를 제출하지 않는 등의 차이가 있다.

한편 주식배당이란 현금 대신 주식으로 배당을 실시함으로써 이익을 자본으로 전입하는 것을 의미한다. 이때 신주발행가격은 액면가로 정해진다. 주식배당은 배당가능이익의 50% 이내로 제한하는데 주식의 시장가격이 액면가 이상인 상장법인에 대해서는 이를 배당가능이익의 100%까지 허용하고 있다.

2-2. 유통시장

유통시장은 이미 발행된 주식이 매매되는 시장으로 제2차 시장(secondary market)이라고도 한다. 유통시장에서의 거래는 투자자 상호간의 거래이므로 기업의 자금조달과 직접적인 관련은 없으나 유통시장이 발달되어 있지 못하면 주식의 시장성이 없어 발행시장이 위축된다. 즉 유통시장은 발행된 주식의 시장성과 환금성을 높여 투자를 촉진시키고 자유경쟁을 통하여 공정한 가격을 형성하는 기능을 한다. 유통시장에는 유가증권시장, 코스닥시장 및 프리보드가 있다.

(1) 유가증권시장

① 상장

유가증권을 시장에서 매매할 수 있도록 등록하는 것을 상장이라고 한다. 유가증권시장에 주식을 신규로 상장하고자 하는 기업은 자기자본이 100억 원 이상(또는 기준시가총액 200억 원 이상), 상장주식 수가 100만 주 이상이어야 한다. 또한 의결권이 있는 주식을 소유하고 있는 소액주주의 수가 1,000명 이상이고 발행주권에 대한 양도제한이 없는 등의 주식분산 요건을 충족시켜야 하며 매출액, 영업이익 등과 관련된 경영성과도 일정 수준 이상이어야 한다.

② 상장유가증권 관리

유가증권시장에 유가증권을 상장한 기업은 영업활동을 하는 과정에도 일정한 요건을 계속 충족해야만 한다. 한국거래소는 상장 유가증권의 상장요건 충족여부와 기업내용의 적시공시 실시 여부를 관찰하여 상장기업이 이를 지키지 못한 경우 상장을 폐지할 수 있다. 상장 폐지되기 전에는 일정 기간 동안 관리종목으로 지정하여 상장폐지를 유예할 수 있다.

③ 매매거래제도

유가증권시장은 현재 토요일, 공휴일, 근로자의 날 및 연말을 제외하고 매일 개장된다. 매매거래시간 기준으로 보면 09:00~15:00까지의 정규시장과 개장 전 시간외시장(07:30~08:30) 및 개장 후 시간외시장(15:10~18:00)으로 구분된다. 매매거래의 단위는 호가의 경우 주식가격에 따라 5원(5,000원 미만 종목)~1,000원(50만 원 이상 종목)이고 수량단위는 10주가 원칙이다. 매매계약의 체결은 한국거래소가 투자자별 호가를 접수하여 일정한 매매체결원칙에 의거 일치되는 호가끼리 거래를 체결하는 개별경쟁매매 방식에 의해 이루어지고 있다. 매매체결원칙을 보면 매수주문에는 고가의 호가가 우선하고 매도주문에는 저가의 호가가 우선하는 가격우선의 원칙, 동일가격 호가에 대하여 먼저 접수된 호가가 우선하는 시간우선의 원칙, 동시호가나 동일가격호가에 대하여 수량이 많은 호가가 우선하는 수량우선의 원칙 및 고객의 호가가 금융투자회사의 자기매매호가에 우선하는 위탁매매우선의 원칙이 적용되고 있다. 한편 개별경쟁매매는 다시 단일가격에 의한 경쟁매매와 복수가격에 의한 경쟁매매로 구분하는데 정규시장 최초가격 및 종료가격 결정 등 동시호가 매매 시에만 전자가 적용되고 그 이외의 경우에는 후자가 적용된다.

주가의 급격한 변동을 방지하기 위한 제도를 살펴보면 먼저 가격제한폭제도가 있다. 이는 개별종목 주가의 급등락으로 인하여 일반투자자가 과도한 손실을 입지 않도록 하루 중에 변동할 수 있는 개별종목 주가의 폭을 일정 한도로 제한하는 것이다. 현재는 전일 종가의 상하 15%로 되어 있다. 특히 코스피지수가 하루 중에 일정 수준 이상 급락하는 경우 매매거래를 일시적으로 중단함으로써 시장의 안정을 도모하는 매매거래 중단제도(circuit breaker)를 1998년 12월에 도입하였다. 이 제도는 코스피지수가 전일대비 10% 이상 하락하여 1분 이상 지속되는 경우 발동되는데 발동시점부터 20분간 모든 종목의 호가접수 및 매매거래가 중단되며 20분 경과 후에는 10분간 동시호가 접수 후 단일가격에 의한 매매계약이 체결되면서 거래가 재개된다. 이 밖에 주가지수선물시장의 가격 급변동 시 유가증권시장에서의 프로그램매매를 일시 정지시키는 프로그램매매 호가효력 일시정지제도(side car)가 운영되고 있다.

한편 주식시장 전체의 동향을 나타내는 지표인 주가지수는 기준시점의 주가수준을 100으로 하여 비교시점의 주가수준을 나타내는 지수로서 현재 우리나라는 1980년 1월 4일을 기준시점으로 한 시가총액방식의 코스피지수(KOSPI; Korea Composite Stock Price Index)를 발표하고 있다.

결제는 일반적으로 매매계약을 체결한 날을 포함하여 3일째 되는 날(휴장일 제외)이다. 현재 한국거래소에서 증권거래의 결제를 집중적으로 처리하는 집중결제방식을 취하고 있다. 그리고 한국거래소 회원 간에는 차감결제방식을 사용하고 있다. 구체적으로 보면 대금결제는 회원별 총매도 대금에서 총매수 대금을 차감한 금액을 한국거래소 결제계좌를 통해 회원의 은행계좌로 이체하고, 증권결제는 회원별·종목별로 총매도 수량에서 총매수 수량을 차감한 수량을 한국거래소 예탁계좌를 통해 회원의 예탁계좌로 대체하는 방법으로 이루어진다. 이 과정에서 자본시장의 규모 확대에 따른 유통물량의 급증 및 그 이동에 따르는 위험성 증대를 고려하여 증권의 집중예탁 및 계좌 간 대체결제방식을 사용하고 있다. 즉 증권 매매거래에 있어 이용자들은 소유 유가증권을 미리 한국예탁결제원에 집중적으로 예탁하여 매매거래에 수반되는 유가증권의 수수를 직접 실물에 의하지 않고 이용자의 계좌 간에 대체함으로써 결제를 마치게 된다.

(2) 코스닥시장

코스닥시장(KOSDAQ; Korea Securities Dealers Automated Quotations)은 유가증권시장 상장요건에 미달하는 유망 중소기업, 벤처기업 등에게 자본시장을 통한 자금조달 기회를 제공하는 한편 투자자에게는 고위험·고수익 투자수단을 제공하는 시장이다. 코스닥시장은 1987년 3월 증권관리위원회의 "중소기업 등의 주식장외거래에 관한 규정"이 제정되면서 제도적 기반이 마련되었다. 코스닥시장은 1996년 7월 개설된 이래 정부의 중소벤처육성 의지와 정보통신·인터넷 등 첨단산업에 대한 투자자의 관심 고조로 크게 성장하였다. 코스닥시장은 한국증권업협회에 의해 운영되어 왔으나 2005년 1월 한국증권선물거래소가 설립됨에 따라 거래소 내로 편입되었다.

코스닥시장에 주식을 신규로 상장하고자 하는 기업에게는 유가증권시장보다 다소 완화된 기준이 적용된다. 해당 기업은 자본금이 30억 원 이상이거나 시가총액이 90억 원 이상이어야 하며 의결권이 있는 주식을 소유하고 있는 소액주주의 수가 500인 이상이어야 하는 등 주식 분산요건도 충족하여야 한다. 또한 자본잠식이 없어야 하며 이익규모 및 매출액 관련 요건 등도 충족되어야 한다.

코스닥시장에 상장된 기업도 유가증권시장에 상장된 기업과 마찬가지로 상장 후 영업활동과정에서 일정한 요건을 꾸준히 충족하여야 하며 부실화된 기업과 공개기업으로서의 의무를 충족하지 못하는 기업은 상장 폐지가 된다. 코스닥시장에서도 기업이 상장폐지되기 전까지 일정기간을 관리종목으로 지정하여 유예기간을 줄 수 있다. 코스닥시장의 거래시간은 유가증권시장과 동일하며 매매 단위는 1주이고 호가 단위는 주식가격에 따라 5원(5,000원 미만 종목)~100원(5만 원 이상 종목)이다. 유가증권시장과 마찬가지로 개별종목의 일중 주가변동률은 전일종가의 ±15%로 제한되며 코스닥지수가 전일대비 10% 이상 하락하여 1분간 지속될 경우에는 모든 종목의 매매가 중단된다.

코스닥시장의 주가지수인 코스닥지수(KOSDAQ Index)는 1996년 7월 1일을 기준시점으로 하여 1997년 7월 3일부터 발표하고 있으며 코스피지수와 동일한 시가총액방식으로 산출된다.

한편 한국거래소는 2005년 6월 1일부터 KRX100지수를 발표하고 있는데 이는 유가증권시장과 코스닥시장의 우량종목 100개를 골고루 편입한 통합주가지수이다.

(3) 프리보드

프리보드(Free Board)란 유가증권시장 및 코스닥시장에 상장되지 아니한 기업주권의 매매를 위해 운영되는 시장으로 비상장 주식에 유동성 부여, 벤처기업의 육성, 투자자에게 다양한 투자수단 제공 등의 기능을 가지고 있다.

프리보드에서 유가증권이 거래되려면 일정한 지정요건을 갖추어야 하며 그 요건은 매매거래질서 유지에 필요한 기본적인 사항으로 국한되어 있다. 즉, 최근 사업연도 재무제표에 대한 외부감사인의 감사의견이 적정 또는 한정일 것, 주식을 한국예탁결제원에 예탁할 수 있고 양도 제한이 없을 것, 발행회사의 명의개서업무를 명의개서 대행회사에 위탁하였을 것 등이다.

프리보드의 매매거래시간은 09:00~15:00이며 시간외시장은 개설되지 않는다. 매매단위는 1주이고 가격제한폭은 매매기준가격 대비 ±30%이며 상대매매방식에 의해 거래가 체결된다. 아울러 매매주문 시 100%의 위탁증거금이 필요하고 결제 전 매매도 허용된다. 한국금융투자협회는 프리보드 시장동향을 파악하고 투자지표로 활용할 수 있도록 시가총액방식으로 산출한 프리보드지수를 개발하여 2006년 12월부터 발표하고 있다.

3. 채권시장

3-1. 발행시장

채권(bond)은 일반적으로 정부, 공공기관, 민간기업 등이 비교적 장기로 불특정다수로부터 거액의 자금을 조달하기 위하여 정해진 이자와 원금의 지급을 약속하면서 발행하는 증권을 말한다.

(1) 채권의 종류

채권은 발행주체에 따라 정부가 발행하는 국고채권, 국민주택채권 등의 국채, 한국은행이 발행하는 통화안정증권, 지방자치단체가 발행하는 지방채, 주식회사가 발행하는 회사채, 은행·금융투자회사·리스회사·신용카드회사 등 금융기관이 발행하는 금융채, 한국전력공사·예금보험공사 등 법률에 의하여 직접 설립된 법인이 발행하는 특수채 등으로 구분할 수 있다. 통상적으로 국채, 지방채 및 특수채를 포괄하여 국공채라고 부르기도 한다.

채권은 분류기준에 따라 매우 다양하게 구분된다. 원리금에 대한 제3자의 지급보증 여부에 따라 보증채와 무보증채로, 발행자의 담보제공 여부에 따라서 담보부채권과 무담보부채권으로 나눌 수 있다. 이자지급 방법에 따라서 할인채(discount bond, zero-coupon bond), 이표채(coupon bond), 복리채(compound interest bond) 등으로, 지급이자 변동여부에 따라 고정금리부채권과 변동금리부채권(FRN; Floating Rate Note)으로 구분되기도 한다. 그밖에 회사채의 경우 발행회사의 주식으로 전환할 수 있는 권리가 부여된 전환사채(CB; Convertible Bond), 발행회사의 신주를 일정한 조건으로 매수할 수 있는 권리를 부여한 신주인수권부사채(BW; Bond with Warrant), 발행회사가 보유한 제3자 발행 유가증권과 교환할 수 있는 교환사채(EB; Exchangeable Bond) 등 주식과 관련된 회사채도 발행된다.

(2) 발행방식

국채는 "국채법"에 따라 기획재정부장관이 중앙정부의 각 부처로부터 발행요청을 받아 발행계획안을 작성한 후 국회의 심의 및 의결을 거쳐 발행한다. 우선 발행방식을 보면 국고채권과 재정증권은 경쟁입찰을 통해 발행되며, 국민주택채권은 인허가와 관련하여 의무적으로 매입하도록 하는 첨가소화방식으로, 보상채권은 당사자 앞 교부방식으로 각각 발행된다. 현재 국민주택채권을 제외한 국채의 발행사무는 한국은행이 대행하고 있다.

회사채는 공모발행(public issue)과 사모발행(private placement)으로 구분된다. 공모발행의 경우 인수기관인 증권회사, 종합금융회사 등이 총액을 인수하여 발행하며 사모발행의 경우에는 발행기업이 최종매수자와 발행조건을 직접 협의하여 발행하게 된다.

3-2. 유통시장

채권 유통시장은 장외시장과 장내시장으로 구분된다. 현재 대부분의 채권거래는 장외시장에서 주로 금융투자업자의 단순중개를 통하여 이루어지고 있다.

(1) 장내시장

장내시장은 한국거래소에 상장된 채권을 대상으로 표준화된 거래방식에 따라 거래가 이루어지는 조직화된 시장이다. 장내시장은 크게 일반채권시장과 국채전문유통시장으로 구분된다. 이 중에 일반채권시장은 불특정 다수의 일반투자자가 참여할 수 있는 시장으로서 국채전문유통시장에서 거래되는 국고채를 제외한 모든 거래소 상장채권이 거래대상이나 현재 소액국공채와 상장전환사채 위주로 거래가 이루어지고 있다. 소액 국공채(액면 5천만 원 이하)는 채권의 환금성을 제고하기 위하여, 전환사채는 수요기반을 확충하기 위하여 장내거래가 의무화되어 있다. 국채전문유통시장(IDM; inter-dealer market)은 국고채전문딜러(primary dealer) 등 시장조성 활동을 담당하는 금융기관들만 참가하는 시장이다.

우리나라에서는 기관투자가들의 국채도매거래를 위해 1999년 3월 증권거래소 내에 개설되었다.

(2) 장외시장

채권거래는 대부분 금융투자업자를 중개기관으로 하여 장외에서 이루어진다. 이는 채권의 종목이 다양하고 거래조건이 표준화되어 있지 않아 한국거래소의 자동매매시스템을 통해 거래하기가 곤란하기 때문이다. 현재 증권회사는 전화, 인터넷 메신저 등을 통해 매도 또는 매수를 원하는 투자자의 호가를 받은 후에 반대거래를 원하는 상대방을 찾아 거래를 중개한다.

4. 자산유동화증권시장

4-1. 의의 및 발행구조

자산유동화증권(ABS; Asset-Backed Securities)은 부동산, 매출채권, 유가증권, 주택저당채권(mortgage) 등과 같이 유동성이 낮은 자산을 기초로 하여 발행되는 증권이다. 이와 같은 자산유동화증권의 발행에는 자산보유자(originator), 특수목적기구(SPV;Special Purpose Vehicle), 자산관리자 및 신용평가회사 등이 참가하게 된다.

자산유동화증권의 발행과정은 먼저 자산보유자가 기초자산을 모아서 이를 특수목적기구에 양도하면 특수목적기구는 양도받은 기초자산을 담보로 자산유동화증권을 발행하여 일반투자자에게 매각하고 매각대금을 자산보유자에게 자산양도의 대가로 지급하는 방식을 취한다. 자산유동화증권 발행시장의 참가자 가운데 자산보유자는 대출채권을 가진 금융기관이나 외상매출채권을 가진 기업이 될 수 있으며, “자산유동화에 관한 법률”에서는 금융기관, 한국자산관리공사, 한국토지공사, 대한주택공사, 국민주택기금 관리자 및 신인도가 높은 법인 등으로 한정하고 있다.

특수목적기구는 자산보유자와 기초자산의 법률적 관계를 분리하기 위하여 설립되는데 “자산유동화에 관한 법률”에 따라 특수목적회사(SPC;

Special Purpose Company), "자본시장법"에 의한 신탁업자 및 자산유동화를 전문으로 하는 외국법인이 특수목적기구가 될 수 있다. 이 밖에 실체 없는 서류상의 특수목적회사를 대신하여 기초자산을 실질적으로 관리해주는 자산관리자, 기초자산을 안전하게 보관하고 자산유동화증권의 원리금 상환실무 및 채무불이행시 담보권 행사 등 특수목적회사를 대신하여 세부적인 실무업무를 총괄하는 수탁기관), 그리고 자산유동화증권의 거래를 원활하게 해주고 안전성을 높이기 위한 신용평가회사 및 신용보강회사 등도 시장에 참가한다. 자산관리자는 보통 기초자산의 내용을 잘 파악하고 있는 자산보유자, 신용정보업자 등이 맡는다. 수탁기관은 현금흐름을 관리하는 동시에 투자자의 이익을 최종적으로 보호하는 역할을 하기 때문에 주로 은행이 담당한다. 신용평가회사는 기초자산의 기대손실 및 신용보강기관의 신용도를 객관적으로 평가하여 자산유동화증권의 신용등급을 일반투자자가 이해할 수 있는 신용등급체계로 표시하는 역할을 한다. 신용보강회사는 일정한도 내에서 자산유동화증권에 대해 지급보증을 하거나 신용을 공급하는 역할을 한다.

자산유동화의 가장 중요한 장점 중 하나는 기초자산 보유자의 재무상태를 개선할 수 있다는 점이다. 금융기관의 경우 보유 위험자산을 매각하여 현금화함으로써 BIS 자기자본비율을 제고할 수 있으며, 기업의 경우 부채비율을 높이지 않고 자금을 조달할 수 있다. 또 다른 장점은 자금조달비용을 경감시킬 수 있다는 점이다. 신용도가 낮은 자산보유자가 우량한 기초자산을 이용하여 신용등급이 높은 자산유동화증권을 발행하게 되면 자산보유자의 신용등급보다도 유리한 조건으로 자금을 조달하게 된다. 투자자 입장에서도 자산유동화증권은 양호한 투자대상이다. 자산유동화증권은 신용평가회사의 엄밀한 평가와 신용보강을 거쳐 발행되므로 상대적으로 안전하면서도 발행구조가 복잡하여 유동성이 낮은 이유로 일반 회사채보다 수익률이 다소 높기 때문이다. 그러나 자산유동화 과정에서 기초자산으로부터 발생하는 리스크가 동 자산을 매각한 이후에도 자산보유자에게 계속 영향을 미칠 수 있다. 선·후순위 채권으로 나뉘어 발행되는 자산유동화증권 중에서 후순위채를 자산보유자가 인수하는 경우 매각한 기초자산의 위험은 사실상 그대로 남아있는 상태에서 외형상 위험자산의 규모만 축소되기 때문에 자산유동화 이후 남아있는 자산의 평균적인 안전성은 오히려 저하된다.

4-2. 자산유동화증권의 분류

자산유동화증권은 증권의 법적 성격 및 기초자산에 따라 다양하게 분류되며 별도의 명칭이 붙게 된다. 이 중 대표적인 몇 가지를 들어 설명하면 다음과 같다.2)

먼저 채권담보부증권(CBO; Collateralized Bond Obligation)은 채권을 기초로 발행되는 자산유동화증권을 말한다. 이 채권은 다시 신규 발행 채권을 기초로 하는 발행시장 채권담보부증권(primary CBO)과 이미 발행된 채권을 기초로 하는 유통시장 채권담보부증권(secondary CBO)으로 구분된다. 발행시장 채권담보부증권은 신용도가 낮아 채권시장에서 회사채를 직접 발행하기 어려운 기업의 회사채 차환발행 또는 신규발행을 지원하기 위해 도입되었다. CLO(Collateralized Loan Obligation)는 금융기관의 대출채권을 기초자산으로 발행되는 자산유동화증권이다. 여기에는 무수익대출채권(non-performing loan) 등의 기존대출채권을 유동화하는 CLO와 신규 대출채권을 기초로 하는 발행시장 CLO(primary CLO)가 있다. CARD(Certificates of Amortizing Revolving Debts)는 현재 발생한 특정계좌의 신용카드 매출채권과 장래 특정시점까지 발생할 신용카드 매출채권을 기초로 발행되는 자산유동화증권이다. CARD에는 만기가 짧은 신용카드 매출채권을 기초로 장기의 자산유동화증권을 만들기 위해 재투자구조(revolving structure)가 이용된다. ABCP(Asset-Backed Commercial Paper)는 여타 자산유동화증권과 달리 CP의 형태로 주로 상법상 발행되는 자산유동화증권을 말한다. ABCP는 자산유동화기간 동안 계속 단기 ABCP를 차환 발행하는 방식을 취한다. 주택저당증권(MBS; Mortgage-Backed Securities)은 주택저당채권(mortgage)을 기초로 발행하는 자산유동화증권이다. 주택저당증권 시장은 1차 시장, 2차 시장 및 자본시장으로 구성된다. 1차 시장은 모기지 차입자와 상업은행 등 모기지 대출기관

2) 한국은행, 「한국의 금융제도」, 2011년.

사이에 모기지론(주택담보대출)이 이루어지는 시장이며, 2차 시장은 모기지 대출기관이 보유하고 있는 주택저당채권을 유동화(증권화)하는 시장이다. 자본시장은 유동화된 주택저당증권이 기관투자가들에게 매각되고 유통되는 시장이다.

5. 통화안정증권시장

통화안정증권(MSB; Monetary Stabilization Bond)은 한국은행이 유동성을 조절하기 위해 "한국은행법" 및 "한국은행통화안정증권법"에 의거 발행하는 증권이다. 통화안정증권의 만기는 공모발행의 경우 2년 이내에서 할인채 10종류, 이표채 3종류 등 13종목으로 되어 있다. 현재 14일물, 28일물, 91일물, 182일물, 364일물 할인채와 1년, 2년물 이표채 위주로 발행되고 있다. 할인채는 할인방식으로 발행되어 만기일에 액면금액이 지급되며, 이표채는 이표지급방식으로 발행되어 3개월마다 이자가 지급된다. 발행금액은 경쟁입찰 및 모집의 경우 최소 100억 원 이상 100억원 단위이며 액면금액은 100만원, 500만원, 1천만 원, 5천만 원 및 1억원의 5종류로 정형화되어 있다.

통화안정증권은 공모 또는 상대매출방식으로 발행하는데 이중 공모발행은 경쟁입찰, 모집 또는 일반매출에 의해 발행하는 방식이다. 경쟁입찰 및 모집은 한국은행 공개시장조작 거래대상기관에 대해 실시하는 반면 일반매출은 거래대상기관이 아니라도 참여할 수 있다. 상대매출은 만기 2년 이내에서 특정 금융기관 또는 정부 출자·출연기관을 상대로 발행하는 방식으로 유동성조절 또는 통화신용정책의 운영을 위하여 필요한 때 실시한다. 이 경우 증권의 만기 및 발행금리는 공모발행 때와 다르게 적용할 수 있다. 2003년 1월부터는 통화안정증권의 발행 시기를 정례화 하였으며 2009년 6월부터 통화안정증권의 유동성 제고와 원활한 소화를 위해 2년물 통합발행, 모집 및 우선모집 제도 등을 도입하였다.

제4절 외환시장

1. 개요

외환시장(foreign exchange market)이란 외환의 수요자와 공급자간에 외환거래가 정기적 또는 지속적으로 이루어지는 시장을 가리킨다. 외환의 수요와 공급은 모든 대외거래의 결과로 나타나는데 구체적으로 외환수요는 상품 및 서비스의 수입, 이전지급 등 경상지출과 장단기 자본지출에 의해 결정된다. 그리고 외환공급은 상품 및 서비스의 수출, 이전수입 등 경상수입과 장단기 자본수입에 의해 결정된다. 외환시장의 기능은 이러한 외환의 수요와 공급을 조절하는 데 있으며 이는 통화간의 교환비율인 환율을 매개로 하여 이루어진다.

외환시장은 거래 당사자에 따라 외국환은행과 일반고객 사이에 외환거래가 이루어지는 대고객시장과 외국환은행간에 외환거래가 이루어지는 은행간 시장으로 나누어진다. 그러나 대고객거래나 회계처리 등에 기준이 되는 매매기준율이 은행간시장에서 결정됨에 따라 일반적으로 외환시장이라 할 때에는 은행간시장을 의미하는 경우가 많다.

외환시장에는 기업이나 개인 등 고객, 외국환은행, 외국환중개회사 및 중앙은행 등이 다양한 목적을 위하여 참가하고 있다. 대고객시장에는 외국환은행과 기업이나 개인 등의 고객이, 은행간시장에는 외국환은행, 한국은행 및 외국환중개회사가 참가하고 있다. 외국환은행은 일반고객의 외환거래 요구에 응하는 외에 고객과의 외환거래 결과 발생하는 외환포지션 변동의 조절 및 환차익 획득 등을 위하여 은행간 외환시장에 참가한다. 중앙은행은 정부와 함께 외환당국으로서 외환시장의 안정을 위해 노력하며 경우에 따라서는 외환시장에 개입하여 자국통화를 대가로 외화자산을 매입 또는 매각하기도 한다. 외국환중개회사는 은행들이 제시하는 매입환율과 매도환율을 다른 은행에 실시간으로 제공하는 등 외국환은행간 거래를 중개한다.

2. 외환시장의 종류

2-1. 현물환 및 선물환 시장

현물환(spot)거래란 통상 외환거래 계약일로부터 2영업일 이내에 외환의 인수도와 결제가 이루어지는 거래를 말한다. 선물환(forward)거래는 계약일로부터 일정기간(통상 2영업일) 경과 후 미래의 특정일에 외환의 인수도와 결제가 이루어지는 거래를 말한다. 선물환거래는 현재 시점에서 약정한 가격으로 미래시점에 결제하게 되므로 선물환계약을 체결하면 약정된 결제일까지 매매 쌍방의 결제가 이연된다는 점에서 현물환거래와 구별된다.

2-2. 외화자금시장

외화자금시장은 금리를 매개변수로 하여 대출과 차입 등의 외환의 거래가 이루어지는 시장을 말한다. 대표적인 외화자금시장으로는 외환스왑시장과 통화스왑시장이 있다. 외환스왑(FX swap)거래는 거래 당사자가 현재의 계약환율에 따라 서로 다른 통화를 교환하고, 일정기간 후 최초 계약시점에서 정한 선물환율에 따라 원금을 재교환하는 거래를 말한다. 통화스왑(currency swap)거래는 외환스왑과 마찬가지로 당사자 간 서로 다른 통화를 교환하고 일정기간 후 원금을 재교환하기로 약정하는 거래이나 이자지급 방법 및 스왑기간 면에서 차이가 있다. 이자지급 방법은 외환스왑의 경우 스왑기간 중 해당통화에 대한 이자를 교환하지 않고 만기시점에 통화 간 금리차이를 반영한 환율(계약시점의 선물환율)로 원금을 재교환하는 반면, 통화스왑은 계약기간 중에 정기적(매 6개월 또는 3개월)으로 이자를 교환하고 만기시점에는 처음 약정했던 환율로 원금을 다시 교환한다. 스왑기간은 외환스왑이 주로 1년 이하의 단기자금 조달 및 환위험 헤지수단으로 이용되는 반면 통화스왑은 주로 1년 이상의 중장기 환위험 및 금리위험 헤지수단으로 이용된다. 이 외에도 은행간에 초단기로 외화를 차입하거나 또는 대여하는 외화콜시장과 1년물 이내의 기간물 대차거래가 이루어지는 단기 기간물 대차시장 등이 외화자금시장에 속한다.

제5절 파생금융상품시장

1. 개요

파생금융상품은 그 가치가 통화, 채권, 주식 등 기초금융자산의 가치 변동에 의해 결정되는 금융계약으로서 계약형태에 따라 크게 선도계약, 선물, 옵션, 스왑 등으로 구분된다. 파생금융상품의 종류는 기초자산의 유형에 따라 통화, 금리, 주식, 신용관련 상품 등으로, 거래방법에 따라 장내 및 장외거래로 구분할 수 있다.

표 15-3 파생금융상품의 종류

	장내거래	장외거래
통화관련	• 통화선물(currency futures) • 통화선물옵션(currency futures option)	• 선물환(forward exhange) • 통화스왑(currency swap) • 통화옵션(currency option)
금리관련	• 금리선물(interest rate futures) • 금리선물옵션(interest rate futures option)	• 선도금리계약(forward rate agreement) • 금리스왑(interest rate swap) • 금리옵션(interest rate option) • 스왑션(swaption)
주식관련	• 주식옵션(equity option) • 주가지수선물(index futures) • 주가지수옵션(index option) • 주가지수선물옵션(index futures option)	• 주식옵션(equity option) • 주식스왑(equity swap)

자료: 한국은행, 「한국의 금융시장」, 2012년.

각 계약형태별 주요 특징을 살펴보면 먼저 선도계약(forward contracts)과 선물(futures)은 기초금융자산을 미래 특정시점에 특정가격으로 사고 팔기로 약정하는 계약으로서 이 두 가지 계약의 기본성격은 동일하다. 그러나 일반적으로 선도계약은 장외시장에서 거래당사자 간에 직접 거래되거나 딜러나 브로커를 통해 거래가 이루어지는 데 비해 선물은 정형화된 거래소를 통해 거래가 이루어진다는 점에서 차이가 있다.

옵션(option)은 기초자산을 미래의 특정시점 또는 특정기간 동안 특정 행사가격으로 매입(call)하거나 매각(put)할 수 있는 권리를 사고 파는 계약으로서 기초자산가격의 변화에 대해 비대칭적 손익구조를 가진다. 옵션계약은 거래시점에 프리미엄을 지급한다는 점에서 선도계약이나 선물과 다르다.

스왑(swap)은 일반적으로 두 개의 금융자산 또는 부채에서 파생되는 미래의 현금흐름을 교환하기로 하는 계약으로서 서로 다른 통화표시 채무의 원리금 상환을 교환하기로 약정하는 통화스왑과 변동금리채무와 고정금리채무간의 이자지급을 교환하기로 약정하는 금리스왑 등으로 구분된다.

표 15-4 우리나라 장내 파생상품 거래

종 목	도입일자	일평균거래(2012년 6월중)	
		계약수	계약금액(억원)[1)]
KOSPI200선물	1996년 5월	298,930	36,626
KOSPI200옵션	1997년 7월	7,967,817	1,353
주식옵션	2002년 1월	0	0
스타지수선물	2005년 11월	0	0
3년 국채선물	1999년 9월	140,212	14,685
5년 국채선물	2003년 8월	–	–
10년 국채선물	2008년 2월	60,815	6,779
미국달러선물	1999년 4월	259,980	3,031
미국달러옵션	1999년 4월	0	0
엔선물	2006년 5월	3,384	50
유로선물	2006년 5월	295	4
금선물	1999년 4월	0	0

주 : 1) 선물을 명목원금(계약수×거래가격×거래승수를 곱한 금액)이고, 옵션은 거래계약에 수반하여 지불된 대금(프리미엄)으로 선물과 옵션의 계약금액을 단순 비교할 수 없음

자료 : 한국거래소

국내 파생금융상품시장을 장내거래와 장외거래로 나누어 살펴보면 먼저 장내시장의 경우 KOSPI200선물 및 옵션이 각각 활발하게 거래되어 2012년 6월 중 일평균 거래량이 각각 30만 계약, 797만 계약을 기록하고 있다. 반면 기타 장내파생금융상품 중에서는 3년 및 10년 국채선물, 미국달러선물이 비교적 활발하게 거래되고 있을 뿐 나머지 상품거래는 저조한 모습을 보이고 있다.

장외파생금융상품시장도 빠른 성장세를 보이고 있다. 통화관련 파생상품과 금리관련 파생상품시장이 활성화되어 있으며 주식관련 파생상품과 신용관련 파생상품시장도 점차 성장하고 있다. 통화관련 파생상품시장은 선물환거래가 대부분을 차지하고 있는데 이는 기업들의 환위험 헤지 수요 및 차액결제선물환(NDF: non-deliverable forwards) 거래증가 등에 주로 기인한다. 금리관련 파생상품시장에서는 금리스왑, 금리옵션,

표 15-5 국내 금융기관[1)]의 장외 파생상품 거래

(단위: 10억원)

	2001	2005	2007	2009	2011
통 화 관 련	942,973	3,415,333	6,522,462	10,082,007	9,675,240
(선 물 환)	877,229	3,153,274	5,820,252	9,674,218	9,230,897
(통 화 스 왑)	39,616	138,569	376,944	249,466	349,293
(통 화 옵 션)	26,128	123,490	325,266	58,222	95,050
금 리 관 련	78,219	549,206	1,906,995	2,857,512	2,939,224
(선도금리계약)	5,591	48,076	111,884	192,730	20,176
(금 리 스 왑)	71,602	470,661	1,666,957	2,482,202	2,867,166
(금 리 옵 션)	1,026	30,468	128,174	182,579	51,882
주 식 관 련	2	43,983	178,855	181,824	299,759
(주 식 선 도)	–	–	1,922	1,349	2,481
(주 식 스 왑)	–	2,450	16,967	7,977	26,867
(주 식 옵 션)	2	41,533	76,819	99,822	270,411
(주 식 E L W)	–	–	83,147	72,674	–
신 용 관 련	–	–	2,942	5,377	10,524
(신용부도스왑)	–	–	1,084	5,304	9,232
(총수익스왑)	–	–	1,858	73	1,292

주 : 1) 2003년 이후 집계대상으로 은행, 증권회사, 보험회사, 종합금융회사에서 은행신탁, 자산운용회사, 신용카드회사, 선물회사를 추가

자료 : 금융감독원

선도금리계약 등이 거래되고 있다. 이중 금리스왑은 국내 대형은행과 외국은행 국내지점을 중심으로 2000년경부터 본격적으로 거래되기 시작했으며 자산운용회사, 보험회사 등이 포트폴리오 듀레이션(duration) 조절을 위해, 은행이 금리변동 위험 헤지 등을 위해 적극 참여함에 따라 시장규모가 크게 증가하는 추세이다. 그러나 금리옵션 및 선도금리계약의 경우에는 시장이 형성되고는 있으나 거래가 크게 활성화되지는 않고 있다.

2. 주식관련 파생상품시장

2-1. 주가지수선물시장

주가지수선물은 기초상품이 실물 형태가 아닌 주가지수라는 점에서 결제수단과 결제방식이 일반적인 선물과 다르다. 결제수단은 실물의 양수도가 불가능하므로 거래 시 약정한 주가지수와 만기일의 실제 주가지수간의 차이를 현금으로 결제한다. 거래계약은 약정금액의 일부분을 증거금으로 납부함으로써 성립하며, 적은 투자자금으로 큰 규모의 거래가 가능한 선물거래의 특성상 결제불이행 위험을 방지하기 위해 결제방식은 일일정산방식(mark to market)[3)]으로 이루어진다. 주가지수선물시장에서는 가격결정이 합리적으로 이루어질 수 있도록 이론가격이 작성·발표된다. 이론가격은 주가지수선물 대신 현물시장에서 실제로 주식을 매입하는 경우를 가정하여 현물가격에 주가지수선물 결제일까지의 자금조달비용과 배당수익을 가감하여 산정이 된다.

(1) KOSPI200선물시장

KOSPI200선물은 3월, 6월, 9월, 12월의 두 번째 목요일을 최종거래일로 하는 4개의 결제월물을 대상으로 한다. 주식시장과 동시에 거래를

---

3) 매일의 기초자산가격 변동에 따른 평가손익을 투자자의 증거금에 가감하여 결제이행을 담보하는 제도이다. 증거금이 일정수준 이하가 되면 추가적으로 증거금을 납입(margin call)하게 함으로써 증거금이 항상 일정수준 이상으로 유지되도록 한다.

개시하고 미결제포지션을 정리할 수 있도록 주식시장 종료 15분 후에 거래를 종료한다. 거래는 '계약' 단위로 하는데 1계약의 거래금액은 선물가격(약정지수)에 거래단위승수 50만원을 곱한 금액이다. 최소 가격변동폭은 0.05포인트이며 최소 가격변동금액은 25,000원이다.

결제이행 담보장치로는 기본예탁금과 증거금이 있다. 기본예탁금은 미결제약정을 보유하고 있지 않는 위탁자가 선물거래를 하고자 할 때 요구되는 최소한도의 예탁금을 말한다. 증거금에는 주문증거금과 유지증거금이 있는데 주문증거금은 계약당 납입하는 금액이며, 유지증거금은 거래체결 이후 증거금이 항상 미결제포지션의 일정 비율 이상으로 유지되도록 하는 것을 말한다.

KOSPI200선물시장에서도 현물시장과 같이 투자자보호를 위한 가격제한폭제도와 매매거래중단제도(circuit breaker)가 운영되고 있다. 개별 종목의 일중 가격변동폭은 전일 종가대비 10% 이내로 제한되며, 시장 전체로는 전날 최대거래량을 기록한 종목의 가격이 전일종가 대비 5% 이상 변동하고 이론가격과의 괴리율이 3% 이상인 상태가 1분 이상 지속이 되면 모든 선물거래가 5분간 중지되는 매매거래중단제도가 발동된다. 또한 현물시장에서 매매거래중단제도가 발동되면 선물시장 거래도 동시에 중단된다. 이 밖에도 선물시장의 가격급변동이 현물시장에서의 매매에 의해 증폭되지 않도록 프로그램매매 호가효력 일시정지제도(side car)가 운영되고 있다. 이는 선물시장에서 전날 최대거래량을 기록한 종목의 가격이 전일종가 대비 5% 이상 변동하여 1분 이상 지속되면 현물시장에서 프로그램매매 호가의 효력이 5분간 정지되는 제도이다.

(2) 스타지수선물시장

스타지수선물시장은 거래가 부진한 코스닥50선물시장을 대체함으로써 코스닥시장에 효율적인 위험관리 수단을 제공하고 시장의 질적 수준을 높이기 위하여 2005년 11월 개설되었다. 스타지수선물시장의 거래단위승수는 1만원이며 이에 따른 최소 가격변동금액은 5천원이다. 결제이행 담보장치에 있어서는 KOSPI200선물시장과 동일한 증거금 및 기본예탁금 제도를 채택하고 있다. 가격제한폭은 전일종가의 10%이고 결제월물,

최종거래일, 개장시간 등은 KOSPI200선물시장과 동일하다.

(3) 주식선물시장

주식선물시장은 개별주식 위험을 관리하고 ELS, ELW 등 주가연계 파생증권의 발행과 관련된 헤지수단을 제공하기 위해 2008년 5월 개설되었다. 기초주식으로는 시가총액 비중이 크고 ELW 거래대금 및 ELS 이용 빈도가 높은 25개 종목을 선정하였다. 가격제한폭은 기초자산의 가격변동폭과 동일한 15%이며 기타 대부분의 거래제도는 KOSPI200선물과 동일하게 유지하고 있다.

2-2. 주가지수(주식)옵션시장

주가지수옵션은 현물시장의 주가지수를 미래의 일정시점에 약정한 가격으로 매입·매도할 수 있는 권리를 매매하는 계약이다. 실물이 존재하지 않는 주가지수를 기초자산으로 한다는 점은 주가지수선물과 같으나 그 거래 대상이 주가지수를 일정한 가격으로 거래할 수 있는 권리라는 측면에서 주가지수선물과 다르다.

(1) KOSPI200옵션시장

KOSPI200옵션시장은 최근 연속 3개월 및 3, 6, 9, 12월 중 6개월 이내의 4개 결제물을 대상으로 거래가 이루어진다. KOSPI200옵션의 거래단위는 '계약'이며 1계약의 거래금액은 포인트로 표시되는 옵션가격에 10만원(거래승수)을 곱하여 구해진다. 그 밖의 매매거래시간, 거래체결방식 등은 KOSPI200선물시장과 동일하다.

KOSPI200옵션시장에도 결제이행담보장치와 투자자보호장치가 마련되어 있다. 결제이행담보장치로는 KOSPI200선물시장과 동일하게 거래단계별로 기본예탁금, 주문증거금, 유지증거금 제도를 운영하고 있다. 투자자를 보호하기 위해 주문가격을 전일 KOSPI200 종가의 15% 변동시의 이론가격 이내로 제한하고 있으며 KOSPI200선물시장에서 매매거래중단제도가 발동하면 KOSPI200옵션시장 거래도 자동적으로 중단된다.

(2) 주식옵션시장

주식옵션시장은 한국거래소에 상장되어 있는 보통주식 중에서 시가총액이 큰 33개 회사가 발행한 주식을 기초자산으로 하는 옵션시장이다. 주식옵션은 KOSPI200옵션과 옵션의 종류, 권리행사유형, 결제방식, 결제월물, 최종거래일, 호가의 종류 등은 같으나 기초자산이 보통주이므로 행사가격 설정, 거래단위 등에서 몇 가지 차이점이 있다. 주식옵션의 거래단위는 옵션 1계약당 주식수량을 10주로 하고 있으며 가격제한폭은 18%이다.

3. 금리관련 파생상품시장

3-1. 금리선물시장

금리선물은 금리를 미래의 특정시점에 현재시점에서 정한 수준으로 사거나 팔 것을 약정하는 계약이다. 실제로 거래대상이 되는 기초자산은 국채, 페더럴펀드금리, 유로달러금리 등으로 다양하며 이들 거래대상의 만기에 따라 단기금리선물과 장기금리선물로 구분된다. 금리선물은 미래의 특정시점에 인도할 금리부상품의 가격을 현재시점에서 고정시킨다는 측면에서 금리선도와 유사하나, 금리선도에 잠재되어 있는 결제불이행 위험을 제도적으로 보완하였다. 금리선물은 거래소에서 표준화된 거래조건으로 거래가 이루어지며 청산소라는 중개기관이 있어 선물거래의 체결 및 인도를 보장한다. 또한 증거금제도와 일일정산제도를 통해 결제위험을 줄이고 있다. 한국거래소에 상장되어 있는 금리선물은 기초자산인 국채의 만기에 따라 3년 국채선물, 5년 국채선물, 10년 국채선물로 구분된다.

3-2. 금리스왑시장

금리스왑은 차입금에 대한 금리변동위험의 헤지나 차입비용의 절감을 위하여 두 차입자가 각자의 채무에 대한 이자지급의무를 상호간에 교환하는 계약으로서 일반적으로 변동금리와 고정금리로 교환하는 형식을 취한다. 금리스왑거래는 통화, 원금 및 만기가 같은 부채구조를 가지고 있는 두 당사자 간의 거래가 대부분으로 통화스왑거래와는 달리 계약당사자간에 이자지급 의무만 있고 원금상환 의무는 없다. 자금의 흐름도 원금의 교환 없이 이자차액만 주고받는 것으로 당초의 자금조달과는 관계가 없는 별도의 계약에 의해 거래가 성립된다.

금리스왑의 거래만기는 1~10년물이 가능하나 1~5년물이 주로 거래된다. 최소거래단위는 100억원이며 100억원 단위로 추가된다. 고정금리와 변동금리는 3개월마다 교환되며 변동금리는 금융투자협회가 발표하는 최종호가수익률 기준 CD(91일물) 금리를 주로 이용한다.

금리스왑시장은 크게 대고객시장과 은행간시장으로 구분된다. 대고객시장은 자산운용회사, 보험회사, 연기금, 기업 등의 고객이 스왑조성은행과의 계약을 통해 스왑거래의 한도를 설정한다. 그리고 고객이 금리변동위험을 헤지하고자 스왑조성은행 앞으로 금리스왑거래계약을 요청하고 은행이 이를 수용하면 거래가 성사된다. 스왑조성은행은 대고객거래에서 발생한 금리스왑포지션 변동 또는 자기보유자산의 헤지 및 투기 등을 위해 포지션을 조정할 필요가 있게 된다. 이를 위해 새로운 고객과 반대방향의 거래를 하거나 은행간시장을 통해 포지션을 조정한다. 은행간거래는 대부분 중개기관을 통해 이루어진다.

4. 통화관련 파생상품시장

4-1. 통화스왑시장

통화스왑거래는 두 개 또는 그 이상의 거래기관이 사전에 정해진 만기와 환율에 의해 상이한 통화로 차입한 자금의 원리금 상환을 상호 교환하는 거래이다. 주로 환위험 헤지 및 필요 통화의 자금을 조달하기 위해 이용되고 있다. 거래만기는 1~10년물이 가능하나 1~5년물이 주로 거래되며 최소 거래단위는 1천만 달러이며 1천만 달러 단위로 추가할 수 있다. 일반적으로 고정금리부 원화와 변동금리부 외화를 교환하게 되는데 변동금리로는 만기 6개월 LIBOR가 이용된다.

통화스왑시장도 금리스왑시장과 마찬가지로 대고객시장과 은행간시장으로 구분된다. 대고객거래의 경우 신용카드회사, 보험회사 등의 고객과 스왑시장조성은행이 사전계약을 통해 스왑거래 한도를 설정하며 스왑시장조성은행이 고객의 스왑요구를 받아들임으로써 거래가 성사된다. 은행간거래는 스왑시장조성은행이 대고객거래에서 발생한 통화스왑 포지션 변동규모 등을 조정하거나 투기목적으로 포지션을 조정하기 위해 수행하는 거래로서 통상 중개기관을 통해 이루어진다.

4-2. 기타 통화파생상품시장

(1) 통화선물시장

통화선물거래란 거래소에 상장되어 있는 특정 통화에 대하여 시장참가자간호가방식에 의해 결정되는 선물환율로 일정기간 후에 인수도 할 것을 약정하는 거래를 말한다. 계약 시에 약정된 가격으로 미래의 일정시점에 특정통화를 매입·매도한다는 점에서 선물환거래와 유사하나, 거래단위나 결제일 등의 계약조건이 표준화되어 있고 거래소의 청산소가 거래계약의 이행을 보증한다는 점이 다르다.

(2) 통화옵션시장

통화옵션거래란 미래의 특정시점에 특정 통화를 미리 약정한 가격으로 사거나(call option) 팔 수 있는 권리(put option)를 매매하는 거래를 말한다. 통화옵션 매입자는 대상통화를 매매할 수 있는 권리를 사는 대가로 통화옵션 매도자에게 프리미엄(옵션 가격)을 지급하고 이후 환율변동에 따라 자유롭게 옵션을 행사하거나 또는 권리를 포기하고 행사하지 않을 수 있다. 반면 옵션매도자는 옵션 매입자가 권리를 행사할 경우 반드시 계약을 이행해야 하는 의무를 부담한다.

찾아보기

_ ㄱ _

가격규제 243
가계대출 213
가분성 51
가산금리 220
가치저장수단 50
간접금융 157
간접금융시장 17
간접발행 393
간접증권 161
감시비용 163
강세시장 129
강형 효율적 시장가설 147
개인보험 333
갭 관리 228, 229
갭비율 229
거래비용 77, 160
거래소시장 19
거래적 동기 67
거시적 감독 252
건전성규제 246
결제위험 167
겸업은행 248
겸업주의제도 32
경제분석 118
경제성장률 118
계약자배당 335
계약형 집합투자기구 327
계약형 투자신탁 199
고정금리대출 213
고정금리채 196
공개시장조작정책 269
공격적 자산 112
공공대출 213
공공성의 원칙 181
공공이익가설 240
공급자의 잉여 238
공기업채권 195
공모 393
공모발행 400
공제기관 342
공황국면 130
과열국면 129
관리통화제도 54
광의 유동성 43
광의통화 43
교체매매전략 207
교환사채 197
국공채 194
국제결제은행 179
국제수지 120
국채 195

규모효과 150
금리민감부채 177, 229
금리민감자산 177, 229
금리선물 413
금리스왑 413
금리자유화 244
금본위제도 52
금속화폐 45
금액변환 162
금융 13
금융감독 252
금융감독원 256
금융거래 14
금융불안정화가설 242
금융상품 16
금융수단 16, 155
금융시장 14, 15, 383
금융시장선 23
금융위원회 256
금융자본 14
금융정책 121
금융제도 13
금융지주회사 345
금융채 195
금융투자상품 317
금융투자업자 317
금핵본위제도 53
금화본위제도 52
기명주식 198
기본적 분석 117, 118
기술신용보증기금 374
기술적 분석 117, 127
기업구매자금대출 280
기업대출 213
기업분석 124
기업어음 387
기업은행 295
기업자유예금 277

_ ㄴ _

내구성 51
내국환 281
내재가치 116, 117
농업협동조합 297
누적적 우선주 198

_ ㄷ _

다우이론 127
단기금융시장 17
단기대출 212
단기무역금융 294
단점은행제도 35
단주이론 143
단체보험 333
담보대출 212
담보부사채 195
당좌대월 276
당좌대출 279
당좌예금 272, 276
대부업자 355

대부자금이론 60
대손위험 165
대위변제 373
대출관리 209
대출규모결정 211
대출수요 185
대출이자율 216
대출포트폴리오 104, 211
도덕적 해이 35, 165, 252
도매은행 36
도입단계 121
도표분석 132
동질성 50
듀레이션 203
듀레이션갭 관리 233
등락주선 136
등락지표 135
딜러 156

_ ㄹ _
레버리지 비율 126
리스회사 350

_ ㅁ _
마크업 국면 129
만기갭 관리 231
만기변환 162
만기전략 204
매집국면 129
머천트뱅크 315
면역전략 202
명목화폐 46
모기지론 404
무기명주식 198
무담보대출 212
무담보사채 195
무보증사채 196
무상증자 394
무액면주식 197
무역금융 279
무역보험 358
무의결권주 198
무차별곡선 24
물가안정목표제 266
물가효과 70
물물교환경제 48
미시적 감독 252

_ ㅂ _
바벨형 만기전략 205
반대의견의 이론 143
발행시장 18, 391
방어적 자산 112
방카슈랑스 249
배분효율성 145
범위의 경제 33
법적위험 180
법정지급준비율 182
법화 46
베타계수 108

벤처캐피탈회사 352
변동금리대출 213
변동금리채 196
변증법가설 241
별단예금 276
보상예금 38
보수적 유동성관리 187
보증사채 196
보통예금 276
보통주 197
보험회사 331
복리채 195
본위화폐 52
봉도표 132
부외거래 235
분산국면 130
불임점 128
불편기대이론 75
불환지폐 46
브로커 156
비누적적 우선주 198
비자발적 보조 244
비재무적 위험 180
비체계적 위험 92

_ ㅅ _

COFIX 279
사다리형 만기전략 204
사망보험 333
사모 393
사모발행 400
사모투자전문회사 328
사회적 잉여 238
사회적 자본 181
산업금융채권 290
산업분석 121
산업자본 14
상대적 강도 138
상업어음할인 279
상업은행 274
상장 395
상품시장 15
상품화폐 45
상호금융 312
상호부금 277
상호저축은행 305
상환가격 80
새마을금고 311
생명보험회사 332
생사혼합보험 333
생산가능곡선 27
생존보험 333
선도계약 408
선도표 132
선물 201, 408
선물환 406
선물회사 324
선호영역이론 79
선호영역프리미엄 79
성숙단계 122

성장단계 122
성장성 비율 126
성장주 151
세금스왑 208
소극적 투자전략 202
소득효과 70
소매은행 37
소외기업효과 150
손해보험회사 337
쇠퇴단계 123
수산업협동조합 298
수의상환위험 80
수익률곡선 73
수익률곡선타기전략 209
수익률스프레드 81
수익성 비율 125
수익성의 원칙 180
수익증권 199
수입금융 293
수입보험 358
수출금융 292
수출보험 358
수출입금융채권 294
스왑 408
스왑전략 207
스타지수선물 411
시가발행 393
시스템위험 180
시장균형 63
시장기회선 22
시장모형 110
시장분할이론 78
시장실패 240
시장위험 165, 180
시장지표분석 135
시장포트폴리오 103, 107
시중은행 274
신기술사업금융회사 353
신뢰도지수 142
신용보증 372
신용보증기관 372
신용보험 373
신용위험 180, 221
신용위험평가모형 224
신용정보회사 375
신용조사 377
신용조회 377
신용카드회사 351
신용평가 375
신용평점제도 225
신용협동조합 309
신주인수권부사채 196
신탁업자 318
실물거래 14

_ ㅇ _

1월효과 149
1차증권 200
5C 221
A-D선 135

OBV 141
안전성 비율 126
안전성의 원칙 179
액면주식 197
약세시장 129
약형 효율적 시장가설 146
양도성예금증서 278, 388
어음대출 278
어음재할인 269
어음할인 278
엘리엇 파동이론 131
여신전문금융회사 347
역선택 165, 244, 251
영업위험 176
예금보험공사 365
예금보험제도 257
예금화폐 47
예대금리차 169
예대율 188
예비적 동기 67
오페라본드 197
옵션 200, 408
외국환 281
외부경제 252
외부성 250
외화대출 280
외화예금 278
외화자금시장 406
외환스왑 406
외환시장 405
요구불예금 276
우대금리 220
우발채무 224
우선주 197, 198
우체국보험 339
우체국예금 313
운영위험 180
운영효율성 145
위탁매매업무 321
위험 164
위험가중자기자본비율 179
유가증권시장 370, 395
유동성갭 관리 232
유동성선호이론 67
유동성수요 184
유동성위험 164
유동성의 원칙 178
유동성프리미엄이론 76
유상증자 393
유통시장 19, 394
은행지주회사 38
이격도 140
이동평균선 139
이상현상 148
이윤극대화 모형 172
이자율 58, 119
이자율예상스왑 207
이자율위험 77
이표채 195
인수업무 321

인플레이션 119
인플레이션위험 80
일반은행 274
일반자금대출 280
일일변동 127

_ ㅈ _

자금시장 384
자금조달비용지수 279
자금중개회사 378
자기매매업무 321
자기보호가설 241
자본배분 99
자본배분선 101
자본시장 18, 390
자본시장선 103
자본자산가격결정모형 106
자산·부채종합관리 227
자산규모극대화 모형 172
자산변환 161
자산유동화증권 196, 401
자산주 151
자산주 프리미엄 151
장기금융시장 18
장기대출 212
장내시장 400
장외시장 19, 401
재무분석 125
재무위험 176
재무적 위험 180
재정정책 120
저축성예금 277
저축예금 277
적극적 채권투자전략 206
적금관계대출 280
적기시정조치 247
적자부문 155
적자지출단위 16
전업은행 248
전업주의제도 32
전자화폐 47
전통적 유동성관리 190
전환사채 196
점수도표 132
정기예금 277
정기적금 277
정보의 비대칭성 163
정보효율성 146
정크본드 83
제1차 준비금 182
제1차 지급준비금 190
제2차 준비금 182
제2차 지급준비금 190
제3차 지급준비금 191
제품수명주기 121
종합금융회사 315
주가지수선물 410
주가지수옵션 412
주말효과 149
주변동 128

주식 197
주식배당 394
주식선물 412
주식시장 391
주식옵션 413
주중효과 149
주택저당증권 360, 403
주택저당채권담보부채권 360
준강형 효율적 시장가설 146
중간변동 128
중소기업창업투자회사 354
중앙은행 263
증권금융회사 356
증권담보대출 269
증권분석 116
증권시장선 108, 112
증권특성선 112
증권회사 320
증서대출 278
지급결제수단 166
지급보증 282
지급준비자산 182
지급준비정책 269
지방은행 274
지방채 195
지배원리 97
지불수단 48
지점은행제도 35
직접금융 157
직접금융시장 16
직접발행 393
직접증권 161
진보적 유동성관리 187, 191
진입규제 245
질적 스왑 207
집합투자기구 327
집합투자업자 199, 318, 325

_ ㅊ _

7C 222
차익거래 78
차입포트폴리오 104
채권 194
채권담보부증권 403
채권등급평가 82
채권수익률의 기간구조 72
채권수익률의 위험구조 79
채권시장 399
채권추심 377
채무불이행위험 80, 221
체계적 위험 92
초과지급준비금 183
최소분산포트폴리오 97
최적포트폴리오 97, 104
추세분석 133
침체국면 130

_ ㅋ _

KOSPI200선물 410
KOSPI200옵션 412

코레스은행 38
코스닥시장 370, 397
콜시장 187, 386
콜옵션 201

_ ㅌ _

탐색비용 160, 162
태환지폐 46
토빈의 분리이론 105
통화량 119
통화량목표제 266
통화선물 415
통화스왑 406, 414
통화안정증권 404
통화옵션 415
투기성 채권 83
투기적 동기 67
투자관리 192
투자기회곡선 27
투자기회집합 96
투자매매업자 318
투자매매중개업자 318
투자시한분석 208
투자신탁 199
투자심리선 137
투자은행 315
투자일입업자 318
투자자문업자 318
투자적격채권 83
투자회사 326
특수은행 287
특수채 195

_ ㅍ _

PER효과 150
파생금융상품 407
파생상품시장 371
파생증권 200
판별모형 226
패턴분석 133
편리성 51
평판위험 180
포트폴리오 88
포트폴리오 효과 91
포트폴리오결합선 96
풋옵션 201
프로젝트 파이낸싱 290
프리보드 398
피셔의 분리정리 30
피셔효과 66

_ ㅎ _

한국거래소 369
한국무역보험공사 358
한국산업은행 288
한국수출입은행 291
한국은행금융결제망 268
한국자산관리공사 361
한국정책금융공사 363
한국주택금융공사 359

한국투자공사 362
할부금융회사 351
할인채 195
해외투자금융 293
현물환 406
협의통화 43
혼합주 197
화폐 42
환매조건부매매 388
환율 119
환율목표제 266
회계단위 49
회사채 195
회사형 집합투자기구 327
회사형 투자신탁 199
효율적 시장 145
효율적 시장가설 146
효율적투자선 93
후배주 197
후생손실 238
흑자부문 155
흑자지출단위 16

저자약력

이 상 호 (李 詳 鎬)

경북대학교 경상대학 경영학과 졸업
고려대학교 대학원 경영학석사(재무론 전공)
고려대학교 대학원 경영학박사(재무론 전공)
한국산업경영학회 총무간사
한국재무관리학회 상임이사(현재)
경일대학교 경영학부 교수(현재)

[주요 저서]
현대투자론(공저, 법문사)
재무관리(경일대학교 출판부)
증권투자론(도서출판 대명)
재무관리 연습(공저, 박영사)
국제금융기구의 이해(공저, 미래창조)

금 융 론

2013년 3월 25일 인쇄
2013년 3월 30일 발행

저　　자 : 이 상 호
펴 낸 이 : 박 노 일
펴 낸 곳 : 피앤씨미디어
주　　소 : 경기도 고양시 일산동구 강송로 153
310-1501(마두동,강촌마을)
전　　화 : 070-7550-3758
팩　　스 : 02-718-8554
이 메 일 : pului@hanmail.net

ISBN 978-89-98786-31-1 (93320)

정가 20,000원